高等师范院校新世纪教材

物理实验教学研究

张德启　李新乡　陶　洪　王崇光　主编

科学出版社
北　京

内 容 简 介

本书是科学出版社出版的《高等师范院校新世纪教材·学科课程与教学论系列》丛书之一，是为适应新世纪基础教育课程改革和培养合格中等学校物理教师的要求而编写的物理学专业必修教材。

本书以教育部在 2003 年 4 月颁发的《普通高中物理课程标准（实验稿）》为纲，同时兼顾教育部 2000 年颁发的《全日制中学物理教学大纲》。密切联系基础物理实验教学实际，突出对高等师范院校物理学专业学生物理实验教学技能的训练与物理实验教学研究能力的培养，以使高师学生较为灵活、深入地学习物理实验教学的有关理论、方法和技能，在他们已修“普通物理实验”的基础上进一步提高其实验素养，激发实验探究的兴趣，增强其创新意识，培养实事求是、严谨认真的科学态度，养成交流与合作的良好习惯，发展实践能力为目标，为他们今后顺利走上中等教育工作岗位，更快、更好地适应中等学校物理实验教学的需要和从事实验教学研究工作奠定良好的基础。

本书可作为全日制高等师范院校本、专科生物理学专业教材，也可作为中等学校物理教师和有志于从事中等教育的综合大学物理学专业及相关专业毕业生接受继续教育的参考教材，还可以作为课程与教学论（物理）专业研究生及教育硕士专业学位学科教学（物理）专业方向学员的参考书。

图书在版编目（CIP）数据

物理实验教学研究 / 张德启等主编. —北京：科学出版社，2005
高等师范院校新世纪教材
ISBN 978-7-03-016093-5

Ⅰ. 物… Ⅱ. 张… Ⅲ. ①物理课－实验－教学研究－师范大学－教材②物理课－实验－教学研究－中学 Ⅳ. G633.72

中国版本图书馆CIP数据核字（2005）第089220号

责任编辑：朱 灵 谭宏宇 / 责任校对：连秉亮
责任印制：黄晓鸣 / 封面设计：木 子

科学出版社出版
北京东黄城根北街16号
邮政编码：100717
http:// www.sciencep.com
南京展望文化发展有限公司排版
广东虎彩云印刷有限公司印刷
科学出版社发行 各地新华书店经销
*
2005年8月第 一 版 开本：B5（720×1000）
2024年8月第二十六次印刷 印张：16 1/2
字数：323 000
定价：39.00元

《物理实验教学研究》编委会

前　言

本书是科学出版社出版的《高等师范院校新世纪教材·学科课程与教学论系列》丛书之一，是为适应新世纪基础教育课程改革和培养合格中等学校物理教师的要求而编写的高等师范院校物理学专业必修教材。

物理实验教学研究是物理教学论课程的重要组成部分，是高等师范院校本科生的必修课。通过教学，使学生经历必要的实际操作训练，学会物理实验教学的技能与物理实验教学研究的方法，为培养合格的物理教师打好基础。

本书是编委会成员在深刻领会《基础教育课程改革纲要(试行)》精神和充分研究《普通高中物理课程标准(实验稿)》具体内容的基础上，根据课程标准对科学探究和物理实验能力的要求，以及“物理实验专题”模块精神，以使高师学生较为灵活、深入地学习物理实验教学的有关理论、方法和技能为目标，在学生已修“普通物理实验”的基础上进一步提高其实验素养，激发其科学探究的兴趣，增强其创新意识，培养实事求是、严谨认真的科学态度，养成交流与合作的良好习惯，发展实践能力，为他们今后顺利走上中等教育工作岗位，更快、更好地适应中等学校物理实验教学的需要和从事实验教学研究工作奠定良好的基础。

在编写本教材过程中，特别注意了以下几个问题：① 突出教学技能训练。本课程的主要任务之一是训练物理实验教学技能，而这种技能决不是单纯的动手技能，而是一种手脑并用的综合技能。因此，教材编写与教学实践中应理论与实践紧密结合，将有关的教育理论、实验理论，有针对性地运用到中学物理实验教学技能训练中来。② 突出科学探究。《普通高中物理课程标准(实验稿)》首次将科学探究及物理实验能力的要求与共同必修模块、选修模块并列作为内容标准，由此可以看出课程专家与教育部对科学探究与物理实验能力的重视程度。我们在编写演示实验、学生分组实验时，根据各个实验的特点，突出科学探究的一个或几个要素，在编写自制教具、课外实验时，让学生经历科学探究的全过程，为学生毕业后指导中学生开展科学探究奠定基础。③ 注重内容的启发性。教材反映与物理实验有关的现代教育理念，注意启发学生将阅读、思考、讨论和操作有机结合起来。各部分内容均明确学习者的任务和需要思考解决的问题，让学习者通过具体的“技能训练”、“思考与讨论”等实践与思维活动，掌握实验教学与研究的方法和能力。④ 注重信息技术与物理实验教学的整合。通过具体实例，展示了物理教学演示、物理实验中数据采集，以及物理实验数据分析过程中的信息化问题。⑤ 注重发展性实验教学评价。本书专门列出一章探讨实验教学评价问题，从新课程倡导的评价理念出发，结合具体案例，探讨了物理实验教学评价的方式、方法、内容。

《物理实验教学研究》与《物理教学论》是科学出版社推出的“高师院校新世纪教材”之《学科课程与教学论》系列丛书中的姊妹篇，两者一起作为高师院校物理学专业必修课教材。本书可作为全日制高等师范院校本、专科生物理学专业教材，也可作为中等学校物理教师和有志于从事中等教育的综合大学物理学专业及相关专业毕业生接受继续教育的参考教材，还可供课程与教学论（物理）专业研究生及教育硕士参考。

本书由张德启（曲阜师范大学）、李新乡（曲阜师范大学）、陶洪（苏州大学）、王崇光（聊城大学）共同策划和担任主编。

本书包括8章内容，在撰写工作中，李新乡执笔第1章；陈娜（青岛滨海学院）执笔第2章的第1、2、3节；郭文珍（德州学院）执笔第2章的第4、5节；陶洪执笔第3章；王崇光执笔第4章的第1节；王长江（曲阜师范大学）执笔第4章的第2节；高闯（华中师范大学）执笔第5章的第1、2节；薄惠萍（临沂师范学院）执笔第5章的第3、4节；杨连武（曲阜师范大学）执笔第5章的第5、6节；范应元（潍坊医学院）执笔第6章的第1、2节，张明霞（曲阜师范大学）执笔第6章的第3节；张德启执笔第7章；钱懿华（苏州大学）执笔第8章的第1节；陈万平（曲阜师范大学）执笔第8章的第2节；倪亚贤（苏州大学）执笔第8章的第3节。

参加本书统稿的有：薄惠萍、陈娜、陈万平、范应元、李新乡、王长江、杨连武、张德启、张明霞等。最后由张德启和李新乡负责全书统稿、定稿工作。

在本书的写作、出版中，承蒙曲阜师范大学教务处处长闫珂柱教授、物理工程学院有关领导，以及科学出版社编辑部陈露主任的大力关心和支持，在此表示衷心感谢！

我们在编写本书时参阅了诸多学者的成果，因为时间紧迫，有一些没有来得及查阅其出处，所以未能在参考文献中注明，在此一并向各位专家、学者表示感谢！

由于编者经验、水平有限，加之时间仓促，书中难免存在疏漏或不妥之处，恳请读者不吝赐教，以便使本书再版时在内容和形式上更趋完美。

编　者

2005年5月

目　　录

第 1 章　物理实验教学研究概述

物理实验是根据一定的研究目的，运用科学仪器、设备，人为地创造、控制或纯化某些物理过程，使之按预期的进程发展，同时在尽可能减少干扰的情况下进行定性的或定量的观察和研究，以探求物理现象、物理过程变化规律的一种科学活动，也是检验物理学理论正确与否的标准。

实验不仅是物理学研究的基础，也是物理学教学的重要手段之一，还是中学物理教学的重要内容，更是实施素质教育的极其重要的环节之一。这从物理教学大纲或课程标准中就可以看出。2003 年教育部颁布的《普通高中物理教学大纲》明确指出："观察现象、进行演示和学生实验，能够使学生对物理事实获得具体的、明确的认识，这是理解概念和规律的必要的基础。观察和实验对培养学生的观察和实验能力，培养实事求是的科学态度，引起学习兴趣，具有不可代替的重要作用。"2003 年教育部颁布的《普通高中物理课程标准》在"知识与技能"方面的具体目标的第二条为"认识实验在物理学中的地位和作用，掌握物理实验的一些基本技能，会使用基本的实验仪器，能独立完成一些物理实验"(本书为了叙述方便，在不引起歧义的情况下，以下将"物理课程标准或物理教学大纲"简称为"课程标准")。

1.1　物理实验教学研究课程的目的与内容

1.1.1　物理实验教学研究课程的目的、任务

高等师范院校物理学专业开设"物理实验教学研究"这门课程的主要目的是：使学生掌握适应基础教育改革和发展所需要的、从事中学物理教学所必需的物理实验教学与研究的基础知识、基本理论、科学方法和基本技能。在当前形势下，这门课的教学过程应特别注意加强准教师的实验教学技能训练。具体要求可归为以下内容。

1) 能依据课程标准，对中学物理中的各类实验综合进行总体分析，明确中学物理实验教学的总目的，把握中学物理实验技能的具体项目及各项目标。

2) 能区分各类物理实验的作用，把握有关演示实验与学生实验在技能培养上的有机联系，发挥演示实验的示范作用，拟定出相应实验的具体要求，促进学生实验技能的形成与迁移。

3) 熟悉中学物理实验教学的基本仪器，懂得它们的使用要求和操作规程，掌握中学生对每件实验仪器应达到的训练标准。

4）会组织中学生开展物理探究活动及课外活动，以激励志趣，活化知识，培养科学探究能力，扩展物理教学的效果。

5）具有建设中学物理实验室、开展物理实验教学研究的能力。

1.1.2 物理实验教学研究课程的内容

物理实验教学研究课程的主要内容可概括为下面 3 个方面的内容：理论学习、教学训练、问题研究，其各自内容、方式和要求的解释见表 1－1。

表 1－1 中学物理实验教学研究环节

理论学习	内容	物理实验教学理论，物理实验方法
	方式	与实验操作穿插进行，以实例或实物讲解
	要求	掌握物理实验教学的基本要求和方法，能与其他教学形式结合运用
教学训练	内容	基本仪器使用训练，中学重要分组实验的操作，演示实验的设计和操作，基本实验技能训练
	方式	实验课上的实验操作，课外在开放实验室中的操作
	要求	掌握中学物理教学的实验技能，熟悉中学物理基本仪器，能比较熟练地进行分组实验和演示实验操作
问题研究	内容	中学物理实验设计与研究
	方式	设计性的实验课题
	要求	能根据教学需要选择、制作、组合有关仪器设备

1.1.3 物理实验教学研究课程的教学要求

据我们了解，高师毕业生在物理学理论功底方面程度较高，经过一段时间的训练，基本上能适应物理概念、规律、习题等教学的要求，但对于实验教学（包括演示实验、学生实验、课外实验等）来说，有关训练不够，特别是在实验设计、自制教具等方面更显欠缺。加强实验教学是当务之急。具体来讲，物理实验教学研究课程的教学要求有以下 4 项。

1. 强调基础，发展能力

在实验教学中，可注重从以下几个方面多做工作。

1）强调基本仪器的使用。尽量使学生掌握基本仪器的原理、构造、使用方法，要求他们操作规范。如在使用学生电源时，注意让学生了解学生电源的原理、构造（有关的说明书都可作为学生的参考资料）、最大输出电压、最大负荷电流等，在打开电源之前，保证电压量程挡位在最小，关闭电源前也要把电源电压调到最小等。

2）强调基本工具的使用。包括实验中常用的电烙铁、钳子等的使用。在每个实验室都备有常用的工具。

3）强调基本实验方法和实验技术。在实验过程中，经常总结学生在该实验中所用的实验方法，特别是实验中用到的实验技术。如在做水波的实验中，给学生讲清频闪仪的作用等。注意培养学生研究做好物理实验的条件，掌握做好物理实验的关键及一些基本实验技能。

4）使学生掌握演示实验常用仪器的原理、结构及使用方法。如静电起电机、大型演示电表等。在教学中，讲清仪器的原理、构造、使用方法、注意事项及使用范围等。另外，在实验结束后，将一些实验中未涉及的中学物理演示仪器进行展览，学生可自由熟悉和使用。

5）注意培养学生的观察能力、操作能力和思维能力。

2. 突出学生的主体性地位

在实验教学过程中，注意突出学生的主体性地位，激发学生的自主性、好奇心、自觉性等。

1）教、学角色的转变。学生是“演员”，教师是“导演”。教学中注意以学生为主，充分发挥他们的主动性。

2）学生以双重身份出现，既当学生，又当老师，根据师范生的特点，在教学中，教师只在第一次实验时进行主讲，从第二次开始，就要求学生相互讲解，即由上一次做该实验的学生讲解，教师做巡视，查缺补漏，这样可以锻炼学生的教学能力。

3）学生自行处理实验中的问题。实验过程中，出现问题是在所难免的，让学生自己找出问题，自行解决，包括学生自查电路、焊线、修理简单的仪器、排除简单的实验故障。如果遇到比较复杂的故障，教师在排除过程中，也要对学生进行讲解，这对学生实验能力的提高是非常有益的。

4）结合讲解进行演示。在实验过程中，要求学生不但要对仪器进行规范操作，得到有关数据或明显的实验效果，而且要结合有关内容及中学教材进行讲解，以锻炼学生将演示实验应用于教学的能力。如“磁铁相对于线圈运动产生电流”的演示实验，既要使演示效果明显，又要结合教学讲解有关仪器、线路的连接，以及用楞次定律判断感应电流的方向等。

5）初步设计实验，改进仪器。虽然大部分实验内容在教材中写的都比较详细，但对有些内容，要求学生能根据教学需要，设计不同的实验，选择不同的仪器，用多种方法演示，同时对一些效果不明显的演示，要求学生能够改进，寻找替代品等。

6）自制教具。每个学生在课程结束后，都要交几件自制的教具。自制教具的优劣评定也作为实验成绩的一部分。

3. 重视现代化教学手段在物理实验中的应用

在实验教学中，除重视常规仪器和常规教学手段的应用外，还要力争将现代化教学手段应用于实验中。现代化教学手段包括电化教学、多媒体教学、仿真实验技术、计算机网络教学等。新课程标准在实施建议中指出，“多媒体计算机已经显示出它在科学教育中的巨大发展潜力。在物理课的学习中，应根据实际内容的需要，选用多种类型的多媒体辅助教学软件，重视传统媒体和计算机多媒体的有效利用，充分发挥它们在物理教学中的功能。”

1）利用实物投影仪或视频展示仪增强实验演示效果。教师可以将游标卡尺、螺旋测微器、电流表、电压表、多用电表等一切方便展示的实验仪器都拿到实物投影仪或视频展示台上进行演示、测量、读数、分析，利用实物投影仪或多媒体数字投影仪的放大作用，让全班同学都能够详细、全面地观察到教师的具体操作过程和读数方法，从而增强演示实验效果。

2）利用电视、录像等手段扩大视觉范围，展现微观和宏观世界，充分激发学生学习的兴趣和探索问题的积极性。物理学中有许多抽象、微观的内容诸如大到天体的运动，小到分子的运动以及诸如此类的大量感性材料是无法向学生直接提供的。利用录像的技术处理（慢放播出、时间压缩、不受时间和空间的限制等）就可以弥补这些不足。

3）利用计算机软件，形象模拟复杂过程、动态变化过程、慢速重复展示稍纵即逝的过程等帮助学生深入揭示事物本质。有些实验如粒子的散射实验、布朗运动实验、光电效应实验等，由于研究的是微观领域的规律、涉及微观粒子运动，无法进行演示实验，不能直接把微观粒子的运动情景展现出来，学生对实验现象、结论难以理解。有些实验如 LC 回路的电磁振荡实验、自感现象实验虽然能通过演示实验观察其现象，但无法看到这一现象产生的过程，学生难以理解这一现象产生的原因，难以掌握与之相关的物理量（如电场、磁场、电流强度）的变化规律。这时可用计算机有关图形动画软件制作模拟演示实验，将微观粒子的运动情景，各物理量的变化情况用图片或动画的形式显现出来，使学生目睹其微观过程，获得第一手感性认识材料，进而加深对实验现象、结论的理解。

4）利用计算机辅助实验与仿真物理实验室加强物理实验教学。随着计算机在实验物理学各个领域中的应用的迅速发展，应用计算机的各种新的实验手段和方法大量涌现，将计算机引入教学实验可以补充传统实验内容，达到优化传统实验的目的。例如《声波、乐音和噪音》的教学，用传感器与计算机结合进行声波的演示，充分调动学生的感官。学生利用计算机的实时采集功能一起把每个同学的声音通过计算机屏幕显示出来，学生看到自己的声音图线随着自己声音的大小变化而变化，从而对声音有了更深刻的理解。通过对图线的分析使学生分辨出噪音和乐音的分别，也明白了自己声音的特点。最后把每个人的声音图线打印出来，留作资料。整个实验过程学生兴趣盎然，积极参与实验，既体现了以学生为主体、教师为主导的双主教学模式，又解决了实验教学的难点，对教学起到了促进作用。

4. 严把评价关

主要从实验内容完成情况、仪器使用规范情况、结合教学讲解情况、充当教师角色情况、实验报告情况、自制教具情况、实验改进及实验问题处理情况等几个方面对学生的物理实验教学技能进行评价。

物理实验是中学物理教学的基础，通过实验教学帮助学生建立正确的物理概念，掌握物理规律。因此，我们要加强物理实验教学研究，以使学生不仅能通过实验掌握实验的有关知识和技能、获得学习的情感体验，认识和掌握物理科学方法、规律，同时还能培养学生良好的思维习惯，树立科学的世界观，养成实事求是的科学态度和勇于探索的科学精神，特别是能使他们在创新精神和实践能力方面得到发展和提高。

1.1.4 课程标准对物理实验能力的要求

高中学生应该在物理实验中达到如表1-2中所规定的要求。

表1-2 课程标准对科学探究及物理实验能力的基本要求

科学探究要素	对科学探究及物理实验能力的基本要求
提出问题	能发现与物理学有关的问题 从物理学的角度较明确地表述这些问题 认识发现问题和提出问题的意义
猜想与假设	对解决问题的方式和问题的答案提出假设 对物理实验结果进行预测 认识猜想与假设的重要性
制定计划与设计实验	知道实验目的和已有条件，制定实验方案 尝试选择实验方法及所需要的装置与器材 考虑实验的变量及其控制方法 认识制定计划的作用
进行实验与收集证据	用多种方式收集数据 按说明书进行实验操作，会使用基本的实验仪器 如实记录实验数据，知道重复收集实验数据的意义 具有安全操作的意识 认识科学收集实验数据的重要性
分析与论证	对实验数据进行分析处理 尝试根据实验现象和数据得出结论 对实验结果进行解释和描述 认识在实验中进行分析论证是很重要的
评　　估	尝试分析假设与实验结果间的差异 注意探究活动中未解决的矛盾，发现新的问题 吸取经验教训，改进探究方案 认识评估的意义
交流与合作	能写出实验探究报告 在合作中注意既坚持原则又尊重他人 有合作精神 认识交流与合作的重要性

综上看出，物理实验教学要想适应当前基础教育课程改革的新形势，就不能因循守旧，而要努力从提出问题、猜想与假设、制定计划与设计实验、进行实验与收集证据、分析与论证、评估、交流与合作等科学探究要素所包含的实验教学理念出发，按照其基本要求进行实验教学。当然，针对某一个具体的物理实验来说，并非都要根据表1-2中规定的科学探究7要素的具体要求按部就班地进行，而是要逐渐深入。目前，联系大多数中学物理实验教学实际情况，对某一实验来说，只要适当地重点涉及某些探究要素所对应的要求就可以了。否则实验教学又会走向死胡同，步入形式主义的泥潭。

1.2　物理实验在物理学发展与人才培养中的作用

物理学是一门以实验为基础的科学。物理学的实验基础、理论体系和研究方法是现代科学和技术的基础。物理实验对于培养学生的观察能力，思维分析能力，实验动手能力和归纳、应用、创造能力具有重要作用。

1.2.1　物理实验在物理学发展中的作用

从物理学发展的历史看，物理实验是物理学理论的基础，也是物理学发展的基本动力。物理实验在物理学发展中的作用主要表现在以下几个方面。

1. 发现新事物和探索新规律

在经典物理发展中，伽利略的斜面实验、胡克的弹性实验、玻意耳的空气压缩实验等都为经典力学提供了实验事实，并在这基础上建立了新规律。在电学方面，库仑定律、欧姆定律、法拉第电解定律和电磁感应定律等的建立，无一不是在大量的实验中探索出来的。在光学方面，光的干涉、衍射、偏振等现象也都是首先在实验中发现。在19世纪和20世纪之交，正当人们纷纷认为物理学已发展到顶点的时候，也正是X线、放射性和电子等的发现，打破了沉闷的空气，揭示了经典物理的不足，从而开拓了新的领域，诞生了现代物理学。这一切都说明了实验是物理学的基础。

2. 验证理论

理论是物理学的核心。理论是否正确必须经受实验的检验。实验是检验理论的重要手段。一次单独的实验可以推翻所有可能的论据，多次实验可以确证某一结论。例如，麦克斯韦的电磁场理论只有当他预言的电磁波被赫兹的实验证实后才真正成为电磁理论的基础；爱因斯坦的光电子假设直到1916年被密立根的严密的光电效应实验证实后，光的波粒二象性才为人们接受；德布罗意的物质波假说也是在发现电子衍射后得到肯定的。理论有一定的适用范围，这个范围往往也要由实验在检验理论的过程中确定。

理论和实验之间是相辅相成的辩证关系。没有实验，理论是空洞的；没有理论，实验是盲目的。

3. 测定常量

物理学中的常量有两类。一类是物质常量，如比热容、电阻率、折射率等，这些常量在一定条件下会随某一因素而改变。另一类是基本常量，它是物理学中的普适常量。如真空中的光速、基本电荷、普朗克常量等。

在物理学中，大量的实验是围绕常量进行的，特别是基本常量的研究和确定，在物理学发展史上更占有极其重要的地位。例如，万有引力常量的数值，从牛顿发现万有引力定律以来一直是人们试图测准的对象。

常量之间的协调是检验物理理论的重要途径。基本物理常量的协调不仅是物理学也是科学技术的重大问题。因为每次协调都是在大量实验、在取得了众多新的研究成果的基础上做出的。例如，光速是现在已经测量比较准确的基本物理常量之一。1983年第17届国际计量大会决定以“真空中光在1/299 792 458 s的时间间隔内行程的长度”作为“米”的新定义，从根本上免去了长度单位的物质基准。

4. 推广应用

现代社会的许多技术，如蒸汽技术、电工和电子技术都离不开实验。各种发明创造，都是经过大量的实验研究才日臻完善的。光谱学、激光、核磁共振、穆斯堡尔谱学、超导器件等都凝聚了实验物理学家的心血。

总之，实验在物理学的发展中发挥了巨大的作用。特别需要指出的是，作为一年一度的物理科学的最高奖励——诺贝尔物理学奖从1901～1992年共有140位获奖者，其中由于实验而获奖的科学家就有103人，约占74%。正如张文裕先生所论述的：“科学实验是科学理论的源泉，是自然科学的根本，也是工程技术的基础。”丁肇中教授在1976年荣获诺贝尔物理学奖时所写的一封信中说：“事实上，自然科学理论不能离开实验的基础。特别，物理学是从实验中产生的。”

1.2.2 物理实验教学在人才培养中的作用

实验教学是物理教学的有机组成部分，无论从物理教学的目的任务，还是从物理学科特点以及学生的年龄特征等诸多方面考虑，实验教学在物理教学中都占据着极其重要的地位，对提高物理教学质量，培养创造性人才具有极其重要的作用。

1. 实验是培养创造性人才的必经之路

1940年，我国著名物理学家吴有训先生写了“理学院”一文阐述了他与叶企荪先生的教育思想：“有些欧美留学生返国开了一些高调而空虚的功课，如数学、物理学等由普通至最深的课程，无不应有尽有，要是专以课程的名称，互相比较，中国的大学程度，似较世界任何大学为高。教者只是糊涂地教，学者只是糊涂地听，均在似懂非懂的微妙境地。这种高调的课程，对具有谈玄传统习尚的中国人，非常适合口味，结果学生对于实验常识，一无训练，每日谈自由研究实不知研究为何事……把科学的实验性完全忽略……抗战前 10 年至 15 年的时间，国内才有了真正的科学工作。理学院的训练力戒高调与空虚之弊。一方面对于课程不尚高深和数量，唯着重于基本的学程，力求切实与彻底。基本原理和事实的了解，问题的解决，为施教重要的部分。另一方面，充实必需的仪器与图书，使教学的设备，足敷应用。因必须仪器的充实，重要的实验，均可举行，实验科学的意义，学生得以了解……此外对于实验的技术，手眼的训练，特加留意。如木工、金工及吹玻璃等，表面看来，似极琐屑，其实实验工作之能否成功，有时全在这些工作之是否精巧。国内科学不发达的最大表现，便是学生手眼之未受训……"由此可见，正是他们重视物理实验的教育思想造就了王淦昌、钱伟长、李政道、杨振宁、钱三强等一大批著名的科学家。

2. 实验教学能创设学习物理的情境，激发学生学习物理的兴趣与求知欲望

重视创设学习物理的情境是新课程的基本理念之一，"激发学习兴趣"是中学物理教学目的任务之一，实验教学是创设学习物理的情境与"激发学习兴趣"的最有效方法。因为物理实验真实、形象、生动，对中学生有很强的吸引力，极易唤起他们的直觉兴趣。例如，"煮金鱼"、"猎猴"等实验出乎学生意料的结果，可使学生的注意力高度集中，并唤起他们的好奇心，激发他们的求知欲望。另一方面，由于实验是一种有目的性的操作行为，所以，学生在观察的基础上，很自然地会产生一种自己操作的欲望。如果教师善于观察学生的表现并因势利导，容易使学生的好奇心、直接兴趣逐渐转化为探求科学知识的持久兴趣和饱满热情。

3. 实验教学是发展学生探究能力的重要途径

实验是手、脑并用的实践活动。在实验过程中，通过富有启发性的问题，或者用能有效地激发起问题的事物或现象，驱动学生积极、主动地进行观察和操作等收集事实证据的活动、提出和求证假说以及做出解释等积极构建知识的活动；通过评估、交流甚至辩论，使学生得以评判自己和他人的解释，不仅能扩展自己对知识的理解，而且提高质疑、推理和批判性地思考科学现象的能力。通过真正地"做"科学，学生既学到知识、技能，又掌握更深入地运用和探究那些知识所必需的思维方法，使探究能力得以提高，同时形成正确的对待科学问题的态度。

综上所述，实验教学在中学物理教学中占有相当重要的地位，不能仅仅把它理解为直观教学的一种手段，正如课程标准所说，"实验是物理课程改革的重要环节，是落实物理课程目标、全面提高学生科学素养的重要途径，也是物理课程改革的重要资源"。

1.2.3 物理实验教学的基本形式

中学物理实验教学的基本形式有演示实验、学生分组实验、边教边实验以及课外实验与制作。

1. 演示实验

演示实验是以教师为主要操作者的表演示范实验，通过表演示范把要研究的物理现象展现在学生面前，引导学生观察思考，并配合讲授或穿插讨论等方式把知识传授给学生，完成教学任务。演示实验的优点是能够充分发挥教师的主导作用，并为学生独立进行实验创造条件。一些成功的演示实验，不仅使课堂气氛活跃，获得很好的教学效果，而且常常给学生留下难以磨灭的鲜明印象，激起他们学习物理的浓厚兴趣，奠定其献身科学技术事业的信心。

演示实验在课堂教学过程的不同阶段所起的作用是不同的，在引入新课、巩固新课或阐述概念、导出规律时，可以安排不同类型的演示实验。在引入课题时，可以选择一些生动有趣、新奇和使学生感到意外的实验，创造一个愉快的物理学习环境，激发学生的求知欲望；在新课教学过程中，提供丰富的、必要的感性素材，展示物理现象和物理过程，特别是日常生活中难以见到的或者与学生经验抵触的现象和过程，形成鲜明的表象，使一些抽象的物理概念和规律为学生所接受；演示实验不仅可以在形成知识的过程中发挥作用，而且可以有意识地选择、设计、控制实验内容，进行观察思维训练，并在应用知识的教学过程中发挥作用；演示实验还可以提供示范，为学生技能训练创造条件，并在示范过程中用教师的感情、思维方法、操作技能以及科学作风等影响学生，潜移默化地培养学生的科学态度和作风。所以说，演示实验对传授物理知识、培养学生科学态度、教给学生思想方法以及开发学生智力、发展学生能力都有很重要的作用。

2. 学生分组实验

学生分组实验是学生在教师的指导下，利用整节课的时间在实验室里分组进行实验的教学形式。它要求学生自己动手使用仪器、观察测量、记录数据，并分析总结实验过程，进行数据处理，是学生在教师指导下独立地获得物理知识与实验技能的活动，也是学生手和脑、知识和能力、经验和创造力获得综合性基本训练和培养良好道德素养的重要环节。在学生分组实验过程中，教师要善于启发学生实验的主动性和积极性，要求学生对实验的每一步骤、每一项观察和测定都认真思考，以发展学生的思维能力，培养学生的实验能力以及独立分析解决实际问题的能力。

从教学目的的侧重点划分，学生分组实验大体可以分为探究性实验、验证性实验、测定性实验、基本练习性实验。探究性实验又称探索性实验，主要目的是让学生通过观察归纳认识物理规律、训练实验技能；验证性实验的主要目的是通过实验来验证由已知理论推导出的新结论的正确性，以加深对新知识的理解，并训练实验技能；测定性实验通过物理量或物理常数的测定，帮助学生理解物理概念以及物理量的意义，应用物理规律，训练实验技能，并学一点间接测量的思想方法；基本练习性实验的目的是使学生认识某种仪器并训练使用方法或者是学习某种装配技术。

3. 边教边实验

边教边实验是教师一边讲授(包括演示),一边指导学生做有关实验,从而使学生学习一定的知识和技能的实验教学形式。它是一个比较新的实验类型,有人认为,把它叫做边学边实验更合适。对一定的课题采用边教边实验的方法,由于学生通过自己动手学习知识,所以积极性高,有利于发挥学生的主体作用,也有利于克服课堂教学满堂灌的现象;由于在实验的间隙穿插教师的启发、引导、讲解或师生讨论,所以有利于发挥教师的主导作用,同时,实验过程中可以及时反馈学生学习的信息,便于教师采取相应的强化措施;又由于这类实验小型灵活,运用方便,所以能够提供更多的机会培养学生的实验技能和使学生掌握科学的研究方法。在教学改革中,边教边实验的方法越来越受到重视和欢迎。

边教边实验一般在教室里进行,所以实验规模不要过大,仪器要简单,数量要充足,学生分组要小,要就近结合。操作步骤不能太复杂,操作技术不能要求太高,实验时间不能过长,成功率要高,实验不能有危险性。

边教边实验不是对所有的教学内容都适用,一般说来,适合边教边实验的教学内容有:运用"发现法"教学,引导学生通过实验建立概念和认识规律的小型课题;初次认识和运用物理仪器的课题;学生容易产生似是而非的内容;可见度不高的重点或难点演示实验。

4. 课外实验与制作

课外实验与制作是课堂实验教学的有益补充,是不可缺少的一种教学形式。一般说来,课外实验与制作有 4 种方式:① 结合教学内容,要求学生用一些简单的器材自制学具或教具;② 利用简单的器材或仪器独立地进行观察和实验;③ 在教师的组织和指导下进行室外观察和测量;④ 学生对自己在学习生活和社会生活中发现的问题进行探究。

课外实验与制作可以扩大学生的知识领域,激发学生学习物理的兴趣,培养学生的观察能力、独立工作能力以及耐心、毅力等优良品质和科学探究的能力。

进行课外实验与制作要注意:内容要有意义,要与课堂讲授内容结合;方法简单,不需要特殊仪器;要安全可靠。

1.3 物理实验教学研究的内容

实验教学是物理教学的坚实基础,是提高物理教学质量和教学效果的保障。但是,我国物理实验教学长期未受到应有的重视,实验物质条件的不足也给实验教学带来一定的困难,实验教学还是一个薄弱环节。例如,某些演示实验效果不理想,某些实验仪器缺乏等。因此,物理实验中的疑难问题仍然存在,为了完成物理教学任务,解决实验教学中的有关问题,必须加强物理实验教学研究。

1.3.1　物理疑难实验存在的缘由

在学习物理时，中学生对教师如何能将一个个实验表演成功的奥秘是缺乏了解的，也多半不太清楚老师的那“台上几分钟”，用到的却是“台下几天功”。当他们看到实验的效果不好甚至做不成功时，也不一定有兴趣弄清楚其中的缘由。到了大学阶段，同学们虽然实验做了不少，但一方面由于实验内容直接针对中学物理实验的相对较少，另一方面不少同学在做实验时有为完成任务、为交实验报告而做实验的倾向，真正转换到作为一个中学物理教师的角色、对实验进行仔细钻研的同学尚不多。这样到中学实习时，一些同学在接到包含令教学经验丰富的教师都感到困难的实验教学任务时，并没有意识到会有什么麻烦，没有提前做好足够的实验准备，以为照着课本上所叙述的步骤去做就行了，结果是不断碰钉子。例如，高中物理中机械波概念的引入，教材上用的是一个如图 1－1 所示的绳波演示实验，按课本所述，用手拿着一根绳子的一端(另一端固定)上下摆动，就会看到一列凹凸相间的波向绳子的另一端传去。但到真正操作时，拉着绳子的一端上下摆动了很长时间，却只见整条绳子在摆动，而不见明显的波。实际上，这个实验要想演示出课本所说的现象，在绳子的选择上很有讲究，绳子如何悬挂以及手拿绳子如何摆动也都是个问题，并不是随便拿根绳子、随便摇两下就可以“摇”出波来的。而这些细节，作为以中学生为读者对象的中学物理课本一般是不会特别加以说明的。类似地，光电效应的演示实验也是如此，按照课本介绍，把一块擦得很亮的锌板连接在如图 1－2 所示的验电器上，用弧光灯照射锌板，验电器指针就张开一个角度。但实际上，用弧光灯或紫外线灯进行长时间照射，却不见验电器指针有要张开的迹象。还有一些实验，如验证牛顿第二定律的实验、用打点计时器验证机械能守恒定律的实验等，虽然能做，但实验误差太大，结果令人失望。这样的实验挫折经历多次后，教学新手往往会变得对实验产生畏惧心理，久而久之虽然教学经验不断丰富，有些还成了教学骨干，但不少实验在他们的手中，疑难的程度却没有相应地降低。

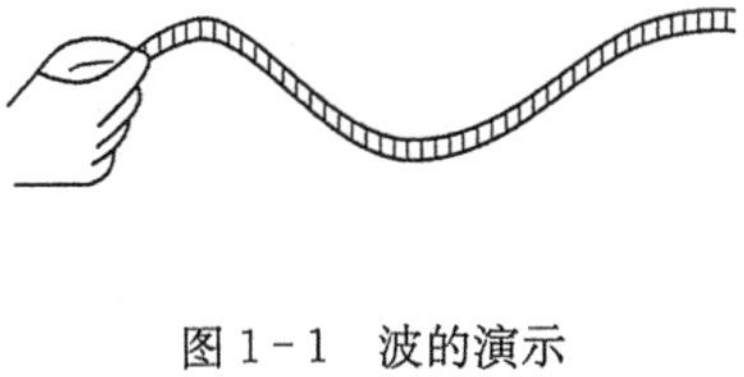

图 1－1　波的演示

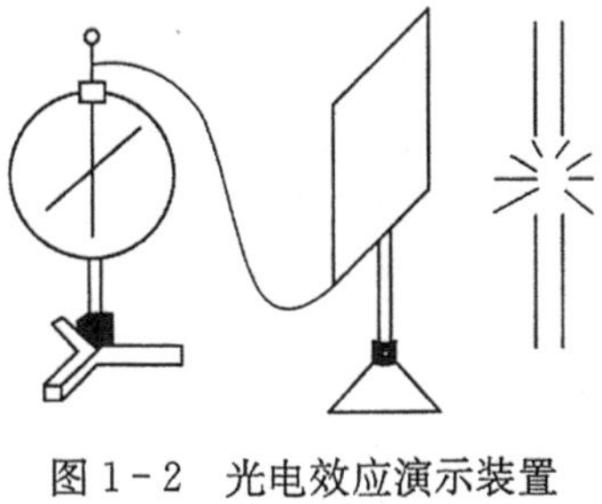

图 1－2　光电效应演示装置

中学物理中竟然还有这么多的疑难实验，这是大多数新教师始料不及的。人们不禁要问，中学物理范围内主要涉及的大都是物理学中比较成熟的知识内容，怎么还会有疑难实验呢？这个问题不解决，就会造成前面所说的由忽视或轻视直至畏惧的结果。

1. 物理教学实验具有特殊性

首先，作为科学实验，物理教学中的这些难题都早已在实验室获得了解决。但如今作为教学内容编进中学物理教科书中，就属于物理教学实验。作为教学的物理实验，和科研的物理实验或在其他应用领域的物理实验有一个最重要的区别，那就是物理教学实验的设计不仅要体现物理思想、符合科学性原则，而且必须反映教学思想、符合教学原则。例如，简谐振动图像的描绘实验，从技术上来说，有很多的方法可以描绘出正弦或余弦曲线。但若设计成像绘图仪一样的图像描绘仪，虽然具有自动化程度和可靠性高、操作简便等诸多优点，但从教学目的考虑，这个实验首要的就是在所获得的图像与振动体的运动之间建立起尽可能直接的、必然的联系，以便学生理解图像所反映的物理意义。从这一点来看，如果图像的描绘是通过一个自动化的装置来实现的，而其机制又被有意无意地置于隐藏地位的话，它就丧失了作为一个物理教学实验存在所必须有的教学价值。为此，就要设计出一个既简单直观又可靠好用的装置，这在技术上提出了更高的要求。同样的道理，前述的光电效应演示实验，采用裸露的锌板，并用验电器检验锌板上的带电，从教学思想上来考虑是很值得的，但在技术上又大大地增加了实验的难度。此外，如电磁(阻尼)振荡、光学中的一些实验等也都有同样的问题。这样带来的实验疑难在中学物理疑难实验中占有相当的比例。

2. 实验的难度是相对于教师的知识、能力和经验而言的

有很多实验，在有经验的教师手中，不存在疑难问题，但是到了新教师手里，却成了难题。还有一些实验，如静电演示实验，由于以著名物理教育家朱正元先生为代表的许多前辈学者的不懈努力，实验本身已不像很多人想像的那么难，但是要很好地驾驭它，实验者必须具有比较扎实的基本功。必须在掌握有关知识的同时，花时间去认真琢磨、体会实验的奥妙，将资料上的分析介绍、别人的经验内化为自己的真正理解和切身体会，并坚持在实践中不断摸索和积累，才能练就出做好静电实验的真功夫。然而，许多刚走上讲台的教师在碰了几次钉子，特别是在看到许多老教师对静电实验也感到头痛之后，就没有信心和恒心深入钻研下去。结果，静电实验在很多教师的手里成了头号疑难实验，只有在天气干燥的气候条件下才敢在课堂上演示。

随着教学改革的深入，中学物理实验教学研究也在不断地发展。因此，作为未来中学物理教师的师范院校的学生，更应该重视物理实验教学研究，通过实验教学研究，熟练地掌握物理实验的基本技能，具备设计与改进物理实验、研究与制作物理仪器的能力，破解疑难实验，为将来从事教学工作奠定基础。

1.3.2　中学物理实验教学研究的内容

1. 中学物理实验教学的目的要求与教育功能的研究

传统的观点，以“掌握知识”为教育目的，仅把实验作为物理教学的一种手段或一种教学方法，因此往往用其他方法代替实验方法。例如，以“生动的语言”描述实验，以“粉笔＋黑板”代替实验。工农业生产和科学技术的发展，对教育提出了提高全民族的素质、开发智力、发展能力等更高的要求。所以，物理教育的目的，不仅要教给学生物理知识，而且要教会学生学习和研究物理的方法。而物理学的研究是以科学的观察、实验方法为基础的，因此物理实验在物理教学中，不仅是教学的重要基础，而且是物理教学的重要内容。所以说，必须从实验对实现物理教育的总目标方面、在培养人才的能力和素质以及美育方面、在学生学习过程的作用方面以及学习心理等诸方面对实验教学的目的要求与教育功能有一个全面的认识，才能有目的地、自觉地发挥实验的作用，培养出新型的符合四化建设需要的人才。

2. 物理实验教学原理、方案、方法及其改革的研究

这是一个内容十分广泛的课题，也往往是物理教学改革的突破口。

1）运用实验教学理论指导实验研究：如何从分析原理入手进行实验教学的研究；实验条件与实验操作的研究；实验中数学方法的应用研究等。

2）演示实验教学研究：① 演示实验设计思想的研究；② 根据学生的认知规律设计演示程序的研究；③ 提高已有演示实验效果的研究；④ 填补演示空白、突破教学难点的专题研究；⑤ 多种演示手段和替代性实验的研究；⑥ 利用简易器材或教具变演示实验为边教边实验的研究；⑦ 制作简易教具、开发低成本实验的研究等。

3）学生分组实验教学研究：① 创造条件，完善实验教学体系的研究；② 改进学生分组实验的研究；③ 设计、开发新的学生分组实验的研究；④ 学生分组实验教学方法的研究。

4）边教边实验教学研究：边教边实验是一个比较新的实验教学类型，从内容选取、实验设计和教学方法等方面还都不很成熟，需要做较多的研究工作。例如，边教边实验的选题；边教边实验的实验设计与教学方法的研究；边教边实验思维活动的指导等。

5）课外实验与课外制作研究：有课外实验研究与开发；课外观察性实验研究；综合性课外观察实验研究；课外探索性实验研究；课外设计与制作等。

3. 实验教学心理研究

实验教学的效果，往往并不取决于实验技术，而是取决于是否适应学生的心理特点。不同学生对待物理实验的心态不一样，有的兴趣浓厚，有的反应淡漠，有的积极主动，有的应付被动，有的知难而进，有的畏难依赖，因而会导致不同的效果。

因此，了解学生心理特点因材施教，是取得实验教学成功的有效途径。另外，无论从总体上来看，还是从具体实验教学组织形式上看，只有借助心理学理论的指导，才能更充分地发挥实验教学的认知作用、教育作用和发展作用。

4. 实验研究的方法、实验设计、自制教具与学具研制

实验研究的方法，实验设计的原则、方法、内容，自制教具与学具研制的意义、原则、方法、内容以及教学功能等都是物理实验教学研究的重要内容。

5. 多种实验手段的研究

怎样使得传统教学手段与现代教学手段有机结合、如何发挥各种手段在实验教学中的作用等都是实验教学研究的内容。

6. 物理实验教学目标以及物理实验教学的测量和评价的研究

物理实验教学目标的研究和物理实验操作考试的推行，是我国中学物理教学关于物理教学测量与评价的新课题。目前，如何根据我国国情制定切实可行的物理实验教学目标，并研究出一套简单易行、客观可靠的测量办法，把物理实验操作实实在在地列入到各级考试中去，还需要广大物理教育工作者共同努力。

下面列出“剑桥国际考试大纲关于高中学生物理实验技能的培养目标”，以供参考，见表 1－3。

表 1－3 剑桥国际考试大纲关于高中学生物理实验技能的培养目标

目　标	内　　　容
C_1和C_2	1）按照说明组装和使用所提供的仪器。 2）为解决问题，从给出的物品中选择合适的测量仪器。 3）正确实施实验仪器的操作。
C_3和C_4	1）从测量装置上读取数据。包括读数的准确度，有效数字，在标度间隔内插值，允许零误差，重复测量得到平均值。 2）以合适的单位系统地记录观测结果。 3）按要求进行数据处理。 4）用数据作图。选取合适的坐标轴和标度，准确地画出数据点。 5）在图中用内插法和外插法读取数据。 6）确定图线的斜率、截距和交点。 7）清楚地画出并报告结果和结论。
C_5和C_6	1）说明你是怎样按要求进行实验的。 2）描述进行实验采取的预防性的注意事项。 3）对选择仪器的原因做出说明。 4）对实验过程做出评论并提出改进意见。

1.3.3 物理实验教学研究内容的选择原则

物理实验教学研究内容应按照“奠定基础、培养能力、适应更新、突出特点”的原则来选择。

1. 奠定基础

(1) 牢固树立中学物理教学必须以实验为基础的思想

从物理科学本身的发展规律来看，真正的物理学是伴随着伽利略的实验力学的兴起而产生的。并由此奠定了包括物理学在内的自然科学的实验研究方法的基础。实验方法是自然科学研究方法的基础，离开了实验，物理学就成了无源之水、无本之木。

从中学物理教学的特点来看，物理教学就是把人类关于物理现象及其规律的认识传给学生，同时发展学生的创新能力。在这一过程中，学生学习的过程与物理学家的探索过程有相似之处，即要运用物理实验、数学运算和思维推理相结合的方法。根据学生的年龄特征，要坚持理论联系实际的原则，尽量做到生动直观。因此，中学物理教学应以实验方法为基础。其中的实验归纳法是中学生探索物理规律的重要途径，实验验证法是对物理规律加深理解、强化记忆的有效手段。

从社会对人才需要的趋势来看，为适应科学技术飞速发展的世界形势的需要，培养出更多的优秀人才，物理教学要立足于知识传授，放眼于智能开发，养成科学作风和培养优良品德，都必须以实验为基础。

(2) 掌握中学物理实验教学的基础理论

中学物理实验教学的理论应以马克思主义的认识论、科学方法论为指导，以教育学、心理学、生理学等教育科学理论和电子学、工程学、建筑学等物理技术理论以及近代科学的系统论、信息论、控制论为基础，来探讨中学物理实验教学的最优化理论、技术和实践，总结出有关中学物理实验教学的目的确定、原理构思、仪器研制、程序编排、操作管理、手段运用、数据处理、误差分析、结果报告等实验环节的系统理论。

(3) 要具备中学物理实验教学的素养

实验素养泛指实验的习惯、作风和精神。根据教学的相互作用理论，要养成创造物理环境，在实验条件下进行物理教学的习惯。在实验过程中要养成遵守操作规程，爱护仪器、注意整洁的良好习惯。对于实验现象和实验数据要养成实事求是的科学作风。对于实验工作要有严谨求实、一丝不苟、追索机遇、乐在其中的工作态度，对于认定的目标应争取时间、争取第一，具备坚韧不拔、勇于探索的创新精神。

2. 培养能力

(1) 操作动手能力

实验是一种手、脑并用的活动，要加强对仪器的操作使用、观测记录的训练。重点应放在调整实验装置及对基本仪器操作使用的程序化要求上，具体要训练认识与调节仪器的能力；按照实验原理安装仪器的能力；多种感官并用，手脑协调的操作能力；分析原因排除故障的能力等。

（2）数据处理的能力

数据处理是一门很深的学问，应在理解精密度和有效数字、准确度和误差、平均值与偏差的基础上，掌握用偏转法或指零法确定直接量的结果和进行有效数字的组合运算，确定间接量的结果，还要掌握用列表法和作图法处理多个变量的基本方法。

（3）自行设计实验和研制简单仪器的能力

设计实验和自制仪器是涉及实验教学全局性的一环，其能力来源于对各种实验方法的综合运用和技能迁移，也取决于基本实验技术和工艺水平的高低，对基本仪器的使用、要善于使用厂制产品说明书，并会选用各种类型的组合教具和学具。

3. 适应形势

面临中学物理教学改革的新形势，中学物理实验教学应立足于培养目标，着眼于教改动态，着重研究新教材、新教法、新手段，尽力反映新信息、新技术、新成果。在实验内容和方法手段上，要考虑现实需要和发展趋势的适应性。既要立足于以经典物理为主的实验内容和传统的实验教法，又要着眼于反映近代物理学发展的关键性实验内容和现代化的教学手段。

4. 突出特点

（1）高校性

教学内容要居高临下，融会贯通。要充分运用学生在大学掌握的理论知识和实验技能，发挥学生的自觉性、独立性和创造性。

（2）师范性

要运用教育理论做好示范。要遵循教学规律，运用教学原理，注重学生的双重身份，一方面是高校学生，同时又要有教师角色。要模拟实验教学的各个环节，开展示范训练，造就一代新型物理教师。

（3）基础性

本教材编写意图之一是让学生有"身在大学，心系中学"的意识，实验教学中的技能培养要面向中学，重视仪器选择、教具自制和实验设计，培养因陋就简、土法上马，积极主动从事实验教学的意识。

1.4　物理实验教学中的科学方法教育

物理科学方法教育包括科学精神、科学方法和科学态度三个方面的内容。高中物理课程标准指出，"高中物理课程应促进学生自主学习，让学生积极参与、乐于探究、勇于实验、勤于思考。通过多样化的教学方式，帮助学生学习物理知识与技能，培养其科学探究能力，使其逐步形成科学态度与科学精神。"

1.4.1　弘扬科学精神

一个民族要真正立于世界民族之林，一是在高新技术的发展中积极竞争，二要在全民族中倡导科学精神。科学精神主要体现在以下几个方面。

1. 科学精神是怀疑精神

亚里士多德说，重的物体比轻的物体先落地。真的如此吗？伽利略对这个说法提出了怀疑，并利用实验，解决了力与运动的关系、自由落体规律等问题，促进了物理学的长足发展，推翻了亚里士多德的观点。著名的科学方法论学者波普尔说："正是怀疑、问题激发我们去学习，去发展知识，去实践，去观察。"在这个意义上可以说，科学的历史就是通过怀疑，提出问题并解答问题的历史。

2. 科学精神是求实精神

培养求实精神的关键是教师要在求实方面为学生做出表率。教师要真心实意地重视实验、重视实践检验、重视得出知识的过程，为学生创造学习科学的环境，让学生切实感到学科学、做科学必须有一个老老实实的态度，来不得半点虚假。另外，要引导学生相信科学、尊重科学，增强识别封建迷信和伪科学的能力。还要让学生明确，求实并不意味着不加分析地相信某种实践的表面结果，而是要深入到事物的本质。学生初步形成的求实精神对进一步学习科学十分必要，对于学会做人、做事也是很有帮助的。

3. 科学精神是创新精神

"创新是一个民族的灵魂，是一个国家兴旺发达的不竭动力。"创新也是科学的生命，没有创新，就没有科学，没有创新，科学将停滞不前。实验是创新之本。科学家的发明成果大多出自实验室，实验是验证、探索、发现新东西最重要、最可靠的手段。因此，要培养学生的创新精神，首先就必须使学生具有较强的实验能力。

4. 科学精神是人文精神

正如中国工程院院士周立伟在《科学导报》2004年11期的卷首寄语中所说，科学精神与人文精神本质上是相通的。如果我们从哲学的角度看，科学精神是一种辩证的、求实的、追求真理的哲学沉思；从社会人文的角度看，科学精神是人类在对自然的认识和改造过程中体现出来的求真、至善、臻美的文化精神；从道德的角度看，科学精神是一种独立、诚实、无私、实事求是的品质。科学精神很大部分反映的是个人的人文素养，而通过实验可以培养学生实事求是、合作、追求真理等多方面的人文素养。

5. 科学精神是实践精神

实践是人们能动地认识世界和改造世界的、社会性的、客观相互作用的活动。实践是认识的源泉，人们在实践中接触事物，感知事物的现象，进而揭示其本质。实践是认识发展的动力，实践的需要推动着认识的发展，实践改造了人的主观世界，发展和提高了人的认识能力和智力，而实验是学生实践的重要途径之一。

1.4.2 掌握科学方法

任何时代，人们对真理的探求与认识，总是与方法联系在一起的，真理的获得不可能在方法之外进行。在加强实验教学、培养学生实际操作能力的同时，注意向学生进行物理学科学方法的教育，不仅具有十分重要的意义，而且是可能的，因为物理实验中蕴藏着丰富的科学方法因素。

1. 物理实验中的思维方法

(1) *分析的方法*

例如：① 运用悬挂法测重心，为什么两次悬挂所得竖直线的交点就是重心？② 惯性球实验，为什么物体留在原点，就说明物体有惯性？③ 测定滑动摩擦力的实验中，为什么弹簧秤的示数就是木块与桌面之间的摩擦力数值？④ 分子引力的实验中，为什么两铅柱紧密接触后不易拉开，就联想到是由分子引力的结果，而马德堡半球的实验就是大气压强的结果？⑤ 欧姆定律实验中，如何从实验中归纳实验公式？解决这些问题，都要借助于分析。

(2) *理想实验法*

理想实验法是人们在真实的实验基础上，以科学实验为依据，运用逻辑推理对实际的物理过程进行深入地分析，忽略次要的矛盾，抓住主要矛盾，进而在思想中塑造的理想过程和分析方法。

例如，物理学中研究牛顿第一定律的斜面实验（或斜面对接）就是理想实验。当然，从实际的真实的实验到理想的实验，以及根据理想实验总结规律都还必须进行分析。

(3) *物理模型法*

它是在实验的基础上对物理事实的一种近似形象的描写，物理模型的建立，往往导致理论上的飞跃。常见的物理模型有质点、点电荷、光线、磁感线、理想气体等。

(4) *反向探求法*

当沿着某一方向思考不得求解时，不妨变换一下方向，倒过来思考，可能会导致新的发现。法拉第就是在这种思想指导下研究电磁感应现象的。

(5) *综合运用各种方法*

例如，焦耳定律实验中，研究热量 Q 与电阻 R、电流强度 I、时间 t 的关系时运用了单因子实验方法；总结规律时运用了对比的方法；观察实验效果时运用了放大的方法。

物理学的不同分支，运用的方法也有所侧重。例如，力学运用平衡方法较多，光学运用色光对比、“光线”模型以及几何作图方法较多。有时还会应用一些特殊的方法，例如，热学实验中常运用混合方法（测比热容、测温度），电学实验中常用短路法、断路法等。

2. 物理实验中的数学方法

数学是一种科学的语言，它具有严密、逻辑、辩证、抽象的特点，用它可以对客观规律作最精练的总结，在物理实验中同样可以用来进行描述、推理和计算。物理实验中常用以下几种数学方法。

(1) 几何图形法（或图示法）

例如：① 测圆锥体的高及圆的直径；② 运用作图法说明光的反射定律、平面镜成像、潜望镜、光的折射定律、凸透镜与凹透镜对光线的会聚及发散作用；③ 运用描点法，画物质熔解过程中温度随时间变化的曲线；④ 运动的速度图线；⑤ 研究运动（或力）的合成与分解；⑥ 振动的图线；⑦ 利用图线研究气体的等温、等体、等压变化；⑧ 利用电场线描绘电场；⑨ 利用磁感线形象描绘磁场，更是法拉第富有革命性的创见等。

(2) 叠加平均法（算术平均法）

例如：① 测纸厚，测金属丝的直径；② 测短棉线的质量；③ 伏安法测电阻；④ 测凸透镜的焦距。

(3) 比例法（或简单函数关系法）

例如：① 弹簧伸长与外力的关系；② 温度计的刻度；③ 总结欧姆定律的数学表达式，等等。

(4) 表格法

例如：① 研究摩擦力与哪些因素有关；② 滑轮组的机械效率；③ 电流与电压的关系的实验，以及定量的学生实验研究中几乎都应用了表格法。

3. 简单测量仪器的设计方法

定量地研究物理概念，或者总结物理规律时，经常要用到简单的测量仪器。例如，比较简单的有直尺、弹簧秤、温度计、微小压强计、比重计等；比较复杂的如游标卡尺、螺旋测微器、速度计、气压计、电流表、电压表、电度表等。尽管这些简单测量仪器的外形、构造、用途等各不相同，但是只要仔细观察、分析它们的测量原理，就会发现这些仪器的设计有一定的规律，掌握了规律，就可以进行简单测量仪器的设计。

下面介绍简单测量仪器的设计方法。

(1) 首先确定“被测量”

例如，假设我们想设计测量“力”和测量“温度”的仪器，那么“被测量”就是“力”和“温度”。

(2) 研究“被测量”具有什么属性

力可以改变物体的运动状态，也可以使物体发生形变；温度是表示物体冷热程度的量，通过热传递、做功可以改变物体的温度，物体的温度改变，物体的体积随之改变。

(3) 确定“测量属性”，选择“测量物质”

我们要选择关系简单、便于测量的属性(最好是成正比例或反比例关系)。为此：① 选“力可以使物体产生形变”的特征作为“测力属性”，选弹簧作为“测力物质”，并根据弹簧的伸长来反映力的大小，因为弹簧的伸长量与它所受的力的大小成正比，而且弹簧比较容易找到，它的伸长量也便于测定；② 选液体受热膨胀作为“测温属性”，选择某种液体，如酒精、煤油或者水银等作为“测温物质”，其受热后体积的变化与温度的变化成正比，而且这些液体比较容易找到，体积的变化也便于测量。

(4) 明确结构原理

由上可知：① 测量力是根据弹簧的伸长跟受到的拉力成正比例的规律；② 测量温度是根据物体热胀冷缩的规律。

(5) 确定定量显示被测量数值大小的方法

首先确定固定点，然后根据测力(温)属性随力(温度)的变化，做出标志。具体做法是：① 以所选弹簧的最下端为零点，加上一个标尺和挂钩，然后在下面分别挂 1 N，2 N，3 N，…的砝码，记下弹簧相应伸长到的位置，并在标尺对应的位置上标记相应的力的数值。这样，若在弹簧下再挂欲测重物或加欲测的力时，弹簧标尺指在何处，对应的示数就是欲测重物或欲测的力的大小；② 记下装有酒精的细玻璃管插入冰水混合物中时，管中酒精液面的位置为零点，再记下把它放入沸腾的水中时(1.01325×10^5 Pa 条件下)，管中酒精液面的位置为 100，然后在 0～100 之间平分为 100 个格，那么每一格就代表 1 度(这就是摄氏温标的 1 度)。平分刻度的依据是液体膨胀与温度的变化成正比例。

这样，一个简单的测力计(弹簧秤)和测温计(温度计)就设计出来了。

(6) 明确测量原理

测力计的测量原理是二力平衡条件，即欲测力与弹簧伸长产生的弹力大小相等；测温计的测量原理是热平衡原理，即当测温计与被测物接触，经过一段时间后，两者的温度一定相等。

如果我们对使用过的仪表，都进行以上几步分析，就可以学会设计简单测量仪器的方法了。

4. 学会观察演示实验的方法

物理学是一门以实验为基础的学科，要学好物理学必须重视实验，一要学会观察演示实验，二是自己会做实验。

演示实验都是重要的、典型的、有趣味的实验，对于建立概念、总结规律、联系实际、突破难点都有重要作用。这其中也含有许多科学方法的因素，因此，学会观察演示实验是十分有意义的。

1）要注意观察教师演示实验所用的仪器。① 仪器构造有何特点，例如，天平的构造是对称的（当然应该思考为什么要对称）。② 仪器、仪表的刻度有何特点。有的刻度是均匀的，有的刻度是不均匀的，有的仪表，同样刻度可以表示不同程度。③ 通过观察仪表的刻度，能读出最高（大）或最低（小）刻度的示数，以及每一大格或每一小格刻度的示数。

2）要注意观察实验出现的现象。有的是出乎意料的，例如，两个额定电压相同而功率不相同的照明灯泡，串联接在 220 V 电压上，结果功率大的不如功率小的灯泡亮，与一般的想像不同，不能想当然。有的实验，例如，电流过大导致保险丝熔断的实验，“空气压缩引火仪”中硝化棉被点燃的实验等，由于这些实验现象稍纵即逝，所以要特别注意观察的时机，不能错过机会。有的实验是要观察一个过程，例如，萘的溶解、水的沸腾实验，必须耐心、细致、全面，注意比较前后实验现象的变化。观察实验不能只看“热闹”，要学会看“门道”。

3）要注意观察实验的三个基本组成部分，说出具体的实验对象、实验源、实验效果显示器。经常注意分析实验的基本组成部分，对于今后自己做实验或设计实验都是很有帮助的。

4）要学会通过观察实验总结规律。在中学物理教学中，总结规律常用的方法是实验归纳法。简单地讲，就是人们根据一些特殊的实验现象的观察和实验结果的分析，概括出一般性结论。

1.4.3　树立科学态度

科学的态度，可以归纳为四个字，即“严谨求实”。通过物理科学方法教育，使学生养成严肃认真、一丝不苟的良好作风，以及实事求是、客观公正、尊重证据、坚持真理、修正错误的优良品德。正如课程标准中所提出的，“实验室是培养学生科学态度和科学作风的场所，教师应培养学生对实验严肃认真的态度，对实验结果实事求是，如实记录实验数据，并把实事求是的作风带到平时的学习和生活中去”。

1. 科学态度是严谨的态度

物理学最早包含在自然哲学中。当时自然哲学考察自然界的基本方式是思辨，对自然界的某些现象只是提出定性的猜测，而缺乏系统、定量的研究。自从伽利略倡导了以实验为基础、应用科学的思维进行定量的描述，使实验、思维、定量描述三个方面巧妙结合进行物理学的研究之后，物理学才真正成为一门精密的、定量的科学。也只有这样，客观规律才能真正地得到精确严密的描述。

2. 科学态度是实事求是的态度

实事求是的科学态度，也就是忠诚老实的态度。毛泽东同志指出：“知识的问题是一个科学问题，来不得半点的虚伪和骄傲。”也就是说，要尊重事实，如实反应事物的本来面貌，这样才能客观地揭示事物的内在规律。密立根为了精确测定基本电荷日夜工作约 6 年之久，经过了无数次的测量和改进，其论文才于 1910 年发表。值得提出的是，他在这篇论文中写了一个注解：“我已去掉了一个带电油滴上，明显地看到的一次不肯定的没有重复出现过的观测结果，它给出这个油滴的电荷比最终得到的 e 值大约要小 30%。”他如实记录所观察到的现象，不缩小也不夸大，而且对这个异常情况做了认真的交代。他这种实事求是的精神十分感人，可以启迪后人对这个问题开展研究，如物理学家狄拉克就非常重视这个有价值的历史资料。

思 考 题

1. 你认为“物理实验教学研究”课程应该重点涉及哪些内容？
2. 从网络等媒体搜集资料，找出你认为在中学阶段具有较大疑难程度的实验，并分析其中的疑难原因。
3. 根据你所掌握的中学物理实验教学情况，谈谈你对“物理实验在物理教学中的地位”的认识。
4. 谈谈你学习本章的主要收获。

参 考 文 献

1. 安忠，刘炳升. 1986. 中学物理实验教学研究. 北京：高等教育出版社
2. 阎金铎，田世昆. 2003. 中学物理教学概论. 北京：高等教育出版社
3. 陶洪. 1996. 物理实验论. 南宁：广西教育出版社
4. 罗星凯. 1998. 中学物理疑难实验专题研究. 桂林：广西师范大学出版社
5. 冯容士. 1998. 物理实验创造技法和实验研究. 上海：上海教育出版社
6. 郭奕玲，沈慧君. 1993. 物理学史. 北京：清华大学出版社
7. 刘炳升，仲扣庄. 2004. 中学物理教师专业技能训练. 北京：高等教育出版社
8. 廖伯琴，张大昌. 2004. 普通高中物理课程标准(实验)解读. 武汉：湖北教育出版社
9. 张宪魁. 2000. 物理科学方法教育. 青岛：青岛海洋大学出版社
10. 代虹，刘桂荣. 2004. 多媒体手段在中学物理实验教学中的应用研究. 教学仪器与实验，(4)
11. 梁树森. 2001. 理科教学中科学精神的培养. 内蒙古教育，(2)
12. 张昆实. 2002. 剑桥中学证书国际物理实验考试介绍. 物理实验，22(2)

第 2 章　认识物理实验基本仪器

做物理实验没有仪器不行，仪器与实验的关系极为密切，仪器的有无、数量有多少，以及性能的优劣，直接涉及实验的效果，涉及物理课的教学质量。如果仪器失灵使实验不准确，或实验过程中出现不正常的现象，那就不但得不到预期效果，反而会引起学生对实验的猜疑，产生模糊的概念。再者，实验不顺利的话势必拖延时间，影响正常的教学进度。因此，物理教师必须熟悉仪器的性能、构造，熟练掌握仪器的使用方法。操作娴熟，才能真正教好物理。此外，熟悉物理实验仪器对仪器的管理、保养也是至关重要的。如电铃和感应圈的弹片常常振动不起来，只需要适当地拧动调节螺丝，或者将弹片稍加弯曲或将弹片擦净即可；又如采用蓄电池作电源，演示不能成功，多半是因蓄电池管理不善，使电极表面氧化而导电不良，或溶液浓度配备比例不准确，原料不够纯净所致。

2.1　物理实验仪器的基本知识

首先对物理实验仪器基本知识有个正确认识，是用好仪器、做好实验的前提。

2.1.1　教学仪器的型号和仪器上的常见符号

1. 教学仪器的型号

教育部(原国家教委)为促进我国教学仪器的标准化、通用化和系列化，制定并颁发了我国中学教学仪器的技术标准。教学仪器的技术标准取汉语拼音的“教”“仪”的两个字头“J”“Y”打头，如 JY104—82，其意为 1982 年教育部所颁发的教学仪器 104 号标准。查阅这个标准的名称是“学生天平附砝码”。

现在我国教学仪器分为 9 大类，每类又分为若干小类。如表 2-1 所示(其中仅列出物理部分)。

表 2-1　教学仪器的型号

大类号	名称	小类号	名称
0	计量仪器	00 01 02 03 04	长度 质量 时间 温度 电

（续　表）

大类号	名称	小类号	名称
1	通用仪器	10 11 12	一　般 支　架 电　源
2	专用仪器	20 21 22 23 24 25	数　学 力　学 声学与热学 静电与电流 电磁与电子 光学与原子物理
3 4 5	模　型 标　本 挂　图	51	物　理
6 7	玻璃仪器 药　品		
8	工具与材料	80 81 82	演示实验材料 分组实验材料 工　具

仪器编号由 4 个阿拉伯数字组成。第一个数字是大类号；第一个数字加第二个数字是小类号；第三、四个数字是仪器在同一小类中的序号。如低压电源 1201，“1”指通用仪器；“12”指电源；“01”为电源系列的 1 号。

凡教育部已颁布技术标准的教学仪器，都有型号和定型样机。由教育部命名的型号前加有“J”字样。如 J2122 为滑轮组；J2354 为滑动变阻器。

若两种同类产品的性能均能满足教育部的技术要求，但在结构上各有特色，便将其中的一种命名为 J××××—1 型，如 J1202—1 型是学生电源改进后的新产品，就是将 J1202 型学生电源的纽子开关改为刷形开关，并改进了性能和指标。

2. 仪器上的常用符号

(1) 常见电表表面上的符号

如表 2 - 2 所示，“—”表示直流电，“～”表示交流电，“∠60°”表示与水平方向成 60°角放置，其详细情况可参考“普通物理实验”方面的书籍。

表 2 - 2　常见电表表面符号

名称	符号	名称	符号
检流计	G	磁电式电表	
电流表	A	静电式电表	

（续　表）

名　称	符　号	名　称	符　号
毫安表	mA	直　流	—
微安表	μA	交　流	～
电压表	V	交直流两用	≂
毫伏表	mV	标度尺垂直放置	⊥
千伏表	kV	标度尺水平放置	⊓
欧姆表	Ω	标度尺与水平成 60°角	∠60°
兆欧表	MΩ	调零器	⌒
正端钮	+	3 级防外磁场屏蔽	[Ⅲ]
负端钮	−	绝缘强度试验电压为 2 kV	2 ☆
公共端钮	*	以标度尺量限的百分数表示的准确度等级，如 1.5 级	1.5
接地端钮	⏚	以指示值的百分数表示的准确度级，如 1.5 级	(1.5)

（2）常见仪器上的标记

1）游标卡尺：0.05 mm、0.02 mm 表示是精密度；0～125 mm、0～150 mm 表示的是量程。

2）天平：20 mg、50 mg 表示的是感量；200 g、500 g 表示的是称量。

3）滑动变阻器：0～10 Ω、0～2 000 Ω 表示的是电阻的调节范围；2 A、0.3 A 等表示的是允许通过的最大电流。

4）电阻箱：0～9 999 Ω、1 Ω、1.5、≤0.05 Ω 分别表示阻值变化范围、最小进位、准确度等级、零电阻。

2.1.2　认识与使用仪器的一般过程

在使用任何一个以前没有使用过的仪器前，都需要仔细研究一下，不管这个仪器看似多么简单，否则不正确、不恰当地使用可能导致错误的测量结果，减少仪器使用寿命，甚至毁坏仪器。

认识物理实验仪器的办法是：应根据有关知识和资料，对仪器的型号、符号、原理、结构、性能等进行了解，为正确使用仪器奠定基础。

下面以认识中学常用电表和示波器为例，做一详细说明。

1. 认识中学物理实验室常用的电表

1）型号：J0408 伏特表

2）符号：∠60°表示使用时需与水平面成 60°角放置；∩表示此电表是磁电式的，类似地，其他符号可查看“电表符号图解”等。

3）构造原理：参看说明书或有关材料。

4）性能：测量 0～3 V、0～15 V 二挡的直流电压，三个接线柱，“－”为负端，“3”、“15”为正端。

5）在了解这些内容的基础上，将电表轻微晃动一下，看指针转动是否灵活。放稳后，调整表盘下方的调整螺丝，将指针调整到零位，将电表“－”端与“15”端接上导线，在小于 15 V 的电源上搭接一下，指针若能指示电压值，则说明测量机构完好，可以使用。

2. 认识教学示波器

以 J2458 型教学示波器为例，通过提出问题的形式展示其认识与使用过程。

(1) 观察教学示波器的外形面板、说明书的原理框图和技术要求

思考和回答下列问题。

1）示波器面板上的控制区可以分为几大部分？每部分有哪些控制开关和旋钮，各有什么用途？

2）一般示波器在开机前，各旋钮应处在什么位置(逆时针到底，顺时针到底，中间，任意，接地等)？为什么？

旋　　钮	开机前的正确位置	旋　　钮	开机前的正确位置
辉　　度		同步开关	
聚　　焦		Y 轴位移	
辅助聚焦		Y 轴衰减	
X 轴位移		Y 轴增益	
X 轴增益		AC/DC 开关	
扫描范围和 X 外		扫描微调	

3）示波器图形显示的基本原理是二维运动合成的原理。请根据合成原理在下图中画出 Y 轴输入正弦电压时荧光屏上的合成图像，即首先画出 Y 轴正弦图像，再画出扫描信号图像，然后逐点合成描出图像。

(2) 预调示波器

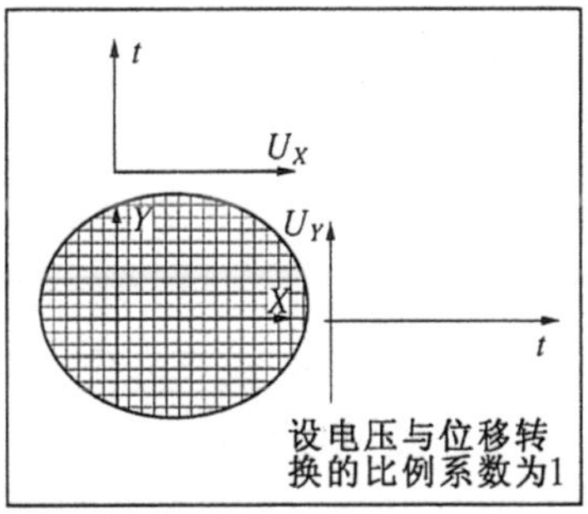

1) 开启电源，预热数分钟后，适当调节辉度，找到光点或光迹，然后进行“聚焦”调整。所谓聚焦，即使光点或光迹最清晰。为使“聚焦”调整效果好，扫描范围旋钮应置于(扫描/X 外)________，Y 轴输入耦合开关宜置于(输入/接地)__________，或使 Y 轴衰减旋钮置于(高/低)____挡，亮度宜调得________。

2) 如果在光屏上找不到光迹，而且增强“辉度”也无效，则将扫描范围旋钮置于(扫描/X 外)________，并配合旋转________旋钮，对解决该问题较为有利。

3) 显示机内“校准 100 mV”信号的波形。

使示波器波形稳定的条件是____，它是通过调节____________和____________旋钮来实现的。

如果需要使示波器屏上波形的波数增加，应当(调高/调低)________扫描频率。

4) 如果短时间停用示波器，应当____________________________________。

5) 如何用教学示波器测量 Y 信号电压的大小?

(3) 使用示波器演示有关现象

1) 用干电池、滑动变阻器和小灯泡组成串联电路，调节变阻器使小灯泡达正常亮度，用示波器显示小灯泡两端的电压波形，并测量出电压的幅值。简要记录测量方法和数据。

2) 用低压电源交流挡、滑动变阻器和小灯泡组成串联电路，调节变阻器使灯泡达到上一步骤中同样的亮度，用示波器显示小灯泡两端的电压波形，并测量正弦交流电压的峰值，将测量结果与直流供电时的测量值进行比较。请由此得出有效值的概念。

3) 用示波器显示收录音机、音叉、拾音话筒等发出声音的波形，演示并说明乐音的特性。演示中的传感器应选用(高阻抗/低阻抗)______话筒，如果用普通扬声器作话筒，效果如何? __________，可以用什么方法使阻抗匹配?

2.1.3　使用量具仪表的注意事项

在正式使用量具仪表测量前，必须弄清楚量具仪表的零点修正值、精密度、量程、准确度、精度。

对于量具仪表的精密度，一般是指量具仪表的最小分度值。如米尺的最小分度为 1 mm，其精密度就为 1 mm。量具仪表的精密度越高，则测量值的有效数字的位数就越多。

量具仪表的准确度，是指其在规定的使用条件下工作时的基本误差(额定最大相对误差)。以电表为例来说明，我国的电表准确度等级一般分为 0.1、0.2、0.5、1.0、1.5、2.5、5.0，准确度等级值越大，则最大相对误差越大，如中学物理实验室常用电流表量程为 0.6 A，级别为 2.5，表盘最小分度为 0.02 A，其最大绝对误差为 $\Delta I = \pm k\% \times I_m = \pm 0.025 \times 0.6\ \text{A} = \pm 0.015\ \text{A}$，由此可见，若用该量程的电流表测量电流大小时，在百分位上就开始存在误差了，在十分位之前的数字是准确的。

对于量具仪表的精度，则是个泛指名词，它既包含着精密度，也包含着准确度。即当量具仪表的系统误差起主导作用而随机误差可以略去时，精度就主要代表准确度，如电表、停表、信号发生器、万用表、示波器等；当量具仪表的随机误差起主导作用而系统误差可以略去不计时，精度就主要代表精密度，如米尺、游标卡尺、量筒、水银温度计等。但天平的精度级别则是以其感量与称量之比来定义的，它既与精密度和准确度有关，又不同于这两个概念。

2.1.4 仪器设计的一般原则

人们在长期的设计实践中，总结出以下几项基本原则。

1. 阿贝(Abbe)原则

1890 年，阿贝对仪器设计提出了一个指导性原则。他说，若要仪器给出正确的测量结果，必须将仪器的读数刻度尺安放在被测尺寸线的延长线上。就是说，被测零件的尺寸线和测量仪中作为读数用的基准线应顺次排成一条线。

如用游标卡尺测工件直径时，它的读数用的刻度尺和被测件的尺寸线不在一条线上，故不符合阿贝原则。而用螺旋测微器(千分尺)测工件直径时，被测件的尺寸线和螺旋测微器的读数线在一条线上，符合阿贝原则。阿贝原则在测量仪器设计中的意义非常大。当仪器准确度相同时，符合阿贝原则，可以降低对仪器的工艺要求；或者说，当加工准确度相同时，符合阿贝原则的测量仪器，可以得到更高的准确度。

2. 测量链最短原则

该原则指一台仪器测量链环节的构件数目应最少。因测量链各环节对仪器准确度的影响最敏感，环节一多，误差增多，不利于提高仪器的准确度，故测量链环节应最少。

3. 变形最小原则

仪器设计，应确保重力、热膨胀以及应力等所引起的变形为最小，这就是变形最小原则。在测量过程中，立柱、支架或仪器座等的变形，都会直接带来测量误差。因此，我们常常看到，仪器的立柱做得比较粗大，底座也宽厚，这些都是依据该原则考虑的。

4. 准确度匹配原则

在对测量仪器进行准确度分析的基础上，根据测量仪器中各部分、各环节对仪器准确度影响程度的不同，根据现实可能，分别对各部分、各环节提出不同的准确度要求和恰当的准确度分配，做到恰到好处，这就是准确度匹配原则。例如，对于一台仪器的机、电、光各个部分的准确度分配要恰当，要互相照顾和适应。特别要注意各部分之间相互牵连，相互要求上的衔接问题。

5. 基面统一原则

基面统一原则，主要是针对仪器中的零件设计来说的，这条原则是，在设计零件时，应该使零件的设计基面、工艺基面和测量基面一致起来。符合这个原则，才能在工艺上做到较经济地获得图纸上规定的准确度要求而避免附加的误差。

6. 经济原则

经济原则是一切设计工作都要遵守的一条基本而又重要的原则，可以从下面几个方面来考虑：较好的工艺性、合理的选材、合理的准确度要求、合理的调整环节、提高仪器寿命。

2.2　物理实验基本操作技能

2.2.1　锡焊技术

1. 电烙铁的类型与构造

常用的电烙铁有外热式和内热式两种。内热式电烙铁常用的规格有 25 W、45 W、75 W、100 W、…、300 W 等多种。内热式电烙铁的发热器件(烙铁芯)装置于内部，具有发热快、体积小、重量轻、耗电省等特点，因而得到广泛应用。其结构由连接杆、手柄、发热器件和烙铁头等部分组成。由于发热器件在烙铁内部，所以热效率高，可达到 85%～95%以上。20 W 内热式实用功率可相当于 25～45 W 的外热式电烙铁，头部温度达 350℃左右。内热式电烙铁最适用于晶体管等小型电子器件和印刷电路板的焊接。

2. 锡焊基本工艺

(1) 判断焊接温度的方法

接通电源，待加热到焊锡的熔点以上时(烙铁与松香接触时冒出白烟)，再将烙铁移到焊锡上“吃锡”。

(2) 焊接表面的清理

欲焊接处先用砂纸或小刀清理干净，并涂上助焊剂。若可能，最好先上锡，既能提高速度，又能提高质量。

(3) 烙铁温度和焊接时间

烙铁头的温度必须高于锡的熔点，并掌握好焊接时间。要求焊接点的温度高于焊锡的熔点。若焊接时间短，焊点温度低，易出现假焊或焊点不实、机械强度不够等故障。焊接时间过长，焊接点锡量不足，强度降低，如果焊接晶体管设备，还可能烫坏管子、电解电容器、印刷线路板等。

(4) 焊接点的接触位置

焊接时要用烙铁头的锡面去接触焊点，这样传热面大，焊接迅速。不宜将烙铁在焊点上来回移动，或用力下压，以免损坏元件。焊点挂锡后，要等锡凝固后，才能移开夹持工具，否则易形成假焊。

(5) 印刷线路板的焊接

印刷线路板是电子仪器的常用器件和底盘，宜选用 20～40 W 的电烙铁。焊接前先将搪锡的元件按线路图分别插入板基的空隙，弯绕一下，然后用偏嘴钳剪去多余的部分。要控制好焊接时间及温度，焊接时间过长，会使铜箔翘曲。

(6) 晶体管的焊接

一般要在其他元件焊好之后再焊接晶体管，焊接前要先将管脚分辨清楚，把管脚引线剪到适当长度，然后上锡。初学焊接时要用镊子或尖嘴钳夹住管脚进行，这样利于散热，不易烫坏管子。焊接时间为 2～3 s 为宜。一次焊不好，待冷却后再进行第二次。焊接后，应首先检查有无漏焊、虚焊等现象。检查是否虚焊的方法是用镊子将每个元件轻轻拉动，观察是否有活动现象。其他铁件的锡焊，必须用氯化锌溶液或成品焊油作助焊剂才能奏效。

(7) 铝件简易焊法

铝件不容易"吃锡"，因为铝的表面容易被氧化。焊接前先用砂纸将被焊接处打磨干净，放一些铁屑和松香的混合粉末，随即将烙铁带上较多的焊锡放在上面，利用烙铁头使焊锡、铁屑、松香在铝件表面摩擦。这样就会使焊锡附着在铝件的表面上，趁热用布团将铁屑擦去，这样铝件的表面上就吃了一层焊锡。另一个办法就是在要焊接的表面上，涂一层硝酸汞溶液。由于化学作用，在铝表面上生成铝汞剂，用水冲洗后即可焊接。锡焊铝的电烙铁要在 60 W 以上。

3. 使用电烙铁应注意的问题

1) 新买的电烙铁使用前有的要自行接线，一般都用软质花线。电烙铁木柄内部有三只接线柱，旁边有"⊥"记号的是接地端，如果标志不清楚，可用多用表的电阻挡测试(接地的接线柱与烙铁外壳是相通的)。接好电源线后，旋紧木柄盖，注意不要使电源线随木柄盖扭转，以免将电源线接线柱扭坏，造成短路。为了防止电源线被紧固螺丝损坏或经常使用后从木柄端折断，还应在电源线上套上一段适当长度的塑料套管。

2) 初用时，先给烙铁头蘸上一层锡。使用过程中不能剧烈振动，应轻拿轻放，以免损坏高温状态下的电热丝。电烙铁使用几次以后，要把烙铁头抽出来，清理一下烙铁头周围的氧化物。铜焊头烧蚀时，应加以修整。

3）遇有烙铁头与烙铁芯卡死时，不能用力扭动烙铁头。只能打开木柄后盖，拆去电源线，将烙铁头、芯一起从前面抽出来，把烙铁芯夹在台钳上，用较细的金属棒从后面把烙铁头顶出去。

4）内热式电烙铁连接杆壁厚度只有 0.2 mm，内装发热器件的直径也只有 4.4 mm，更应注意不能敲击，也不能用钳子夹，要放在烙铁架上。

2.2.2　多用电表的使用

多用电表是一种多用途、多量程、便携式仪表，是实验室、电工、无线电技术中常用的测量设备，也是电器检修的必备工具。下面以 500 型多用电表为例说明其使用方法。500 型多用电表面板如图 2-1 所示。

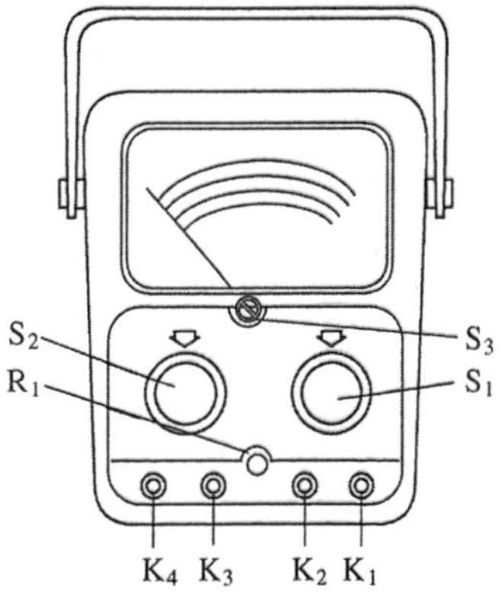

图 2-1　多用电表

1. 零点调整

多用电表应水平放置，使用之前检查指针是否指零位。若指针不指零位，须调整调零器“S_3”使指针指示在标度尺的零位上。

2. 直流电压的测量

将测试杆分别插在插口“K_1”和“K_2”内，把开关旋钮“S_1”旋至“V”位置上，开关旋钮“S_2”旋至直流电压相应量程上。当不能预计被测直流电压大约数值时，可将“S_2”旋至最大量程上，然后根据指示值的大约数值，再选择适当的量程，尽量使指针得到最大的偏转度。读数见“—”刻度。

3. 交流电压的测量

将测试杆分别插在插口“K_1”和“K_2”内，把开关旋钮“S_1”旋至“V”位置上，开关旋钮“S_2”旋至交流电压相应量程上。测量方法与直流电压的测量相似。50 V 及 50 V 以上各量程的指示值见“～”刻度。10 V 量程见“10 V”专用刻度。

测量 2 500 V 的交直流电压时，将测试杆插在插口“K_1”和“K_4”中。

4. 直流电流的测量

将开关旋钮“S_2”旋至“A”位置上，“S_1”旋至直流电流相应量程上。当不能预计被测电流大约数值时，可将“S_2”旋至最大量程上，然后根据指示值的大约数值，再选择适当的量程，尽量使指针得到最大的偏转度。读数见“—”刻度。

5. 电阻的测量

将“S_2”旋至“Ω”位置上，“S_1”旋至“Ω”量限内某倍率上，将两测试杆短路，调电位器“R_1”使指针指在欧姆标度尺的零位上（每变换一次欧姆挡，需要重新调欧姆零点）。指示值见“Ω”刻度。为了提高测试精度，应选择合适的倍率，使指针尽可能指示在刻度中间一段。

注意事项：

1) 表在测试时，不能旋转开关旋钮。

2) 测直流电流时，仪表应串联在电路中，禁止将仪表并联在电路中，以防止仪表过负荷而损坏。

3) 测电阻时，电阻不能处在带电状态，以防损坏仪表。也不能双手同时接触电阻两端，以免把人体的电阻并联在被测电阻上。

4) 仪表在携带时或每次用完后，应将开关旋钮“S_1”及“S_2”旋在“·”位置上。长期不用的多用电表应取出电池。

平常在实验室用到的多用电表的功能已经比较多了，但在发动机电控系统故障的检测与诊断中，除经常需要检测电压、电阻和电流等参量外，还需要检测转速、闭合角、频宽比(占空比)、频率、压力、时间、电容、电感、温度、半导体元件等。请查阅有关材料，了解汽车万用表的构造及其用法。

2.3 物理实验常用“源”介绍

2.3.1 低压电源

低压电源主要供演示实验和实验室获得低压交流、直流和直流稳压电源用。

J1201 低压电源的交流输出电压从 2～24 V 每隔 2 V 一挡，共 12 挡可调，输出电流最大可达 6 A，有过载指示；直流稳压输出电压有 6 V、9 V、12 V 三挡，最大输出电流 1 A，电压稳定度在电源电压变化±10%时，空载输出电压各挡变化<0.1 V，当电源电压在 220 V 时，输出电流从 0～1 A 时，输出电压各挡变化<0.3 V，输出波纹电压≤15 mV，当各挡电流≥1.5 A 或短路时，输出有过载保护。

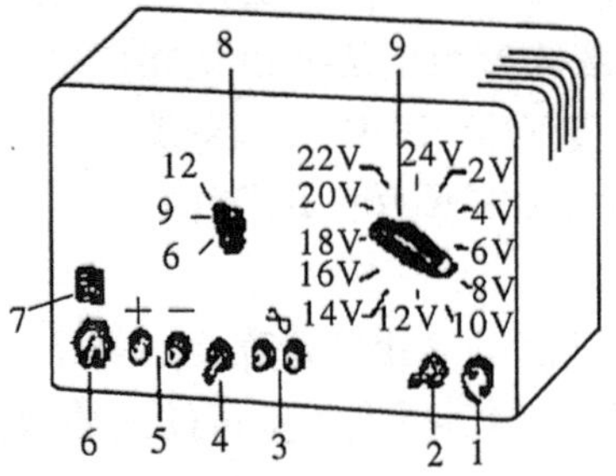

图 2-2 仪器面板上旋钮、开关排列图

1—电源指示灯；2—电源开关；3—交流输出；4—稳压；5—直流输出；6—保险丝；7—过载指示灯；8—稳压选择旋钮；9—电压选择旋钮

图 2-2 是仪器面板上旋钮、开关的排列图。使用时，接上电源，开启电源开关，指示灯亮，仪器开始工作。需要交流或直流输出时，将稳压选择旋钮置于“0 V”挡；把稳压直流选择开关拨向“直流”挡，转换电压选择旋钮可得到所需的交直流电压。交直流电可从所对应的接线柱上取得。如负载电流大于 6 A，过载指示灯亮，此时应立即切断电源开关，待负载正常后再开启。

使用直流稳压输出时，将稳压、直流选择开关置于“稳压”挡，将电压选择旋钮分别置于“8 V”、“10 V”、“12 V”，将稳压选择旋钮置于“6 V”、“9 V”、“12 V”，便可在直流输出端(“+、−”两接线柱)依次获得 6 V、9 V、12 V 的稳定电压，当负载电流大于 1.5 A

或不慎短路时，电路自动截止，排除故障后即可自行恢复正常工作。

使用时应注意：本机直流输出和稳压输出共用一个输出端（直流输出端），同时采用稳压、直流选择开关作相应转换，所以在不使用稳压输出时必须将稳压选择旋钮置于“0 V”，使稳压电路部分停止工作，以免输出交直流电压较高时损坏电容或功率管。

使用本机直流输出挡位时，电源仅是把交变电流变成了脉动直流，不能作为不变化的电源用来演示电磁感应现象。

2.3.2　学生电源

J1202—1 学生电源如图 2-3 所示，具有下述几挡输出：

1) 交流输出：2～16 V，每 2 V 一挡，共 8 挡。输出电流最大 3 A，有过载指示。

2) 直流输出：2～16 V，每 2 V 一挡，共 8 挡。输出电流最大 3 A，有过载指示。

3) 直流稳压输出：6 V，输出电流最大 300 mA，电压稳定度在电源电压变化 ±10%时输出电压变化≤0.3 V。负载稳定度≤0.3 V，输出纹波电压≤10 mV。

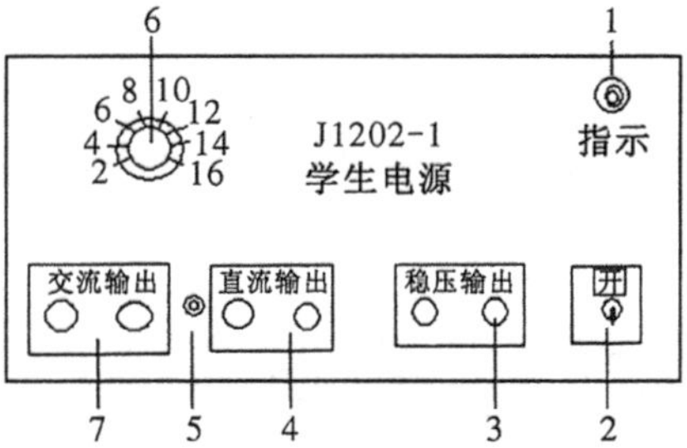

图 2-3　J1202—1 学生电源

1—电源指示灯；2—电源开关；3—直流稳压输出接线柱；4—直流输出接线柱；5—交、直流输出过载指示灯；6—交、直流输出电压选择旋钮；7—交流输出接线柱

使用时先接通电源，指示灯亮，将交直流输出电压选择旋钮作相应转换便可得到 8 挡交流或直流电源，如负载电流超过 3 A，过载指示灯亮，应立即关掉电源，故障排除后再开启电源。

直流稳压采用串联型稳压电路，并加有保护装置，如输出短路，即自动截止。

2.3.3　直流高压电源

直流高压电源主要供静电偏转阴极射线管、威尔逊云室、光电效应、电子管作用等实验用。

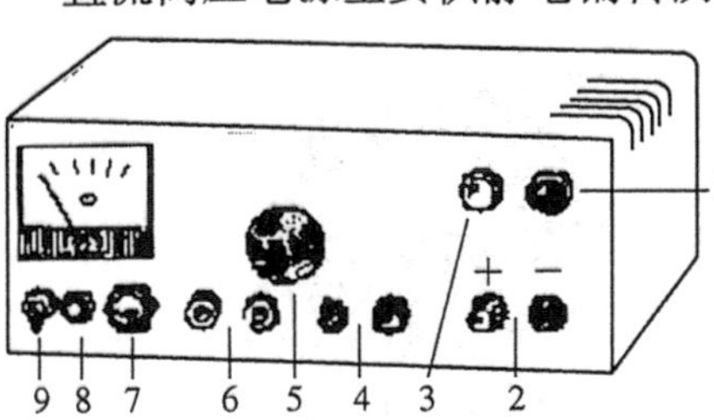

图 2-4　直流高压电源

1—过载（红色）指示灯；2—高压输出；3—正常（黄色）工作灯；4、6—交流输出　5—电压调节旋钮；7—保险丝；8—指示灯；9—电源开关

J1205 高压直流电源。具有 250～300 V直流电压和两挡 6.3 V×2 A 交流电压输出。直流电压具有过载保护，当负载电流超过 200 mA 或外电路发生短路故障时，能自动切断电源，过电流保护采用干簧继电器。

仪器面板上旋钮、开关的排列如图 2-4所示。使用时，开启电源，黄色指示灯亮，说明仪器工作正常。直流输出电压由电表指示，输出电压调节，从 250～300 V 分 5 挡。面板右下方两个接线柱为高压输出，其中红色为正极，黑色为负极。中间 4 个接线柱是二组 6.3 V 交流电压输出。当外电路过载或短路时，输出电压自动切断，此时电压表指示为零，黄色指示灯熄灭，而指示过载的红灯会亮，讯响器发出报警讯号。如果要恢复正常，应先减小或切断负载。

使用时应注意：本电源不应在过载情况下长时间开启。6.3 V×2 A 交流输出无保护电路，切勿过载短路。

2.3.4　调压变压器

调压变压器(如图 2－5)可将交流电压在规定的范围内作连续调节。

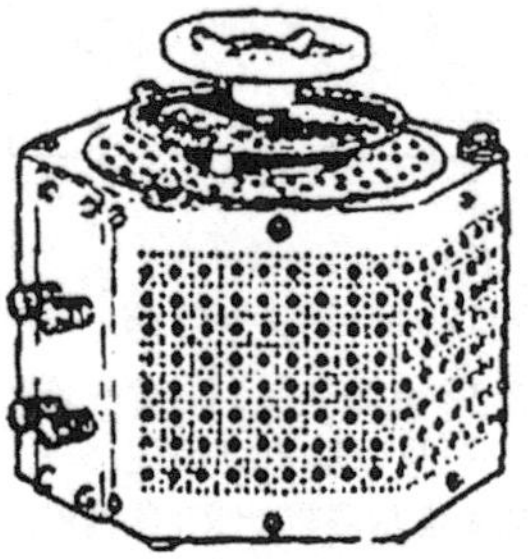

图 2－5　调压变压器

J1204 调压变压器额定功率为 2 kVA，输入电压为 220 V，输出电压从 0～250 V 连续可调，输出额定电流<8 A。

仪器的刻度盘上指示为输出电压的数值。但此数值因随输入电源电压浮动而有变化，所以示数仅作参考。

仪器使用时宜垂直放置，并放在空气流通的地方。使用前必须查明电源电压是否和调压变压器所规定的数值相符。使用时，将调压变压器调至零位，然后把负载接在输出端，慢慢转动手轮，使输出电压达到所需数值。

使用时应注意：金属外壳应接地线，确保安全；输出电流切不可超过额定值；变压器的额定功率是指输出电压及输出电流在最大值时的负载功率，实际的负载功率随着输出电压降低而减少；绕组线圈表面和电刷接触部分应保持清洁。如果有灰尘应用刷子清除，以免调节时产生火花烧坏线圈。

2.3.5　感应起电机

感应起电机能够连续地获得大量电荷，因而能得到较高电压。

盘径 400 mm 的起电机，放电火花距离可达 80 mm 以上；盘径 215 mm 的一种起电机，放电火花距离可达 50 mm 以上，图 2－6 是 J2310 感应起电机结构示意图。

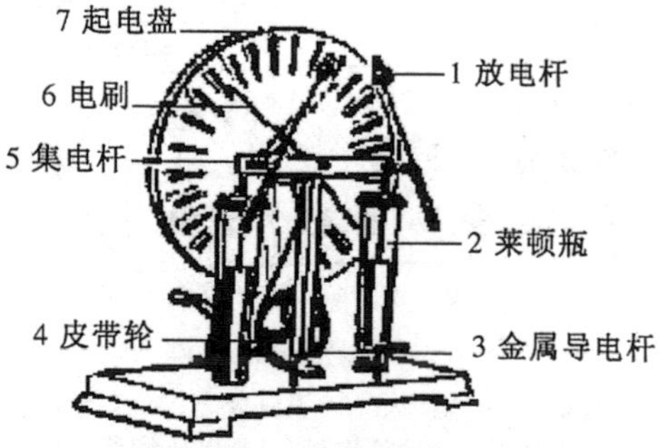

图 2－6　J2310 感应起电机

使用时应顺时针方向摇转手柄，否则不能起电，摇动时转速不宜过快，否则反而不易起电。

如果用起电机作高压电源或使其他

静电仪器带电，可以用导线把仪器和放电杆连接起来。

如果将两莱顿瓶外面铝箔用金属导电杆连接起来，使导电系统的总电容增加，就能获得较为明亮的放电火花。

感应起电机使用时必须具有清洁而干燥的表面，否则很难起电。可用干净的软毛刷或软棉布除去表面上灰尘，胶木部分还要用干布用力擦拭。如果仪器受潮或遇潮湿天气，应预先烘烤几小时使它干燥，特别是在寒冷的天气，更应将仪器预先烘烤再搬入教室。但不论用何种方法温度都不宜超过 50℃，并且烘烤时要有良好的通风，如果温度过高时间过长，不但影响起电效果，而且易损坏仪器(有的起电盘是用有机玻璃制造的，更应注意)。

起电机带电的金属部分，如果出现一些多余的尖端(毛刺)会影响最大放电火花距离，这时在正常起电情况下，会听到“吱吱”的响声，如果拿到暗室中去检查，就可以看到由于尖端处放电而出现细小火花束，根据火花束位置可除去放电尖端。

有时起电机在正常情况下不能起电，这大多是两起电盘间距离过大所致(一般在 4 mm 左右)，可尝试减小两盘间距。也可先用带电的硬橡胶棒使盘上某些铝片带电，再摇动起电机，一般能生效。

2.3.6　感应圈

感应圈在实验中作高压电源。

图 2-7 是 J1206 感应圈的示意图。铁芯上绕上较粗的绝缘导线作初级线圈 L_1，在初级线圈外分段用较细漆包线绕成次级 L_2。线圈外面套有胶木外壳，胶木壳上装有一对金属接头，分别和次级线圈两端相接。底座上装有替续器，一对接线柱和极性转换开关。底座内还装有一只和替续器两接触点并联的电容，以消除替续器工作时接触点上的火花。

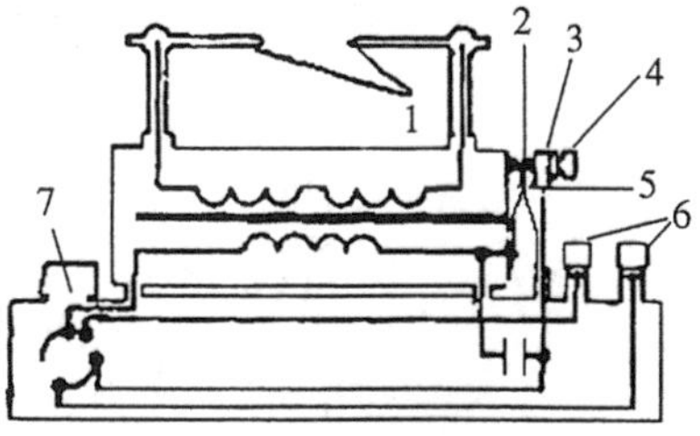

图 2-7　感应圈示意图

1—放电针；2、5—替续器接触点；3、4—调节螺丝；6—电源接线柱；7—极性转换开关

仪器使用时，先将极性转换开关断开，用绝缘导线将 6～12 V 直流电源接在底座的接线柱上，然后将极性转换开关转过 90°，替续器将开始工作，调节替续器上螺丝，使替续器接触点处火花最小。把极性转换开关转过 180°就可改变输入初级线圈的电流方向。如果输入 6～12 V 的交流电则输出的是交变电流，并且电压不大稳定。

感应圈作为高压电源供电时，可另用导线从胶木壳上的金属接头上引出。

使用时应注意：不要用手触及放电的金属部分和引出的导线，以防触电；放电火花距离不要超过 80 mm，以免损坏次级线圈的绝缘；感应圈不要在温度高的地方长时间连续使用，以免绝缘蜡熔化；当接通电源后若替续器不工作，而电流很大，应立即切断电源，排除故障后再接通电源。

2.3.7　旋片式真空泵(机械真空泵)

真空泵可用来抽出容器里的气体。这里介绍 2X—1 型旋片式真空泵,它还可作抽气速率在 150 L/s 以下的各种扩散泵的前级泵。

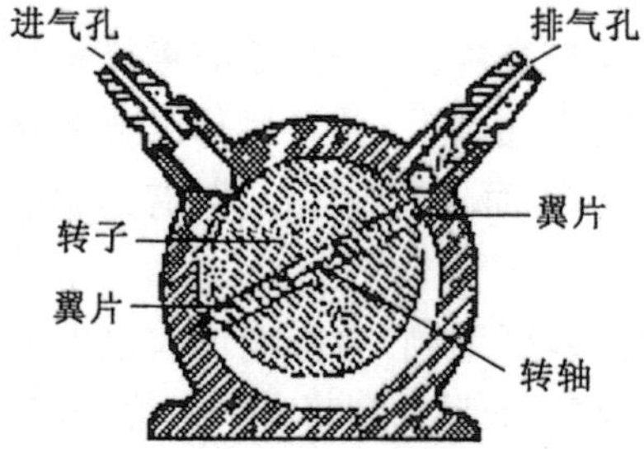

图 2-8　旋片式真空泵构造图

旋片式真空泵的构造如图 2-8 所示。圆筒形的气缸是由青铜或者钢料制成。缸内钢质偏心圆柱体作为转子能绕固定的转轴转动,转轴在气缸中心线的正上方,转子直径比气缸直径小,它经常和气缸内壁密接于一点。沿着转子的直径嵌入两金属翼片,像光滑的刮板。由于弹簧的作用,使翼片向外伸张,和气缸的内壁紧密接触。被抽气体由注入孔进入气缸,只有当缸内气体压力大于大气压和弹簧压力时,才可能由排气孔排出。排气孔中的弹簧和钢珠的作用是作为单向通气的活阀装置,即只排而不入。

图 2-9 为旋片式真空泵的简单工作原理。

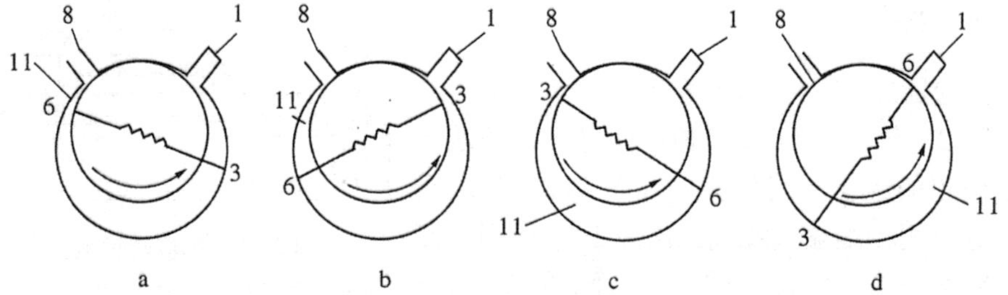

a　　b　　c　　d

图 2-9　旋片式真空泵的简单工作原理

在图 2-9a 中所示的位置,转子沿着箭头所指的方向转动时,被抽容器中的气体由注入口 8 进入区域 11。随着转子的继续转动,区域 11 逐渐增大,压强减小,气体不断被吸入区域 11(图 2-9b)。当转子继续转到另一边的翼片 3 刮过了注入孔 8 之后,就把区域 11 部分和注入孔、排出孔隔开,如图 2-9c 的位置。此后翼片 6 刮过排气口后,3 开始将区域 11 中的气体压缩,增加压力使它从排气通路排出去(图 2-9d)。这样,转子转动时就利用这块刮板的动作不断地把气体从进气管吸进来,从排气通路排出去。

2X—1 型旋片式真空泵是由两个单级泵串联组成。被抽出的气体经过进气管先进入第二级泵,由第二级泵出来的气体经过通道再进入第一级泵,然后由第一级泵把它从排气口送到大气中去。

在进气管里装有一个过滤网,用来防止固体颗粒落到泵里。在第一级泵的排气口上装有一个活阀,是一块平滑的钢板,有气体排出时就把它顶开,没有气体排出时就借大气压使它压紧排气口。工作时阀片上升的高度可用升降螺钉调节，调节好后用螺帽将螺钉紧锁在桥形板上。

整个泵放在一个外壳里，外壳里盛有泵油，油面要略高于排气阀，使整个泵都浸没在油里。这样不仅使泵的各个部件得到润滑和冷却，更重要的是使泵得到可靠的密封。泵体旁边装有一个玻璃管油标尺，上面有刻线，指示泵油应有的高度。泵体下角装有放油螺旋塞以便排出脏油。在排气阀上面有一个油气分离室，使带着油雾的气体通过曲折的通路时把泵油分离开来，最后才排到大气中去。

两个泵的转子装在同一转轴上，转轴的一端有一个皮带轮，由电动机带动。皮带轮装有保护罩。整个泵和带动它的电动机固定在同一个底座上。泵轴的润滑是利用泵油自动进行的。为了防止泵油从轴承处渗漏到泵壳外，在泵轴上装有用耐油橡胶制的密封垫圈，并在轴承外用压板固定。

2.3.8　两用气筒

手持两用气筒可用来抽气和打气。抽气时可抽到 50 mmHg，打气时可打到 3 个大气压。

两用气筒的构造如图 2－10a 所示。由 4 部分组成：阀、活塞、手柄和圆筒。阀分抽气阀和打气阀，气阀是一根很短的一端闭口的橡皮管，管壁剖有一道纵向的小缝。当管里的压强大于管外压强时，管里的空气要撑开小缝跑出管外，当管外的压强大于管里的压强时，管外空气把小缝压紧，管内外空气不流通，所以空气只能从管里流向管外。如果气阀在导管里安装的方法不同，就分别可成为抽气阀和打气阀，如图 2－10b 所示。在图中纵管是抽气管，只许空气从管嘴进入，因此橡皮阀要套在管嘴入口处的另一端；横管是打气管，只许空气从管嘴排出，所以橡皮阀要

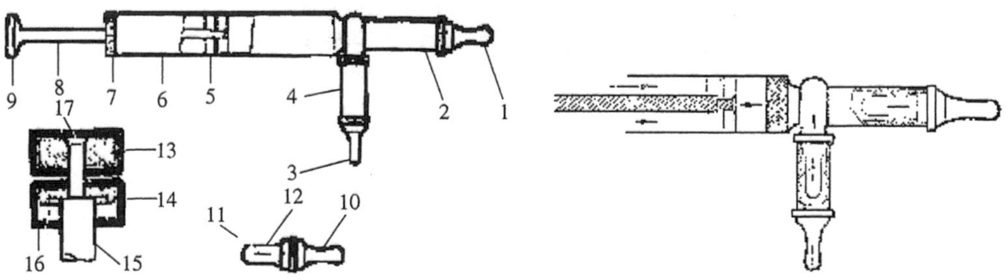

1、10—抽气管嘴；2—抽气导管；3—打气管嘴；4—打气导管；5—活塞；6—气筒管；7—气筒管盖；8、15—气筒杆；9—手柄；11—狭缝；12—橡皮套；13、14—皮碗；16—碗托；17—螺丝

a　　　　b

图 2－10　两用气筒

套在导管通往管嘴的出口处。这样,当活塞推进时,筒里的压缩空气就把纵管气阀的小缝压紧,把横管气阀的小缝撑开,空气就从横管排出来,起打气作用。当活塞拉出时,筒里的空气稀薄,压强降低,外面的空气就把横管气阀的小缝压紧,把纵管气阀的小缝撑开,空气就从纵管吸进去,起抽气作用。

活塞是由两个背靠背的皮碗加上碗托用螺丝压紧而成。活塞直径比圆筒略小,运动时由于压力变化,皮碗会有所张大,因而紧贴圆筒壁,使分隔开的两部分空间很少有气体交换的漏气现象。

用来抽气时,将橡皮管和被抽气的容器连接到抽气筒纵管的管嘴;用来打气时,则将橡皮管把被打气的容器连接到气筒横管的管嘴。

2.3.9　激光器

激光是一种新型光源,它具有方向性、单色性、相干性好、能量高度集中的特点,且具有一般光所共有的性质。作为教学用光源能演示光的反射、折射以及光的干涉、衍射等实验。

氦氖激光器是目前应用最广、最为成熟的原子气体激光器。这种激光的波长为 632.8 nm,呈红色。它的起辉电压为 6 kV 左右,工作电压 1.5 kV 左右,工作电流 3～6 mA,因此电源功率不小于 5 W。但是输出功率很低,一般只有几毫瓦到几百毫瓦,能量转换效率很低。上海教学仪器厂生产的氦氖激光器输出功率不小于 1 mW,可连续工作,其外观如图 2-11 所示。图中铝质圆筒形状的为阴极,钨棒端为阳极,毛细管为氦氖激光器谐振腔的一部分,反射镜装在谐振腔的两个端面,具有一定透明度的作为激光的输出端,整个装置封闭在玻璃外壳内。

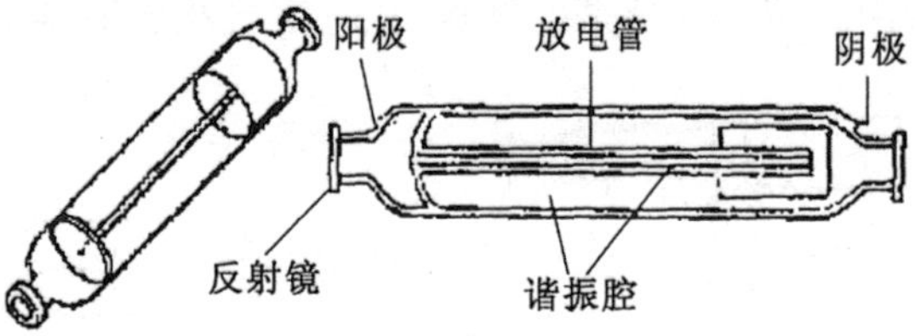

图 2-11　激光器

使用氦氖激光器时,必须注意下列几点。

1) 激光管正负极电压较高,使用时或刚断开电源时,切勿接触高压部分,如果需要接触,先要放电。

2) 由于激光的能量密度非常高,切勿用眼睛直接去观察激光,否则有失明的危险。

3) 激光管应经常使用,最好每天点燃 0.5 h,至少每周点燃 1 h。如长期搁置,玻璃外壳变形,反射镜平行度变差,最后不能谐振,实际上缩短了激光管的使用期限。

4）为了防止激光电源的高压危害实验人员，常常将玻璃激光管装在接地的金属外壳内，如发现输出孔无激光输出，而管子能点燃时，应调整管子座架上的压片和螺母。

2.4　物理实验常用测量仪器、仪表分析

2.4.1　游标卡尺

游标卡尺的构造如图 2-12a 所示。左测脚固定在主尺上，跟主尺垂直，右测脚和左测脚平行，和窄片一起固定在游标尺上，可以随同游标尺一起沿主尺滑动。上面一对测脚可量槽的宽度、管的内径等，下面一对可量零件的厚度和管的外径，窄片可量槽或筒的深度。主尺上有毫米刻度线，并注明刻度值，游标尺上也有刻度线可用来准确读出主尺最小分度的几分之几的数值。

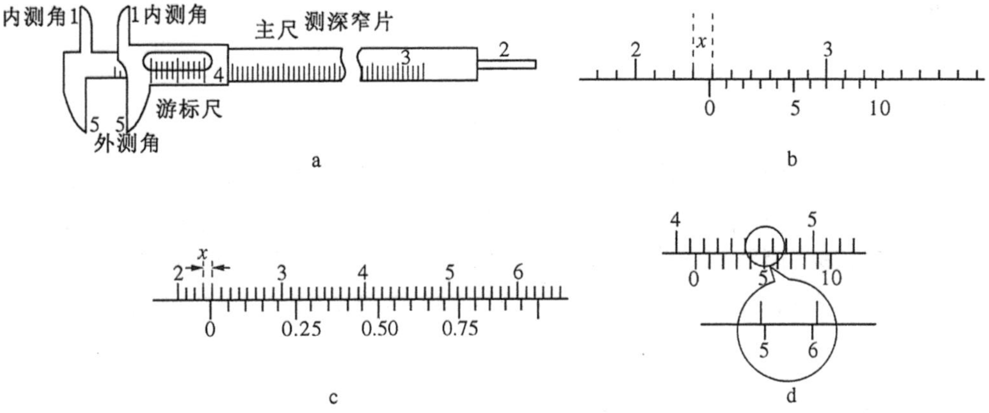

图 2-12　游标卡尺

如果用游标卡尺量度物体的长度，得到如图 2-12b 所示的游标位置。由于游标的 0 刻度线在 2.3～2.4 之间，表示待测物体在 2.3～2.4 cm 之间，可写成2.30＋x(cm)。

x 根据游标尺和主尺对齐的游标刻度线写出，由图 2-12b 可知，游标的第 7 线与主尺刻线对齐，所以待测物体的长度是 2.37 cm。上述游标尺的原理是：主尺的 9 分度长(即 0.9 cm)和游标尺 10 分度相等，所以游标每分度长度比主尺每分度小 0.1 mm，现在游标 0 线和主尺 2.3 线相差 x(mm)，游标 1 线和主尺 2.4 线相差$x-0.1$(mm)，游标 2 线和主尺 2.5 线相差 $x-0.2$(mm)，游标 7 线和主尺 3.0 线相差 $x-0.7$(mm)，由于 7 线和 3.1 线对齐，因此 $x-0.7=0$，即 $x=0.7$(mm) $=0.07$(cm)，因此待测物体长度为 $2.30+0.07=2.37$(cm)。

如果游标尺共有 20 个等分刻度线，如图 2－12c 所示。根据类同的原理，待测物体的长度应写成 2.380(cm)。注意：$x=0.080$(cm)，不是 0.08(cm)。其他游标分度也可按相同原理来读数。

用游标卡尺量长度前应该先检查主尺和游标尺的各自 0 刻度线是否相互对齐。如果存在零误差，那么测得的数据还要减去初读数。初读数 x_0 可正也可负，当 $x_0>0$ 时，则 $x=L-x_0$；当 $x_0<0$ 时，$x=L-x_0=L+|x_0|$。式中 L 由主尺与游标尺读出。如果用游标卡尺量度时，出现如图 2－12d 所示的情况，即游标尺分度线没有一根和主尺刻度线对齐。那么物体的长度可写成 4.15 cm 或者 4.16 cm，或者写成：4.155±0.005(cm)。

0.005 cm 就是 10 分度游标尺测量长度的最大误差值。依此类推，20 分度游标尺的最大误差值为 0.002 5 cm 等。注意游标主尺的读数是准确值，用游标估计的数字也是准确的。米尺估读的最后一位数带有主观判断，是可疑的，属于不准确数。

游标尺是比较精密的长度计量仪器，使用时严禁碰撞，量测时姿势和位置要准确无误，用毕后用油揩清，将两尺 0 线对齐，检查零点误差有否变化，再放在盒子里盖好，保存在干燥的地方。

2.4.2　螺旋测微器(千分尺)

螺旋测微器的构造如图 2－13a 所示，有固定和可动两个部分。固定部分是：框架，固定在框架左边的小方砧，固定在框架右边的套管，刻度刻在轴圆柱面上，有的螺旋测微器柱面的刻度分上下两条，也有的只有一条。最小分度值为 0.5 mm，如图 2－13b 所示。圆柱面内部是一个较长的螺母，即阴螺纹。可动部分实际上是

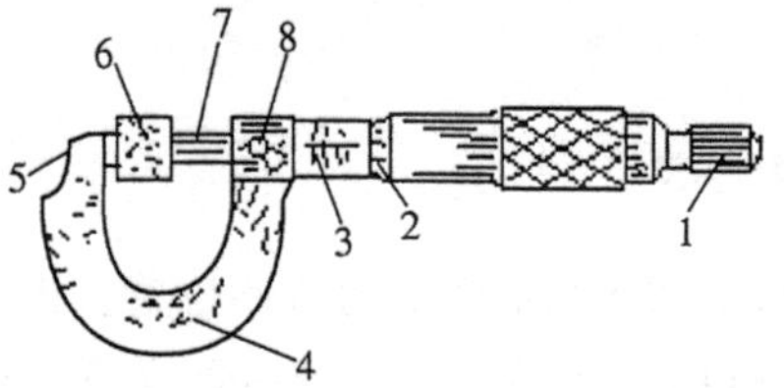

1—棘轮；2—旋转；3—固定套管；4—框架；5—方砧；
6—待测物体；7—测微螺杆；8—锁紧装置

a

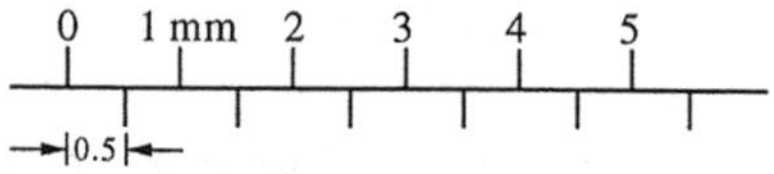

b

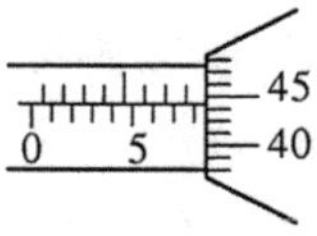

c

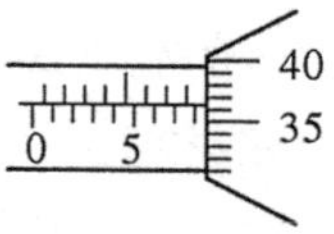

d

图 2－13　螺旋测微器

一根精确的螺纹丝杆。它包含：带有刻度的旋转套，沿套一周共有 50 个等分刻度线，沿轴向可以左右运动的测微螺杆，作为测量探头。待测物体放置在测微螺杆和固定小砧之间。和旋转套同轴的棘轮或者叫微调旋钮用以防止小砧过分挤压待测物。当棘轮旋转使可动小砧向左顶住物体时，会发出“嗒、嗒……”声，此时棘轮打滑小砧不再前进，就可以读数了。

由于精密丝杆的螺距是 0.5 mm，旋钮旋一圈有 50 个等分刻度，因此旋动每个小分度，相当于可动小砧前进或退后$\frac{0.5}{50}=0.01$ mm，如果能估读一位，那么估读位的单位数就是千分之一毫米。如图 2-13c 所示的读数 $l=8.43\bar{4}$ mm。式中$\bar{4}$是估计出来的。图 2-13d 所示的读数，长度为 $l=8.36\bar{2}$ mm。注意不能写成 $l=7.372$(mm)。因为表示半毫米的刻度线已经出现在旋钮边的左方，因此还要加上 0.500(mm)。

螺旋测微器也有零误差，因此先测量它的大小，然后将最后读数减去初读数才能得到量度的准确数值。为了防止测量结果因旋钮转动而变值，因此螺旋测微器上还有紧锁开关，保留读数时，紧固可动小砧便于仔细比较。

2.4.3　电磁打点器

电磁打点器是一种准确度较高而构造又比较简单的一种计时仪器。该仪器工作时必须把纸带固定在运动物体上，当物体拖着纸带运动时，打点器就等时地在纸带上打点，从纸带上点子的分布可分析和研究物体运动规律。

如图 2-14 是 J0203 电磁打点器的外形结构图，主要有线圈、振动片、打点钉、磁钢、纸带限位板、复写纸定位调节片及底座等部件组成。

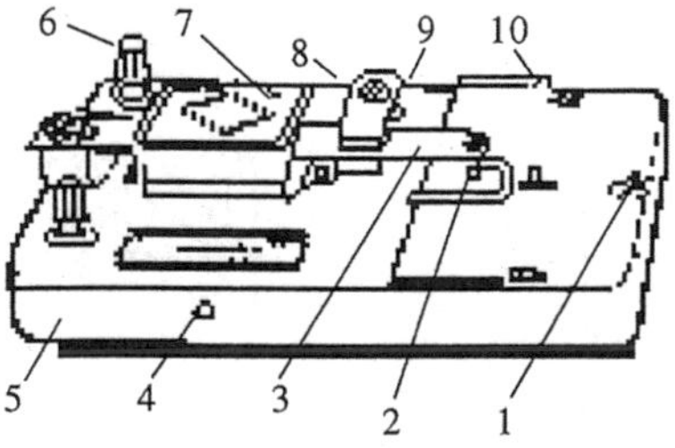

图 2-14　电磁打点器

1—复写纸调节片；2—打点针；3—振动片；4—备用孔；5—底座；6—接线柱；7—线圈；8—极靴；9—磁钢；10—纸带限位板

当线圈通以 50 Hz 低压交流电时，振动片便产生交变磁通，在同磁钢恒磁场的相互作用下，振动片便产生和电源频率同步的振动。振动片末端的尖钉起着打点的作用。当纸带从钉尖和复写纸下通过时，便被打上一系列点。

使用电磁打点器实验一般操作步骤如下：安装打点器(打点器底座上备有两条凹槽和两个相对侧孔，利用“F”型夹具，可将打点器固定在斜面板或实验桌上)。先放上复写纸片，将纸带一端固定在运动物体上，让纸带穿过打点器限位框，并用手拉住纸带的另一端，接通打点器电源，松手让纸带通过打点(注意松手时不要抖动)，切断电源，取下纸带，对纸带上“点”进行测量、分析、计算。

电磁打点器使用中应注意以下几点。

1) 使用前应注意检查电源是否符合要求,否则将影响打点效果。

2) 不要任意旋松振动片固定螺丝或乱扳振动片。平时不要使仪器受到激烈振动。

3) 单面复写纸要保持平整,使用时有色面朝下,中心孔穿在限位钉上,并能灵活转动,以使工作时能被纸带拖动而旋转,使打点清晰。为保证点子清晰,每换一次纸带应适当调节一下复写纸的工作位置。

4) 打点器不宜在未放纸带情况下长时期通电,防止损坏打点钉尖、限位板等。

5) 附件重锤,是专供测定重力加速度和验证机械能守恒和转换用的。因打点器工作时对纸带有一定阻力,影响实验准确度,选用较重的重锤作落体可减少此影响。

电磁打点器因各种原因造成振动片偏离正常工作频率(50 Hz)范围时,可接通 2 V 左右、50 Hz 交流电源,旋松振动片固定螺丝,调节振动片的长度,使其振幅最大,再把螺丝旋紧固定即可。

影响电磁打点器打点效果的主要因素是打点钉钉尖和限位板的间隙大小。间隙小时,灵敏度高,但打点接触时间长,阻力大;间隙大时则相反。一般调整在 3～4 mm 为宜。

2.4.4 电火花计时器

电火花计时器的外形如图 2-15。

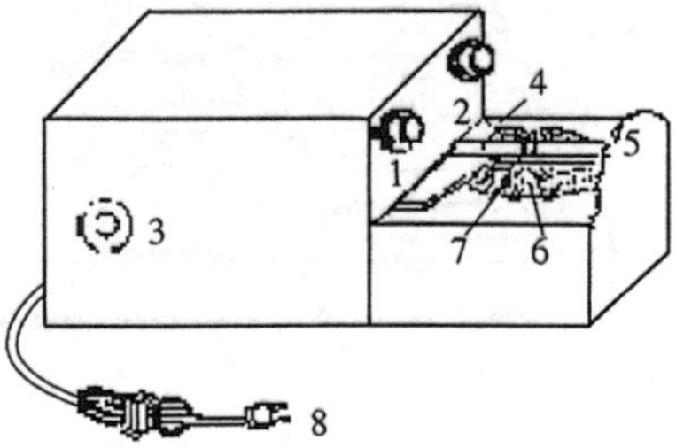

图 2-15 电火花计时器外形

1—正脉冲输出插座;2—负脉冲输出插座;
3—脉冲输出开关;4—压纸条;5—弹性卡;
6—墨粉纸盘;7—纸盘轴;8—电源插头

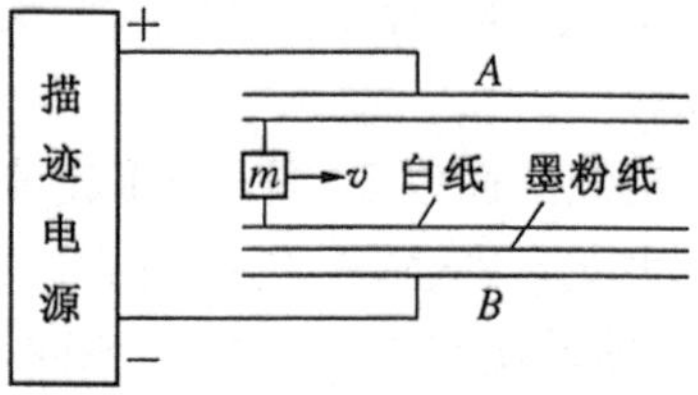

图 2-16 电火花计时器的原理

如图 2-16 所示,从脉冲电源发出的正向脉冲,经运动体的放电针,向叠放在负极上的记录纸放电。记录纸由贴在负极上的墨粉纸,与上面盖放的白纸所组成。当高压脉冲火花击穿记录纸时,使墨粉纸上的墨粉逆电场而沉积在白纸上,记录下放电时刻运动物体的位置。

电脉冲每隔 1/50 s(0.02 s)的等时间隔发出，从而记录下运动体，每隔 0.02 s 时的“时空”轨迹，运动体上的放电针不必与记录纸相接触，能做到对运动体不计阻力。电火花击穿墨粉纸时损伤微小，墨粉纸的使用可达数十次，使用适当可达上千次，不必经常更换。

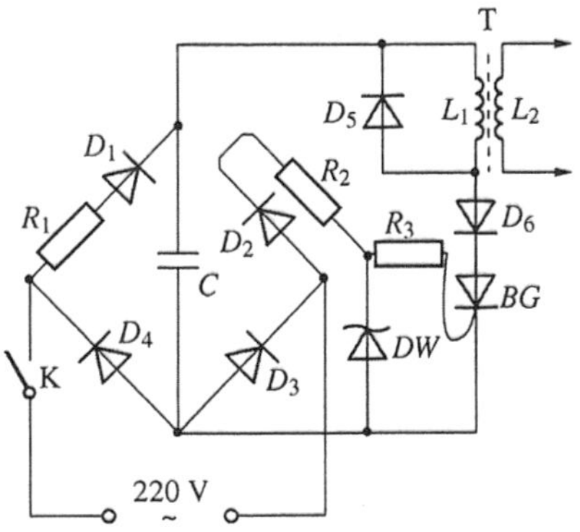

图 2-17　电火花计时器结构

电路工作原理：如图 2-17 所示，当按钮开关 K 闭合后，由 K 流入的电流，在 0 至 π/2 期间，经 R_1(1 W，1 kΩ)D_1，C(CJ400 V，0.2 μF)及 D_3将 C 充电约至 310 V。在 π 相位后电流反向，反向电流 D_2 再经 R_2(约 50 kΩ)后分别经稳压管 DW 嵌相位，另一路经 R_3(0.25 W，800 Ω)进入可控硅(3CT1B) BG 的控制极，这两路的电流会合后经 D_4 及 K 流出，这一反向电流约在 1.1 π 的一个固定的相位上，使可控硅 BG 导通。BG 的导通引起 C 经脉冲变压器 T 的原边 L_1(120 匝)及 D_6与 BG 放电。放电电流在 T 的副边 L_2(20 000 匝)形成万伏高压。在经 L_2 中的电流减小时，自感电压反向，由 D_5短路，使 L_2无反向电压输出。

2.4.5　静电计(指针式验电器)

静电计主要用于测量导体的电势和导体间电势差，也可作一般验电器用。

图 2-18　静电计

如图 2-18 所示，在一个底座上装一金属圆环，圆环的前面装有透明玻璃，后面装有标以刻度的毛玻璃，上端装有绝缘套筒，一根金属杆穿过套筒插入圆环内，金属杆下部装有铝制支架，指针装在铝架的水平轴上，可绕轴灵活转动，圆环下端装有通金属圆环的接线柱。

当静电计的金属杆带电时，铝架和指针也带有同种电荷，因而互相排斥。指针偏转角的大小跟铝架和金属圆环间的电势差有关，电势差越大则偏转的角度越大，静电计就是利用这个现象来测定导体的电势或电势差的。

仪器使用前要用柔软干布擦净绝缘套筒，如果仪器受潮，应把它烘干后使用。

使用时在毛玻璃后面用一盏 25～40 W 的白炽灯照明，可以更清楚地观察到指针偏转时所到达的标度。

根据演示要求，一般静电计以两只作为一套，仪器出厂前两只静电计灵敏度基本相同，也就是说，当两个静电计带有等量电荷时，指针偏转角度相等，但由于运输、保管、使用等原因会使它们的灵敏度发生差异，如果差异过大，可用下面方法调整：松开两静电计的玻璃压圈，取下透明玻璃，把静电计的接线柱接地，并用导线将两金属杆连接起来，如图 2-19 所示，然后使静电计带电，观察哪个静电计指针偏转角较大，就用细棒蘸少许快干漆涂在偏转角度较大的指针下端，使静电计重新带电，再比较它们偏转角大小，直到涂漆指针的偏转角微小于不涂漆指针的偏转角，经数小时漆干后，再观察调整，直到两静电计偏转角度相同后盖上玻璃板，扣上压圈。

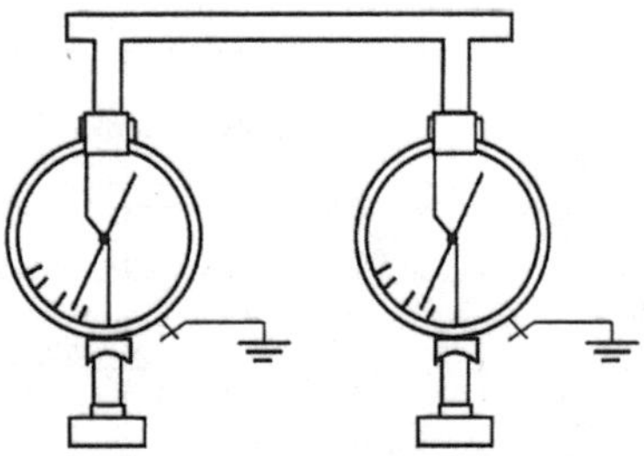

图 2-19　静电计灵敏度的调整

有些静电计套筒绝缘不良，可用有机玻璃棒料按原尺寸车制后代换。

2.4.6　学生电表

学生电表包括直流电流表和直流电压表。直流电流表的测量范围有 0～0.6 A及 0～3 A 两挡，直流电压表的测量范围有 0～3 V 及 0～15 V 两挡。

这两种电表的外形结构基本相同，其主要区别是面板刻度及接线柱标记(如图 2-20)。整个表头装在带玻璃面板的斜坡形外壳内。在接线柱及玻璃面板中间有零点调整器，接线柱上标有正负及相应测量范围。

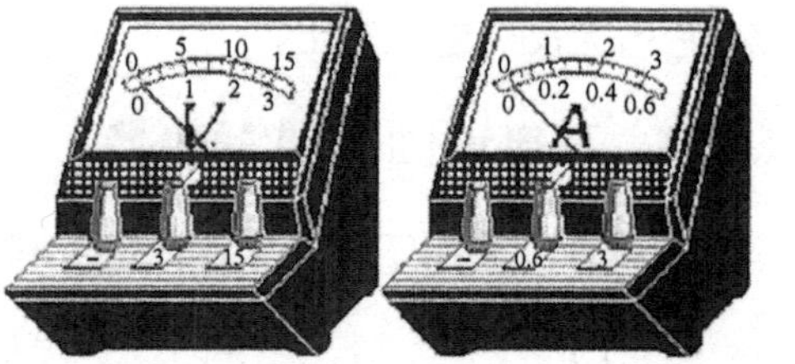

图 2-20　学生电表

直流电流表和直流电压表的表头结构都是磁电式，区别在于内部线路。直流电流表的内部线路如图 2-21a，直流电压表的线路见图 2-21b。

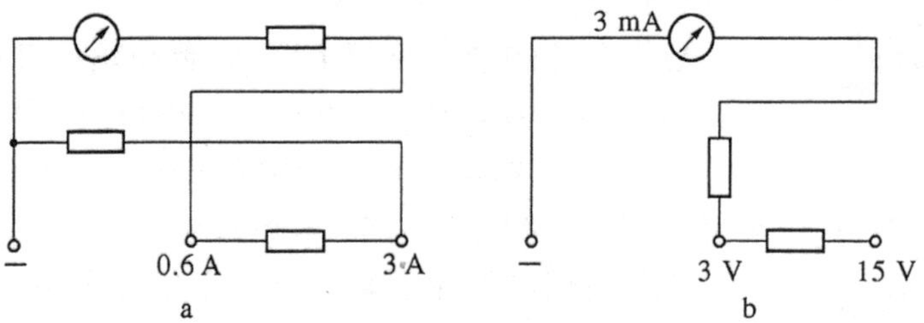

图 2-21　学生电表内部结构

此电表的技术规格如下：仪表准确度为 2.5 级(即在规定条件下使用，最大误差不超过满刻度的 ±2.5%)；电表阻尼时间 <4 s；直流电流表表头电压降为 75 mV，直流电压表表头电流为 3 mA。

仪表规定使用条件：环境温度 0～40℃，相对湿度＜80%。

仪表使用前应先检查指针是否对准零点，如有偏差，需用零点调整器将指针调到零位。

2.4.7　演示电表

演示电表是电学演示实验中常用的测量仪表，其类型较多，但大多属于磁电式结构。

如图 2-22 是一种演示电流计。仪表表头部分由永久磁铁、磁极铁块和软铁芯组成永久磁场，一个放在磁场内的绕在铝质框架上的线圈，线圈能在 70℃范围内自由摆动。固定在框架两端的轴尖，支在表芯支架的两个轴承中，轴上固定一个指针和两个力矩方向相反的游丝。平衡锤用于平衡指针及整个可动部分，带长孔的向下伸出的调整臂是调整零点用的。

图 2-22　磁电式演示电流计

零点调整器由一端固定在仪表正面两接线柱中间上方的胶木旋钮上的直角形金属片构成，金属片的另一端插入表头的调整臂中，转动旋钮可调整指针在零点附近的位置。

仪器表头的灵敏度为 2 mA，内阻 37.5 Ω，满偏时表头电路电压降为 75 mV。为了便于调整表头灵敏度，表头部分接有串并联的可变电阻。

此仪器附有作电流表时改变量程用的分流器(分流电阻)、用作电压表时接入的倍压器(分压电阻)、用于测量交流量时接入的整流器及电流互感器等附件。

此仪器可作多种量程，配有两种具有不同分度的标尺面板。标有双重刻度“5～0～5 V/A、1.5～0～1.5 V/A”的面板，作为直流量程 0～5 V 及 0～1.5 V 的标度尺和直流量程 0～0.5 A、0～5 A 及 0～1.5 A 的标度尺。标有 2-0-15 A/V 的面板，以中心线为分界，左侧 0～2 A 为红色，右侧 0～15 V 为黑色。红色作为交流量程 0～2 A 的标度尺，黑色为交流量程 0～15 V 的标度尺。

本仪器主要供物理演示实验中作检流计及测量直流电流、直流电压、交流电压、交流电流用，并可作研究磁电式仪表构造的直观教具及确定电流方向的指示器。

仪器作为电压表或电流表使用时应插上不同附件，并抽出表壳顶端缝内的标尺面板，把所需的标尺位于仪器的正面插好。

2.4.8　空气温度计

空气温度计是利用测温泡中空气的热膨胀，使上部玻璃管中的液柱上升而做成的。在不需要定量测定温度的情况下，用此温度计可以得到良好的演示效果。

自制空气温度计可取如图 2 - 23 中所示几种形式。测温泡可采用烧瓶、试管、安瓿等薄壁容器制成，瓶塞上插有直玻璃管或直角玻璃管、U 形管等，管内注入有色液体。如用直玻璃管（图 2 - 23a），玻璃管内的有色液滴应该少，长度宜小于 1 cm，过长则重力大，不适宜；有色液滴可用红（蓝）墨水，因墨水和管壁摩擦力较大，液滴不致沿管壁下流。对于较粗的玻璃管，应注入较多的有色液体，不然墨水极易沿管壁流下。若采用直角玻璃管（图 2 - 23b）就不会有上述情况产生，在玻璃管水平部分装一段有色液柱，为使液柱容易停留在中间，可把玻璃管中间弯成 U 形。

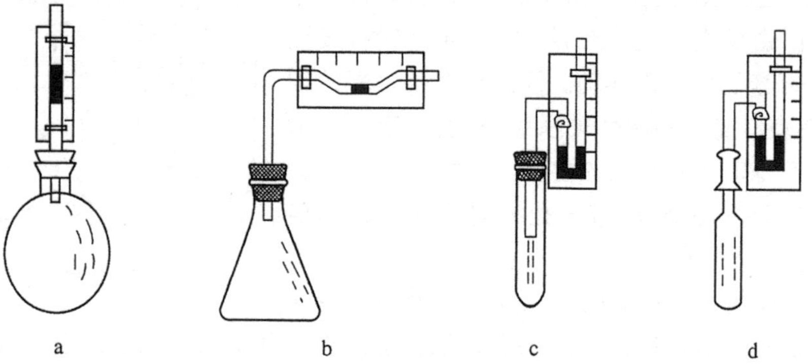

图 2 - 23　自制空气温度计

为了便于观察液柱移动情况，在玻璃管后可衬上背景并标上粗略刻度，对于有色液柱可用白色背景；如果是水银柱应采用深色背景。

漏气是空气温度计不正确的重要原因，所以必须使玻璃管和瓶塞封闭良好，并用凡士林涂抹。如果用安瓿作测温泡，其管口和玻璃管可通过橡皮管连接（图2 - 23d）。

在使用空气温度计时，测温泡插入液体的深度，对温度的显示有极大影响，应注意。

空气温度计相当灵敏，使用时如果温度变化过大，不宜很快把测温泡浸入液体，以免管中液柱断开，影响演示效果。

2.4.9　热敏温度计

热敏温度计采用微型半导体热敏电阻作为温度测量元件，对温度变化反应快，灵敏度高，体积小，结构简单。和演示电表配合组成热敏温度计可作为物理演示实验用。

半导体热敏电阻的阻值具有很高的温度灵敏度，用一定的电路把热敏电阻阻值的变化转换成电流或电压的变化，由电表显示出来以反映温度的变化。如图

2-24是 J0301 型热敏温度计的线路图。图中 R_1 为半导体热敏电阻，R_2 和 R_3 分别是 R_1 在 100℃和 0℃时的等值电阻器，R_4 和 R_5 为三极管 3DG6 的基极偏置电阻，R_6 和二极管(2AP 型)D 为温度补偿电路，R_7 配合 R_4 为调整热敏元件线性用的半可变电阻器，K_1 和 K_2 为五位双刀波段开关，作为工作调整用，其中①和⑤挡都是用于断开电源的，W_1 为适应不同演示电表的灵敏度和内阻而设置的可调分流器。

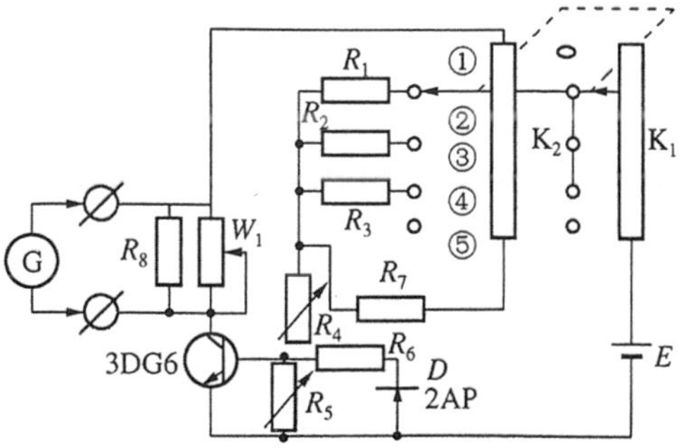

图 2-24　J0301 型热敏电阻温度计

使用热敏温度计的几点说明如下。

1) 仪器面板下方有两个黑旋钮。右侧为五位双刀开关，共分五挡。“关”挡作为不使用时断开电源用，“100℃”、“0℃”两挡为测温热敏电阻在 100℃和 0℃时等值电阻挡，供校点 100℃刻度和校点 0℃刻度用。“测”挡为测量挡，电表指示的数值就是测量电阻的温度值。左侧是测试前校满度(100℃)的电位器。仪器面板上方有两个接线柱作为连接演示电表的接线端，注意：有“+”、“-”标记。

2) 旋下保护套管，套管的另一端重新套在元件上旋好，此时套管即为元件接长的手柄，便于手拿或夹在试管夹上使用。由于半导体热敏电阻很小并封装在玻璃细管的顶端很易折断和碰碎，使用时务必小心。

3) 根据元件特性，采用 1.5 V 或 3 V 两种电源中的一种。不要随意更动，否则影响温度计的准确性。

4) 确定配套的电表后，需要自制一条温度刻度盘。用图画纸附在原电表的刻度盘上，或另制一刻度盘，其步骤如下。

将仪器和配套电表接上。用演示电表机械调零钮调整表针，对准自制盘上的零位线，然后将配套表的挡位开关拨到直流电流挡的最小量程，如需加分流器的，按电表使用说明接好分流器。

在检查接线及电表挡位、分流器无误后，可将已装好电池的仪器的左侧电位器旋在适中位置，右侧换挡开关拨到“100℃”挡，这时表针即有偏转。调节左侧电位器旋钮，使表针指在满度标志稍内的位置上(一般距满标度 5 mm 左右)，用铅笔点一下，作为 100℃标记(注意调好 100℃位置后，切勿转动校满度电位器旋钮)。这时再将仪器开关拨到“0℃”挡，表针会回到电表机械零位附近。可再用铅笔点一下作为 0℃标记。然后拨到“测”挡，用凉水掺冰水、掺热水或其他加热的办法，作为被测温度源。取出仪器的测温元件，跟比较准确的水银温度计垂直地固定在同一块板上，二者的测温头部越靠近越好，且深度尽可能相同，即以该板作容器盖子，使二者的测温头部浸没在水的中部，边升温、边搅拌、边观察。按水银温度计每5℃或每10℃由0℃到100℃进行逐点实测。并在自制刻度盘上点好标志。然后自行冷却进行复验。最后绘制适合教学需要的刻度盘。在点表盘时要注意：首先是由于点刻度盘时将电表前面玻璃取下，为防止风和空气流吹动表针，最好用橡皮胶往两侧边框上粘一张纸，盖住表针下部，使表针盘只露出要描点的部位。其次由于演示电表表针一般较长，惯量较大，表头轴尖摩擦阻力也较大。在点细刻度时，最好轻敲电表表壳顶部（切勿敲左右边框，以免引起表盘移动）以减少摩擦误差。

5）使用时按上述接法将仪器拨在“100℃”挡，校好100℃位置，然后拨到“测”挡（不要再动调100℃电位器）。取出热敏元件，即可测温。仪器在测量挡，表针指出读数，这是指当时的环境温度。请不要随意更改100℃或0℃位置！用毕，仪器拨在“断”挡，切断电源，以免浪费电力和影响内部元件。如长期不用，将电池取出，下次用时再装。如果“100℃”挡调不到满度，可能是电池电动势下降，需更换电池再校。

热敏温度计的维护方法如下。

1）在进行教学演示时，如果被测温度或介质是在常温时会凝固的物质，如萘，应注意测量后及时取出擦净。以免这类物质凝固收缩，损坏热敏元件头部的玻璃封装。

2）正常测量范围为0～100℃。参考观察范围约为－10～＋110℃。不要在测温范围以外过低或过高的温度下使用，以免损坏元件。

3）测温元件每个特性不同，所以绘制的刻度盘也不相同，不能相互交换使用。

4）不宜在高电压、大电流及强磁场下使用。和演示电表配接时，演示电表不应接其他电源和电路，以防损坏仪表。

2.4.10 液体温度计

液体温度计一般有以下几种规格。

酒精温度计，量度范围：－30～＋70℃。

水银温度计，量度范围：－15～＋150℃；－25～＋80℃；－30～＋50℃；－10～＋100℃；－15～＋115℃。

使用液体温度计时需注意：

1）根据实验的需要，选择合适的温度计。首先使待测物体的温度在选用的温度计量度范围之内，否则测不到结果，甚至造成温度计损坏。其次，温度计的最小分度是否符合准确度要求。

2）要在温度计留在被测液体里时读数，不要把它取出来才读数。

3）为了减小温度计热容量对实验系统的影响，要求实验系统有足够大的热容量，才能使实验结果比较准确。

4) 温度计的水银柱如果出现断丝现象，可用手握住它急速地甩动，或者在桌面上垫一块厚橡皮，用手竖直地拿着温度计，把它的测温泡轻轻撞击橡皮，使水银柱连接起来。

5) 千万不能用水银温度计当作搅棒，因为测温泡壁很薄，经不起撞击，务必小心轻放。不用时应放在盒子里防止下跌。损坏了水银温度计必须及时收集水银，不要任其流失造成公害，因为水银蒸气对人体有剧毒。

如图 2-25 是一种适用于演示实验的明视温度计，其液柱粗并用三角玻璃管折光放大，刻度线粗而间隔大，便于较远距离观察读数，感温泡伸出刻度板外，以便插入各种大小容器测温。

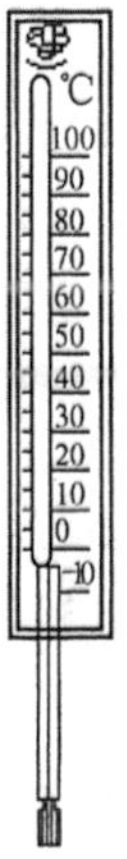

图 2-25
明视温度计

2.4.11　托盘天平

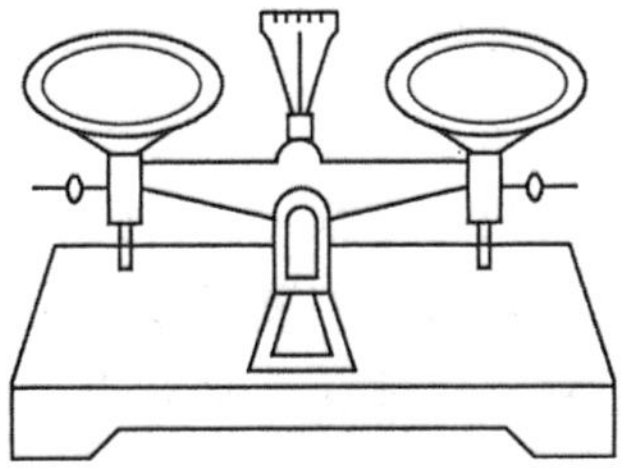

图 2-26　托盘天平

托盘天平灵敏度较低，主要用于初中学生实验，但因使用方便常用于某些简单演示实验。如图2-26是它的结构图。这种天平的称量一般是 200 g，感量为 0.1 g。它没有 1 g 以下的微量砝码，但装有游码。如果用作演示实验可选用称量为1 000 g、感量为 0.5 g 的。

托盘天平称量时，应将天平放在平整的桌面上，使用方法和注意事项和物理天平类似。

2.4.12　物理天平

物理天平的构造如图 2-27 所示，它具有一个能调节水平的金属底座，立柱固定在其中央部位。横梁支持在中刀托的玛瑙刀垫槽内，而中刀托则固定在升降杆的上端。当旋转手轮时升降杆能随之上下移动，带动横梁上升或下降。横梁的中间和两边镶有钢制刀口，为天平的支点与受力点。两端有平衡螺母和边刀吊架。砝码盘挂在两边的挂钩上。在立柱的后面装有水平水准器，调节底座下的两个调平螺丝，使气泡在圆圈刻线中间位置即为天平的工作位置。

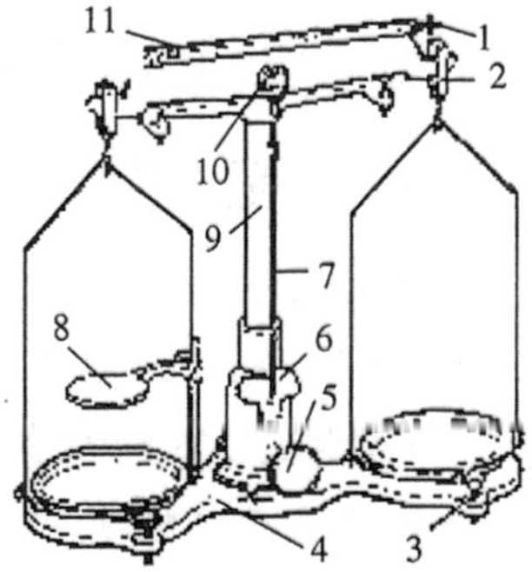

图 2-27　物理天平

1—平衡螺母；2—边刀吊架；3—调节底板水平螺丝；4—金属底座；5—旋转手轮；6—度盘；7—指针；8—托盘；9—立柱；10—中刀托；11—游码

指针固定在横梁的下端，其末端在刻度盘前摆动，指针上装有可上下调整的感量砣，调节其位置可使天平灵敏度改变，一般产品出厂前已把位置调好，不要擅自改变。

在立柱座左边有支杆，杯托盘固定在它的上面，当把杯托盘转至砝码盘中央位置时，可在它上面放置实验器具（如烧杯等）。放入器具内的物体可用线捆着挂在挂钩上，这时和用两盘称量时作用完全相同。如把杯托盘转到砝码盘外则可作一般称量用。

此天平有游码装置。移动游码，在游码尺范围内可得到 1 g(1 000 mg)的称量范围。除此以外还有一组砝码，每架天平所附砝码的公差不同，不能彼此换用。

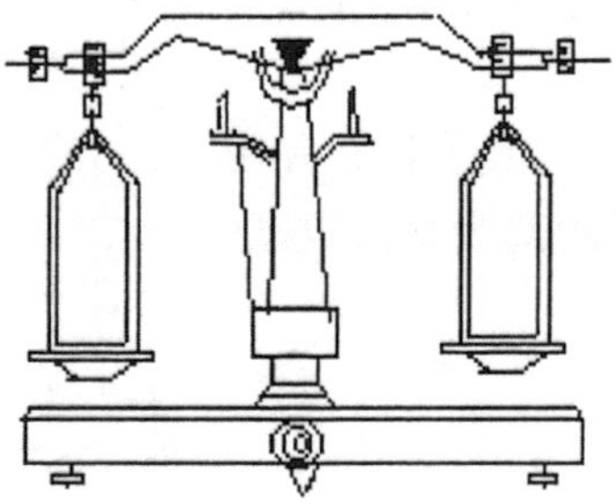

图 2-28　学生天平

这种天平的称量一般有 200 g、500 g、1 000 g；感量分别为 20 mg、50 mg、100 mg。

另有一种供学生实验用的简易物理天平，简称学生天平（图 2-28）。这种天平的称量一般为 200 g，感量为 50 mg，结构较简单，无游码装置，所以配有 1 g 以下的微量砝码。其底座的调平由重锤器指示。这种天平还省去了杯托盘。

在使用天平称量时应遵守下列规则。

1) 天平的负载量不得超过其最大称量值，以免损坏刀口或横梁。

2) 为了避免刀口受冲击而损坏，在取放物体、取放砝码、调节平衡螺母以及不使用天平时，都必须使天平制动。只有在判断天平是否平衡时才将天平启动。天平启动或制动时，旋转制动旋钮动作要轻。

3) 砝码不能用手直接取拿，只能用镊子间接挟取。从秤盘上取下后应立即放入砝码盒中。

4) 天平的各部分以及砝码都要防锈、防腐蚀，高温物体以及有腐蚀性的化学药品不得直接放在盘内称量。

5) 称量完毕将制动旋钮左旋转，放下横梁，保护刀口。

2.4.13　干湿泡湿度计

构造如图 2-29 所示，是用来测量空气湿度的仪器。它由两支完全相同的温度计组成，温度计 A 叫做干泡温度计，用来测量空气的温度；温度计 B 叫做湿泡温度计，它的水银泡上包着棉纱，棉纱下端浸在水中。由于水的蒸发，温度计 B 指示的温度总是低于 A 的，A、B 的温度差叫做干湿泡温度差。空气的相对湿度越小，即空气越干燥，湿泡温度计 B 上的水蒸发得越快，B 的温度就降得越低，两支温度计的温度差就越大；反之，空气的相对湿度越大，即空气潮湿，温度计 B 上的水蒸发得就越慢，A、B 的温度

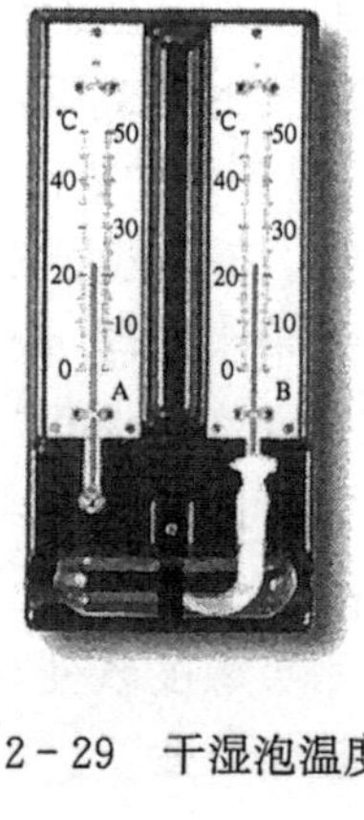

图 2-29　干湿泡温度计

差就越小，所以，干湿泡温度差的大小跟空气的相对湿度有直接关系(如果把不同温度时相应于不同的干湿泡温度差的相对湿度计算出来，绘制成表或画成曲线，那么根据干湿泡湿度计上 A、B 两支温度计的读数，从表或曲线上很快就可以得出空气的相对湿度)。在铝板中部凸出的圆柱体面上开有一道长缝，长缝的边缘刻有温标，缝里面装有一个可转动的圆柱体。圆柱体的侧面贴有与干湿泡湿度计示数相对应的相对湿度表。表中靠圆柱体顶端一圈所列的是干、湿泡温度计的温度差。露在板外面的胶轮用来转动圆柱体，以便查找相对湿度。

用法：① 把干湿泡湿度计挂在通风的地方，从干泡温度计上读出空气温度 T_1，从湿泡温度计上读出空气温度 T_2，两者的温度差 $\Delta T = T_1 - T_2$；② 拨动圆柱体，使圆柱体上湿度表的最高一栏从缝中出现的数字跟 ΔT 相同时，就停止转动。再在缝的边缘的温标上找到和 T_1 并列的数字就是当时空气的相对湿度。

2.4.14　分光镜

1. 仪器概述

分光镜由 5 个部分组成，即三脚架座、望远镜、载物平台、平行光管和读数圆盘，图 2-30 是它的全貌。

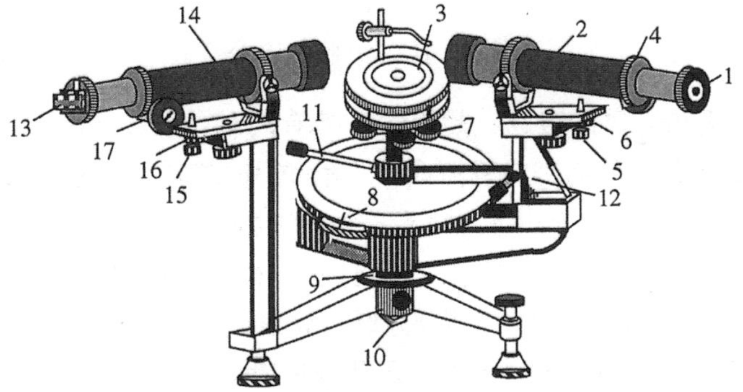

图 2-30　分光镜图示

1—望远镜目镜；2—望远镜筒；3—载物平台；4—叉丝(在望远镜筒内)；5—调节望远镜倾斜角的螺丝；6—固定望远镜倾角的螺丝；7—调节平台倾斜角的螺丝；8—读数圆盘；9—望远镜的固定螺丝(在背后)；10—台盘的固定螺丝；11—台盘和望远镜的连动杆；12—台盘和望远镜的微动螺丝(在背后)；13—狭缝宽度调节螺丝；14—平行光管；15—调节平行光管倾斜角的螺丝；16—固定平行光管倾斜角的螺丝；17—平行光管的调焦旋钮

1) 三脚架座是整个分光镜的底座。架座中心有一垂直方向的转轴，望远镜和读数圆盘可绕该轴转动。

2) 望远镜结构见图 2-31，望远镜由物镜和目镜组成。为了调节和测量，物镜和目镜之间装有叉丝。叉丝固定在 B 筒上，目镜 C 则装在 B 筒里并可沿 B 筒前后滑动以改变目镜与叉丝的距离，使叉丝能调到目镜的焦平面上。物镜固定在A筒另一端，本身是消色差的复合正透镜。筒B可沿筒A滑动，以改变叉丝与物镜的距离，使叉丝既能调到目镜焦平面上又能调到物镜焦平面上。

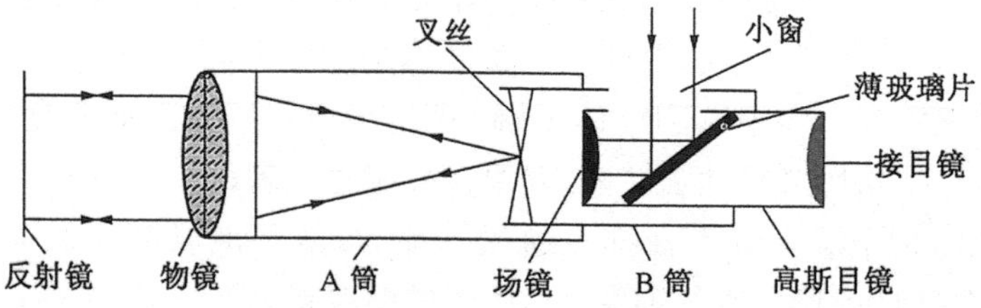

a

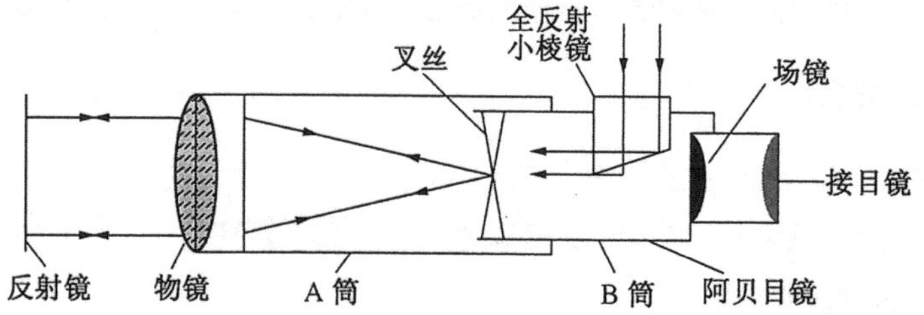

b

图2-31　望远镜结构图

目镜由场镜和接目镜组成。常用的目镜有两种：图2-31a是高斯目镜。在它的场镜和接目镜间有一片与镜筒成45°角的薄玻璃片，玻璃片上方镜筒上开有小窗，光从小窗入射，经玻璃片反射将叉丝全部照亮。图2-31b是阿贝目镜，在目镜和叉丝间装了一个反射小三棱镜。光线经小三棱镜反射将叉丝上半部照亮。由目镜望去，这个小三棱镜将叉丝上半部遮住，故只能看到叉丝下半部。

整个望远镜筒下面的螺丝5，用来调节望远镜的倾斜度，当望远镜和转轴调成垂直后，可用螺丝6固定。在望远镜与转轴相连处有螺丝9，放松时，望远镜可绕轴自由转动；旋转时，望远镜被固定。如果放松螺丝9，旋紧连杆螺丝11和平台螺丝10，再调节微动螺丝12，可使望远镜作微小转动。

3）载物平台。平台下方有三个螺丝7，用来调节平台的高度和倾斜角。有些分光镜的平台还可以绕轴旋转和沿轴升降，以适应高矮不同的被测对象。

4）平行光管。它的作用是产生平行光。管筒14固定在架座的一只脚上，管筒的一端装有一个消色差的复合正透镜。另一端是装有狭缝的套管，调节螺丝13可改变狭缝的宽度。若用光源把狭缝照明，转动旋钮17使套筒前后移动，改变狭缝和透镜的距离，使狭缝落在透镜的主焦面上，就可以产生平行光。

螺丝15、16是用来调节平行光管的倾斜度的。用法和螺丝5、6一样。

5) 读数圆盘。圆盘可绕转轴转动，圆盘的边缘装有两个角游标与望远镜固连。当望远镜固定时，若圆盘绕轴转过了一个角度，可以从游标读出这个转角的数值。反之，若圆盘固定，望远镜转动，也可从游标读出望远镜的转角。圆盘也有固定螺丝 10 和微动螺丝 12(和望远镜公用)如果放松螺丝 10，旋紧连杆螺丝 11 和望远镜螺丝 9，再调微动螺丝 12，可使平台微小转动。

2. 分光镜的调节

为了精确测量必须将分光镜调好。调节分光镜的要求是：使平行光管发出平行光；望远镜接受平行光(聚焦无穷远)；平行光管和望远镜的光轴与仪器的转轴垂直。调节前应先用眼睛估计，使各部件位置尽量合适，然后分别对各部分进行调节。

调节望远镜要求如下。

1) 使望远镜聚焦于无穷远。使光线通过目镜小窗(后三棱镜)将叉丝照亮。前后移动目镜使叉丝位于目镜焦面上，使叉丝看清楚，然后将一平面反射镜垂直放在平台上。譬如把平面镜放在平台两螺丝 B_1、B_2的中垂线上，如图 2-32 所示，调节 B_1或 B_2，可以改变镜面对望远镜的倾斜度。先用眼睛判断，尽可能使镜面垂直于望远镜转轴，然后缓慢地转动台盘，从望远镜找到由镜面反射回来的光片。若找不到光片，说明镜面的倾斜度不合适，必须重新用眼睛判断。找到光片后，调节目镜和叉丝(B_1筒)到物镜的距离，将叉丝像看清楚，并使叉丝像刚好落在叉丝平面上(如使用阿贝目镜)，则望远镜视野中，所观察的现象如图 2-33 所示。把头左右移动，如发现叉丝像与叉丝无相对位移(即无视差)，说明望远镜已聚焦于无穷远，即平行光聚焦在叉丝面上。

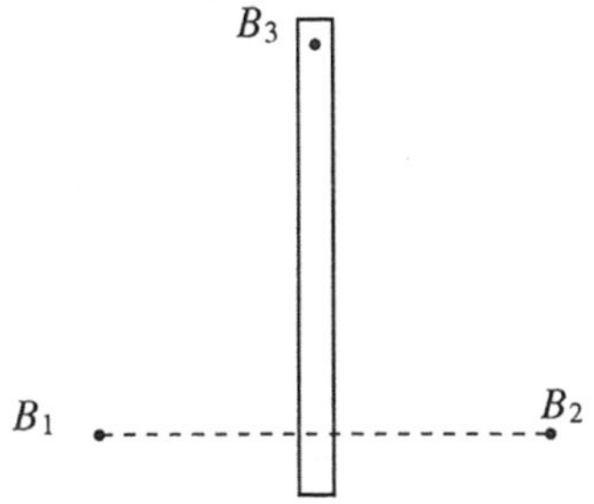

图 2-32　平面镜放置

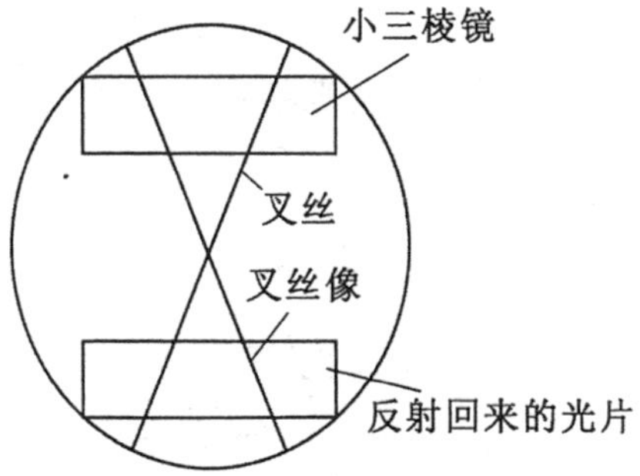

图 2-33　望远镜中的叉丝像

2) 使望远镜光轴垂直于仪器转轴。当看清楚由平面镜反射回来的叉丝像时，叉丝像与叉丝交点一般并不重合。调节平台上的螺丝 B_1 或望远镜下的螺丝 5，使叉丝像与叉丝相重合，这是说明镜面与望远镜的光轴已垂直。把台盘转 180°(因而平面镜也随着转了 180°)，如叉丝与叉丝像又重合，则说明镜面平行于仪器转轴，所以望远镜的光轴也垂直于仪器的转轴了。如果不重合，则继续调节平台上的螺丝 7 与望远镜下的螺丝 5，直到反射镜的任意面对向望远镜时叉丝与叉丝像都重合为止。实际调节时最好是先分析再调节，也可以用渐进法，即先调节平台上的螺丝使得叉丝与叉丝间的上下距离移近一半，再调节望远镜下的螺丝，使叉丝像与叉丝重合，然后再转 180°，重复上法调节，可以很快调好(如只调望远镜下螺丝使望远镜与镜面垂直，则转动 180°后望远镜与镜面必定仍处于不垂直情况)。这步调好后，应将望远镜的水平位置固定。

调节平行光管方法如下。

1) 调节平行光管的望远镜作为标准，这时平行光射入望远镜必聚焦在叉丝面上。调节时，将望远镜正对着平行光管，前后移动平行光管的管套，使狭缝位于物镜焦面上，从望远镜中便看到清晰的狭缝像，并且狭缝的像与叉丝间无视差。这时平行光管发出的光即为平行光。

2) 使平行光管光轴与仪器转轴垂直。

也用已调好的望远镜光轴为标准，只要平行光管光轴与望远镜光轴平行，则平行光管光轴与仪器的转轴就必定垂直。先使铅直放着的狭缝经过叉丝交点，然后使狭缝转 90°，如果狭缝仍通过叉丝交点，即表示平行光管光轴与望远镜光轴平行，否则可调节平行光管下的螺丝达到此目的。

2.4.15 显微镜

显微镜亦由物镜和目镜组成，特点是物镜的焦距很短。为了尽量减少各种像差，实用的显微镜其物镜的结构是相当精细复杂的。被观察的物 AB 放置在物镜焦点外少许，经过物镜成一高倍放大的实像 $A'B'$(中间像)，如图 2-34。常用的目镜也是惠更斯型，作用和望远镜中的目镜一样。目镜把中间像再次成放大的虚像，虚像距目镜约等于明视距离。眼睛也要贴近目镜观察。

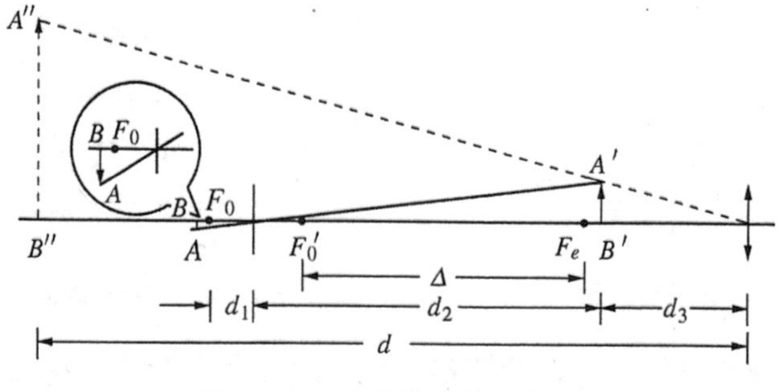

图 2-34　显微镜成像示意图

显微镜的放大作用可用横向放大率来描写。横向放大率 β 定义为像长 $A''B''$ 和物长 AB 之比，即

$$\beta = \frac{A''B''}{AB}$$

显然，它等于物镜的横向放大率 β_0 和目镜的横向放大率 β_e 的乘积。

$$\beta = \frac{A''B''}{A'B'} \cdot \frac{A'B'}{AB} = \beta_e \cdot \beta_0$$

其中 $\beta_e = \frac{d}{d_3}$，$\beta_0 = \frac{d_2}{d_1}$。

从图 2 - 34 中可以看出，中间像 $A'B'$ 是在目镜焦点 F_e 附近，$d_3 = f_e$；又因 f_0 很短，$d_2 \approx \Delta$，Δ 是物镜的后焦点 F_0' 到目镜前焦点 F_e 的距离，称为光学间隔，得

$$\beta_e = \frac{d}{f_e},\ \beta_0 = \frac{\Delta}{f_0}$$

且 $\beta = \frac{d\Delta}{f_e f_0}$。

一般规定 d 为 25 cm，Δ 为 16 cm。每个物镜组或目镜组在出厂时，f_0 和 f_e 都附有数据，是已知值，计算出的 β_0 及 β_e，就刻在物镜或目镜上，以供选用时方便。但要注意，如果显微镜的光学间隔不是 16 cm，或观察者的明视距离不是 25 cm（有较深的近视或远视），实际的放大率将和物镜、目镜标出的放大率有所差别。

1. 显微镜的结构和使用方法

显微镜的种类很多，各自适用于某一专用场合。本实验选生物显微镜作为典型，如图 2 - 35 所示。

每个显微镜都有一套放大率不同的物镜和目镜，更换目镜时，直接把原有目镜顺镜筒拔下，换上合适的目镜。更换物镜则先要把所需的物镜安装在物镜转换器上，然后转动物镜转换器，听到“咔”声即物镜对准镜筒。

为了照明目的物，在载物台的下面装有聚光镜、可变光阑和反射镜，以便调节聚光镜到目的物和物镜的距离，以获得均匀而又明亮的像。

从显微镜的光路可知，要使像成在明视距离，物镜离目的物的距离 d_1 是一定的，仅在更换物镜或目镜后才会改变。所以，放上目的物后，必须上下调节显微镜才能观察到物像，这个过程通称为调焦。调好焦后，如果在很小的范围内改变一下物距，像仍然清楚。使像保持清楚的物距范围称为焦深。实际上显微镜的焦深很小，而且放大率越高，焦深越小，调焦越困难。因此，显微镜的调焦需要正确而又细致地操作，步骤如下。

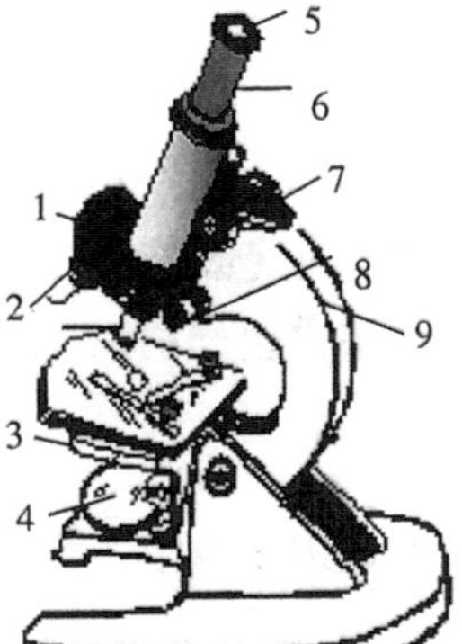

图 2 - 35　显微镜

1—物镜转换器；2—物镜；3—聚光镜及可变光阑；4—反射镜；5—目镜；6—目镜筒；7—粗调手轮；8—微调手轮；9—架座

先用低倍的物镜寻找目的物。转动物镜转换器，使低倍物镜对准镜筒，转动粗调手轮使显微镜下降，眼睛同时注视物镜和目的物的距离，直到物镜快要接触到目的物为止。以后，用眼睛在显微镜视野中寻找物像，这时显微镜只许往上调，不许往下。先缓慢地转动粗调手轮，直到视野中出现模糊的物像，再用微调手轮，就可以看到清晰的高倍放大像了。

低倍调好焦后，如果需要用高倍物镜，不必从头调焦。只要转动物镜转换器把高倍物镜换入，再稍许转动微调手轮，就可以看到清晰的高倍放大像了。

先往下、后往上的操作方法可以避免镜筒过分往下，物镜挤压目的物而造成物镜或目的物的严重损伤。先低倍、后高倍则能较迅速地找到物像，在操作时这两条一定要掌握好。

2. 显微镜的分辨本领

如果显微镜是理想的光学系统，目的物上的两个分立点 A 和 B 经放大后应该是两个分立的像点 A' 和 B'。实际上由于存在衍射，像点 A' 和 B' 将是两个圆斑。如果 A 和 B 十分靠近，像斑 A' 和 B' 会发生重叠。因此，显微镜存在一个最小的分辨距离 δ_y，目的物上相距小于 δ_y 的两点，用显微镜观察时将无法分辨。显微镜的最小分辨距离决定于物镜的最小分辨距离，计算如下。

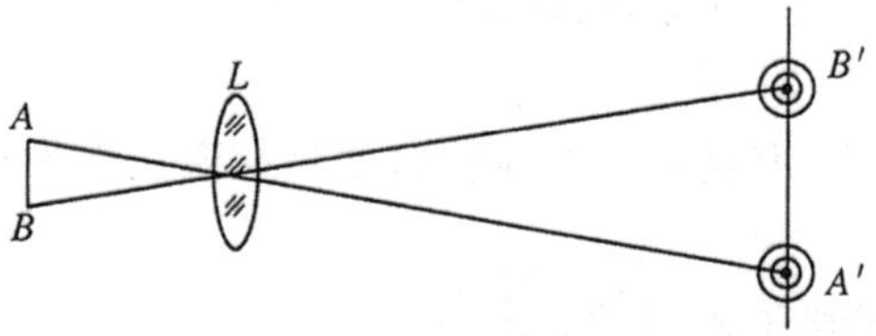

图 2-36　物镜成像

如图 2-36 所示，A'、B' 是 A、B 的像斑，L 是物镜。当 A 斑的主极大落在 B 斑的第一极小值时，两斑将无法分辨。这是 A' 和 B' 两斑中心距离 δ_y 由衍射理论计算出

$$\delta'_y = 1.22\lambda \frac{d_2}{D}$$

其中 λ 是光波波长，D 是物镜的直径，d_2 是像距。

显微镜的物镜，都经过严格的校正，使之符合正弦条件

即

$$n\delta_y \sin\theta = n'\delta'_y \sin\theta'$$

n、n' 是物方和像方媒质的折射率，θ、θ' 是物镜 L 对物点和像点的半张角。由于 $n' = 1$，因显微镜的物镜成像时，$\sin\theta'$ 很小，近似等于 $\frac{D}{2d_2}$，故

$$n\delta_y \sin\theta = \frac{D}{2d_2}\delta'_y$$

得

$$n\delta_y \sin\theta = 0.61\lambda$$

$$\delta_y = \frac{0.61\lambda}{n\sin\theta}$$

$n\sin\theta$ 称为显微镜物镜的数值孔径，英文缩写是N.A.。物镜上一般刻有该镜的N.A.值，如果不加说明，指的是 $n=1$ 时的数值孔径。

2.4.16　立式读数显微镜

立式读数显微镜的外形如图 2－37 所示。它是工作距离大于 50 mm 的成正像的显微镜，在带动显微镜升降的滑块及滑座上安装了一支 0～40 mm 的主尺和游标尺，显微镜上下移动的距离可从游标尺上读出。

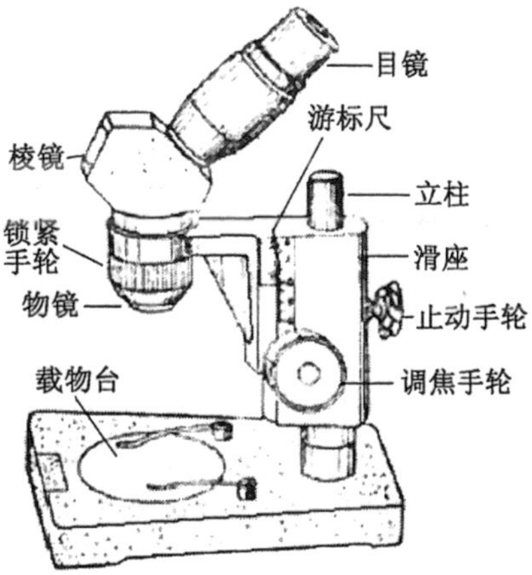

图 2－37　立式读数显微镜

2.5　物理实验常用辅助仪器分析

2.5.1　气垫导轨

气垫导轨是一种多用途的力学实验仪器。它通过导轨表面均匀分布的小孔喷出气流，在导轨表面和滑块之间形成一层很薄的“气膜”将滑块浮起，造成滑块在导轨上近似无摩擦运动的条件。气垫导轨虽然解决了摩擦问题，但实验准确度仍受时间测量误差的影响。为此，一般采用计时准确度较高的光电控制电子毫秒计时或火花计时装置，这样在气垫导轨上进行各种力学实验，其相对误差一般不大于 5%。

图 2－38 是使用性能较好的 QG150—79 型气垫导轨的外形结构图。其导轨采用三角形空心截面异形铝材，全长为 1 580 mm，两个轨面互成直角，轨面上均匀分布直径 0.6 mm 小孔，轨道两端加上端盖后形成气室，一端装有进气管，另一端设置气垫滑轨。气垫滑轨的转动轮和轴间有一层气膜（轴上有气孔），使转动时摩擦力大大减少。轨道一侧面贴有刻度尺，另一侧面可粘贴电火花记录纸。

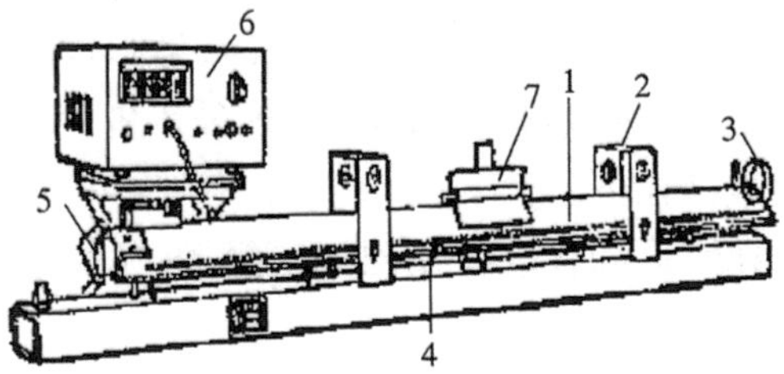

图 2－38　气垫导轨

1—导轨；2—光电门；3—气垫滑轨；4—刻度尺；5—进气管；6—计时器；7—滑块

仪器的底座由冷拉矩形钢管制成，同时起到加强导轨刚度的作用。在上表面均匀分布两排调节螺丝，调节螺丝和上部导轨连接。在底部装有三只成三角形分布的支脚螺丝，其中一只单支脚螺丝装有旋钮，用来调节气垫导轨的水平。

滑块是运动体，上有螺孔，用来固定各种附件。顶部有遮光板和遮光片固定座。两端装有碰撞弹簧以及用来固定谐振弹簧的拉耳。配重块可通过载重杆固定在滑块两侧。

发射架座用螺钉固定于轨面两端，其上有橡筋发射架，还有用来架设火花合金丝的绝缘板和绝缘板架。

光电控制电子毫秒计时，是由用薄钢片弯成的跨架结构的光电门，利用光敏二极管受光照时和不受光照时的电位变化产生脉冲信号来控制毫秒计工作。

气垫导轨在中学物理教学中主要可作下列实验。

1）测定滑块运动速度。

2）验证牛顿第一、二、三定律。

3）研究碰撞过程中的动量守恒情况，验证动量守恒定律。

4）验证机械能守恒定律。

5）简谐振动，阻尼振动等。

导轨在实验前，可按下述方法进行调节。

1. 调整水平

1）安置两光电门之间的距离在 800～1 000 mm，在滑块上装上实验所需遮光片，选用相应的毫秒 s_1 挡或 s_2 挡。

2）打开气源给导轨供气，使滑块运动，分别记下通过两光电门的时间 t_1 和 t_2。如果 t_1、t_2 不等，则可反复调节单支脚上旋钮，直至 t_1 和 t_2 的相对误差 $<2\%$，即可认为导轨已调水平。

2. 确定斜度

此导轨随机附有 7 块不同高度的斜度垫块，可根据实验要求算出斜度 k，由 $k=\dfrac{h}{l}$ 选择不同高度 h 的垫块，式中 l 为导轨单支脚和双支脚之间的距离。

导轨具有足够厚的气垫层以确保稳定，实验条件要求气源具有足够大的流量。目前国内尚无专用气源。一般用小于 2 个大气压的压缩空气作气源，做学生实验时，可用一台空气压缩机当作共用气源，也可用吸尘器或风压较高的鼓风机。

仪器在使用和保养过程中应注意的事项如下。

1）为了保持导轨表面良好平直度，在搬运和存放时切勿加压震动，尤其不要碰撞导轨表面。

2）滑块内表面和导轨配合紧密（一般不能互换），应防止滑块内表面划伤、碰撞；导轨不通气时不允许将滑块在导轨上来回滑动；调节遮光片在滑块上的位置时，要把滑块从导轨上取下，调好后再放回导轨。

使用前，应用酒精棉花将轨面及滑块表面擦净，因为它们之间的气层只是几十微米的数量级，所以表面不平整、不洁净将无法保证实验的精确度。

3) 导轨的气孔孔径一般在 0.4～0.6 mm，只有滑块覆盖的那些气孔中喷出的气体起着漂浮滑块的作用，所以气孔必须大小相等，全部畅通，如果有堵塞，滑块滑过该处，将会使滑块变速甚至停止。为防止气孔堵塞，可用直径小于 0.4 mm 的铜丝仔细疏通一下。

4) 滑块运动时阻力（主要是气体间黏滞力）和滑块速度成正比，但滑行速度过小，则各种外界因素，如流量不稳、压力不匀等会影响实验效果，所以速度以大于 0.5 m/s 为宜。

2.5.2　斜槽轨道

J2127 型斜槽轨道和 J0202 型简式计时器配合使用，组成一套多功能的力学实验仪器。

斜槽轨道如图 2－39 所示，共分三个组成部分。

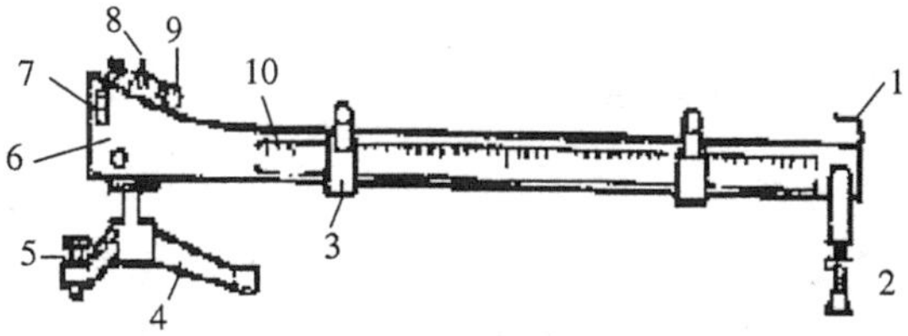

图 2－39　斜槽轨道

1—弹簧夹；2—单脚支架；3—光电门；4—三脚支架；5—调节螺丝；6—底架；7—高度标尺；8—电磁铁；9—钢球；10—距离标尺

1. 斜槽轨道

斜槽轨道安装在底架上，底架的一端由三脚支架托住，并有调节螺丝调整轨道前后水平，底架另一端由单脚支架和带有升降调节的螺丝支撑，调节此螺丝可调整轨道左右成水平。沿轨道有距离标尺，轨道上弯部分还有高度标尺，可量度斜槽轨道上的小球上升的高度。钢球共有两只，它的直径 22.225 mm，质量 45.2 g。

2. 光电门

光电门共有两个，都带有引线和插头。如果插头插在计时器后面的“启动”插座，那么从光电门被挡光起，计时器开始计时。另一个光电门插在“停止”插座，如果被挡光，则计数停止，显示的数字表示从“启动”一直到“停止”这段时间间隔，单位为秒。两只光电门可以互换，没有区别，只是插座功能不同。

3. 电磁铁

电磁铁附有引线和插座，供吸放钢球用。可根据需要固定在轨道的适当位置。

利用斜槽轨道做力学实验时，有两种计时方式可供选择。

1) 同步计时。凡需要从运动开始 ($v=0$) 就计时，应选用同步计时方式。即电磁铁断电，释放钢球开始计时，直到钢球通过“停止”光电门时停止计时。如果钢球经过的路程为 s，所需的时间为 t，初速 $v=0$，则钢球运动的加速度 $a=\frac{2s}{t^2}$。经过光电门时的速度，即 t 秒末的即时速度 $v=\frac{2s}{t}$ 都可以计算出来了。

2）光控计时。凡需要测定球通过轨道某段路程所需要的时间间隔，应采用光控计时方式，安装两只光电门，分别插在“启动”和“停止”两个插座上。

利用斜槽轨道可做如下实验。

1）匀速直线运动规律的演示。

2）匀变速运动规律的演示。

3）自由落体运动实验。

4）机械能的转换和守恒实验。

斜槽轨道中的光电门和计时器工作是否正常是做好实验的关键。如发现计时器工作不正常，应首先检查光电门光束是否照准光电管。如果没有照准，应调节座叉高度，使光束照准后再进行实验。另外要保持轨道平直，不用时将轨道悬挂或置于平板上，勿使轨道长期受压而变弯曲。

2.5.3 光具座

光具座（如图 2-40）为几何光学及物理光学实验常用的仪器之一，光具座的主体是铁柱导轨，其上附有标尺、最小刻度为 1 mm，标尺长 1.5 m，各种附件如平行光源、凸透镜、透镜夹、遮光屏、像屏、狭缝等，都可固定在导轨上任一位置，以进行多种光学实验。在成像、干涉及衍射的实验中，如把所需用的附件及光学元件固定在光具座上，能进行定量测量。

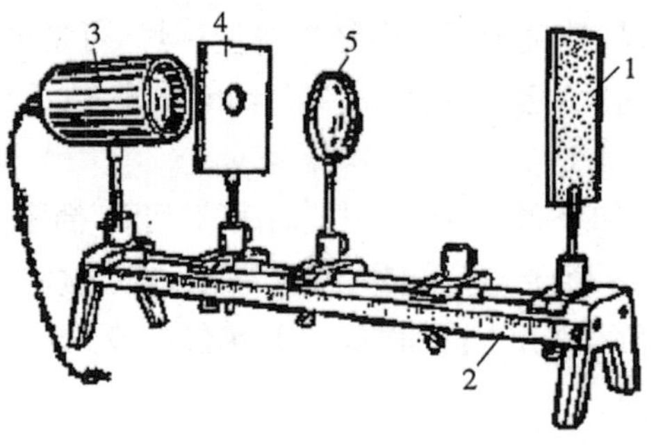

图 2-40　光具座

1—像屏；2—标尺；3—光源；4—遮光屏；5—透镜

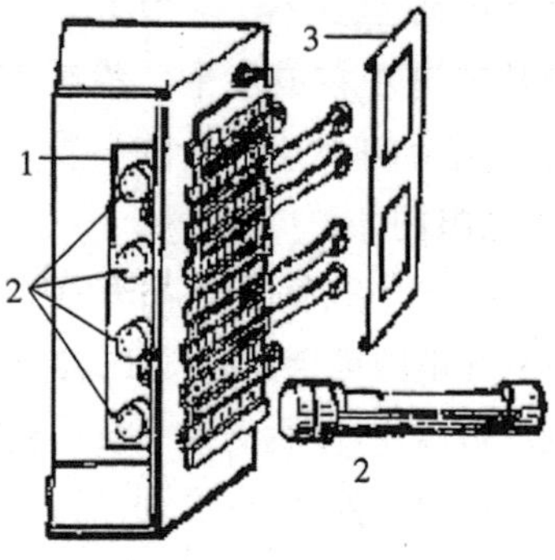

图 2-41　光具盘

1—反光镜架；2—反光镜；3—滤色片

2.5.4 光具盘

光具盘主要用途是做几何光学的各种演示，其构造如图 2-41 所示。矩形光屏，屏面漆成白色，便于显示光路。上部边缘有刻度，每格为 8 cm。四周是遮光板，内部漆成黑色。镀铬金属杆用来悬挂光学元件。圆形光屏的屏面漆成白色，边缘有刻度，每格为 10 度，可挂在金属杆上自由转动，不用时可取下。弹簧夹在圆形光屏上，用以夹持光学元件。遮光插片可插于遮光板上 6 个矩形缝中（中间一条除外），用以改变光线的条数。红蓝滤色片插于遮光板矩形缝中时，可产生红蓝光线各三条，中央仍为白色光线。反光镜架上有 6 个圆孔，可安装反光镜。反光镜可使由矩形孔射入的光线经镜面反射。转动反光镜时能将光线以各种不同的方向射到光屏。所附的其余光学元件有：不等边五边形玻璃砖一件；等腰直角棱镜一件；半圆柱玻璃砖一件；大小双凸柱透镜各一件（焦距分别为 16 cm、8 cm）；双凹柱透镜一件，焦距为 8 cm；凹柱面镜一件，焦距 16 cm；平面镜（连胶木架）。

每个光学元件，都用专用镜架或利用圆形光盘上的弹簧夹固定于光屏上。

用强平行光源照射光具盘矩形缝，适当调节光屏位置即显示出 7 条清晰的平行光线。根据实验的要求安放光学元件及附件（遮光板、滤色片等），就可做多种实验。如将激光束通过短焦距（约 5～10 mm）的扩束透镜后，作平行光源，效果更好一些。

用光具盘可作光的反射、折射、面镜和透镜的成像等多种实验。

2.5.5　灵敏电流计

灵敏电流计是供学生实验或实验室检查直流电路中微弱的电流或微小电压用的。如用作电桥测量、温差电偶、电磁感应及光电效应等实验中的检流计。如图2-42是电表外形结构。表头的结构同直流安培表、直流伏特表相同。

图 2-42　灵敏电流计

灵敏电流计的量程电流（满刻度电流值）为 30 μA。仪表使用前应先检查指针是否对准零点，如有偏差，应用零点调节器调零。

用灵敏电流计检查电路中微弱的电流时，可直接串联在待测电路中，从电流计指针是否偏转来确定电路中有无电流通过。如果指针向右偏转，则表明电路有电流从“＋”接线柱到“－”接线柱；如果指针向左偏转，则表明电流方向由“－”接线柱流向“＋”接线柱。

用灵敏电流计检查电路两点间是否存在电压，可直接并联在电路中待测的两点，根据指针偏转确定两点间是否存在电压，根据偏转的方向可确定两点间电压的方向。

无论用作检测电流或微小电压，此电流计都不能精确地测量电流强度或两点间的电压，而只能作为检流计或示零仪表用。

任何时候都不应使通过电流计的电流强度超过满刻度电流值，更不要将电流计误作安培表或伏特表接入电路。仪表搬运时应使两接线柱短路。

另外，在商品仪器中检流效果较为显著的仪器是“光点复射式检流计”，它由于不用平卷式游丝而用悬丝从而提高了灵敏度，不用指针而用光点反射而使它的动圈惯量小得多，对电流的检测反应快。

2.5.6 J2425 型变压器原理说明器

变压器原理说明器包括：(a) 为铁芯，(b) 为线圈，(c) 为极掌，(d) 为强阻尼摆和弱阻尼摆，(e) 为摆架，(f) 为自感现象示教板，(g) 为可调电阻，(h) 为小灯座，(i) 为接线片，(j) 为铝环，(k) 为感应灯。

本仪器是万用变压器的更新换代产品，能演示变压器的原理和许多电磁学实验。其中铁芯和线圈是主体。前者由条形铁轭搁在 U 形铁芯上构成，并用压板固定。后者分红绿两色，可作为初、次级线圈。红色线圈共绕 1 600 匝，其中于 200、800 匝处抽头，各挡的圈数为 0～200～800～1 600 匝，对应的直流电阻约为 0～0.8～13～57 Ω；绿色线圈共绕 400 匝，于 100 匝处抽头，各挡的圈数为 0～100～400 匝，对应的直流电阻约为 0～0.4～3.4 Ω。在线圈上均用百位以上数字标出匝数，并以绕在最外层的塑料套管示明绕线的方向。

普通小型变压器由于结构、装置上的诸多原因，大多功率损耗较大，其效率比大型变压器和高质量的小型变压器为低。本说明器的变压器部分正常工作时的效率一般不大于 80%(其前身万用变压器的效率不大于 60%)。

使用注意事项：

1) 装配成变压器时，磁路必须闭合，紧固铁芯，使 U 形铁芯与条形铁轭的磨平面相接触以减少磁阻；输入交流 220 V 电压时应以 1 600 匝的红色线圈为初级；使用其他匝数的线圈作为初级时要根据线圈每匝承受的电压(≤0.15 V)和匝数选择适当的输入电压。

2) 在铁芯不闭合时做实验，应尽量缩短通电时间和控制电压、电流的大小。例如，线圈接 220 V 交流电源时，连续工作的最长时间为：0～1 600 匝线圈不超过 1 min，0～800 匝线圈不超过 20 s；接直流电源在不超过 1 min 时，线圈的工作电压及电流值需要加以限制，0～1 600 匝线圈为 24 V、0.5 A；0～800 匝线圈为 16 V、1 A；0～400 匝线圈为 12 V、3 A。

2.5.7 J2459 型学生示波器

1. 示波器的结构与工作原理

示波器一般由示波管、电源系统、触发与扫描系统、输入放大系统及滤波系统等组成。其中示波管是示波器的核心，触发与扫描系统跟使用方法密切相关，下面对这两部分作简要的介绍。

(1) 示波管

示波管由封装在抽成高真空的密封玻璃管里的电子枪、电子束的加速及聚焦电极、水平及垂直偏转板和荧光屏等部分组成。管内各部分按照它们的功能可以分为三个组成部分,如图 2-43 所示。

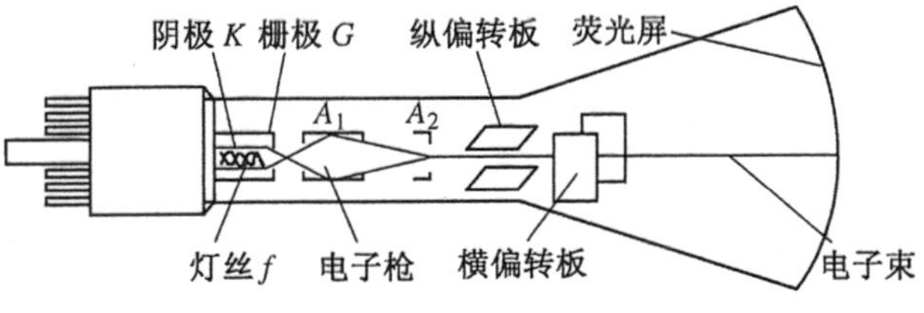

图 2-43 示波管

荧光屏：是示波器的显示部分。当有高速电子流打到荧光屏上时,屏上的荧光物质就会发光,形成图像。

电子枪：它由灯丝 f、阴极 K、栅极 G、第一阳极 A_1、第二阳极 A_2 构成。它的主要功能是发射一束强度可以调节的、可以聚焦的高速电子流,电子流射向荧光屏形成一个亮点。栅极 G 放在第一阳极和阴极之间,改变它的电位大小,就可以有效地控制电子束的强度,从而改变荧光屏光点的亮度。阳极 A_1 和 A_2 共同组成一个电子束聚焦系统。调节 A_1、A_2 之间的电位差,可以使电子束聚焦在荧光屏上形成一个小亮点。

偏转板：示波管内共有两对偏转板 X 和 Y,一个水平放置,一个竖直放置。如果在水平偏转板上加一直流电压,可以使电子束在水平方向上偏转,体现在荧光屏上,就是小亮点沿水平方向左右移动。同理,在竖直偏转板上加直流电压,会使小亮点上下移动。当对这两对偏转板同时加偏转电压时,电子束的偏转就是两个相互垂直的偏转作用的合成。

(2) 触发与扫描

如图 2-44 所示,如果在垂直偏转板上加一个交变电压 $V_y = V_0 \sin \omega t$,则电子束在垂直方向获得随时间变化的偏转,光点在垂直方向来回运动,在荧光屏上只是一条竖直方向上的亮线。如果在水平方向 X 上加如图 2-45 所示的一个扫描电压 $V_x = kt$,式中 k 是常量。那么,电子束同时在水平方向上获得与时间成正比的偏转。这样,荧光屏上的亮点由于 V_x 和 V_y 的共同作用下偏转成结果如图 2-45 所示的图像。这种通过水平电压将垂直电压展示为随时间变化规律的方法就称为“扫描作用”。

为了在荧光屏上显示的 V_y 电压波形不失真,示波器的扫描电压必须是正程电压线性增长,逆程时间很短的锯齿波电压。

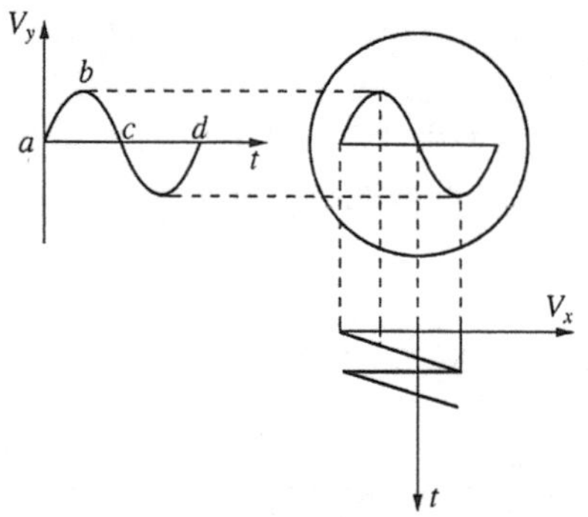

图 2-44　交变扫描电压

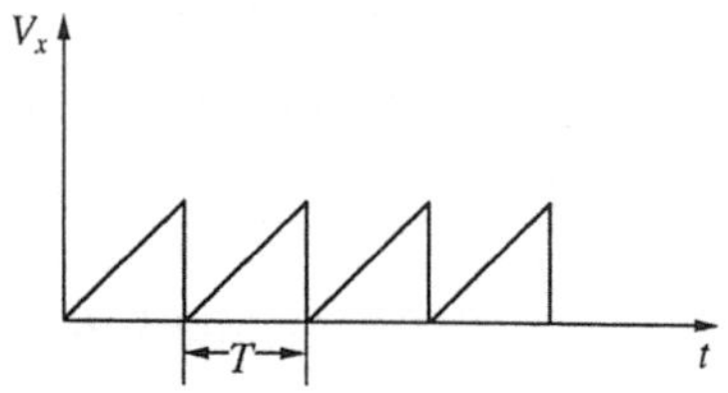

图 2-45　扫描电压

触发与扫描电路有两种工作模式，一种是时基方式，一种是 $X-Y$ 方式。在时基方式下，显示周期性电压信号的波形。为了显示稳定波形，要求每个水平扫描周期内光点描绘的曲线应精确重合，即水平和垂直信号的频率应满足以下关系：$\frac{f_x}{f_y}$ 整数。这可以通过两种方法得到：一是调节 f_x 使之满足上述关系。在示波器的“自激”方式下，通过调节“扫描微调”旋钮可以改变 f_x，使波形稳定，但稳定不会长久。另一种是采用触发方式，即设定信号波形上的一个点，包括该点的幅值和斜率，每次水平扫描开始前先检查设定的点是否到来，如果未到，则等待；如果到了，则开始扫描过程，直到屏幕最右边为止，然后回到最左边，重复上述过程。由于触发方式比较灵活，在示波器中被广泛使用。

$X-Y$ 显示方式不用时基与扫描电路，水平和垂直信号均来自外部。只要两个信号的频率之比为严格整数或相对稳定，也能显示稳定的波形，这种方式通常用来显示两个物理量之间的关系。例如观察二极管的伏安特性、观察利萨如图形等。

2. 示波器的使用

如图 2-46 为 J2459 型示波器的面板，荧光屏右边最上端的是辉度调节旋钮，标以“☼”符号，用来调节光点和图像的亮度。顺时针旋转旋钮时，亮度增加。

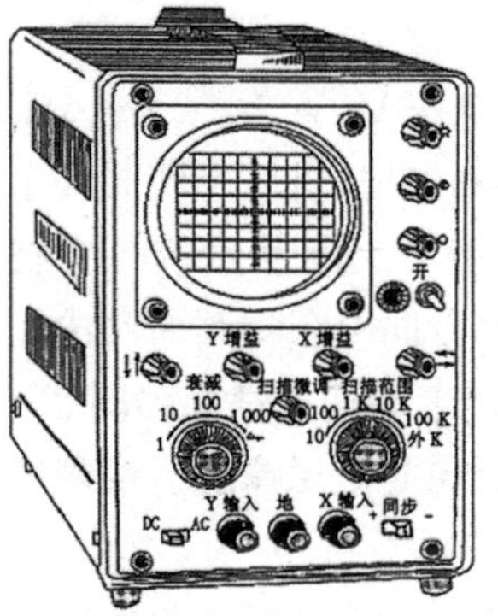

图 2-46　示波器

第二个是聚焦调节“⊙”和辅助聚焦“○”，这两个旋钮配合着使用，能使电子射线会聚，在荧光屏上产生一个小的亮斑，得到清晰的图像。

再下面是电源开关和指示灯，用后盖板上的电源插座接通电源后，把开关扳向“开”的位置，指示灯亮，经过一两分钟的预热，示波器就可以使用了。

荧光屏下边第一行左、右两端的旋钮是垂直位移“↓↑”和水平位移“⇆”，分别用来调整图像在竖直方向和水平方向的位置。它们中间的两个旋钮是“Y 增益”和“X 增益”，分别用来调整图像在竖直方向和水平方向的幅度，顺时针旋转时，幅度连续增大。

中间一行左边的大旋钮是“衰减”，它有 1、10、100、1 000 四挡，最左边的“1”挡不衰减，其余各挡分别使输入的电压衰减为原来的 1/10、1/100、1/1 000，因此图像在竖直方向的幅度都减小为前一挡的 1/10。

最右边的正弦符号∿挡不是衰减，而是由示波器内部自行提供竖直方向的交流试验信号电压，可用来观察正弦波形或检查示波器是否正常工作。

中间一行右边的大旋钮是“扫描范围”，也有 4 挡，可以改变加在水平方向的扫描电压的频率范围，左边第一挡是 10～100 Hz，向右旋转每升高一挡，扫描频率都增大 10 倍，最右边的是“外 X”挡，使用这一挡时，机内没有加扫描电压，水平方向的电压可以从外部输入。

中间的小旋钮是“扫描微调”，用来调整水平方向的扫描频率，顺时针转动时频率连续增加。

底下一行中间的旋钮“Y 输入”、“X 输入”和“地”分别是竖直方向、水平方向和公共接地的输入接线柱。左边的“DC、AC”是竖直方向输入信号的直流、交流选择开关。置于“DC”位置时，所加的信号电压是直接输入的；置于“AC”位置时，所加信号电压是通过一个电容器输入的，它可以让交流信号通过而隔断直流成分。右边的“同步”也是一个选择开关。置于“＋”位置时，扫描由被测信号正半周起同步，置于“－”位置时，扫描由负半周起同步。这个开关主要在测量较窄的脉冲信号时起作用，对于正弦波、方波等，无论扳到“＋”或“－”，都能很好地同步，对测量没有影响。

附：练习使用示波器

当信号电压输入示波器时，示波管的荧光屏上就反映出这个电压随时间变化的波形来。示波管主要由电子枪、竖直偏转电极和水平偏转电极组成。两电极都不加偏转电压时，由电子枪产生的高速电子做直线运动，打在荧光屏中心，形成一个亮点。这时如果在水平偏转电极上加上随时间均匀变化的电压，则电子因受偏转电场的作用，打在荧光屏上的亮点便沿水平方向匀速移动。如果再在竖直偏转电极上，加上一随时间变化的信号电压，则亮点在竖直方向上也要发生偏移，偏移的大小与所加信号电压的大小成正比。这样，亮点一方面随着时间的推移在水平方向匀速移动，一方面又正比于信号电压在竖直方向上产生偏移。于是在荧光屏上便形成一波形曲线，此曲线反映出信号电压随时间变化的规律。

1) 把辉度旋钮反时针旋到底，垂直位移和水平位移旋钮转到中间位置，衰减旋钮置于最高挡，扫描旋钮置于“外 X”挡。

2）接通电源，打开电源开关。经预热后，荧光屏上出现亮点。调节辉度旋钮，使亮度适中。

3）调节聚焦和辅助聚焦旋钮，观察亮点的大小变化，直至亮点最圆、最小时为止。

4）旋转垂直位移和水平位移旋钮，观察亮点的上下移动和左右移动。

5）把扫描范围旋钮旋至最低挡，扫描微调旋钮反时针旋到底，把 X 增益旋钮顺时针旋到 1/3 处，观察亮点的水平方向的移动情况。

6）顺时针旋转扫描微调旋钮，观察亮点的来回移动（随着扫描频率增大而加快，直至成为一条水平亮线）。旋转 X 增益旋钮，观察亮线长度的变化。

7）把扫描范围旋钮置于"外 X"挡，交直流选择开关扳到"DC"，并使亮点位于荧光屏中心。按图 2－47 接好电路，输入一直流电压。

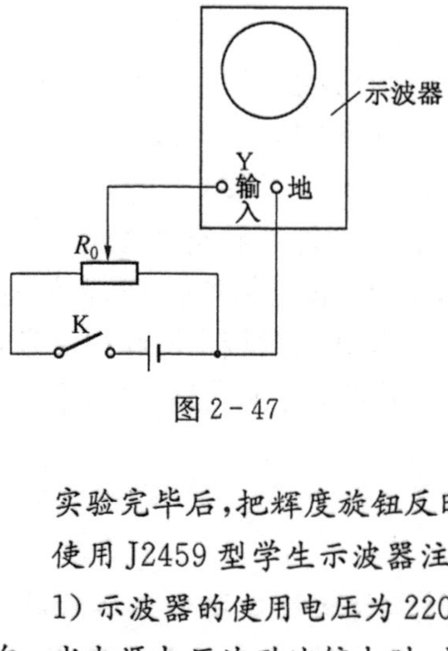

图 2－47

8）移动变阻器的滑动片，改变输入电压的大小，观察亮点的移动。

9）将电池的正负极接线调换位置，重复步骤 8）。

10）使 Y 增益旋钮顺时针旋到底，衰减旋钮置于"1"挡。使变阻器的滑动片从最右端起向左滑动至某一位置，读取亮点偏移的格数。此时亮点每偏移 1 格，表示输入电压改变 50 mV。计算此时输入电压的大小。如果衰减旋钮置于其他挡时，应将所得数值乘以相应的倍数。

实验完毕后，把辉度旋钮反时针旋到底，然后关机，切断电源。

使用 J2459 型学生示波器注意事项：

1）示波器的使用电压为 220 V±10%范围。超出这个范围将影响仪器正常工作。当电源电压波动比较大时，最好采用交流稳压措施后再使用。

2）示波器机箱与机内电路接地点相连接，为了安全及减少外界环境对仪器的干扰，应将仪器机壳接地。可用带接线焊钩的黑色导线，将示波器面板上的接地柱和实验桌上的接地接线柱相连接。如果实验室装有带地线的三孔安全电源插座，则可以将示波器电源线二脚插头换成三脚插头，另加一根黑色导线将三脚插头外壳和三脚插头地脚相连接。机壳不接地也可以使用，这时外部感应将使示波器的噪音干扰略增大一些。

3）测试信号输入线最好采用带有香蕉插头的高频屏蔽线或单股线，输入线尽量短一些，将香蕉插头分别插入示波器 Y 输入与地接线柱及信号输出仪器接线柱。如果要检查实验电路某点波形，输入线测试端可接一对带套管的鳄鱼夹或测试棒比较方便。如果测试点电压较高，最好应先切断被测电路电源，接好测试点再进行测试。否则应特别注意安全，站在适当的绝缘物上，单手进行操作。

4）示波器使用时应注意辉度适中，不宜过亮，且光点不应长期停留在一点上，以免损坏荧光屏。还应避免在阳光直射荧光屏的情况下工作。关机前应先将辉度关灭。

5）示波器应避免在强磁场环境中工作，因为外磁场会引起波形显示失真。

6）示波器使用时，接入输入端的电压不应超过说明书规定的最大输出耐压 400 V(DC+ACPP)。如果信号为直流则应小于 400 V。如果信号为直流加交流，则其直流和交流峰值之和应小于 400 V。特别要注意当 Y 衰减开关放到 1 时，应防止过大的被测信号加入输入端，以免损坏仪器。

7）仪器使用时，扳动面板控制器要轻，当到达极限位置时不要硬扳，以免损坏仪器。搬动时要轻拿轻放，防止碰撞。

8）仪器用毕后应罩上防尘罩，放在阴凉干燥通风的地方。存放满 3 个月没有使用的仪器应开机通电 1 h，以防止电解电容失效和起到加热去潮的作用。

2.5.8 J2515 型双缝干涉实验仪

J2515 型双缝干涉实验仪的结构如图 2－48 所示。该仪器采用分离光学元件，在光具座上组装成整机的结构。主要部件有遮光管、照明系统、双缝、观察筒及测量头。整机外形如图 2－49 所示。遮光管是安装其他部件的基准，并能挡住杂光的干扰，犹如暗室一样。

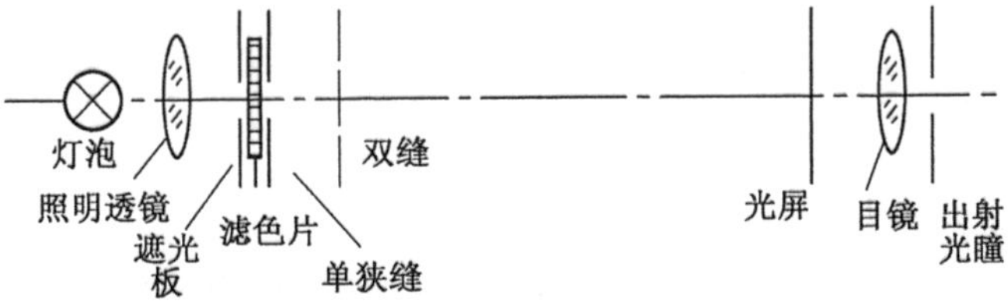

图 2－48　双缝干涉实验仪结构图

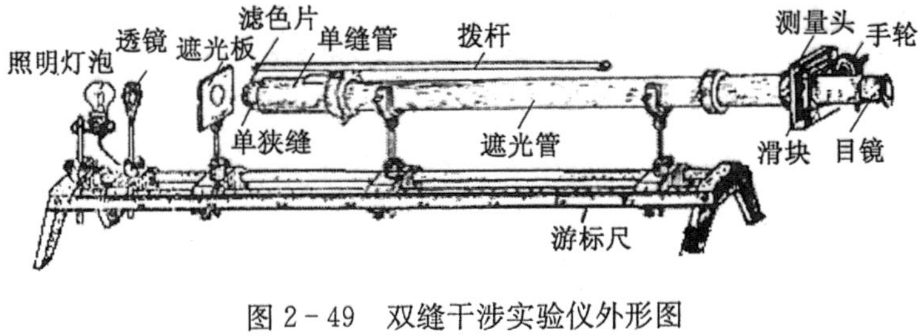

图 2－49　双缝干涉实验仪外形图

照明系统包括光源灯泡、透镜、遮光板、光源单缝及滤色片。灯泡灯丝呈线状，12 V，15～24 W，由 J1202 系列学生电源供电。透镜焦距为 50 mm。单缝作线光源用，缝宽为 0. 100 mm，固定在单缝管的顶端。滤色片有两块：红色滤色片，峰值波长为 660. 0±10. 0 nm，绿色滤色片，峰值波长为 535. 0±10. 0 nm。

双缝有两块，双缝间距分别为 $d_1 = 0.200$ mm，$d_2 = 0.250$ mm。

观察筒由筒体、毛玻璃屏及目镜组成。毛玻璃屏用于接收干涉图样。通过目镜的放大作用，干涉图样看得更清晰。测量头上有游标尺、分划板、滑座、滑块、目镜、手轮等。游标尺的主尺固定在滑座上，游标、分划板、目镜固定在滑块上。转动手轮，推动滑块在滑座里移动，并带动游标、分划板及目镜一起移动，通过目镜可以看到分划板上的刻线与干涉条纹的相对位移。干涉条纹的间距在游标尺上读得。测量头与观察筒可互换使用，但不能同时使用。

思 考 题

1. 游标卡尺、螺旋测微器如何进行零点校准？
2. 使用天平时应注意哪些问题？
3. 分光计读数盘的读数原理是怎样的？为何安装两个相差 180°的读数游标？
4. 谈谈你学习本章的主要收获，并讨论如何让学生认识物理实验仪器。

参 考 文 献

1. 王兴乃，张诚，陈准等. 1984. 中学物理仪器的使用和检修. 福州：福建教育出版社
2. 教育部教学仪器研究所. 高中物理课外实验（人民教育出版社）. http：//www. pep. com. cn/wlgjxzy/index. htm
3. 罗星凯. 1998. 中学物理疑难实验专题研究. 桂林：广西师范大学出版社
4. 李春密，孙佩雄，杨志祥. 1998. 中学物理教学法实验研究. 天津：天津教育出版社
5. 郭子正，王河. 1995. 中学物理实验技能及教学技能训练. 北京：高等教育出版社
6. 刘炳升，魏日升. 1989. 初中物理教师实验技能训练. 北京：高等教育出版社
7. 王廷兴，郭山河，文立军. 2003. 大学物理实验（上册）. 北京：高等教育出版社
8. 孟祥省，李冬梅等. 2001. 大学普通物理实验. 济南：山东大学出版社

第 3 章 物理实验测量与数据处理

物理实验的常用方法、测量的误差理论在物理实验设计中的应用是极其重要的。测量误差理论在普通物理实验中有详细介绍，但如何具体运用到中学物理实验中去，还是一个值得探讨的问题。一般来说，中学物理实验比较简单，精确度要求也不高。因此许多人认为，不用进行误差分析，这种看法是不科学的。物理教师正确运用误差理论，对合理配置实验器材、确定误差范围、把握实验成败的关键、判断实验结果、解决实验中出现的问题、改进实验等方面都有积极的意义。

3.1 物理实验基本测量方法

物理实验主要包括再现物理现象、探求物理规律和对物理量进行测量等部分。物理实验和物理测量既有区别，又有联系。物理实验种类多，相应的待测量也非常广泛，它包括力学量、热学量和光学量等。因此，以实验装置和实验技术为手段的测量方法非常繁多。这里只介绍物理实验的几种基本测量方法。

3.1.1 放大法

实验中经常需要测量一些微小物理量，由于待测量过分小，无法被实验者或仪表直接感觉或反映，因而需要设置相应的装置或采用某种方法将被测量放大后再进行测量。通常采用的放大法有力学放大法、光学放大法、电子学放大法等。

1. 力学放大法

如尖劈放大、杠杆放大、螺旋放大等。钢丝受力伸长演示实验、热学中固体的热膨胀(线膨胀)演示实验常用杠杆放大法，螺旋测微器和移测显微镜精密测量的原理就是螺旋放大法。

2. 光学放大法

光学放大法分为视角放大和较小变化量(较小长度、较小角度)放大两种。

放大镜、显微镜和望远镜都属于放大视角的仪器。这类仪器只是在观察中放大视角，并不是实际尺寸的变化，所以并不增加误差，因而许多精密仪器都是在最后的读数装置上加一个视角放大装置以提高测量精度。

测量较小长度变化的光杠杆镜尺法以及常用的复射式光点检流计、冲击检流计等则是通过测量放大的物理量来获得较小的物理量。

3. 电子学放大法

电学实验中，要对微弱电信号（电流、电压或功率）放大后再进行观察测量的例子很多。例如，单根导线在磁场中做切割磁感线运动产生的感应电流的测量。

总之，放大法提高了实验的可观察度和测量精度，是物理实验中常见的基本测量方法。

3.1.2 比较法

比较法是物理测量中最普遍、最基本的测量方法，它是将被测量与标准量进行比较而得到测量值的。比较法可分为直接比较和间接比较两类。

1. 直接比较法

直接比较法是将待测量与同类物理量的标准量具或标准仪器直接进行比较，测出其量值，所用的测量量具常称为直读式量具。例如用米尺、游标尺和千分尺测量长度，用秒表和数字毫秒计量度时间，用电流表测电流，用电压表测电压等等都属于此类量具。

2. 间接比较法

有些物理量难以用直接比较法，需要通过某种关系将待测量与某些标准量进行间接比较，求出其大小。例如用李萨如图形测电信号频率就是先将信号输入示波器转换为图形后，再由标准信号求出被测信号的频率。“电桥”和“电势差计”都是采用电势比较法进行测量电阻、电势差等物理量的仪器。

实际上，所有测量方法在本质上都是比较法，都是将待测量与标准量进行比较的过程，只不过比较的形式不是那么明显而已。

下面介绍一下电桥法和补偿法。

(1) 电桥法

电桥是电磁学基本测量仪器，也是用比较法测量物理量的典型仪器。可用来测量电阻、电容、电感、温度、频率及压力等物理量。由于电桥准确度高，稳定性好，且有较大的灵活性，所以被广泛用于电磁测量、自动调节和自动控制中。

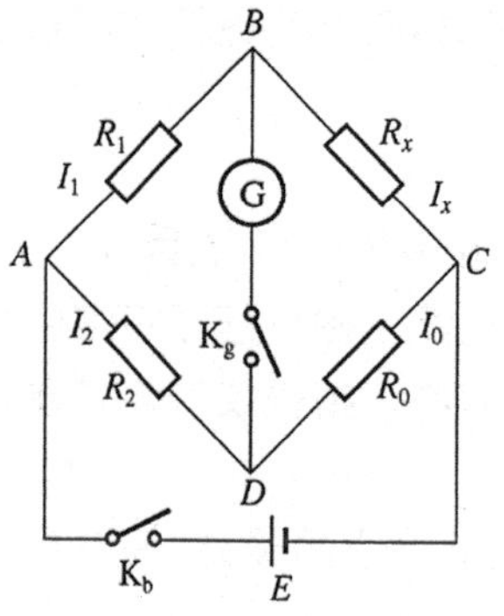

图 3-1　惠斯登电桥

电桥的种类很多，这里介绍的是惠斯登电桥，也称直流单臂电桥，如图 3-1 所示。其测量原理如下。

电阻 R_1、R_2、R_0、R_x 称作电桥的 4 个桥臂，R_x 为待测电阻。在一般情况下，B、D 两点的电位不相等，检流计所在支路有电流通过，检流计指针要偏转。若调整 R_1、R_2、R_0 使得检流计中没有电流通过，则说明 B、D 两点电位相同，电桥达到平衡，此时满足下列关系：

$$I_1 = I_x,\ I_2 = I_0,\ I_1R_1 = I_2R_2,\ I_0R_0 = I_xR_x$$

整理后可得

$$R_x = \frac{R_1}{R_2}R_0 = kR_0$$

上式又称电桥平衡条件，其中 $k = \frac{R_1}{R_2}$，若 R_0、k 已知，则可由上式求出 R_x。

(2) 补偿法

“补偿”一词应用广泛，如补偿元件、补偿电路等。下面介绍在实验测量中的确切涵义。

设系统受到某种作用产生效应 A，受到另一种同类作用产生效应 B，如果由于 B 效应的存在而使 A 效应在系统中显示不出来，这就叫 B 对 A 进行了补偿。补偿有两种类型，一是 A 效应和 B 效应等大异号，合效应为 0，因而使效应显示不出来，如物体放在天平的左盘，给秤梁一力矩，砝码放在右盘，也给秤梁一力矩，两力矩符号相反，若两力矩等大，则天平平衡，砝码给秤梁的力矩效应补偿了物体给秤梁的力矩效应。完全相同的两个电池，反串联于电路之中，因为它们的电动势等大反向，电路中不因它们的存在而有电流，则这两个电池互相补偿。又如，在收音机等电器中，有众多电阻元件，为使成本低廉，多采用碳膜或金属膜电阻。这两种电阻温度系数都很大，不论用哪种元件组成电器，质量都会因温度变化而变劣。金属膜电阻有正的电阻温度系数，碳膜电阻有负的温度系数，适当组合就可以使其相互补偿，而在允许温度变化范围内，保持阻值不变，这就是补偿电阻。第二种情况是，A 效应和 B 效应并不反号，但仍可由于 B 的存在而使 A 显示不出来，这也叫做 B 补偿了 A。例如平台左腿被垫高，造成平台倾斜，如果把平台右腿也垫高，就可使平台恢复水平不再显示倾斜，这就是右腿升高补偿了左腿的升高。

补偿法在测量上的应用非常广，特别是在电学、光学上的应用更多。典型的补偿法测量系统莫过于电势差计，它利用的是电压补偿原理。

其基本原理如图 3-2 所示，其中 E_0 是可调电压源。调节 E_0，使检流计 G 指零，这表示 $E_x = E_0$，我们称此时电路达到补偿。在补偿条件下，如果 E_0 已知，E_x 即可求出。

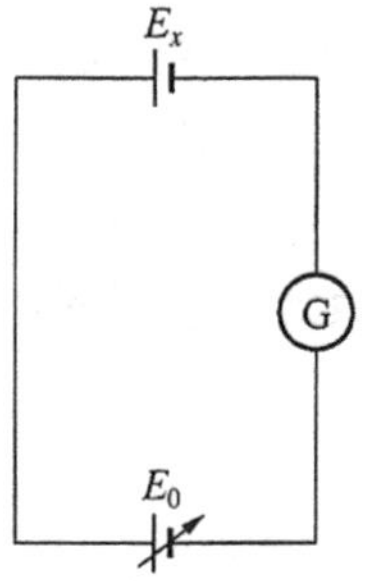

图 3-2　电势差计补偿法原理

实际上，惠斯登电桥也是一种电压补偿(电桥平衡时，桥臂上电压互相补偿，检流计示零)的测量装置。

可见，完整的补偿测量系统由待测装置、测量装置和指零装置组成，通过指零装置显示出待测量与补偿量比较的结果。比较的方法可分为零示法和差示法两种，零示法称为完全补偿，差示法称为不完全补偿。上述两例均采用零示法，其优点在于判断平衡与否仅取决于检流计的灵敏度，而与检流计的精度无关。

补偿法除了用于补偿测量外，还常被用来校正系统误差。如光学实验中为防止由于光学器件的引入而影响光程差，在光程里常人为地配置光学补偿器来抵消这种影响，迈克尔逊干涉仪中的补偿板就是一种光学补偿器。

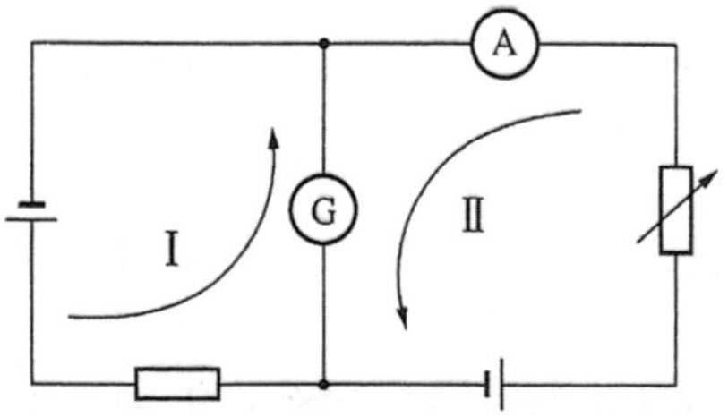

图 3-3　电流补偿

与电压补偿原理相对应，还存在电流补偿。当在一电路中串入电流表测量其电流时，往往由于电流表的内阻而使测量值较原电路的真实值小，为此，可设计如图 3-3 所示的电路，即体现了电流补偿原理。

在这个电路中多了一个回路Ⅱ，且原回路Ⅰ通过检流计的电流方向与回路Ⅱ通过检流计的方向相反。这样做的目的，正是利用第二个回路的电流将原回路通过检流计的电流"补偿"，使得通过检流计的电流为0。从而检流计两端的电势相同，此时原回路中的电流值就是需要测量的真实电流值。显然第二个回路的电流值与之相等。这样，电流表中所显示的电流值就是真实测量结果。

现在有一种用可控硅集成电路制成的"在线"电流表测量仪器，即不必断开接线来串入电流表，而是直接用仪器的两个测量棒接触电路中的一段导线，就可以从显示器上得到这段电路中的电流。这种仪器的制作原理就是电流补偿法。

3.1.3　模拟法

在探求物质运动规律和自然奥秘或解决工程技术问题时，经常会碰到一些特殊的情况，比如受研究对象过分庞大、或者危险、或者变化缓慢等限制，以至于难以对研究对象进行直接测量，于是人们就依据相似理论，人为地制造一种类似于研究对象的物理现象或过程的模型，用模型的测试代替对实际对象的测试，这种方法称模拟法。模拟法分为几何模拟、物理模拟（又称类比模拟）和数学模拟。

1. 几何模拟

这种模拟，模型和原型只有几何尺寸上的相似，即形状上的放大或缩小。模型和原型所表现的物理现象和运动规律有类似之处，但并不相似。模型只能示意地表现原型的某个方面，不过不能测量。许多物理演示实验就是用这种模拟法进行的。

2. 物理模拟

例如，为了研究高速飞机上各部位所受的力，以便于飞机的设计，人们首先制造一个与原飞机几何形状相似的模型，将模型放入风洞，创造一个与实际飞机受力情况相同的测试条件，便可以较短的时间、方便的空间、较小的代价获得可靠的实验数据。又如，在空间技术科学发展的过程中，有许多实验工作，都是首先在实验室中进行模拟实验，取得初步结果之后，再通过发射人造卫星完成进一步实验。物理模拟具有直观性，并可以使观察的现象反复出现，因此具有广泛的应用价值，尤其对那些难以用数学方程式来准确描述的研究对象。

3. 数学模拟

模型和原型遵循相同的数学规律，而在物理实质上毫无共同之处，这种模拟法称为数学模拟，也称为类比。例如模拟静电场实验，就是根据电流场与静电场具有相同的数学方程式，用恒定电流场来模拟静电场。

随着计算机的不断发展和广泛应用，人们可以通过计算机模拟实验过程，从而预测可能出现的实验结果，这是一种新的模拟方法——人工智能模拟。

模拟法虽然具有许多优点，但也有其局限性，因为它仅能解决可测性问题，并不能提高实验的精度。

3.1.4　转换法

在实验中，有很多物理量，由于其属性关系，很难用仪器、仪表进行测量，或者因条件所限，无法提高测量的准确度，此时可以根据物理量之间的定量关系和各种效应把不易测量的待测物理量转换为容易测量的物理量，测量之后再反求待测物理量，这种方法称为转换法。

由于物理量之间存在多种关系和效应，因此将有多种不同的转换法，这恰恰反映了物理实验中最有启发性和开创性的一面，随着科学技术的不断发展，转换法已渗透到许多学科领域。

转换法一般可分为参量转换法和能量转换法两大类。

1. 参量转换法

利用物理量之间的某种变换关系，实现各参量之间的变换，以达到测量某一物理量的目的。这种方法几乎贯穿于整个物理实验中，如单摆测重力加速度的实验，是将 g 的测量转换为摆长 L、周期 T 的测量：$g=4\pi^2\dfrac{L}{T^2}$。这就是间接测量方法。

2. 能量转换方法

能量转换方法的关键是利用传感器把一种形式的能量转换成另一种形式的能量。

由于电磁测量方便、迅速、容易实现，所以最常见的换能法是将物理量的测量转换为电学量的测量(也称电测法)，常用的有热电转换、压电转换、光电转换、磁电转换等。

1) 热电转换。将热学量通过热电传感器转换成电学量测量。热电传感器的种类很多，虽然它们依据的物理效应具有不同的用途，但都是利用了材料的温度特性。例如：利用材料的温差电动势原理，将温度测量转换成热电偶的温差电动势的测量。

2）压电转换。这是一种压力和电势间的变换，这种变换通常是利用某些具有压电效应的材料制造器件来实现。例如：将被极化的钛酸钡制成柱状器件，在极化方向上受压力而缩短时，柱上就会产生与极化方向相反的电场。据此，可使压力变化转换为相应的电压变化。话筒就是一种压电换能器。

3）光电转换。将光信号转换为电信号再进行测量的方法。利用光电效应制造的光电管、光电倍增管、光电池、光敏二极管、光敏三极管等器件可以实现光电转换，测定相对光强。光电传感器有如下三种类型：光电导传感器、光电发射管、光电池。

4）磁电转换。利用半导体霍尔效应进行磁学量与电学量的转换测量。

3.2 运用误差理论改进实验效果的方法

对物理量进行测量，是物理实验极其重要的组成部分。所谓测量就是借助仪器用某一计量单位把待测量的大小表示出来。测量分为两大类：一类是直接测量法，即将被测量与作为标准的同类量比较的测量方法，例如，直接用千分尺测量一工件的厚度；另一类是间接测量法，即未知量不被直接测，而是测量与它有关的量，再通过这些量之间的关系来求得这个未知量的方法，例如，测量导体的电阻时，可用电流表测导体的电流，而用电压表测量导体两端的电压，再根据欧姆定律，就可求出电阻值$R=\frac{U}{I}$。

在一切测量中都存在误差，物理教师的任务是运用误差理论做指导，减小测量误差，提高实验的效果。

由普通物理实验的学习，我们已经知道，误差按其性质和产生的原因可分为两类：系统误差和偶然误差。

在相同条件下，多次测量同一物理量时，测量结果总是向一个方向偏离，其数值一定或按照某一可预定的特定规律变化，这种误差的分量称为系统误差。

由于人的感觉器官的灵敏程度和仪器的精密程度有限、周围环境的干扰以及测量过程中其他不可预测的偶然因素或不确定的因素所造成的每一次测量值的无规则的涨落，称为偶然误差。偶然误差是一种以随机方式变化并具有抵偿性的误差。

3.2.1 减小系统误差提高实验效果的方法

1. 产生系统误差的主要原因

产生系统误差的原因可能知道，也可能不知道，一般来说，产生系统误差的原因主要有4个方面。

1）方法（理论）误差。这是由于测量所依据的理论公式本身的近似性，或实验条件不能达到理论公式所规定的要求，或测量方法所带来的误差。如单摆周期公式 $T=2\pi\sqrt{\frac{l}{g}}$ 本身的近似性；热学问题中没有考虑散热；电学问题中没有考虑接线电阻和接触电阻；用伏安法测电阻没有考虑电表内阻的影响等。

2）仪器误差。这是由于仪器本身的缺陷或没有按规定条件使用仪器而造成的。如，米尺刻度不准、砝码未经校正、温度计零点不准等。

3）个人误差。这是由于实验者本人的习惯或心理特点所造成的。如，读数时常常偏高或偏低、按停表时总是过早或过晚等。

4）环境误差。由于外界环境如温度、湿度、电场、磁场和大气压强等因素的影响而造成的误差。

系统误差有些是定值的，有些是积累性的，有些是周期性变化的，还有一些是按照其他一些特定规律变化的。系统误差总是使测量结果偏向某一特定方向，即或者偏大，或者偏小。因此，多次测量求平均值并不能消除系统误差。

2. 发现系统误差的方法

要发现系统误差必须从系统误差的来源着手，仔细研究实验方法和测量所依据的理论公式的完善性、校准仪器、分析实验条件和每一步测量是否符合要求等。常用的方法有以下几种。

1）理论分析法。主要分析测量理论公式所要求的条件在测量中是否已满足，分析仪器所要求的使用条件是否已达到。

2）对比方法。主要通过下面几个方面进行对比：实验方法和测量方法对比，仪器对比，改变实验参数对比，改变实验条件对比，换人测量对比。

3. 减小系统误差提高实验效果的方法

要减小系统误差，提高实验效果，实质是将系统误差减小到偶然误差之下，也就是使系统误差不影响有效数字的最后一位。常用方法有以下几种。

1）消除产生系统误差的根源。如用符合实际的理论公式、保证仪器装置及测量满足规定条件。

2）找出修正值，对测量结果进行修正。

选择适当的测量方法抵消系统误差，使其不带入到测量结果中。对此，除了可用对称测量，或保持实验、仪器条件一定以抵消某些系统误差，用线性观测法以抵消某种线性变化的系统误差等方法外，还可用下面几种在中学物理实验中较为适宜的方法。

1）代替法。其做法是在测量条件不变的情况下，用某一已知标准量取代被测量而不引起测量指示值的改变，这个被测量就可看作等效这个已知的标准量。

2）交换法。其做法是交换测量中的某些条件(如被测量物的位置)，使产生系统误差的因素以相反的方向影响测量结果，以抵消系统误差。

3.2.2 减小偶然误差提高实验效果的方法

1. 产生偶然误差的主要原因

1）主观方面。实验者由于本人视觉、听觉以及手的灵活性等反应能力的限制，使他在读数(或测量数值)时发生误差。

2）客观方面。由于实验条件、环境等在实验过程中不断起伏的变化造成每次测量值的不稳定。

2. 减小偶然误差提高实验效果的方法

偶然误差的存在使每次测量值的偏大或偏小是不确定的，但它服从一定的统计规律(高斯分布或正态分布)。因此，增加测量次数，可以减小偶然误差，这就是我们在实际工作中常常采取重复多次测量的理论依据。但是，偶然误差是不能消除的，只能向一定的程度减小。对于大量测量的偶然误差，大致有以下规律：① 小误差比大误差出现的机会多，而且非常大的正误差和负误差出现的机会趋于零；② 大小相等、符号相反的正负误差出现的机会基本相等。

至于由于仪器损坏、设计错误、操作不当等而造成的测量错误，不能归类于测量误差，更不能作为偶然误差来看待。

3. 偶然误差与系统误差的关系

系统误差的特征是它的确定性，而偶然误差的特征则是它的随机性，二者经常是同时存在于一切科学实验中。它们之间也是相互联系的，有时难以严格区分，我们经常把一些确定的但规律过于复杂的系统误差当作偶然误差来处理，从而使得部分误差被抵偿以得到较为准确的结果。有时系统误差与偶然误差的区别还与空间和时间的因素有关。时间因素有两方面的涵义：一是指时间的长短，例如校验仪表所用的标准，它的温度在校验所需的短时间内可保持恒定或缓慢变化，但在长时间中却是在其平均值附近作不规则的变化，因而环境温度对标准仪表的影响在短时间内可以看成是系统误差，而在长时间内则为偶然误差；另一含义是，随着科学技术的发展，人们对误差来源及其变化规律的认识逐步加深，就有可能把过去认识不到而归于偶然误差的某些误差确定为系统误差。甚至还有这种情况，某些原来应该明确看作是偶然误差，在其结果应用到另一段文字时却又变成系统误差，或与此相反。综上所述，在误差(或不确定度)问题上传统的、严格的两种分类法——偶然误差和系统误差，在实际问题中常常是不可能的，也很少去遵循，在较为复杂的情况下尤其如此。不同误差类型之间的区别虽然有时是相同的，但其性质却是模糊而没有什么现实的价值。

3.2.3　测量的精密度、准确度和精度

衡量偶然误差、系统误差和二者的综合总误差等概念的用词，目前仍不统一，常见的有：精密度、准确度、正确度和精度等。

测量的精密度是指一组测量数据的重复性（或集中程度）。它反映偶然误差的大小程度。精密度高，偶然误差小。

测量的准确度是指测量值与真值的符合程度。它反映系统误差的大小程度。准确度高，系统误差小。

测量的精确度（简称精度）反映了系统误差和偶然误差合成的大小程度，亦即测量结果的总误差。

一般地，精度对实验结果来说是指其相对误差的数量级，如果测量结果的相对误差为 0.1%，则笼统地说其精度为 10^{-3}，为了使语法表述与量值大小一致，常规定精度的数值指标为测量相对误差的倒数，即此例中的精度为 10^3，如果测量误差纯由偶然误差引起，则精度就是指精密度；如果误差是由系统误差引起，则精度是指准确度；如果误差是由偶然误差和系统误差共同引起（如未经校准的 0.5 级或 1 级电表），则精度泛指二者。

在大学物理实验教材和一些科技书籍中多采用精密度、准确度和精度，计量部门出版的有关文献资料则使用精密度、正确度和精度，在英文图书资料中，用来衡量偶然误差、系统误差和二者的综合总误差等概念，常用的只有 precision 和 accuracy 两个词，对应的中文译名也统一，分别为“精密度”和“准确度”。

系统误差与偶然误差是应加以区别处理的，在精密测量时尤应如此。但是，有时只为了说明总误差的程度，就不加以区别。事实上，许多不太精密的仪器的最大允许误差（如电表的精度级别）就是既包括系统误差又包括偶然误差；在有些情况下，我们也确实难以区分系统误差和偶然误差，而只得将测量对象的不确定性以及一些有抵消性的误差当作偶然误差来处理。

3.2.4　测量不确定度

误差和不确定度是两个不同的概念，“误差”指测量值与真值之差，一般情况下是未知的、确定的量，“不确定度”是指误差可能存在的范围，这一范围大小还与一定的概率要求或置信程度有关。

对某一物理量的测量结果，一般表示为：

$$[\text{被测量}] = x \pm \Delta x$$

其中，$\pm\Delta x$ 是表示 x 的误差大小的数字指标，但它不能称为 x 的误差，因为误差是未知量（这里的误差显然是真误差）。1986 年中国计量科学研究院参照国

际计量局的意见，规定：在基准标准研究中，在测量和检定工作中，应采用不确定度作为误差数字指标的名称。

设测量值为 x，其测量不确定度为 μ，则真值可能在量值范围 $(x-\mu,\ x+\mu)$ 中（这个范围包括真值的概率为 68.3%）。

由于测量有误差，因而才要评定不确定度，误差来源不同，对测量的影响不同，相对于前面我们已讨论的偶然误差和系统误差，对不确定度的评定也有两类。

1. 标准不确定度的 A 类评定

由于偶然效应，被测量 x 的多次重复测量值 x_1、x_2，…，x_n 将是分散的，从分散的测量值出发，用统计的方法评定标准不确定度，就是标准不确定度的 A 类评定。

对于大量测量的结果，一般用平均值的标准误 $\mu_A(\overline{x})$来表示：

$$\mu_A(\overline{x})=\sqrt{\frac{\sum(x_i-\overline{x})^2}{[(n-1)n]}}$$

若不考虑系统误差影响时，则最终测量结果应表示为 $x=\overline{x}\pm\mu_A(\overline{x})$ $(p=0.683)$。

2. 标准不确定度的 B 类评定

当误差影响仅使测量值向某一方向有恒定的偏离，这时不能用统计的方法评定不确定度，这一类的评定就是 B 类评定。

B 类评定，有的依据计量仪器说明书或检定书，有的依据仪器的准确度等级，有的则粗略地依据仪器分度值或经验，从这些信息中可以获得极限误差 Δ（或容许误差，示值误差），此类误差一般可视为均匀分布，而$\frac{\Delta}{\sqrt{3}}$为均匀分布的标准差，则 B 类评定标准不确定度（又称标准不确定度的 B 类分量）$\mu_B(x)$为：

$$\mu_B(x)=\frac{\Delta}{\sqrt{3}}。$$

3. 标准不确定度 $\mu_C(x)$ 或 $\mu_C(y)$ 的合成

对一物理量测定之后，要计算测得值的不确定度，由于其测得值的不确定度来源不止一个，所以要对不同种类的不确定度进行合成，例如，用螺旋测微器测钢球直径，不确定度的来源有：

1）重复测量读数（A 类评定）。

2）螺旋测微器的固有误差（B 类评定）。

又如，用天平称一物体的质量，不确定度的来源有：

1）重复测量读数（A 类评定）。

2）天平不等臂（B 类评定）。

3）砝码的标称值（仪器上标明的量值）的误差（B 类评定）。

4）空气浮力引起的误差（B 类评定）。

A 类评定和 B 类评定的合成方法采用几何法(即方和根法),下面分直接测量和间接测量两种情况加以讨论。

1) 直接测量。设被测量 x 的标准不确定度的来源有 k 项,则合成标准不确定度 $\mu_C(x)$ 为 $\mu_C(x)=\sqrt{\sum_{i=1}^{k}\mu^2(x_i)}$ ($\mu(x)$ 为 A 类或 B 类评定)。

2) 间接测量。设被测量 y 由 m 个直接被测量 x_1, x_2, …, x_m 算出,它们的关系为 $y=y(x_1, x_2, \cdots, x_m)$, 则合成标准不确定度 $\mu_C(y)$ 为 $\mu_C(y)=\sqrt{\sum_{i=1}^{m}\left(\frac{\partial y}{\partial x_i}\right)^2\mu^2(x_i)}$, 其中的偏导数 $\frac{\partial y}{\partial x_i}$ 为传递系数。

3.2.5　有效数字及其测量结果的表示

借助于仪器测量到的,包括最后一位可以是估计出来的数字叫做有效数字。

1) 不同仪器测量同一个量时,测量结果的有效数字位数一般不相同。位数越多,测量精密度越高,反之越低。

2) 由于通常计量仪器的最小分度值是按仪器所能达到的准确程度来确定的,因此一般读数时按仪器的最小分度值来读取。对于那些需要作进一步运算的数据,可以按照前面的方法加上一位估计数字。

在有效数字中,小数点后的"0"不能随意取舍,虽然它不影响实际值的大小,但决定着该值的精密度高低。

为了表示最后结果的数值,常采用科学记数法,例如: $L=2.01$ cm, 可写成: $L=2.01\times10^{-2}$ m, 而不写成: 0.020 1 m。有效数字的位数没有变化。

对于测量结果,其一般表示形式如下。

$Y=y\pm\mu_C(y)$ (单位),或用相对不确定度 μ_r, $\mu_r=\frac{\mu_C(y)}{y}$, 则 $Y=y(1+\mu_r)$ (单位)。

【例 1】 小球直径的测量。

测量工具: 螺旋测微计　0～25 mm　0.01 mm　$\Delta=0.005$ mm

测量数据:

d (mm)	4.961	4.959	4.962	4.915	4.960	4.957	4.954	4.955	4.930	4.923

数据处理: $\bar{d}=\frac{1}{n}\sum_{i=1}^{10}d_i=\frac{1}{10}(4.961+4.959+4.962+\cdots+4.923)=4.947$(mm)

$$\mu_{A(d)}=S_{(\bar{d})}=\sqrt{\frac{\sum(d_i-d)^2}{10(10-1)}}=0.006(\text{mm})$$

$$\mu_{B(d)} = \frac{\Delta}{\sqrt{3}} = \frac{0.005}{\sqrt{3}} = 0.0029(\text{mm})$$

$$\mu_{C(d)} = \sqrt{u_{A(d)}^2 + u_{B(d)}^2} = \sqrt{0.006^2 + 0.0029^2} = 0.007(\text{mm})$$

千分尺零点读数：$d_0 = -0.030(\text{mm})$

修正平均值：$d' = \bar{d} + (-d_0) = 4.947 + 0.030 = 4.977(\text{mm})$

小球直径：$d = (4.977 \pm 0.007)(\text{mm})$

3.2.6　确定实验测量误差范围

确定实验结果的误差范围，是误差分析的基本职能。对于确定的实验来说，它不仅为教师提供了实验结果的正确性标准，而且为进一步深入研究实验提供了依据。因此，确定实验结果的误差范围，是实验研究者应有的基本功，也是物理教师必须具备的实验能力。

在中学阶段确定实验结果的范围，一般分两种情况作简单处理。

1. 已知真值(或真值的理想近似值)N'

只要确定系统误差 ΔN_1 和偶然误差 ΔN_2，就可以确定实验结果 N 的范围应在式(3.1)中。

$$N = N' + \Delta N_1 + \Delta N_2 \tag{3.1}$$

对于只进行一次测量的情况，ΔN_2 以最大偶然误差估计：

$$N = N' + \Delta N_1 \pm \Delta N_{2m} \tag{3.2}$$

对于要求进行多次(如 n 次)测量求平均的情况，N(平均值)的范围可以按式(3.2)估计(作最大估计)。如要求测量的次数较多(n 较大)，可以由教师先用学生将要使用的实验仪器进行 n 次测量，以求得测量的标准误差。σ_N：

$$\delta_N = \sqrt{\frac{\sum_{i=1}^{n}(N_i - \overline{N})^2}{n(n-1)}} \tag{3.3}$$

然后以　$N = N' + \Delta N_1 \pm \sigma_N$ (置信度为 0.68)　(3.4)

或　$N = N' + \Delta N_1 \pm 2\sigma_N$ (置信度为 0.95)　(3.5)

作为实验结果 N 的取值范围。

2. 不知或不易得到真值 N' 的情况

这时可由教师先用学生将要进行实验用的仪器进行实验。实验次数应该尽可能多，将其实验结果的平均值 $\overline{N}$ 作为“实验真值”，即认为：

$$\overline{N} \approx N' + \Delta N_1$$

这样，学生实验结果的范围应在：$N=\overline{N}\pm\Delta N_2$ 之中。这里，ΔN_2 可按前面所述的方法确定。

实验结果范围的确定，在教学中具有很实际的意义，特别是在评价学生实验结果时尤为重要。

【例 2】 用单摆测定重力加速度 g。

实验装置如图 3-4 所示。摆长 $l=l_1+l_2=l_1+\dfrac{d}{2}$；周期 $T=\dfrac{t}{50}$，其中 t 为单摆做 50 次全振动所用的时间。

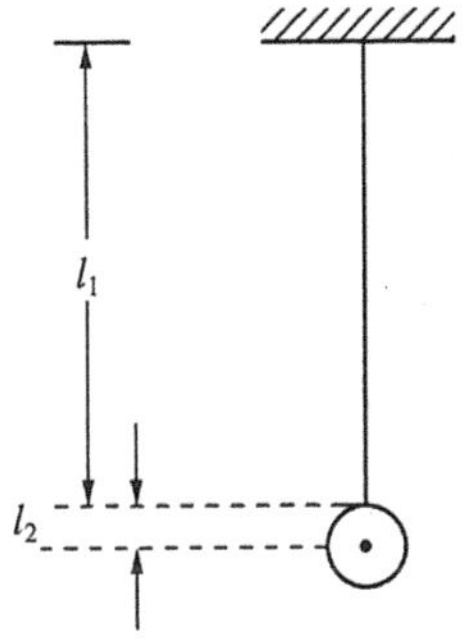

图 3-4
单摆法测重力加速度

(1) *确定真值*

g 值因地而异。如能得知当地的 g 值（如查表或向地质部门询问）最好；如不能得知准确值，那么，只能由教师进行足够多次测量，以 $\overline{N}$ 作为真值 N' 的最佳估计值。

(2) *估计最大误差* ΔN

由公式 $g=\dfrac{4l}{T^2}\pi^2$ 得（用绝对值和法）：

$$\frac{\Delta g}{g}=\frac{\Delta l}{l}+2\frac{\Delta T}{T}+2\frac{\Delta\pi}{\pi}$$

或

$$\frac{\Delta g}{g}=\frac{\Delta l_1+\frac{1}{2}\Delta d}{l}+2\frac{\Delta T}{T}+2\frac{\Delta\pi}{\pi}$$

这里，l_1 用米尺测量，取 $l_1\approx 1\ \mathrm{m}$。考虑到测量条件所限，可以认为 $\Delta l_1\approx 2\times 10^{-3}\ \mathrm{m}$。小球直径 d 是用游标卡尺测量的。Δd 不大于 $5\times 10^{-5}\ \mathrm{m}$。可见，$\Delta d\ll\Delta l_1$，所以，

$$\frac{\Delta l}{l}\approx\frac{\Delta l_1}{l_1}\approx 0.002$$

t 是用秒表测量的。秒表的精度为 0.1 s，共测 50 个周期，所以，

$$\Delta T\approx\frac{0.1}{50}=0.002\ \mathrm{s}$$

因为 $l\approx 1\ \mathrm{m}$ 时，$T\approx 2\ \mathrm{s}$，所以，$\dfrac{\Delta T}{T}\approx 0.001$。

由于 π 是无理数，当我们用 3.14（或 3.142）来代表 π 时，就引进了误差。其相对误差的大小 $\dfrac{\Delta\pi}{\pi}=\dfrac{3.14-\pi}{\pi}$。用十位计算器算得：

$$\frac{\Delta\pi}{\pi} = 0.0005$$

由以上可得：$\frac{\Delta g}{g} = 0.002 + 2\times 0.001 + 2\times 0.0005 = 0.5\%$。

至此，可以确定实验结果的正确范围应为 $g \pm 0.005g$。

3.3　选择实验方案和实验器材的方法

3.3.1　选择和确定实验方案的方法

在选择和确定实验方案的时候，主要考虑系统误差，有时也要适当考虑偶然误差（如测量次数很少时），或者某些量的偶然误差。在了解各实验方案的系统误差之后，根据系统误差的大小以及某些实际情况（如器材、操作等）来确定实验方案。下面以 2003 年高考物理实验题为例探讨分析。

【例 1】 用伏安法测量电阻阻值 R，并求出电阻率 ρ。

给定电压表（内阻约为 50 kΩ）、电流表（内阻约为 40 Ω）、滑线变阻器、电源、电键、待测电阻（约为 250 Ω）及导线若干。

1）画出测量 R 的电路图。

2）图 3-5 中的 6 个点表示实验中测得的 6 组电流 I、电压 U 的值，试写出根据此图求 R 值的步骤：＿＿＿＿＿。求出的电阻值 R=＿＿＿＿＿。（保留 3 位有效数字）

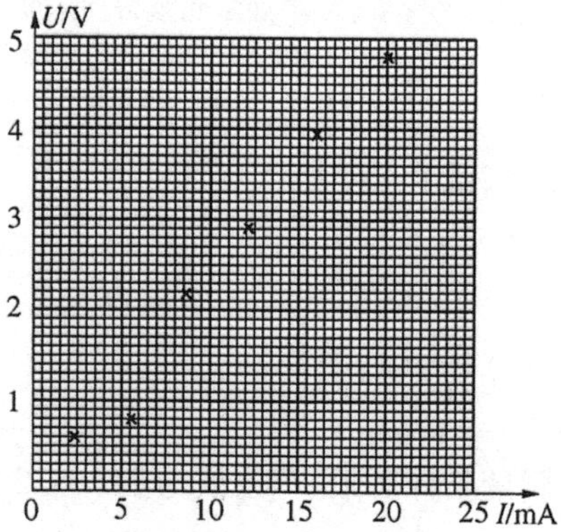

图 3-5　电流、电压图像

3）待测电阻是一均匀材料制成的圆柱体，用游标为 50 分度的卡尺测量其长度与直径，结果分别如图 3-6、图 3-7 所示。由图可知其长度为＿＿＿＿，直径为＿＿＿＿。

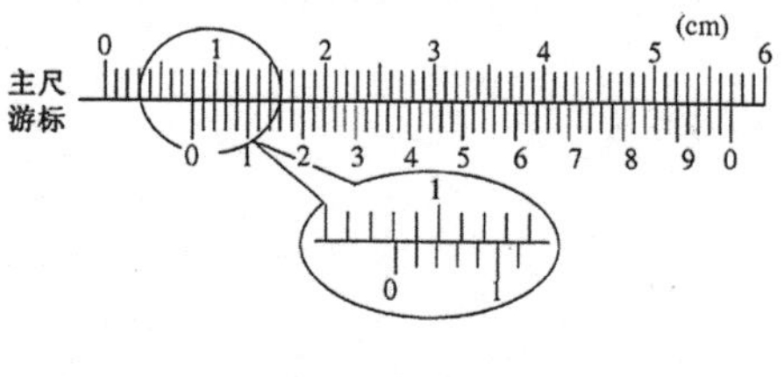

图 3-6　游标卡尺测长度

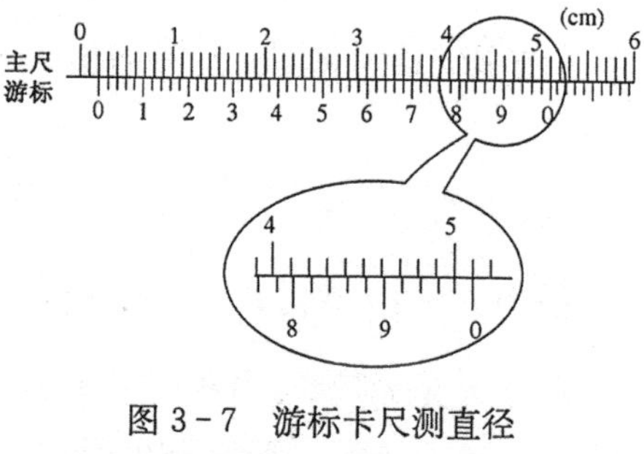

图 3-7　游标卡尺测直径

4）由以上数据可求出 ρ=＿＿＿＿＿。（保留 3 位有效数字）

【分析】 本题题目情景是高中学生都比较熟悉的基本实验情景之一，考查了学生对伏安法测电阻中的电流表内接法和外接法的实质理解、基本测量工具的使用、读数及实验数据的处理能力。但本实验提供的实验器材与高中学生在实验室实际操作时常用的仪器有所不同，这正是该题的灵活性、变通性所在。因此，这容易让考生误入歧途，由于定势思维很容易将测量 R 的电路图设计为电流表内接法。

因为，中学物理实验室的常用电压表(J0408)在 0～3 V 挡，其内阻约为 1 kΩ，若采用电流表外接法，并使线路误差在 1%以下，则待测电阻 $R \leqslant \frac{R_V}{100}$，即在 10 Ω 以下。常用电流表(J0407)在 0～0.6 A 挡，内阻一般为 0.125 Ω。若采用电流表内接法，并且使线路误差不超过 1%，待测电阻值 $R \geqslant 100R_A$，即在 12.5 Ω 以上。而在本实验题中的待测电阻约为 250 Ω，所以，有的学生据此会将电路图设计为电流表内接法。

本实验题的第一问要求设计电路图，这涉及误差分析的问题，伏安法测电阻的实验有两种方案：① 电流表外接法；② 电流表内接法。究竟用哪一种取决于电流表和电压表的内阻、待测电阻的大小以及两电表的准确度、使用范围、读数误差等因素。若不考虑后三个因素，一般认为测低电阻时($R_x \ll R_y$)用外接法，测高电阻时($R_x \gg R_y$)用内接法。这仅是经验，到底用哪一种形式，还需从方案的系统误差来考虑。

设电压表的内阻为 R_V，读数为 U，电流表的内阻为 R_A，读数为 I，待测电阻值为 R_x。

(1) 用外接法

真实值：
$$R'_x = \frac{U}{I - \frac{U}{R_V}} \tag{3.6}$$

测量值：
$$R_x = \frac{U}{I} = \frac{R'_x R_V}{R'_x + R_V} \tag{3.7}$$

相对误差：
$$\delta_{外} = \left|\frac{R_x - R'_x}{R'_x}\right| = \frac{R'_x}{R'_x + R_V} = \frac{1}{1 + \frac{R_V}{R'_x}} = \frac{R_x}{R_V} \tag{3.8}$$

由式(3.8)可见，如果电压表内阻比待测电阻大得越多，所引起的误差越小；反之越大。

(2) 用内接法

真实值：
$$R'_x = \frac{U}{I} - R_A \tag{3.9}$$

测量值：
$$R_x = \frac{U}{I} = R'_x + R_A \tag{3.10}$$

相对误差：
$$\delta_{内} = \left|\frac{R_x - R'_x}{R'_x}\right| = \frac{R_A}{R'_x} \tag{3.11}$$

由式(3.11)可见，如果电流表内阻比待测电阻小得越多，所引起的误差越小，反之越大。

设有一个电阻 R_0，无论用哪种接法，所引起的相对误差相等，那么，由式(3.8)、式(3.11)可以断定，当 $R_x > R_0$ 时，用内接法测量的相对误差较小；当 $R_x < R_0$ 时，用外接法测量的相对误差较小。这一电阻可称为临界电阻。显然，临界电阻应满足下式：

$$\delta_{外} = \delta_{内}$$

$$\frac{R_0}{R_0 + R_V} = \frac{R_A}{R_0} \tag{3.12}$$

即
$$R_0^2 - R_A R_0 - R_A R_V = 0$$

$$R_0 = \frac{R_A + \sqrt{R_A^2 + 4R_A R_V}}{2} \tag{3.13}$$

（因为 $\sqrt{R_A^2 + 4R_A R_V} > R_A$，又 $R_0 > 0$，故舍去 $R_0 < 0$ 的根，仅得到此根）

一般情况下，$R_V \gg R_A$，所以

$$R_A^2 + 4R_A R_V \approx 4R_A R_V$$

$$R_A + \sqrt{R_A^2 + 4R_A R_V} \approx \sqrt{4R_A R_V} \approx 2\sqrt{R_A R_V}$$

所以
$$R_0 \approx \sqrt{R_A R_V} \tag{3.14}$$

由式(3.13)或式(3.14)就可确定用怎样的方案了。

在本实验题中，$R_0 = \sqrt{R_A R_V} = \sqrt{40 \times 50\,000} = 1\,414\ \Omega > 250\ \Omega$。

所以，本题中测量 R 的电路图要用电流表外接法，电路图如图 3-8 或图 3-9 所示。

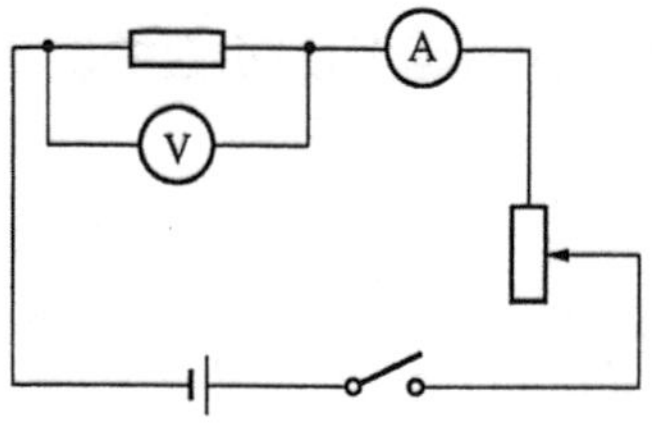

图 3-8　电流表外接法 1

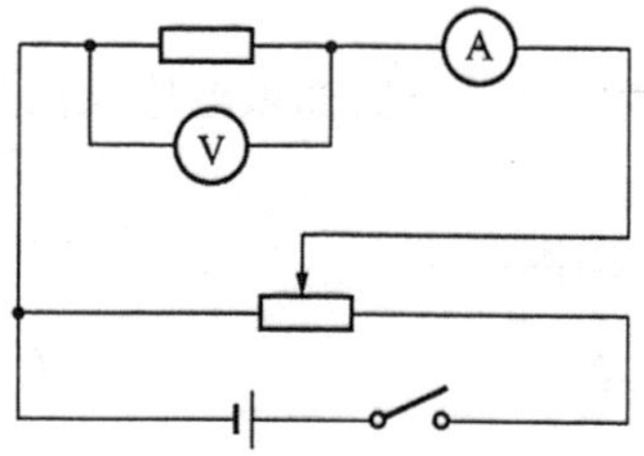

图 3-9　电流表外接法 2

3.3.2 恰当地选择实验器材的方法

根据误差理论，恰当地选择实验器材，限制影响误差的若干主要因素，将实验的最大误差控制在较小的范围内，这无论对于学生实验，还是对演示实验，都是相当重要的。近年来的高考物理实验题给我们一个启示，就是在物理实验教学中，除要求学生掌握实验原理、操作步骤和实验数据处理，从而得到正确结论外，还应使学生学会正确选择实验器材。

1. 根据实验要求选择器材

在中学物理实验中，不管是定量实验，还是定性实验，对于"量"都有一定的要求——有些是显见的、有些是隐含的。这些要求或者以人的视觉和听觉的分辨程度为依据，或者以某些理想值的大小为依据，或者以一定的教学目标、教学要求为依据。对于如何根据这些要求来选择器材的问题，前面已谈了一些，这里主要谈如何从误差理论出发来恰当地选择器材。

在选择器材时要考虑：① 实验方案、装置形式及方案误差；② 器材的使用情况及由此产生的系统误差(仪器误差)和偶然误差。这两方面需兼顾。也就是说需从总的误差情况及器材的来源、使用等一些非物理因素等来全盘考虑。

【例 2】 "伏安法测电阻"实验器材的选择

(1) 被测电阻 R_x 的选取

根据初中教学要求，本实验采用"电流表外接法"的实验装置。

这一装置形式确定之后，为了使由测量方法所引起的系统(方案)误差尽可能小些，必须适当选择待测电阻 R_x 的值。

根据本节"用伏安法测电阻实验方案的确定"中的式(3.8)，要使相对误差较小，则必须使 $R_x \leqslant R_V$。如果我们要使 $\left|\frac{\Delta R_x}{R_x}\right| < 1\%$，则 $R_x < \frac{R_V}{100}$，即 R_x 的值的选取与所选用的电压表的内阻 R_V 有关。今采用中学学生实验常用的电压表，例如 0～3 V、0～15 V 双量程 2.5 级的直流电压表。量程 0～3 V，其内阻 $R_V \approx 1\ \text{k}\Omega$；量程 0～15 V，其内阻为 $R_V \approx 4\ \text{k}\Omega$。因此，$R_x$ 可取不大于 10 Ω 的阻值。今试选取 $R_x = 5\ \Omega$，若用 0～3 V 量程的电压表，引入的系统相对误差≤0.5%。对用 0～15 V 量程的电压表，引入的系统相对误差可以更小。今初步确定用 $R_x = 5\ \Omega$ 的电阻作为待测电阻。

(2) 电压表、电流表的选择及使用范围的确定

根据所用实验方案，直接测量出 U 及 I，再利用函数式 $R_x = \frac{U}{I}$ 算出待测电阻 R_x 的值。根据误差理论，得出其最大的相对误差(绝对值和法)为：

$$\left|\frac{\Delta R'_x}{R_x}\right| = \left|\frac{\Delta U}{U}\right| + \left|\frac{\Delta I}{I}\right|$$

前面已经确定了 R_x 的阻值，如果两电表的测量值在电表量限的 2/3 以上，若用 0～3 V 的电压表，就要求加在 R_x 两端的电压值在 2～3 V 之间。由此也就确定了电流表的使用范围在 0.4～0.6 A 之间。故应选择量限为 0～0.6 A 的电流表。同理，若用 0～15 V 的电压表，则可选择 0～3 A 的电流表。

这样，由电表精度和使用范围（量限的 2/3 以上）决定的最大相对误差为：用 0～3 V量程的电压表，$U_{max} = 3.0\,V$，$\Delta U = 2.5\% \times 3.0\,V = 0.075\,V$，测量时，使电压值不小于 $U_{min} = \frac{2}{3}U_{max} = 2\,V$，则 $\left|\frac{\Delta U}{U_{min}}\right| = \frac{0.075}{2} = 3.8\%$；用 0～0.6 A 量程的电流表，$I_{max} = 0.6\,A$，$\Delta I = 2.5\% \times 0.60\,A = 0.015\,A$，测量时，使电流值不小于 $I_{min} = \frac{2}{3} \times I_{max} = 0.4\,A$，$\left|\frac{\Delta I}{U_{min}}\right| = 3.8\%$。

（3）电源电压的选择和待测电阻 R_x 的额定电流的确定

根据上述讨论，若取 $R_x = 5.0\,\Omega$，考虑到电压表及电流表的测量范围的限制，可以试提出如表 3-1 所列的两种器材选择方案。

表 3-1　器材选择方案

方　案	待测电阻 R_x	电压(V)	电流(A)	电源电压(V)
1	5.0 Ω，额定电流不小于 0.6 A	2.0～3.0	0.40～0.60	不大于 3.0
2	5.0 Ω，额定电流不小于 3.0 A	10.0～15.0	2.0～3.0	不大于 15

（4）实验器材方案的最终确定

比较上面试提出的两个方案可见，方案 1 有较多的优点：第一，需要电源电压低、材料省；第二，待测电阻中通过的电流小、热功率小，电阻因温度升高带来的影响小。因此，决定选用方案 1。下面来拟定器材。

1）电源若用 J1202 型学生电源，则只能选择 2 V 挡。这时，待测电阻可选用 J2358 型 5 Ω、1.5 A 的电阻圈，也可用电炉丝，如在 300 W 以上的电炉丝截取 5 Ω 左右一段制成。在这种情况下，系统误差（方案误差和仪器误差）约为：

$$\delta = 3.8\% + 3.8\% = 7.6\%。$$

2）电源若用两节干电池（不太新），则一般能满足输出电压不大于 3 V 的要求。但是，由于干电池的正常放电电流约为 0.3 A（即负载电阻应不小于 5 Ω），若电流过大，容易损坏电池，而且，电流过大，电动势下降较快，测量数据不稳定，因此，若用两节干电池做电源，待测电阻应不小于 10 Ω。由此，选待测电阻的大小为 10 Ω。可选用 J2358 型 10 Ω、1 A 的电阻圈。在这种情况下，系统误差约为：

$$\delta \approx 2.5\% + 5.0\% = 7.5\%。$$

在电流表（学生用 2.5 级 0～0.6 A、0～3 A 双量程直流电流表）、电压表（学生用 2.5 级 0～3 V、0～15 V 双量程直流电压表)既定的情况下,上面所述的对电源和待测电阻的两种选择都是可行的。

【例 3】 1985 年高考有一道用标准电流表检验改装电流表的实验题,所给出的电路图如图 3-10所示。所给电流表的量程是 0～0.6 A,标准电流表的量程是 0～0.6～3.0 A,它们的刻度盘都将量程分为 6 大格,要求从 0.1 A 起对每条格线一一进行核对,那么,限流电阻 R_0 和可变电阻 R 的选择如下进行。

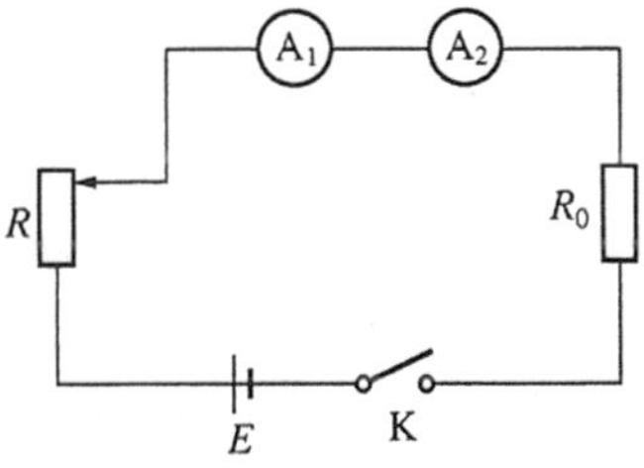

图 3-10　改装电流表的检验

当滑动变阻器为零时,电流强度不低于 0.6 A,因此 R_0 的阻值应不大于:$\frac{\varepsilon}{I_{\max}}=\frac{6}{0.6}=10\,\Omega$,应选择阻值为 8 Ω 的固定电阻 A(若用阻值为 15 Ω 的固定电阻 B,则最大电流不超过 0.4 A,那么对 0.4 A、0.5 A、0.6 A 三条刻线不能检验)。当滑动变阻器的阻值最大时,电流强度应低于 0.1 A,因此变阻器的最大值应大于:$\frac{\varepsilon}{I_{\min}}-R_0=\frac{6}{0.1}-8=52\,\Omega$,应选择阻值范围 0～200 Ω 的滑动变阻器 D(若用阻值范围为 0～20 Ω 的滑动变阻器 C,则最小电流约为 0.2 A,那么对 0.1 A 刻线不能检验)。

【例 4】 1986 年高考有一道用伏安法测电阻的实验题中,对毫安表和滑动变阻器的选择应注意题设条件:①"要求多测几组电流电压值";②"滑动变阻器要便于调节"。这样,根据①,测量时应包括滑动变阻器为零时的电流电压值,这就要求所选毫安表的量程大于上述电流最大值,取 $R_x=40\,\Omega$,$I_{\max}=\frac{9}{40}\text{ A}=225\text{ mA}$,应选量程为 0～300 mA 的毫安表 A_2。根据②,要使滑动变阻器在较大的范围内滑动,都能明显测出电流值,这就是对滑动变阻器作出选择的依据。

2. 根据分误差的大小选择器材

实验中的每一个器材对实验结果都有不同程度的影响。这个影响的程度可由分误差的大小来反映。由误差理论可知,在误差合成时起主要作用的常常只是其中一两项或少数几项分误差。通常某一项分误差小于最大的分误差的1/3以下时就可以略去不计。因此,我们在选择仪器时,并非每个仪器都越精密越好,而应该根据中学教学的实际和仪器可能产生的各分误差的大小来合理地选择。在选择材料时,也应该根据中学教学的实际,和它们可能产生的各分误差的大小来合理选择。无论是选择仪器,还是选择材料,下面的两个步骤是不可少的。

1) 确定分误差大小的分配。

2) 根据分误差大小分配情况,确定器材的规格。

【例 5】 测固体物质密度实验器材的选择

初二物理中要求学生用天平和量筒来测量金属块的密度，以便让学生了解量筒的使用方法和进一步熟悉天平及其操作。这样量具就已经确定了，如用感量为 0.02 g 的学生天平和最小刻度为 1 cm^3的量筒。下面要选择金属块。假如我们选择的金属是铜块，那么，应该选择多大的铜块呢？对此，必须先确定对测量结果的要求。如果我们要求测量的误差在 5%的范围以内，也就是说要求学生正确测量的结果在 8.9 ± 0.4 g/cm^3 范围以内，那么，我们可以按下述步骤来确定铜块的大小。

(1) 确定误差大小分配

根据误差合成公式(绝对值和法)：

$$\left|\frac{\Delta\rho}{\rho}\right| = \left|\frac{\Delta m}{m}\right| + \left|\frac{\Delta V}{V}\right| \tag{3.15}$$

可得由 Δm、ΔV 所起的分误差之比为：

$$\frac{\frac{\Delta V}{V}}{\frac{\Delta m}{m}} = \frac{\Delta V}{\Delta m} \cdot \frac{m}{V} = \frac{\Delta V}{\Delta m} \cdot \rho \tag{3.16}$$

由于 $\Delta V = \Delta V_2 + \Delta V_1 = 1\ cm^3$(假定用最小分度为 1 cm^3 的量筒)，$\Delta m = 0.01$ g，$\rho \approx 9$ g/cm^2，所以

$$\frac{\frac{\Delta V}{V}}{\frac{\Delta m}{m}} = \frac{1}{0.01} \times 9 = 900 \tag{3.17}$$

(2) 根据误差大小分配情况，确定铜块的大小

由式(3.17)可知：由 Δm 所引起的分误差仅是由 ΔV 所引起的分误差的 1/900，因此，可以认为测量结果的误差等于由 ΔV 引起的误差。

即
$$\frac{\Delta\rho}{\rho} \approx \frac{\Delta V}{V} \tag{3.18}$$

因为 $\frac{\Delta\rho}{\rho} = 5\%$，$\Delta V = 1\ cm^3$，所以由式(3.18)可得：$V = \frac{1}{0.05} = 20\ cm^3$。

由此，我们确定了实验中所要使用的铜块的体积不得小于 20 cm^3、质量不得小于 $20 \times 8.9 = 178$ g。

由式(3.17)还可看到，体积测量的误差起决定性的作用。因此，在学生天平缺乏的情况下，即使用托盘天平代替，它产生的误差比起量筒测量产生的误差来仍可

略去不计。

3.4 物理实验数据处理的方法

从物理学发展史来看，最初有的只是一些定性的观察和实验，而后到了伽利略时代，把数学与实验方法密切结合起来，形成了研究物理学的科学的方法，在历史上，许多数学方法的发展是与物理学的理论和实验研究密切结合的。现代的物理实验离不开定量的观察和计算，需要采用专门方法的数据处理，才能够得出需要的实验结果。因此数据处理是物理实验的重要组成部分(实际上，数据处理无论在实验进行前、进行中，还是结束后都是非常重要的)。

本节将依次介绍在物理实验中常用的列表法、作图法、逐差法和最小二乘法等数据处理的基本方法。

3.4.1 列表法

在记录和处理实验数据时常将数据列成表格，可简单而明确地表示出有关物理量之间的对应关系，便于随时检查测量结果是否合理，及时发现问题，并有助于找出有关物理量之间规律性的联系。在处理数据时，把计算中某些中间项列入表中，可以从对比中发现是否有错，有利于计算和分析。

列表的要求是简单明了，便于看出有关物理量之间的对应关系。

1) 要交代清楚表中各符号的意义，并写明单位，单位要写在标题栏中，一般不要重复地记在各数字的后面。

2) 表中数据要正确反映测量结果的有效数字。

3.4.2 作图法

物理实验所揭示的物理量之间的关系可以用坐标纸在某一坐标平面内由一条曲线表示，称为实验数据的图像表示法，即作图法。

1. 作图法作用与优点

1) 作图法具有简明直观的特点。尤其是对多条图线进行比较时，比列表法更形象。

2) 用作图法可以求出某些物理量的数值。如著名的爱因斯坦光电方程给出发射光电子的最大动能 E_{max} 与频率 ν 的关系，即：$E_{max} = h\nu - E$，密立根就是利用这个公式于 1916 年首先给出用作图法求得的普朗克常量的。再如单摆测重力加速度的实验中，测出不同摆长 l 下的周期，然后作出 T^2-l 曲线，这是一条直线，由此求出直线的斜率 k，则这个斜率 k 就是直线方程 $T^2 = \frac{4\pi^2 l}{g}$ 中的系数 $\frac{4\pi^2}{g}$，最后可求得重力加速度：$g=\frac{4\pi^2}{k}$。

3）可以作出仪器的校准曲线。

4）在图线上，可以直接读出没有进行观测的对应于某 x 的 y 值（内插法）。在一定条件下，也可从图线的延伸部分读到测量数据范围以外的值（外推法）。如在气垫导轨上可以用外推法测定瞬时速度，可以得到不可以直接测得的时间间隔趋于 0 时的速度极限值。

5）曲线改直。把某些复杂的函数关系用直线表示出来，因为直线的绘制精度要比曲线高，再者，当函数呈非线性关系时，不仅求值困难，而且也很难从图中判断结果是否正确。

例如：① $pV=c$ 的 $p-V$ 图是曲线，改为作 $p-\frac{1}{V}$ 图线则为直线。② $s=v_0t+\frac{1}{2}at^2$，v_0、a 为常数。两边除以 t 得：$\frac{s}{t}=v_0+\frac{1}{2}at$，作 $\frac{s}{t}-t$ 图为直线。③ $y=ax^b$，其中 a、b 为常数。两边取对数，得 $\lg y=\lg a+b\lg x$，以 $\lg x$ 为横坐标，$\lg y$ 为纵坐标作图得一条直线。

在人民教育出版社 2004 年出版的普通高中课程标准实验教科书《物理》1 第 76 页探究加速度与质量的关系时，就引导学生利用了“曲线改直”的思想。

2. 作图规则

对于中学物理实验来讲，作图法的一般作图规则如下。

（1）要选用坐标纸

作图一定要用坐标纸，根据不同实验内容和函数形式来选取不同坐标纸，常用的是直角坐标纸。再根据所测得数据的有效数字和对测量结果的要求来选定坐标纸的大小，原则上是以不损失实验数据的有效数字和能包括所有实验点作为选择依据，一般图上的最小分格至少应是有效数字的最后一位可靠数字。

（2）定坐标和坐标标度

通常以横坐标表示自变量，纵坐标表示因变量，写出坐标轴所代表的物理量的名称和单位。为了使图线在坐标纸上的布局合理和充分利用坐标纸，坐标轴的起点不一定从变量的“0”开始。选定比例时，应使最小分格代表“1”、“2”或“5”，不要用“3”、“6”、“7”等表示一个单位。因为这样不仅使标点和读数不方便，而且也容易出错。

（3）标点

根据测量数据，找到每个实验点在坐标纸上的位置，用铅笔以“×”标出各点坐标，要求与测量数据对应的坐标准确地落在“×”的交点上。一张图上要画几条曲线时，每条曲线要用不同标记如“+”、“△”、“⊙”等予以区别。

(4) 连线

用直尺、曲线板、铅笔将测量点连成直线或光滑曲线(测量点应该均匀地分布在画出曲线的两旁),校正曲线要通过校正点连成折线。

(5) 写出图纸名称

要求在图纸的明显位置标明图纸的名称,即图名、作者姓名、日期、班级等。

3.4.3 逐差法

逐差法是对等间距测量的有序数据进行逐项或相等间隔项相减得到结果。它计算简便,并可充分利用测量数据,及时发现错误,总结规律,是物理实验中常用的数据处理方法之一。

在中学物理实验中,虽然没有提出逐差法这个名词,但在许多地方都用到了这种数据处理方法。如在验证牛顿第二定律的实验中,在验证质量一定情境下 a 与 F 的关系时,用 $a=\frac{v_n-v_{n-1}}{3T}$ 求出各个加速度,然后取平均值,用的就是逐差法。

1. 逐差法应用说明(以拉伸法测弹簧的劲度系数为例)

设实验中等间隔地在弹簧下加砝码(如每次加 1 g),共加 9 次,分别记下对应的弹簧下端点的位置 L_0、L_1、…、L_9。

现计算每加 1 g 砝码时弹簧的平均伸长量,由下式:

$$\Delta L=\frac{\Delta L_1+\Delta L_2+\cdots+\Delta L_9}{9}$$
$$=\frac{(L_1-L_0)+(L_2-L_1)+\cdots+(L_9-L_8)}{9}=\frac{L_9-L_0}{9}$$

则知中间的测量值全部被抵消了,这样就不能充分利用测量数据了。

为保证多次测量的优点,只要在数据处理方法上作一些组合,则仍可达到多次测量减小误差的目的。因此可将等间隔所测量的值分成前后两组,前一组为 L_0 到 L_4,后一组为 L_3 到 L_9。

隔 4 项逐差得:

$$\Delta L'_1=L_5-L_0\cdots\Delta L'_5=L_9-L_4$$

再取平均值　$$\overline{\Delta L'}=\frac{1}{5}\sum_{i=0}^{4}(L_{5+i}-L_i)$$

由此可见,与上面一般求平均值的方法不同,这时每个数据都派上用场了(当然,这里的 $\overline{\Delta L'}$ 是增加 5 g 砝码时弹簧的平均伸长量)。故对应项逐差可充分利用测量数据,具有对数据求平均和减小误差的目的。

2. 逐差法应用条件

1）自变量 x 是等间距变化的。

2）被测物理量之间的函数关系形式可以写成 x 的多项式，即 $y=\sum_{m=0}^{M}a_m x^m$。

3. 用逐差法求 $y=a_0+a_1x$ 的系数 a_0、a_1

设实验数据共有 $2l$(偶数)组，即 x_1、x_2、…、x_{2l}对应的有 y_1、y_2、…、y_{2l}。且 x 作等间距变化，则有：

$$\left.\begin{aligned} y_1 &= a_0+a_1(x_0+\Delta x) \\ y_2 &= a_0+a_1(x_0+2\Delta x) \\ &\cdots\cdots \\ y_{2l} &= a_0+a_1(x_0+2l\Delta x) \end{aligned}\right\} \tag{1}$$

隔 $(l-1)$ 项逐差，则有

$$\left.\begin{aligned} \Delta y_1 &= y_{l+1}-y_1=a_1 l\Delta x \\ \Delta y_2 &= y_{l+2}-y_2=a_1 l\Delta x \\ &\cdots\cdots \\ \Delta y_l &= y_{2l}-y_l=a_1 l\Delta x \end{aligned}\right\} \tag{2}$$

故 a_1 平均值为：$\bar{a}_1=\frac{1}{l}\sum_{i=1}^{l}\frac{\Delta y_i}{l\Delta x}=\frac{1}{l^2\Delta x}\sum_{i=1}^{l}\Delta y_i$

由式(1)及式(2)可求出系数 a_0 的平均值，

$$\bar{a}_0=\frac{1}{2l}\left(\sum_{i=1}^{2l}y_i-\bar{a}_1\sum_{i=1}^{2l}x_i\right)$$

3.4.4 最小二乘法

把实验结果通过前面的作图法，固然可以求出函数关系，表示出某种物理规律，但是由图像求出的方程——函数关系，不如用测量数据直接求函数关系更合理、准确、方便，在图线的绘制上往往带有较大的任意性，所得的结果也常常因人而异，而且很难对它作进一步的误差分析。为了克服这些缺点，希望从实验的数据求经验方程(函数关系)。在数理统计中研究了直线的拟合问题，此类问题称为方程的回归问题。

最小二乘法是总结经验公式的最常用方法之一。它是由一组实验数据找出一条最佳的拟合直线(或曲线)的常用方法，所得的变量之间的相关函数关系称为回归方程。所以最小二乘法线性拟合也称为最小二乘法线性回归。

下面讨论物理量之间的关系是线性关系的简单情况。

假定自变量 x 与应变量 y 之间为线性关系，则其回归方程的形式为：

$$y = a + bx \tag{3.19}$$

那么由实验测定的一组数据 x_i，$y_i(i = 1, 2, \cdots, n)$，怎样才能确定出最佳值 a 和 b 呢？因为实验测定总是存在误差的，所以最佳直线决不可能通过所有的实验测定值。最小二乘法的原理就是：如各观测值 y_i 的误差互相独立且服从同一正态分布，当 y_i 的偏差的平方和为最小时，得到最佳经验式。根据这一原理，我们可以求出最佳直线的系数 a 和 b。这里需要说明的是，这些实验数据应该是等精度测量值，而且测量值中只有 y_i 有测量误差，则测定值与最佳直线之间的偏差为：

$$v_i = y_i - (a + bx_i),\ (i = 1,\ 2,\ \cdots,\ n),$$

且

$$\sum_{i=1}^{n} v_i^2 = \sum_{i=1}^{n} [y_i - (a + bx_i)]^2 = \text{最小} \tag{3.20}$$

$\sum\limits_{i=1}^{n} v_i^2$ 为最小的条件是它的一阶导数为 0，二阶导数大于 0。由

$$\frac{\partial \sum v_i^2}{\partial a} = 0,\ \frac{\partial \sum v_i^2}{\partial b} = 0 \tag{3.21}$$

得出

$$-2\sum_{i=1}^{n} (y_i - a - bx_i) = 0,\ -2\sum_{i=1}^{n} (y_i x_i - a x_i - b x_i^2) = 0 \tag{3.22}$$

整理后得到

$$a + b\overline{x} = \overline{y},\ a\overline{x} + b\overline{x^2} = \overline{yx} \tag{3.23}$$

由式(3.23)解得

$$\hat{b} = \frac{\overline{xy} - \overline{x} \cdot \overline{y}}{\overline{x^2} - \overline{x}^2},\ \hat{a} = \overline{y} - \hat{b}\,\overline{x} \tag{3.24}$$

由式(3.24)求得的系数 $\hat{a}$、$\hat{b}$ 即为系数 a、b 的最佳估计值。

以上我们从列表法、作图法、逐差法、最小二乘法等 4 种比较常见的数据处理方法入手，探讨其各自基本的特点以及使用方式、规则，尽管有些方法在当前来看对于中学生无须要求，但我们应对其有足够的了解。物理实验离不开对数据的处理，离不开误差分析。下面我们搜集到另外一些关于物理实验数据处理的有关试题，作为附录，以供参考。

附录 物理实验数据处理型试题

实验数据处理型试题具有真实的情景性，对这类试题的解析过程，就是对实验结果的分析处理过程，在分析处理过程中，通过自我发现，自我总结，达到运用基本原理、规律以及方法创造性地解决实际问题，有效地提高自己的原始创新能力的目的。

【例 1】 用金属制成的线材（如钢丝、钢筋）受到拉力会伸长，17 世纪英国物理学家胡克发现，金属丝或金属杆在弹性限度内的伸长与拉力成正比，这就是著名的胡克定律。这一发现为后人对材料的研究奠定了重要基础。现有一根用新材料制成的金属杆，长为 4 m，横截面积为 0.8 cm^2，设计要求它受到拉力后的伸长不超过原长的 1/1 000。选用同种材料制成的样品进行测试，通过测试取得数据如表 1 所示：

表 1 金属杆伸长与受力的关系

长度 L	伸长 x ＼ 拉力 F ＼ 截面积 S	250 N	500 N	750 N	1 000 N
1 m	0.05 cm^2	0.04 cm	0.08 cm	0.12 cm	0.16 cm
2 m	0.05 cm^2	0.08 cm	0.16 cm	0.24 cm	0.32 cm
3 m	0.05 cm^2	0.12 cm	0.24 cm	0.36 cm	0.46 cm
4 m	0.10 cm^2	0.08 cm	0.16 cm	0.22 cm	0.32 cm
4 m	0.20 cm^2	0.04 cm	0.08 cm	0.12 cm	0.16 cm

1) 请根据测试结果，推导出伸长量 x 与材料的长度 L、材料的截面积 S 及拉力 F 之间的函数关系（形式为 $x=$　　）。

2) 通过对样品的测试，求出现有金属杆在不超过设计要求伸长量的前提下能承受的最大拉力。（写出过程）

3) 在表中把有明显误差的数据圈出来。

解析：

1) 金属制成的线材（如钢丝、钢筋）受到拉力与伸长的关系，涉及线材的长度、横截面积和材料等多种变量，研究各变量与伸长的关系时，运用控制变量法。据此比较表中 1、2 两行实验数据可知，在横截面积相同时，伸长量与材料的长度成正比；比较表中 4、5 两行实验数据可知，当长度相同时，伸长量与材料的横截面积成反比。由胡克定律知：金属丝或金属杆在弹性限度内的伸长与拉力成正比，即得 $x = k\dfrac{F \cdot L}{S}$，其中 $k = 8\times 10^{-12}\ m^2/N$。

2) 由 $x=k\frac{F\cdot L}{S}$ 可得，$\frac{F_1L_1}{S_1x_1}=\frac{F_2L_2}{S_2x_2}$，根据表 1 中有关数据：$L_1=1$ m，$x_1=0.04$ m，$S_1=0.05\ \mathrm{cm}^2$，$F_1=250$ N，代入 $L_2=4$ m，$S_2=0.8\ \mathrm{cm}^2$，$x_2=\frac{4}{1\ 000}$ m，解得现有金属杆在不超过设计要求伸长量的前提下能承受的最大拉力 $F_2=1\times10^4$ N 或直接运用 $x=k\frac{F\cdot L}{S}$。其中 $k=8\times10^{-12}\ \mathrm{m^2/N}$，代入 $L_2=4$ m，$S_2=0.8\ \mathrm{cm}^2$，$x_2=\frac{4}{1\ 000}$ m，也可解得最大拉力 $F_2=1\times10^4$ N。

3) 有明显误差的数据是(3 m，1 000 N)时的 0.46 cm，应为 0.48 cm；(4 m，750 N)时的 0.22 cm，应为 0.24 cm。

通过对不同组数据的计算、分析，挖掘出题目中隐含的条件是解该题的关键。当多个自变量影响因变量时，可以固定其他几个变量，只讨论一个自变量对因变量的影响，即运用控制变量法是解题方法的重点。

【例 2】 一个研究性学习小组在探究“小灯泡的发光情况与其两端电压的关系”时，得出如表 2 中 U、I 的数据：

表 2　小灯泡发光情况

编　号	1	2	3	4	5	6	7	8
U/V	0.20	0.60	1.00	1.40	1.80	2.20	2.60	3.00
I/A	0.020	0.060	0.100	0.150	0.165	0.190	0.200	0.205
灯泡发光情况	不　亮		微　亮		逐渐变亮		正常发光	

1) 请你在图 1 中画出 $I-U$ 图线。

2) 从数据或图线上可以看出，当 U 或功率逐渐增大时，灯丝电阻的变化情况是________。这表明________________。

3) 请你就该研究性学习小组的探究成果，举一与之有关的事例或事实________________。

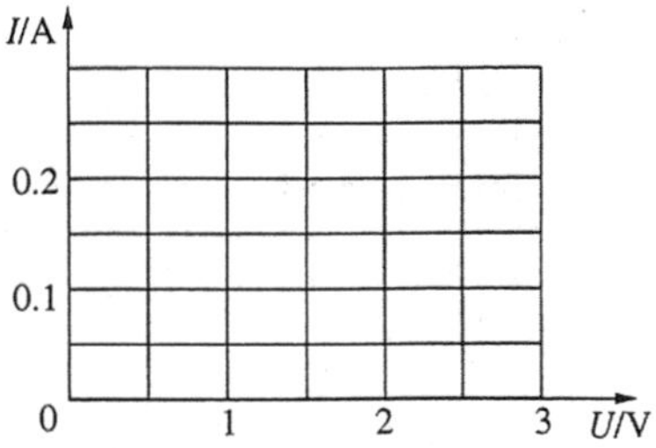

图 1　电流-电压曲线

解析：该题通过加强理解伏安特性曲线的物理意义和比较伏安特性曲线的图像的变化，重点考查学生理解图像意义和应用图像信息的能力。

1) $I-U$ 图线如图 2 所示。

2) 开始不变，后来逐渐增大，导体的电阻随着温度的升高而增大或导体的电

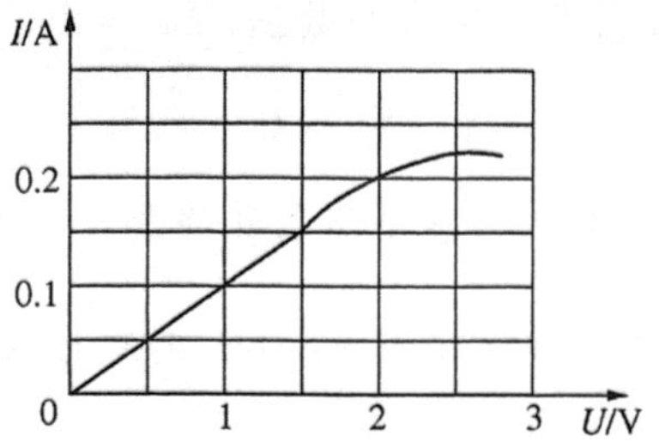

图 2　电流-电压曲线

阻与温度有关。小灯泡上的电压较小，发热功率较小，与灯丝上的散热平衡，温度基本不变；当小灯泡上的电压较大时，功率也较大，发热要比散热多，灯丝温度升高，电阻率也就相应增大。

3）在额定电压下使用白光灯或超导现象等。

【例 3】（2004 年江苏高考物理试题）某同学对黑箱中一个电学元件的伏安特性进行研究。通过正确的测量，他发现该元件两端的电压 U_{ab} 与流过它的电流 I 之间的变化关系有如下规律：① 当 $-15\,\text{V} < U_{ab} < 0\,\text{V}$ 时，I 近似为零。② 当 $U_{ab} \geqslant 0\,\text{V}$ 时，U_{ab} 和 I 的实验数据见表 3。

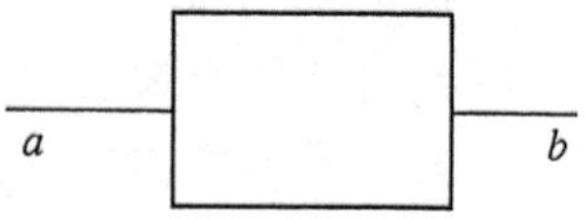

图 3

表 3　电流-电压关系

编　号	1	2	3	4	5	6	7
U_{ab}/V	0.000	0.245	0.480	0.650	0.705	0.725	0.745
I/mA	0.00	0.15	0.25	0.60	1.70	4.25	7.50

1）在图 4 中画出 $U_{ab} \geqslant 0\,\text{V}$ 时该元件的伏安特性曲线（可用铅笔作图）。

2）根据上述实验事实，该元件具有的特性是________________。

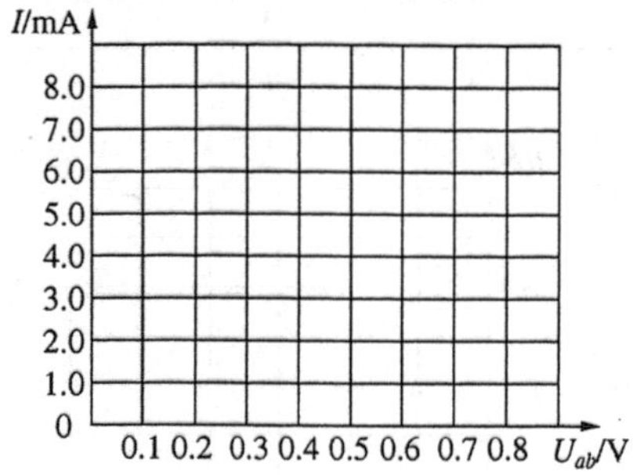

图 4　伏安特性曲线

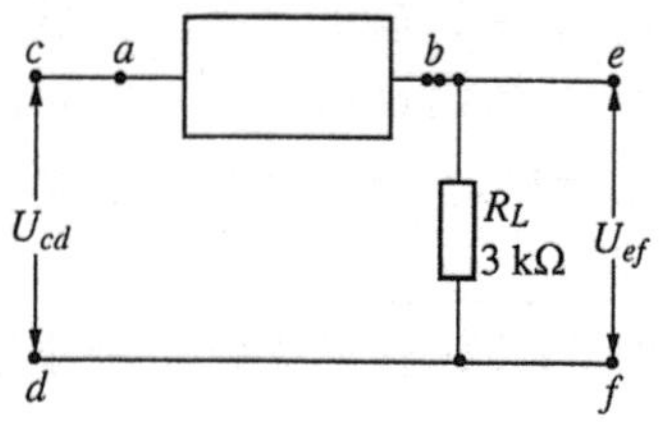

图 5　信号输入输出电路

3）若将此黑箱接入图 5 电路中，并在该电路的 cd 两端输入如图 6（甲）所示的方波形电压信号 u_{cd}，请在图 6（乙）中定性画出负载电阻 R 上的电压信号 u_{ef} 的波形。

解析：这是一道关于二极管具有单向导电性的实验题，它不仅将二极管运用到了实际电路中，还要求学生将实验数据进行处理，得出正确的结论再运用到另外

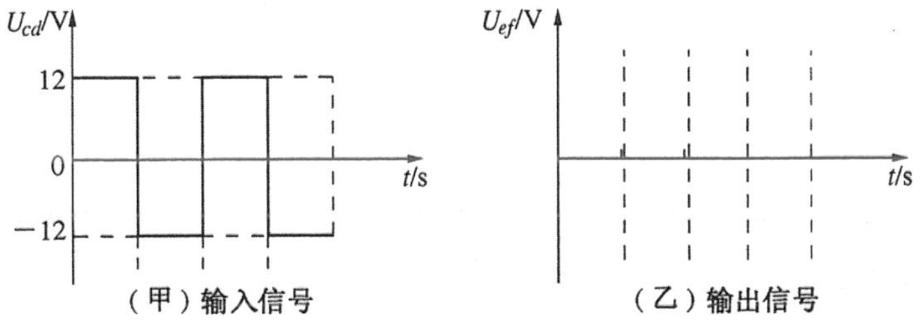

图6

一个实验中，要求比较高。

1）如图7所示。

2）单向导电性。

3）如图8所示。

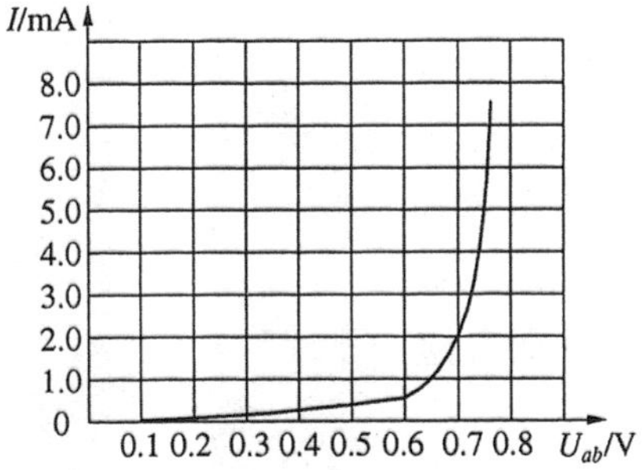

图7　伏安特性曲线

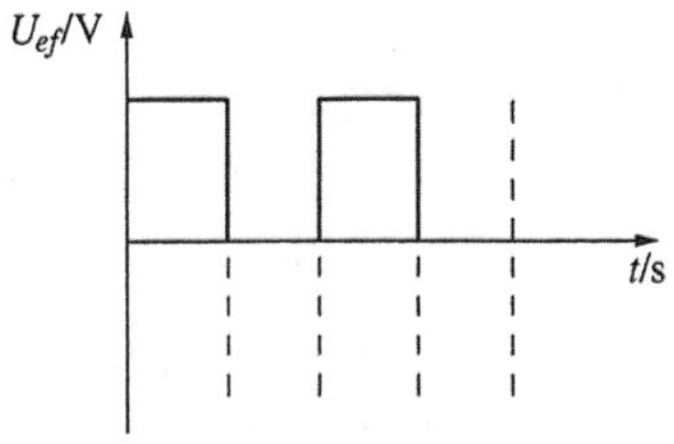

图8　输出信号

该题既属于改变实验元件的拓展，又属于理解实验结果的延伸。实验元件从小灯泡变化到二极管（也可以是热敏电阻、光敏电阻等其他元件）。通过比较两者的伏安特性曲线的变化规律，从而找到解题的切入点，得出正确的结论，开阔了学生的视野，考查学生把实验原理、方法等知识应用到新的实验情景的良好的迁移能力。

思　考　题

1. 查阅资料，深入了解不确定度的有关知识。
2. 在“用量筒和天平测量固体的密度”实验中，用感量为20 mg的天平和准确度为1 cm^3的量筒，测得某固体的质量和体积分别为：$m=(57.30\pm0.02)$ g，$V=(21.0\pm0.5)$ cm^3。试确定测量误差的范围。（注：天平的指针在平衡的基础上，偏离刻度尺零点一个最小分格时，两盘上的质量差为天平的感量，感量的倒数为天平的灵敏度。）

3. 螺旋测微器是怎样实现"放大"的？以某一螺旋测微器为例，探讨其螺旋放大倍数的表示形式。

4. 对短路电流的测量大都采用间接的方法，如用伏安作图外推法、伏安回归法。但间接的方法会由于作图时的不准确和电流表的内阻而使得测量结果误差较大。现在请结合电流补偿法的实验原理，设计短路电流的测量方案。

5. 小灯泡（6.3 V，0.15 A）在一定电流范围内其电压与电流的关系为$U=KI^n$，K和n是与灯泡有关的系数。给定下列器材：小灯泡、电流表、电压表、变阻器、直流电源、双刀开关，要求：① 设计出电路测小灯泡伏安特性曲线；② 验证公式$U=KI^n$；③ 求出系数K和n；④ 求室温下灯丝电阻。

6. 请仔细阅读下面的试题，根据"物理教学论"有关内容讨论该试题设计者的设计意图。

教师发给每个学生一张照片，如图(a)所示（与实际照片之比是1∶1），并告诉学生，照片是乒乓球（直径为40 mm）从手中释放后，在空中自由下落的某一瞬间开始拍摄的。在曝光的时间Δt内，由于运动，乒乓球所成的像在照片中成为一段长形的径迹（设手在释放乒乓球后始终静止在原处）。

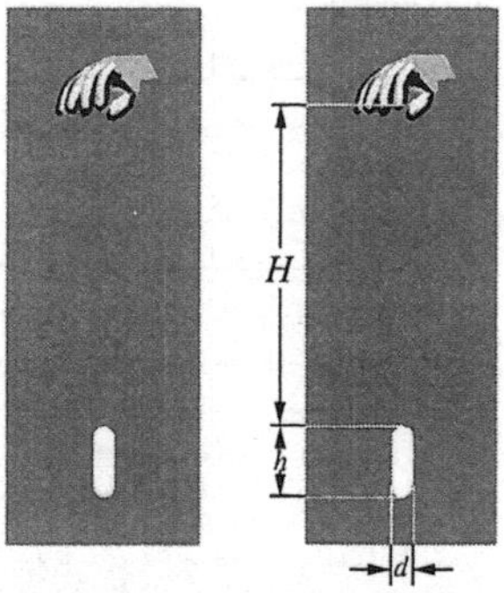

(a)　　(b)

老师请学生观察照片，收集各种有用的信息，并解答如下问题（若不计空气阻力）：

(1) 根据照片中乒乓球的运动径迹估算出在曝光的时间Δt内，乒乓球的实际位移H。

(2) 估算出在开始拍摄时，乒乓球已通过的位移H_0是多少？

(3) 估算照相机拍摄时，曝光的时间Δt（即照相机快门速度T）？

(4) 估算出乒乓球在曝光的时间Δt内运动的平均速度？

参 考 文 献

1. 陶洪. 1996. 物理实验论. 南宁：广西教育出版社

2. 王廷兴，郭山河，文立军. 2003. 大学物理实验. 北京：高等教育出版社

3. 刘炳升，魏日升. 1989. 初中物理教师实验技能训练. 北京：高等教育出版社

4. 张雄，王黎智，马力等. 2001. 物理实验设计与研究. 北京：科学出版社

第4章 演示实验的要求与教学技能训练

4.1 演示实验的基本要求和教学策略

物理学是一门以观察和实验为基础的科学。课堂演示实验是中学物理实验教学的重要组成部分，它不仅是建立物理概念和规律、理解和掌握物理知识不可缺少的环节，还能培养学生的观察能力、思维能力、探索精神以及良好的学习方法。演示实验是为了达到一定的教学目的而做给学生看的实验。在本课程中一般安排一些力、热、光、电等各部分中典型的演示实验，如匀变速直线运动、气体定律、静电、透镜成像等，其目的是为了使未来的教师了解演示实验的特点、要求以及演示实验与一般物理实验的区别。

指导学生对演示实验的观察与分析，可以使学生获得生动的感性认识，从而更好地理解和掌握物理概念和定律，演示实验可以培养学生的观察能力和思维能力，可以使学生对物理现象获得生动、深刻的印象。此外，教师的演示对培养学生的实验技能和素养也有一定的示范作用。在做这类实验时，要求学生同时参考中学物理教材中相应的章节，明确实验目的，练习合理的操作方法和程序，设法使其他人看清楚实验现象和数据，考虑如何引导学生观察，边实验、边讲解。有的实验是用不同的仪器来演示同一物理内容，要比较各种方法的优缺点，并考虑是否还有更简便的方法。充分挖掘演示实验的潜力，适应课程改革的需要，精心设计每一个演示实验，在充分考虑如何把演示实验溶进物理教学过程中的同时（引入新课、巩固新课或阐述概念、导出规律时，可以安排不同类型的演示实验），在培养学生能力上多下工夫。

4.1.1 演示实验教学的基本要求

1. 实验设计思想要明确

实验设计思想是实验原理与实验构思、实验装置与实验要求、实验方法与实验技术、实验教学策略与实验教学程序在实验教学设计中的综合反映与运用。巧妙的实验设计思想，是进行实验教学的前提。我们在实验教学过程中会常常发现，有些演示实验，如果仅仅按照教科书上介绍的方法去做，效果不明显，甚至很难做成功。如课本中通过演示“沿绳传播的波”，来说明波的形成和传播。这个看似简单的实验，如果没有弄清其设计思想，就不能把握实验的关键，即使拉着绳子摆动半天，也不会形成明显的波。其实要想把此实验做成功，选择什么样的绳子、如何悬挂、怎样摆动是很有讲究的，而这些关键性问题，不会在以学生为读者对象的课本中加以说明。这就要求教师要以物理学、物理学科教育学、创造工程学的理论、思想和方法作指导，对实验教学设计进行全面地研究，从宏观上准确地把握实验的设计思想。教师只有弄清实验的设计思想，才能合理地选择实验器材、实验装置、实验条件和显示方法，才能真正地把握实验的关键及操作要领，才能制定出科学的实验教学程序，有效地调动并指导学生参与观察和思考，才能正确地进行实验创新设计和自制教具。

2. 实验目的要明确

演示实验的选用与设计都必须从教学目的出发。引入新课时运用演示实验，目的往往侧重于引导学生对所研究的问题产生兴趣，或者是提出问题，唤起学生的思考。因此要求这类实验尽可能新奇、生动、有趣。在概念形成和规律的建立过程中运用演示实验，目的往往在于提供必要的感性素材，引导学生思维活动的发展。因此这类实验要求能够突出本质的联系，使学生建立正确、清晰的物理图像。如果运用演示实验来巩固、深化、应用物理知识，就必须注意突出实验的思考性以及理论联系实际的要求。

教师应根据教学目的设计安排演示实验。如电磁波的传播不需要介质这一客观事实，只在课堂上简单地讲授，学生大都将信将疑，因此需要通过实验来证实。实验设计如下：在一只玻璃钟罩内放一只小型信号发生器，在外面用一台收音机来接收，可以听到信号声，把钟罩内的空气抽去也不影响收音机的正常接收，但是如果换了一台闹钟，当钟罩内的空气抽去后就听不到声音了。这充分说明了声音的传播需要介质，而电磁波的传播不需要介质。

3. 实验现象要明显、直观

演示实验是一人表演，多人观察，因此，必须使现象明显。仪器尺寸要足够大，仪表的刻度线适当粗，并充分考虑仪器背景色彩对比、放置高低以及物体运动方向，必要时应借助机械放大、光放大、电放大等手段。同时，要考虑调动学生视觉、听觉、嗅觉、触觉等多种感官协同作用，以强化有用信息的刺激。为了使学生在感知基础上顺利地进行抽象思维活动，演示实验还应力求仪器简单、过程明了，突出物理原理，排除非本质因素的干扰，尽可能直观，少转弯抹角。所以要提倡随手取材、自制简易教具进行演示实验。例如在学习“力矩”一课时，有一位教师把自行车搬进了课堂，增强了演示实验的直观性。另外，演示桌上只能放置与实验有关的用具，暂时不用的应放在学生视野以外，以免分散学生的注意力。为了使观察的目标鲜明突出，可用染色或用背景颜色增加反差等手段。例如，可用纸板做成一面白色一面黑色的屏，放在演示仪器的后面，观察装染色液体的玻璃管时用白色的屏，观察火花放电等实验时用黑色的屏。又如做有关验电器、静电计的实验时，可利用灯光从后面把验电器、静电计照亮。对于仪器尺寸较小或实验现象不明显的可借助投影设备放大。如介绍螺旋测微器的使用，演示电流间相互作用等实验。

4. 要安全可靠、确保成功

演示实验是学生进行观察和获得感性认识的重要源泉，是教师讲解物理概念、规律的基础。演示实验成功与否，将直接影响到概念的形成和规律的建立。如果一个实验反复多次都不成功，既耽误了时间，又失去了实验的可信性和说服力。因此，教师在演示时必须确保实验的成功。

首先，教师在课前要做充分的准备，熟悉仪器的使用性能，了解实验的准确程度，估计实验所用时间，考虑教室的实验环境，亲自用所选仪器装置预演几遍，便于掌握操作的技巧，也可及时发现问题，并充分估计课堂上可能出现的故障及考虑好应急措施。课堂教学时间十分宝贵，因此要求尽可能做到一次成功。课堂演示时，教师一定要严格遵守操作规程，认真仔细，确保人身和仪器设备安全，存在不安全因素的实验，不要让学生上台操作，要由教师自己进行。有些实验较难做成功，如静电实验，受天气、仪器清洁程度以及室内环境的影响很大，教师课前要认真准备，擦净、烘烤、通风，以确保实验成功。要正确对待实验中的失误，一旦失败，要尽快查找原因，迅速排除故障，万一不能及时排除故障，也不能搪塞、编造数据、弄虚作假，要以负责的精神和科学的态度向学生说明情况。

5. 要有启发性

演示实验的教学目的不仅是给学生以鲜明、生动的实验表象，更要抓住学生出现的兴奋时机、“愤”、“悱”状态，启发诱导学生分析、推理、判断、概括，把感性认识上升为概念和理论，让学生知其然，更知其所以然。因此，演示实验要富有启发性。在设计和编制演示程序时，要在启发性上下功夫。

首先，以趣激疑，将认知矛盾转化为思维的动力，之后，在演示实验过程中不断引导思维，调动学生把观察和思维紧密结合起来积极思考，使学生的认识由表及里逐步深化。

例如，在引入“力的分解”一课的演示实验中，可创设如下的问题情境：用细线系住一重锤，留出两个线端，老师问：“用一根线提与用两根线提相比，哪一种情况线更容易断？”学生会不假思索地回答：“用一根线提！”老师不动声色地用一根线提起了重物，故意举得高一些，学生的心跟着悬了起来，而接下来用两根线稳稳地提起重物的时候，学生的心放了下来，脸上露出轻松的表情，以至于老师不断增大两根线之间的夹角这样一个细节动作，学生毫无防备，突然间线断了！学生异口同声地发出了“啊！”的惊讶声。“思维自疑问和惊奇开始”（亚里士多德语），这时教师可不失时机地提出如下问题：“怎么两根线提反而断了呢？一开始就断吗？什么时候开始断？为什么会断？”学生产生了强烈的思维冲突，进入了“愤”、“悱”状态，为进一步学习新知识蓄足了气势。

6. 配合讲解,引导观察思考

观察是科学探究的开始,是外界信息输入的窗口。著名的地质学家李四光说:"观察是得到知识的重要步骤。"巴甫洛夫把"观察,观察,再观察"当作座右铭。

在演示实验之前,要明确观察目的,做好观察准备;在实验过程中,要设法创造条件,突出观察对象,排除次要因素干扰,并教给学生观察方法,引导学生从整体到局部、再从局部到整体进行观察思考,进行思维训练,培养学生正确的观察思路与思维方法;同时采用纵、横对比,正、反对比的方法,指导学生透过表面现象把握事物本质。

4.1.2 物理演示实验教学策略

中学物理演示实验是教师表演示范、学生观察思考的教学实验,它可以充分发挥教师的主导作用,但是往往难以体现学生在教学过程中的主体地位,缺乏学生主动性的发挥。在物理新课程中,把科学探究作为学习目标与重要的教学方式,给演示实验注入了新的活力。在新课程理念下,进一步拓展演示实验的功能,使学生由被动地接受知识向主动地获取知识转化,必须突出科学探究。

1. 为导入新课设计演示,让学生在物理情境中发现问题、提出问题和进行科学的猜想与假设

选择一些生动、有趣、新奇和学生感到意外的演示引入新课,能够有效地激发学生的兴趣与求知欲望是大家所公认的,但是,按照新的教育理念,这是远远不够的。导入新课的演示实验还应该使学生通过观察与思考,有所发现、有所联想,萌发或提炼出科学问题,体现"提出问题"和"猜想与假设"等科学探究的要素,以利于新知识的构建。例如,学习冲量时,让学生猜想:一个生鸡蛋从高处落下,是否会摔破?当学生紧张而意外地发现鸡蛋从高处落入铁盘中后又反弹起来,倍感惊奇,再让同一个鸡蛋从同一高度落下,鸡蛋摔破了。引导学生提出问题,查找原因,发现其中的奥妙,从猜想经历科学思维到现实,以鸡蛋撞击铁盘时的 Δt 为切入点,让学生在猜想的"对"与"错"中感受成功的喜悦或错误的遗憾。

再如,在导入"闭合电路欧姆定律"时,首先将完全相同的 8 个"6 V,0.3 A"小灯泡分成两组分别并联在 6 V 的蓄电池和 6 V 的干电池两端,并在电源两端并联电压表监视电路电压,让学生猜想,接通电源后,两个电路的电压是否相同?两组小灯泡是否一样亮?根据部分电路欧姆定律,两只电压表示数必然相同,两组小灯泡也一定一样亮。实验结果却发现,与蓄电池连接的电压表示数基本没有变化,而与干电池连接的电压表示数降低了 2 V 左右,且与干电池连接的小灯泡比与蓄电池连接的小灯泡暗。为什么?进一步启发引导学生寻找两电路的不同,查找产生这一现象的原因,发现对电路的研究必须考虑电源内阻,引出考虑电源内阻的全电路欧姆定律。

2. 为形成概念、探索规律设计演示，让学生经历设计实验、实施实验方案到得出结论的过程

中学物理是以实验为基础，以最基本的概念和规律为主干构成的完整体系。其中，基本概念和基本规律是物理知识得以展开的主要构架，又是辐射出众多其他科学知识的基础，是帮助学生开启科学大门，踏上探索科学真理的必经之路。演示实验可以展示物理现象和物理变化的过程，为形成概念和认识规律提供丰富的感性材料，为知识的构建奠定必要的基础。但是，随着教育教学理论的发展，必须从新的角度重新定位演示实验的作用。新的教育理念认为，演示实验不仅要为构建知识提供感性认识，而且需要学生在演示实验中以科学的态度和对科学探索的浓厚兴趣经历科学探究过程，去发现、思考、探讨，在经历设计实验、实施实验、得出结论的过程中，达到既获取知识，又实现培养科学素养的目标。

3. 为运用巩固深化设计演示，让学生经历科学探究的过程

由于演示实验的可控制性，使教师能够有意识地选择和设计实验内容和程序，展现物理现象和过程，在运用知识的过程中发挥作用。例如，设计力学黑箱、电学黑箱、光学黑箱等，让学生探索黑箱内的结构，对学生进行观察与思维训练。研究浮沉子在液体内不同深度的状态，使学生的认识由表及里逐步深化等。新课程将科学探究作为课程重要内容，为演示实验功能的扩展提供了机遇，在运用知识的过程中不仅可以充分发挥教师的主导作用，而且可以充分体现学生的主体地位。在学生获得某一物理知识之后，让学生组建课题组，运用新知识探索新思路、新方法，通过猜想、制定计划、查阅文献、调查研究、小组讨论等一系列科学探究过程，分工合作、集思广益设计新的演示实验、制作新的演示教具，之后展示成果，相互研讨交流，在学术研讨气氛中进行评价、质疑和答辩。通过研讨交流相互学习、借鉴、分享成果，进行思维的碰撞。使学生切身体会到学习科学知识的实际价值和运用科学知识解决实际问题的乐趣，训练学生分析、综合、演绎、推理、抽象、概括等科学思维能力，培养学生猜想、假设、独创、评价、交流与合作等科学探究品质以及实事求是、追求真理、热爱科学的科学精神，巩固、深化、活化所学知识。例如，学习了大气压强之后，让学生研究还有哪些方法可以验证大气压强的存在，并设计低成本小实验和制作喷泉之类的简易教具进行实践；学习了动量守恒定律之后，研究反冲运动，用可口可乐瓶制作水火箭（提醒学生要注意安全），用废日光灯启动器加入少量酒精密封制作小火箭，用泡沫塑料做船体、通过气球向后喷气为动力制作喷气船等。课题完成之后，组织学生进行相互交流，展示并表演自己设计的实验和制作的教具，进行相互评价、提出改进意见。如此，就把由教师控制的演示实验拓展成以学生活动为主的科学探究过程。

物理学是一门以实验为基础的自然科学，加强实验教学及其研究是提高物理教学质量的根本途径。物理实验教学对学生形成物理概念,建立物理定律,培养学生观察能力、动手能力和创新能力都有重要作用。一位优秀的物理教师必定是善于运用“演示实验教学策略”的教师。

4.2　演示实验教学技能训练

在每个实验中,我们首先介绍演示该类实验需要的基本技能,同时,对每个具体的演示实验,提出教学技能训练的要求;接着展示中学物理教学中演示实验的真实案例;然后提出思考、讨论与实验的问题,在思考与讨论得出结论后,要求设计实验验证,并进行给同学或教师演示的实际操作;最后给出与本实验有关的参考资料,供进行演示实验研究时参考。

4.2.1　静电演示实验

1. 基本技能展示

【实验目的】

1) 掌握几个基本静电实验的操作技术和演示方法。

2) 分析研究静电实验成败的关键和注意事项。

3) 熟练掌握静电仪器的使用方法。

4) 了解自制若干静电仪器的要求和方法,以及对自制教具及其作用的认识。

【实验说明】

静电演示实验是比较难做的,对于一般的绝缘材料来说,在做静电实验时就成为了导电材料,如木头等。所以,要做好静电实验,关键在于静电仪器绝缘体的绝缘性能要好,防止快速漏电。静电仪器漏电主要由三个原因引起:① 环境,如空气的绝缘性差、自由电荷较多;② 仪器上导体表面有尖端,发生尖端放电;③ 绝缘物(如支柱、塞子等)的绝缘性差。演示前,要将仪器擦拭干净,甚至在湿度较大时要进行必要的烘烤,保持环境通风干燥,演示时动作要轻快准确。

【实验器材】

验电器、韦氏感应起电机、验电羽、起电盘、平行板电容器、有机玻璃棒、塑料薄膜、丝绸、氖管、法拉第圆筒、酒精灯、枕形导体、验电球、石蜡块、金属网罩、介质板、静电除尘装置、静电植绒装置、导线若干。

【实验内容】

(1) *起电方法*

1) 摩擦起电

丝绸摩擦玻璃棒时,玻璃棒带正电,用毛皮摩擦橡胶棒时,橡胶棒带负电。摩擦带电序列表(毛皮、石英晶体、有机玻璃、玻璃、丝绸、塑料、硬橡胶、硫磺)前面的物体与后面的物体摩擦，前者带正电，后者带负电。其实，只要是两种不同的物质摩擦就能产生电荷。在现有条件下，常用普通的手帕（或尼龙绸等）与有机玻璃棒（或板）摩擦，用普通的手帕（或尼龙绸等）与塑料棒（或塑料板、塑料膜）摩擦来获取不同种类的电荷。它比传统材料的效果要好。

摩擦起电操作要领 要有足够大的压力和速度，而摩擦次数无需多。以用丝绸与玻璃棒摩擦起电为例，正确的操作方法是：用一只手的拇指与食指、中指等捏紧（而不是用掌心握住）玻璃棒的一端，另一只手将丝绸包在玻璃棒的中部，用手指捏紧丝绸，并使丝绸与玻璃棒摩擦，或快速地抽出玻璃棒，玻璃棒上就可带上一定种类的电荷。

〖教学技能训练 1-1〗 用丝绸、毛皮、化纤布、手、干燥的纸摩擦有机玻璃、塑料制品、橡胶棒等，检验带电情况。

2）感应起电

枕形导体感应起电 使两个完全相同的绝缘枕形导体 B、C 的平端接触，将一带电球 A 移近 B，先把 B、C 分开，再移开 A，这样两个枕形导体就感应上等量异号电荷，可用验电器来检验。需注意，带电体离枕形导体不能太近，以防止发生尖端放电现象。

起电盘感应起电 起电盘由中间带有绝缘把柄的金属圆盘和塑料底板组成。用软纸或毛皮摩擦塑料底板，使其带负电，然后将金属圆盘放在塑料底板上，由于静电感应（因两者接触点很少），使金属圆盘的下表面带正电，上表面带负电，用手指接触一下圆盘上表面后移开，并提起圆盘，就可使圆盘带上正电。

〖教学技能训练 1-2〗 利用枕形导体感应起电和利用起电盘感应起电，并思考：用起电盘起电可连续进行许多次，而不必每起一次电就摩擦一次塑料底板（为什么？）

（2）电场线分布形状的演示

〖教学技能训练 1-3〗 用感应起电机（或起电盘）给两个相同的验电羽带上异种电荷，当把两验电羽移近时，两验电羽的丝线会相互吸引，显示出两个异种电荷的电场线形象。

（3）电荷在导体上的分布

1）演示静电平衡时电荷只分布在带电导体的外表面上

〖教学技能训练 1-4〗 利用法拉第圆筒及验电器、验电球演示。请考虑演示静电平衡时电荷只分布在带电导体的外表面上的方法及步骤。

2）静电屏蔽

〖教学技能训练 1-5〗 将验电器放在绝缘金属台上，罩上金属网罩，并与罩外验电器用导线连接。同时，使其带电，演示静电屏蔽现象。

3）尖形导体

〖教学技能训练 1-6〗 用验电球接触已带定量电荷的尖形导体的内表面、圆柱、锥面和尖端部分后，再分别与验电器接触，可演示孤立导体的电荷分布情况。也可使尖形导体带上定量电荷的方法来演示。并思考你的演示方法的优点与存在的问题，请提出改进该实验的方法，并实验之。

(4) 决定平行板电容器上电容量的因素

〖教学技能训练 1-7〗 研究平行板电容器上电容量与两板间的距离、两板相对面积、两板间介质的关系。

1) 与两板间距离的关系

给平行板电容器上的两块金属板带上定量电荷，改变两板间距(增大及减小)。分析现象产生的原因。

2) 与两板相对面积的关系

保持两板间距不变(约 2 cm)，增加和减小两板的相对面积。分析现象产生的原因。

3) 与两板间电介质的关系

保持两板间距不变，改变板间的电介质(可插入和抽出塑料板)。分析现象产生的原因。

(5) 静电除尘

〖教学技能训练 1-8〗 将起电机与静电除尘装置中两电极相连，然后点燃蚊香，放入筒内，通电后形成的烟雾即可消除。

请试着自制静电除尘演示仪器(如图 4-1 所示)。

(6) 静电植绒

〖教学技能训练 1-9〗 静电植绒装置由上下两块金属板组成，在下面极板上均匀撒放一些剪得很短的纯毛线绒，然后在纸上用蘸有胶水的毛笔画好图案，贴在上面板上，摇动起电机，即可做成美丽的图案。

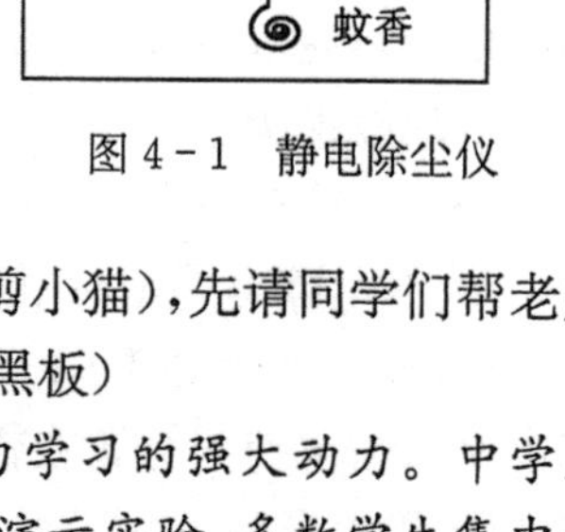

图 4-1　静电除尘仪

2. 教学策略示例

(1) 策略示例 1：演示实验激发学生的探究欲望

师：同学们，这是一只可爱的小花猫(出示吹塑纸剪小猫)，先请同学们帮老师想个办法，怎样才能把它贴到小黑板上？(老师挂出小黑板)

【点评：教学设计思想：学习兴趣是推动学生努力学习的强大动力。中学生学习物理的兴趣水平大致可分为 4 种发展水平，对于演示实验，多数学生集中于直觉的兴趣和操作的兴趣。教师创设这一情境，目的就在于激发学生的学习兴趣。一般学生都喜欢小动物，低年级的学生尤其如此。一开始老师就出示小猫图形，学生感到很亲切、形象，这样便于调动他们的积极性，激发他们的学习

兴趣。】

生 1：用胶水把它贴到小黑板上。

生 2：可以用胶布。

生 3：用图钉钉上去。

生 4：也可以用浆糊贴。

生 5：还可以用煮熟的米粒子把它粘上去。

【点评：演示实验能够提供丰富的感性材料，变抽象为形象。但它的最终目的是要通过观察启发思维，使学生更好地认识客观规律，发展能力，培养学习兴趣。因此，在设计和编制演示程序时，必须在启发学生的思维上多下功夫。这一环节有利于培养他们的发散思维能力。教师不直接揭示演示实验课题，而是巧设机关，让学生的知识结构与眼前的事实发生碰撞，从而激起他们强烈的求知欲望。】

师：同学们想出了这么多办法，真不简单。可是同学们再仔细想一想，这些办法有哪些不利的一面？

生 5：有。涂了黏结剂，扎了洞对黑板有破坏作用。

生 6：也伤害了小猫。

师：那么我们能否找到没有这类副作用的其他办法呢？

（学生尽管努力思索，但是没有找到好的办法）

师：我想到一个办法。让我们试一试好吗？

（老师演示用一块丝绸在小黑板的纸上摩擦后把小猫贴上去）

【点评：① 评价的目的在于促进学生的发展，这是新课程的理念之一。教师对于学生积极的思维活动予以肯定，必会极大地激发学生的学习热情。② 演示实验教学中教师应抓住发问时机，而最佳的发问时机就是学生处于“心求通而未得，口欲言而不能”的“愤”、“悱”状态的时候。】

生：老师是用一块红布在小黑板的纸上这样擦一擦，小猫就粘到黑板上了。

师：对，老师用这块丝绸轻轻摩一摩，擦一擦，我们给它换个词“摩擦”。

师：同学们有什么想法吗？

生：为什么老师这样擦几下，这只小猫就会贴上去？

生：老师，你这样摩一摩，擦一擦，小猫就粘到黑板上去了，这是怎么回事？

【点评：解决一个问题固然可贵，然而引导学生去发现问题，则更有价值。物理演示实验极利于培养学生发现问题和提出问题的能力。要使学生把发现的物理现象演变为一个科学的问题，教师需要引导学生对实验现象作进一步的思维加工。在本环节中，教师让学生自己提出问题，便于使下面的探究活动有的放矢。】

（2）策略示例 2：演示实验为学生创设提出问题的情境

师：这就是说，塑料尺摩擦以后能吸起轻小的东西，同学们，对这一现象，你们有什么问题吗？

生：老师，其他材料摩擦后也能吸引这些轻小东西吗？

师：你是问，除了塑料尺以外，还有哪些物体摩擦以后也能吸引轻小的东西，是吗？

生：是的。

师：好的。我们先来研究王星同学提的这个问题。每组桌上都有一吹塑纸、塑料唱片、气球、梳子、玻璃棒等物体，请同学们把这些东西都试一试。（学生进行实验）

【点评：学生提出问题，还应设法让学生自己去探究、解决，让学生亲身经历科学的探究过程，去亲自品尝成功的喜悦，既遵循了“教师为主导，学生为主体”的原则，又较好地体现了物理学科自身的特色。】

（3）策略示例3：演示实验启发学生提出猜想与假设

在下面教学片断前，学生已经学习了电容器和电容的基本知识。知道两个正对的、互相平行的、距离很近、彼此绝缘的金属板组成了平行板电容器。

师：那么平行板电容器的电容跟哪些因素有关呢？请同学们观察讲桌上的平行板电容器和屏幕上的实物图，猜想：它的电容可能跟什么因素有关？

（学生开始观察，接着分组进行讨论）

【点评：本节课教师将演示实验改为边演示边实验，采取科学探究的方法进行教学。教师在课前已经和学生商量过，学生一致要求演示实验改为边演示边实验。提前准备好学生观察和实验的器材有：废旧日光灯启辉器上的小电容器、陶瓷介质半可变电容器、空气介质可变电容器、云母介质可变电容器。其他实验器材有：实验用平行板电容器几套、静电计、玻璃棒、丝绸、导线等。由于要做的是静电实验，为了保证实验成功，教师先对平行板电容器、静电计、玻璃棒、丝绸等器材进行清洗，对平行板电容器和静电计的绝缘部位努力确保清洁。清洗完毕后，还将这些器材放进烘箱，进行烘干或用红外线灯光照射处理。】

生1：我认为，平行板电容器的电容的大小应该跟两块平行板是平行放置还是不平行放置有关。（马上就有同学站起来）

生2：我认为他说的不对，如果两块板不平行就不叫平行板电容器了。（其他同学表示肯定）我认为，它的大小可能与两块板之间的距离有关。

生3：它的大小可能与两块板之间有没有其他东西有关。比如，我见过有的电容器里面有油纸。

生4：可能与空气的湿度和气温有关吧。

生5：老师，我想可能与两块板间正对部分面积的多少有关吧。

（然后很多同学都提出了自己的猜想）

师：还有其他的想法吗？

（教师停顿了大约3秒左右）

师：我来总结一下。（教师就如何提出问题，怎样形成假设谈了自己的看法）

【点评：猜想与假设是科学探究的重要要素之一。新课程倡导自主、合作、探究的学习方式。客观地说，很多学生并不会进行正确地猜想与假设，在演示实验课上教师应该进行正确的引导，使他们明确：猜想绝不是胡思乱想，而是基于已有的知识、经验和科学事实等。】

3. 思考、讨论与实验

〖教学技能训练 1－10〗　思考与讨论下面的问题，设计验证你的结论的实验，并给同学与老师进行演示。

1）当我们给验电器的导杆小球带电时，它的指针就会张开，所带电荷量越大，指针张开的角度也越大。由此我们能否认为验电器就是一种测量电荷量的仪器？如果将验电器导杆小球接地，它的指针会张开吗？

2）请仔细分析本实验中所有实验项目的规范操作过程。

3）试说明静电除尘和静电植绒的原理。

4）在演示感应起电时，有人先将其中一个枕形导体与验电器导杆接触，指针有偏角，然后移开这个枕形导体，再用另一个枕形导体接触验电器导杆，看指针是否闭合，从而验证了由于静电感应使两个枕形导体带上等量异号电荷。这种做法正确否？若不正确，请分析其原由，并设计验证的方法。

5）阅读韦氏感应起电机使用说明书，并参照实物，探究其工作原理，了解其操作、维护保养及注意事项。

6）请讨论验电器是测量电势差的还是测量电量的仪器？

7）在你做过的这些静电实验中，哪几个的实验效果比较好？哪几个不够理想？你认为应该怎么样改进？

8）比较给验电器接触带电和感应带电两种方法的优缺点。

9）在潮湿或阴雨环境里，起电机常常不易起电。起电机的工作条件不仅与相对湿度有关，而且与其相对应的温度有直接联系。试验资料表明：当温度在17.2℃，相对湿度为 93%时，起电机仍能正常放电。但是，当温度在 30℃，相对湿度为 64%时，起电机却不能正常工作了。这两种试验条件的差别是绝对湿度的不同，每立方米空气中水蒸气的含量前者为 30 g，后者为 13.7 g。这说明起电机能否正常工作是与空气中的水蒸气分子含量多少有关。空气中水分子含量增多，直接导致起电机各部件绝缘性能的下降，特别是与大地的绝缘性能变差，破坏了正常的起电过程。请考虑采取怎样的措施能使起电机起电。

10）尖端放电还可以进行电风现象实验：当尖端接起电机的正极时，火焰将远离尖端，当尖端接起电机的负极时，火焰将靠近尖端，见图 4－2。

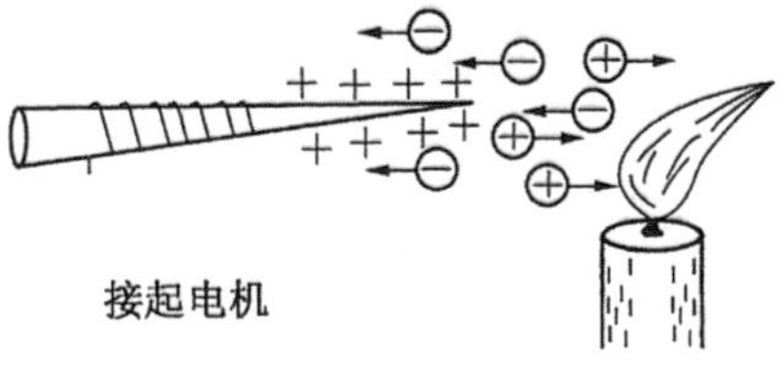

图 4－2　电风

把感应起电机的正极通过导线连接到一个金属针尖上(这时,起电机的两个放电球要移到正常放电距离以上),摇动起电机,使金属针尖上不断积聚电荷,在针尖附近的强电场的作用下使空气分子发生电离。离子的相对运动在针尖附近形成一股气流,称为电风,由尖端放电形成的电风,能够把放在针尖附近的火焰吹向一边。请你动手做一下,并试着解释发生这种现象的原理。另外,当金属针尖与起电机的负极相连时,重做该实验,有什么实验现象发生?

11) 总结一下判断物体带电的方法有哪些? 静电的特点有哪些? 静电可能存在哪些危害? 怎样防治?

4. 参考资料

(1) 静电演示实验成功的关键

一般,做静电实验比较困难。当我们给一个绝缘导体带电时,导体上的电荷很快就漏完了,演示也就无法完成。为什么容易漏电呢? 让我们从理论上做一点分析。

如图 4-3 所示,设初始时给导体球带电,电荷量为 Q_0,由于绝缘柄为非理想的绝缘体,漏电就会发生,也就是说,球上的电荷将通过绝缘柄流向大地,其放电的等效电路如图所示。电路的微分方程:

$$\frac{Q}{C}+\frac{dQ}{dt}=0$$

可得导体球上的电量变化情况:

$$Q=Q_0e^{-\frac{t}{RC}}$$

导体球对地电压随时间的变化情况:

$$U=\frac{Q_0}{C}e^{-\frac{t}{RC}}$$

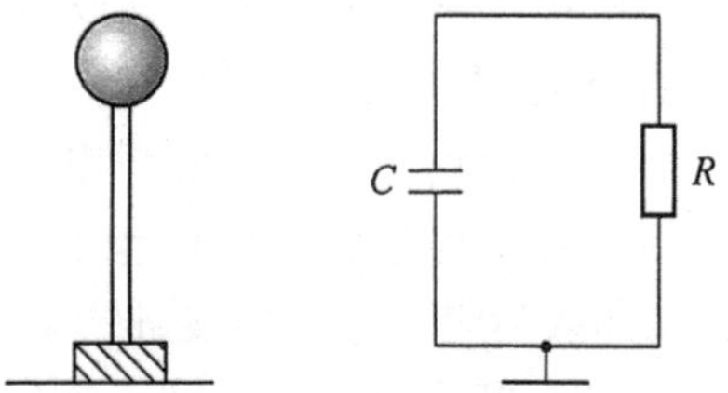

图 4-3 漏电原理

假若导体球的直径约 10 cm,电容为 5 pF,绝缘支柱的长为 20 cm,截面直径为 1 cm。对于用干燥的木材做的支柱,其电阻率约为 $10^{14}\ \Omega\cdot mm^2/m$,可以算出它的电阻为 $2.5\times10^{11}\ \Omega$;对于用石蜡做的同样尺寸的支柱,电阻率约为 $10^{22}\ \Omega\cdot mm^2/m$,电阻约为 $2.5\times10^{19}\ \Omega$。由上述参数,可得两种材料做支柱时放电电路的时间常数 ($\tau=RC$) 分别为: 木支柱,约为 1 s;石蜡支柱,约为 10^8 s。

如果初始时导体球上的电压为 2 000 V,由上述公式可得,对木支柱,8 s 后,电压降到 3 V,电量为初始时的 0.2%;对于石蜡支柱,1 小时后,电压为1 999.9 V。

由此可见,绝缘体的绝缘性能对静电实验是何等重要。

(2) 韦氏感应起电机工作原理

韦氏感应起电机的结构如图 4-4 所示。图中的两个圆表示起电机前后两个圆盘，前盘顺时针方向转动、后盘逆时针方向转动；a_1，a_2…和 b_1，b_2…分别表示前后两盘上的金属箔片(位置)；E_1、E_2和 F_1、F_2分别表示前后两对导杆上的电刷(感应电刷)；S_1、S_2为两集电电梳；T_1、T_2为两放电杆；C_1、C_2为两莱顿瓶；J_1、J_2为两接连柱，中间连有一个连接片。

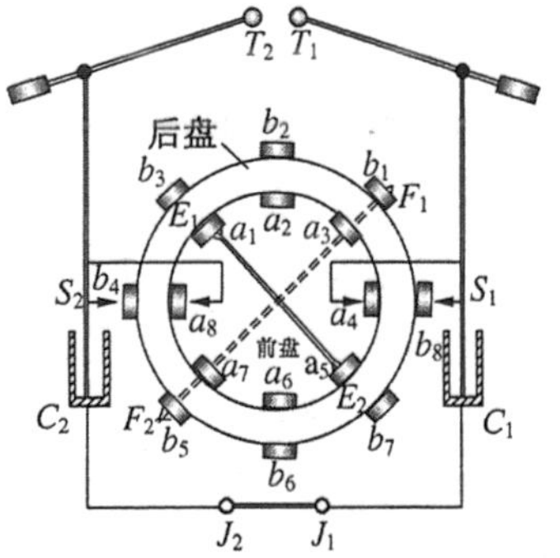

图 4-4　韦氏起电机工作原理

通常认为韦氏感应起电机是这样起电的。

假定开始时两盘箔片上所带电荷不平均，可以把它看作仅 b_3上带有少量负电荷，这时 a_1、E_1、E_2、a_5组成一个导体系统，由于 b_3的感应作用，使 a_1带正电、a_5带负电。随着盘的转动，a_1、a_5分别与 E_1、E_2脱离，因而分别保留了正、负电荷。当 a_1转到 a_3位置时，b_1、F_1、F_2、b_5也组成一导体系统，与前所述相似，由于 a_3的感应作用，使 b_1带负电、b_5带正电。b_1转到 b_3位置时，又使在 a_1位置的箔片带正电、a_5带负电、下半盘的情况与上述相似。

这样，前盘上方 a_1～a_4的箔片和后盘下方 b_5～b_8的箔片总是带同种电荷(在现在所设条件下为正电)。当它们转到 a_4和 b_8的位置时，将被集电梳 S_1通过尖端放电而收集，从而使 S_1、T_1和莱顿 C_1内壁金属箔组成的导体系统带正电。同样，前盘下方 a_5～a_8的箔片和后盘 b_1～b_4的箔片也带同种电荷(现在为负电)，为 S_2收集而使 S_2、T_2和 C_2内壁金箔带负电。

随着两盘继续转动，两盘上箔片间的感应作用越来越强，经过 S_1和 S_2的箔片也越来越多，它们收集的电荷也越来越多，它们之间的电势差也越来越大，到一定程度后，T_1、T_2之间(或其他地方)的空气被击穿而产生火花放电。

实际上，起电机起电过程并非这样“理想”。从起电机的实际结构来看，E_1、E_2和 F_1、F_2两根导杆都横套在金属轴上，而且金属轴又通过皮带和铁支架与下面的转轴、摇手柄、木底座连接。操作时手转摇柄，可以认为 E_1、E_2和 F_1、F_2是互相连通且接地的。这样，在前面的分析中，b_3对 a_1感应的结果就只能使 a_1带正电而不能使 a_5带负电。同样，a_3感应的结果也只能使 b_1带负电而不能使 b_5带正电。前后两盘上半部箔片相互反复感应的结果使得 S_1收集正电荷、S_2收集负电荷。

两盘下半部的情况与上半部基本相似。如果下半部也使 S_1收集正电、S_2收集负电，那么这时起电效率较高；如果下半部使 S_1收集负电、S_2收集正电，那么这时起电效率较低(但由于圆盘转速大而不容易感觉出)。偶尔也许会有 S_1、S_2收集到的上、下半部的电荷正好相互中和的情形，但只要起电过程中有一瞬间上、下半部

b 片(或 a 片)带电量不等,就会因连续感应,以致这种差异保持并扩大,使得 S_1、S_2 收集的电荷不能中和。

从上述分析可见,以往的参考书或仪器说明书中所述的仅仅是韦氏起电机的"设计原理",而不是它的实际工作原理。

韦氏起电机的放电过程应该是这样的:随着前后两盘相反方向旋转,感应起电的作用越来越强,两电容器 C_1、C_2 积累的正负电荷越来越多,放电杆 T_1、T_2 顶端金属球之间的电压越来越高。当两球间的电压高到两球间空气的击穿电压时,空气被击穿,C_1、C_2 中储存的异种电荷瞬间释放,使两球间发生火花放电,出现明亮的、蜿蜒在两球间的细狭电火花。这时电流路径中的空气被骤然升温膨胀,发生爆炸性的声响。火花放电时,莱顿瓶的电压迅速下降,直至停止放电。接着又开始重新积聚电荷。所以,起电机 T_1、T_2 间是呈现间歇性的火花放电。

如果接线柱 J_1、J_2 间的连接片断开,相当于在 C_1、C_2 间串联了一个空气介质的电容器,从而使得整个系统的电容变小、储存电能较少,所以放电距离较短,火花较暗,呈现连续性的放电,发出嘶嘶的响声。当接线柱 J_1、J_2 间连通时,莱顿瓶 C_1、C_2 的介质就是它们的瓶壁,电容量较大,储存能量较多,积聚过程的时间较长,因而放电距离较长,火花较亮,声响较大,间隔时间也较长。

韦氏起电机两根导杆的位置是不能互换的,如果位置互换了,那么在正常(顺时针)摇动手柄时,就不能起到反复感应起电的作用,因而不能起电。两根导杆的位置,不一定非要与水平方向成 45°角。只要不与电刷和另一杆靠得较近就可以了。

4.2.2 电磁感应和变压器的演示

1. 基本技能展示

【实验目的】

1) 了解变压器原理说明器的使用方法。

2) 掌握利用变压器原理说明器做好有关电磁感应和涡电流实验的演示技巧。

3) 学会演示电磁感应规律的操作方法。

【实验器材】

变压器原理说明器(J2425 型)、示教电表(J0401 型)、演示电表(J0402 型)、条形磁铁、楞次定律演示器(J2424 型)、低压电源、滑动变阻器(J2354—1 型,50 Ω,1.5 A)、小灯泡(6 V～8 V、0.15 A 的 2 只,6 V、15 W 的 2 只)、电键、导线。

【实验说明】

本实验是中学物理的重要实验,为更好地揭示规律,操作要规范,过程要清晰,现象要明显,可以使用电子放大,或者用多媒体实物投影演示实验。演示变压器实验要注意安全，实验时间不能太长，防止短路和漏电现象。

【实验内容】

(1) 楞次定律的演示实验

该演示的目的是引导学生得出定律结论，以及帮助学生进一步理解感生电流的特点。

1) 得出楞次定律的演示

〖教学技能训练 2-1〗 将变压器原理说明器的红色线圈(全部绕组)连接示教电表，分别把条形磁铁的两极插入线圈和从线圈内拔出，观察电表指针的偏转方向。然后分析实验情况，得出结论。思考：如何边演示边讲解，指导学生得出结论。

同样，利用此装置可以做法拉第电磁感应定律的定性演示，包括演示感生电动势的大小和磁通量变化的快慢有关，演示感生电动势的大小和线圈的匝数有关。请思考演示的操作过程及注意事项。

也可通过以下实验得出楞次定律结论。

【演示】 实验装置如图 4-5 所示，实验前首先要确定电流表指针的偏向与电流流向之间的关系，其次是线圈的绕向。

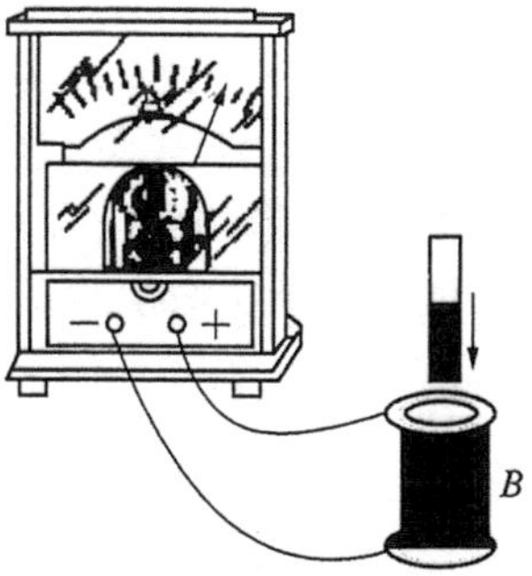

图 4-5　楞次定律演示装置

接着按图 4-6 中甲、乙、丙、丁 4 种情况进行演示。

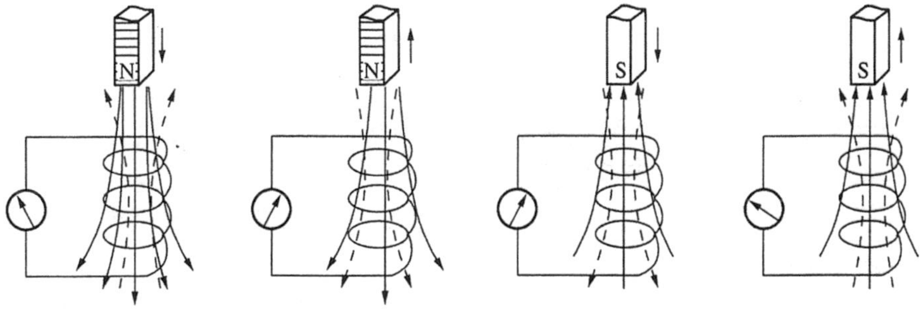

图 4-6　磁场变化与电流关系

当磁铁移近或插入线圈时，线圈中感应电流的磁场方向跟磁铁的磁场方向相反(如图 4-6 甲、丙)；当磁铁离开线圈或从线圈中拔出时，线圈中感应电流的磁场方向跟磁铁的磁场方向相同(如图 4-6 乙、丁)。

请画出便于总结规律的实验表格，并把实验的结果填入表格中。

请设计出在物理教学中运用该演示实验的程序。

2）验证楞次定律的演示

〖教学技能训练 2-2〗 该实验通常用条形磁铁和楞次定律演示器来完成。当条形磁铁的一极迅速穿入或拔出闭合铝环时，看有什么现象发生？当条形磁铁的一极迅速穿入或拔出开口铝环时，看又有什么现象发生？请思考：怎样改进此实验才能使实验现象更明显？

用变压器原理说明器的条形铁轭代替条形磁铁做此实验看看效果如何？

请设计出在物理教学中运用该演示实验的程序。

(2) 用变压器原理说明器演示电磁感应现象

1）涡电流的阻尼效应

〖教学技能训练 2-3〗 两极掌放置于U形铁芯的两个立柱上，方形端面相距约2 cm，用压板紧固，同时将摆架装在压板上，使其刀口支承跟极掌端面垂直。演示时，先不通电，让强、弱阻尼摆偏离平衡位置约20°角同时释放，看它们摆动衰减的幅度是否相同(思考：若不同，怎么办?)。再在两摆开始摆动后，给线圈通以低压直流电，观察两摆的衰减情况，并解释观察到的现象，然后得出结论。请设计出在物理教学中运用该演示实验的程序。

2）跳环实验

〖教学技能训练 2-4〗 装置如图4-7所示。将条形铁轭竖直(磨光面向下)放在U形铁芯的一个立柱上，套上红色线圈及铝环。把线圈0～1 600匝的两端接220 V交流电源。

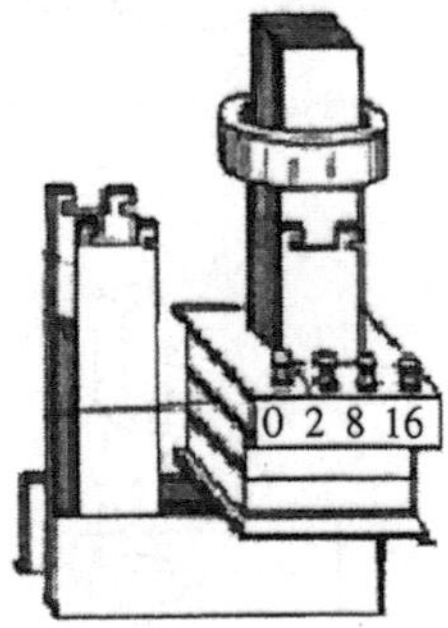

图4-7　跳环实验

演示时，接通电源，由于线圈中有交变电流通过，在铝环中产生感生电流。感生电流的方向与线圈中电流方向相反，因而感生电流产生的磁场与线圈磁场方向相反，两者相互排斥而使铝环跳起，并可悬浮在铁轭上。为防止在通电瞬间铝环跳出，可在铁轭顶上放一本书或用手挡住。

注意：由于实验时通过线圈的电流强度较大，通电时间一次不要超过30 s。

你能解释一下磁悬浮列车的原理吗？根据这个道理设计一些小魔术或游戏，说出你的设计思路。

请思考该演示实验可以用于高中物理哪部分内容的教学，如何运用？

3）阻尼摆演示

〖教学技能训练 2-5〗 实验装置如图4-8所示。将绿色线圈套入U形铁芯内，两极掌分别放在侧立铁芯上方，并使垂直端面相对，距离约20 mm，用铁轭压板压紧。把摆架装在压板上，使摆架的刀承与极掌相对面垂直。再分别将强、弱阻尼摆放在刀承上，使两摆能在极掌的空隙间自由摆动，互相不摩擦、不碰撞。线圈用 0～400 匝，电源接直流 12～16 V。

演示时，先不给线圈通电。将两摆偏离平衡位置约 20°，同时释放任其自由摆动。这时，可看到两摆不仅衰减很慢而且衰减幅度也基本相同。再给线圈通电，重新使两摆在同一高度。

释放使它们摆动。这时可以看到，强阻尼摆迅速衰减并停止摆动，而弱阻尼摆则衰减较慢，较长时间仍能摆动（此演示亦可用强、弱阻尼摆分别进行）。

请思考该演示实验可以用于高中物理哪部分内容的教学，如何运用？

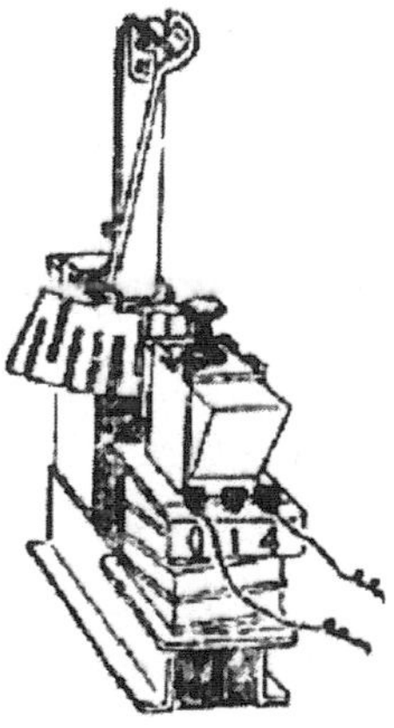

图 4－8　阻尼摆

4）感应灯实验

〖教学技能训练 2－6〗　将图 4－7 所示装置中以感应灯代替铝环做实验。当通电后，把感应灯慢慢套在铁芯上。此时装在感应圈上的小灯泡因感应作用而随着感应灯与铁芯的靠近逐渐变亮。

再把实验装置改装成与图 4－8 所示的情况（去掉阻尼摆及支架），使两极掌间的距离略大于感应灯的口径。接通电源（交流 220 V），把感应灯线圈从上方插入极掌空隙内。当线圈平面与极掌端面平行时，感生到线圈中的电流强度最大，小灯泡最亮。逐渐旋转线圈，直到线圈平面与极掌平面垂直时，小灯泡渐渐转暗直至完全熄灭。观察现象，解释观察到的现象，得出结论。

请思考该演示实验可以用于高中物理哪部分内容的教学，如何运用？

（3）做变压器方面的实验

〖教学技能训练 2－7〗　把红色线圈和绿色线圈套在铁芯上，仪器装配好后就可用来演示变压器的构造原理（可设计成降压变压器和升压变压器）。

请设计完成变压器初、次级电路的变压关系和变流关系的演示实验。

请设计出在物理教学中运用该演示实验的程序。

2. 教学策略示例

（1）策略示例 1：演示实验启发学生设计实验验证自己的猜想

师：同学们的假设是感应电流方向与磁通量变化（增大或减少）有关。怎样验证你们的假设？同学们注意观察讲桌上和屏幕上的实验仪器，为了让同学们观察的更清楚些，老师把原来的实验做了一些改进。同学们注意看，我们先用两节干电池和导线分别判别出两只发光二极管的正负极。

（教师向学生演示说明如何判断发光二极管的正负极）

师：正常情况下，发光二极管中有电流流过时会发光，并且电流只能从发光二极管的正极流向负极。

如何根据发光二极管的这一特性，研究感应电流的方向呢？

……………

【点评：① 对于“楞次定律”的教学，传统的教学设计和课堂教学是：教师演示实验→学生观察实验→教师引导学生→分析得出楞次定律→讲解例题→课堂训练→课后巩固练习。从效果上看，学生也能应用楞次定律来判断感应电流的方向，但从发展的角度看学生还是处在被动接受知识和被动发展的位置上，只能算学会，不能算会学。本节课教师设计“探究式”教学法，课堂教学设计是这样的：创设问题情景→学生讨论、猜想→设计实验、探索实验（将演示实验改变为学生自己做探索性实验）→分析实验现象→得出楞次定律→课堂讲练、课堂练习。本课程教学中主要让学生动脑、动手、动口，引导他们自己得出楞次定律。这样处理不仅重视知识的获得，而且更重视学生获取知识的过程及方法，更加突出了学生的学，学生学得主动，学得积极。学生活动约占课时的1/2，课堂气氛比较活跃，真正体现了“教为主导，学为主体”的思想，发展了学生的思维能力。② 我国物理教育家朱正元先生有句传世名言：千言万语道不清，一看实验便分明。说的是演示实验的直观性。演示实验越直观，越能使学生形成深刻的感性认识，也就越能激发学生的求知欲望，提高学生的学习积极性。在本节课，教师要充分考虑到这一点，实验演示时要注意设法增大实验的可见度，确保实验发生的现象和产生的效果明显直观，尽量使所有的学生都能清楚地观察到演示实验的整个过程。】

（2）策略示例2：演示实验使学生观察研究的重点和难点

师：现在我已经把实验仪器按图4-9所示装置连接好了，大家注意：在连接时要将发红光二极管的正极与发绿光二极管的负极、发红光二极管的负极与发绿光二极管的正极并接在一起，同学们记住，两只发光二极管正负极。

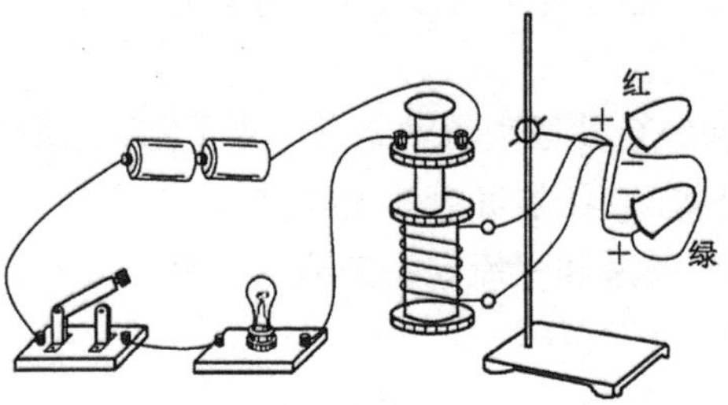

图4-9　利用发光二极管判断感应电流方向

（教师接着把两只发光二极管悬挂在铁架台上以增加实验的可见度）

师：大家注意，我在闭合开关瞬间，你们观察二极管的发光情况。

（教师很熟练的演示，学生观察）

【点评：① 由于改进了实验，二极管的发光情况很容易观察到。听课老师坐在教室最后一排，实验现象看得清清楚楚。② 演示实验的重要功能之一是培养学生的观察能力，教给学生观察的方法。】

3. 思考、讨论与实验

〖教学技能训练2-8〗　思考与讨论下面的问题，设计验证你的结论的实验，并进行实际操作演示。

1）在做楞次定律和电磁感应定律的有关演示实验中，应怎样设计表演程序与配合分析、讲解，才能更好地发挥它们在教学中的作用？

2）解释跳环实验的物理机制。

3）画出变压器初、次级电路的变压关系和变流关系的实验电路图（标明所用器材及其规格），记录测量的数据，分析影响误差的原因，并试着提出改进实验的意见。

4）试设计实验，通过电压或电流与线圈匝数的关系检验变压器原理说明器的性能。

5）请查阅资料，了解 21 世纪的“主力大炮”——电磁炮的结构和原理。

4. 参考资料

无火炉灶——电磁灶

电磁灶是一种无火的炉灶。接通电源后，灶台上的锅很快就热了。当锅里“劈里啪啦”炒菜炸鱼时，用手触摸灶台却感觉不到热。即使在炒菜的锅底垫下插入一张白纸，也不会燃烧。那么，这种炉灶靠什么烧饭做菜呢？

原来，电磁灶的台面下布满了金属导线缠绕的线圈。当通上交替变化极快的交流电时，在台板与铁质锅底之间产生强大的交变磁场，磁力线就穿过锅体，使锅底里感应产生大量强涡流。当涡流受材料电阻的阻碍时，就发出大量的高热，将饭菜煮熟。

电磁灶产生的交变磁场，还会使金属锅的分子随着作不停歇的运动，造成分子间的摩擦生热。涡流热和分子运动的热都是直接发生在锅本身的，基本上没有能量传递的损耗，所以电磁灶的热效率可高达 80%，约比煤气灶高出一倍；而且有加热均匀、烹调迅速、节省电力等优点。

电磁灶分为高频灶和工频灶两大类。高频灶的电流频率为 15 kHz 以上，最高可达 40 kHz，烹饪锅用普通铁磁性锅或铁磁性不锈钢锅，但不宜用电阻率很小的铜锅、铝锅。工频灶使用 50 Hz 的工频电流，因频率低，感应线圈都绕制在铁心柱上，烹饪锅以专用复合板（如底部用不锈钢—铁—不锈钢—铝 4 层金属复合板）或用合金作锅体，使用效果均好。常用的铁锅、铜锅、铝锅、不锈钢锅均不适用。

电磁灶的热效率高，安全性好，没有明火，无火灾危险，控温方便准确，使用清洁卫生，在电力较丰富的地区可以选用。但它在工作时会产生较强的电磁场，凡能产生涡流的铁磁性物体（如铁质刀叉及汤匙等）均不能放在灶台上，手表也不宜过分接近灶台。且因其无明火，所烹饪的食物无悦目色泽和诱人香味。

4.2.3　阴极射线管的演示

1. 基本技能展示

阴极射线管最早是作为研究用的仪器，后来被用于示波器上，使复杂的波形得以显示。20世纪30年代,被用在第一台电子显微镜上,今天,它除了广泛应用于各种科学中,也走入了千家万户,人们最熟悉的就是电视显像管。

(1) 示直进的阴极射线管(用来演示阴极射线沿直线传播的现象)

〖教学技能训练3-1〗 在一个抽空的玻璃管内封入两个电极,阴极做成圆片形,阳极做成圆棒形,并在管内阴极射线的通路上装有一块五角形金属片。射线管由电木座支承。

演示时最好在暗室进行,并需要感应圈和低压电源配合。先将管两极和感应圈的两个放电极连接起来(感应圈负极和管的阴极连接)。然后断开感应圈的转换开关,用绝缘线将8～12 V直流电源接到感应圈的两个接线柱上。不要让所连接的导线互相接触,也不要让它们接触其他金属物,以防触电和漏电。再将感应圈的转换开关转过90°,接通电源,旋动调节螺丝,感应圈开始工作,便有阴极射线出现。这时在阴极对面的玻璃壁上便会出现一个和五角星形金属片形状相同的影子,影子周围的玻璃上则出现鲜明的绿光。由此可以说明阴极射线是沿直线传播的,也可以说明阴极射线不能穿过金属片。

在实验过程中要注意保护玻璃泡,防止漏气失效。此外,连接电极时用力不要过大,以免损坏仪器。

想一下还有没有其他方法证明阴极射线是沿直线传播的?

(2) 示机械效应的阴极射线管(用来演示阴极射线使物体作机械运动的现象)

〖教学技能训练3-2〗 在一个抽空的玻璃管内封入两个电极,泡内还有一个能绕竖直转动的小翼轮,二电极连线通过轮叶中心,轮叶两面都涂有荧光物质。射线管由电木座支承。

演示和接线方法和示直进的阴极射线管相同。当阴极射线投射在轮翼上时,轮翼受射线照射的一面便发生荧光,轮翼便顺着阴极射线的方向转动。如果将两个电极调换,则轮翼转动方向也改变。说明阴极射线具有一定的动量,并能把它传递给受照射的物体。

实验前让小翼轮转一转,保证翼轮能自由转动,实验时让阴极射线管水平。

(3) 示热效应的阴极射线管(用来演示阴极射线使物体发热的现象)

〖教学技能训练3-3〗 在一个抽空的玻璃管内封入两个电极,圆棒形的一极作为阳极,凹球面形的一极作为阴极,在凹球面的中心处有一块薄金属片,射线管安放在电木座上。

演示和接线方法与示直进的阴极射线管相同。当出现阴极射线时,因为阴极射线是垂直于阴极表面发射的,所以都集中到小金属片上使它很快灼热起来,正对阴极的玻璃便会发热,说明阴极射线具有一定的动能,当它照射到物体上时,便有部分动能转变为内能。实验时,感应圈的火花距不必调得过大,否则容易产生过强的阴极射线导致金属薄片熔化,或者使玻璃大量吸收管内的气体,使阴极射线管

“硬化”，不易发出阴极射线。如果管已“硬化”，可将被阴极射线照射的那一部分管壁稍微加热，使被吸收的气体重新放出，减轻“硬化”。

(4) 示磁效应的阴极射线管（用来演示阴极射线的直进和在磁场内发生偏转的现象）

〖教学技能训练 3-4〗 在一个抽空的玻璃管内封入两个电极，阴极做成圆片形，阳极做成圆棒形，在泡的靠近阴极的一头有一块金属挡板，板上开有一条狭缝，使射线通过后成为带状。在挡板后面斜放一块荧光板，用以演示射线的径迹。射线管由电木座支撑。

演示和接线方法和示直进的阴极射线管相同。当出现阴极射线时，荧光屏上出现一条绿色光带，表明阴极射线是沿直线传播的。再用一个蹄形磁铁横卡在管的中部形成一个磁场，阴极射线的径迹便发生偏转，偏转的方向由左手定则确定，在这里必须注意：阴极射线的方向就是电子移动的方向，它和通常规定的电流方向是相反的。

注意荧光屏不要长期受光照射，以免衰老。

(5) 示发生荧光的阴极射线管（用来演示荧光物质在阴极射线照射下发光的现象）

〖教学技能训练 3-5〗 在一个抽空的玻璃管内封入两个电极，阴极做成圆片形，阳极做成圆棒形，管内阴极射线的通路上放着两块荧光物质（也有放置数种软体动物介壳的），射线管安放在电木座上。

演示和接线方法与示直进的阴极射线管相同。当出现阴极射线时，管内的荧光物质即发出美丽的荧光，荧光的颜色由荧光物质的性质决定。由此可说明阴极射线具有激发荧光的性质。

2. 思考、讨论与实验

〖教学技能训练 3-6〗 思考与讨论下面的问题，设计验证你的结论的实验，并进行给同学与老师演示的实际操作。

1) 证明阴极射线性质的实验都在真空管中进行，为什么？

2) 射线管的两极都是阴极做成圆片形，阳极做成圆棒形，这样做有什么好处？

3) 在以上 5 个演示实验中，怎样引导学生观察现象？如何引导学生通过观察到的现象说明结论？

4) 本系列实验的常见故障有哪些？如何避免这些故障？

4.2.4 力学演示实验

1. 基本技能展示

【实验目的】

1) 掌握几个基本力学实验的操作技术和演示方法。

2) 分析研究力学实验成败的关键和注意事项。

3) 熟练掌握力学仪器的使用方法。

4) 了解自制若干力学仪器的要求和方法,以及对自制教具及其作用的认识。

【实验说明】

在力学演示实验中基本量具的使用,尽管内容较简单,但教学中也容易忽视一些问题。首先是不应把量具理想化,教师要养成使用前检查零点的习惯。简单易行的校准方法要让学生练习,例如有的弹簧秤刻度板可在外壳中拉动,要在课前故意使零点不准,让学生校正。不能校正的要记下初始读数,对测量读数进行修正以得到正确的结果。其次,演示内容要活一些。例如用一对三角板和直尺测圆柱体的直径 D(图 4-10),这可以看成没有游标的卡尺。还要认识到:制造时三角板的直角不会恰好为 90°,以及长期使用造成直角顶部的磨损导致读不准,图中 a、b 两边在尺上的刻度,都会使测出的 D 值产生误差。

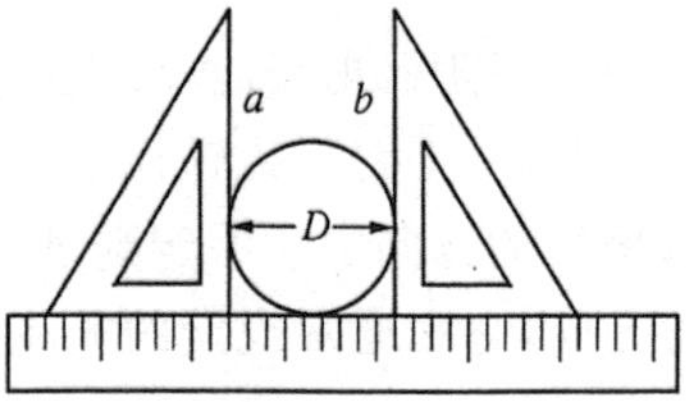

图 4-10 测圆柱体直径

【实验器材】

(摩擦力)演示器、阿基米德原理演示器、烧杯、弹簧测力计、天平、长木板、小车、小木块、钩码若干、细绳。

【实验内容】

(1) 摩擦力

演示时,将演示器按附图 4-11 置于支撑台 C 上(支撑台面上可放折叠摩擦板),用手沿水平直线方向匀速(理想)拉动绳 D,同时轻推一下 B,整个装置将匀速运动(测力计指针指在某一刻线处不动)。这时测力计 A 的读数即为 B 木块受的滚动摩擦力的大小(绳的拉力与摩擦力是平衡力)。再将 B 倒置(车轮在上),使 B 匀速滑动,即可演示滑动摩擦力的大小。在 B 上加砝码还可演示滑动摩擦力与压力大小的关系。改变摩擦板的板面材料,可演示摩擦力大小与接触面粗糙程度有关以及静摩擦力、最大静摩擦力。

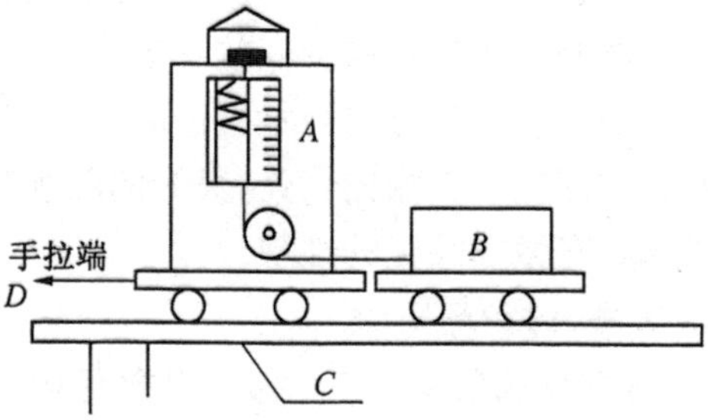

图 4-11 摩擦力演示装置

〖教学技能训练 4-1〗 请使用演示器演示滑动摩擦力跟正压力的大小、接触面粗糙程度的关系。

〖教学技能训练 4-2〗 请使用演示器演示滚动摩擦。

〖教学技能训练 4-3〗 请使用演示器演示静摩擦力与最大静摩擦力。

请设计出在物理教学中进行该演示实验的程序。

(2) 阿基米德原理演示实验

义务教育物理教材中“阿基米德原理”演示实验设计得比较零碎，没有完整的演示仪器装备，做演示实验时往往会出现较大误差，使学生不容易接受。演示用的弹簧秤的读数可见度太小，前排的同学也很难看到示数，况且溢出的水排到烧杯再用弹簧秤称水和杯总重量，最后得出排开水的重量总有较大误差。这样浮力的大小就不等于它排开液体受到的重力。不能确证公式 $F_{浮}=G_{排}=\rho_{液}gV_{排}$ 成立。因此，可对该实验进行改进，组装成新的阿基米德原理演示器，如图 4-12 所示。

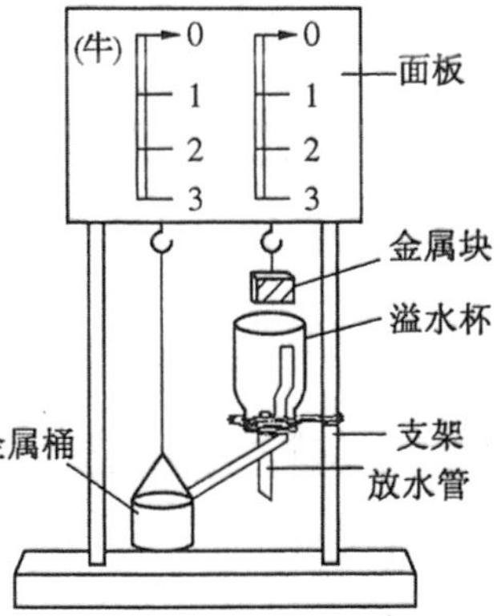

图 4-12　阿基米德原理演示仪

〖制作方法〗 ① 用三合板做成一个 24 cm×38 cm 的双层面板，表面有刻度和指针(0～3 N)；② 双层面板内装有倔强系数较大的两只弹簧，即做成两个可见度较大的弹簧秤，一个称小桶重，一个称物体重(同时称出)；③ 用木材做成高 82 cm 的双柱支架固定在底座上，上面装有溢水杯；④ 用广口玻璃瓶改装一个溢水杯。把瓶底割掉，用玻璃管弯曲一个溢水口和放水管，固定在溢水杯内，口稍低于杯口，然后用铁夹固定在支架上；⑤ 制作配件：小金属桶和金属块、小木块(金属块的体积正好等于小桶的容积)。

〖使用方法〗 ① 实验前将支架放在水平桌面上使底板水平，并用铁夹夹好放水管；② 往溢水杯中装水到溢水口为止；③ 将小桶挂在左边弹簧秤秤钩上，将圆柱体挂在右边弹簧秤秤钩上，同时称出它受到的重力(称圆柱体重时，先将圆柱体上的线扣挂在秤钩上，再挂圆柱体的金属扣)；④ 将圆柱体金属扣轻轻拿下匀速放入下面的溢水杯中直到静止为止；⑤ 同时在两个弹簧秤上读出数据，即得出阿基米德原理。

〖教学技能训练 4-4〗 请使用上述演示器演示阿基米德原理。

请设计出在初中物理教学中运用该演示实验的程序。

(3) 平抛运动

研究平抛物体的运动是高中物理实验教学中的重要内容之一。在原有实验装置的基础上，增加一块可以水平移动的竖直挡板，如图 4-14 所示。

实验时先按图 4-13 安装实验装置，将斜槽轨道末端调整水平。在可水平移动的竖直挡板表面固定白纸和复写纸，并将该挡板竖直立于紧靠槽口处。使小球从斜槽上某一高度由静止自由下滑，小球以水平速度在槽口处与竖直挡板碰撞，在竖直挡板的白纸上留下痕迹 O'，同时，在固定木板上的方格纸上确定对应位置 O；将竖直挡板向远离槽口方向平移几个方格， 再使小球从斜槽上同一高度由静止自

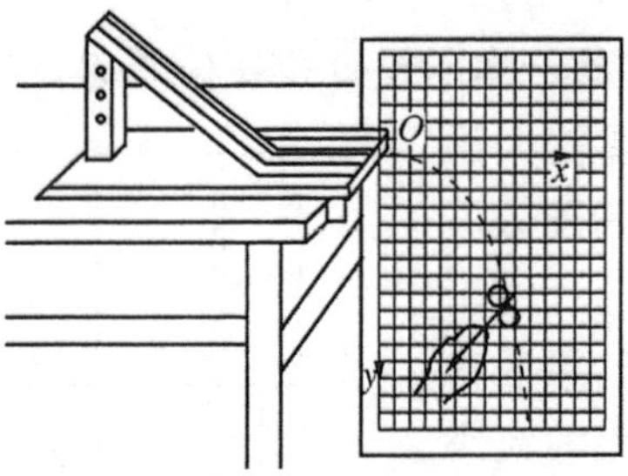

图 4-13　平抛运动实验装置

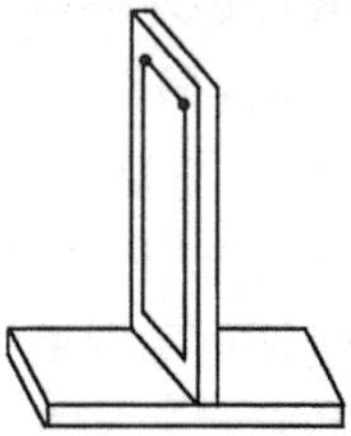

图 4-14　挡板

由下滑，小球与竖直挡板碰撞留下痕迹 A'，同时在固定木板上的方格纸上确定对应位置 A；再将竖直挡板向远离槽口方向平移相同方格数，再使小球从斜槽上同一高度由静止自由下滑，小球与竖直挡板碰撞留下痕迹 B'，同时在固定木板上的方格纸上确定对应位置 B；重复多次，取下固定木板上的方格纸，根据记录的一系列位置，用平滑的曲线画出小球平抛运动的轨迹；竖直挡板上的白纸，记录了小球竖直方向的运动。用毫米刻度尺测量方格宽度 l 以及 $O'A'$、$A'B'$、$B'C'$ 和 $C'D'$ 的长度 y_1、y_2、y_3、y_4。利用位移公式 $y=\frac{1}{2}gt^2$ 和 $x=v_0t$ 求出小球做平抛运动的初速度 v_0，最后算出 v_0 的平均值。

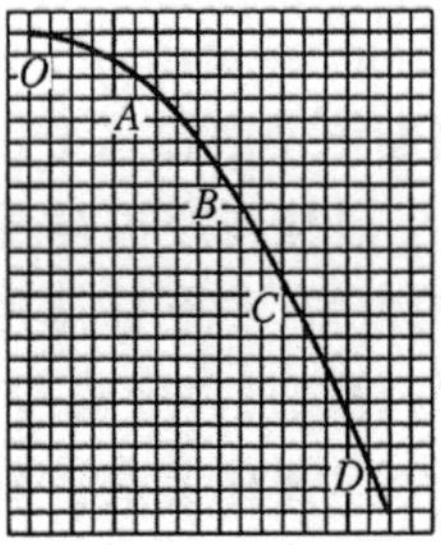

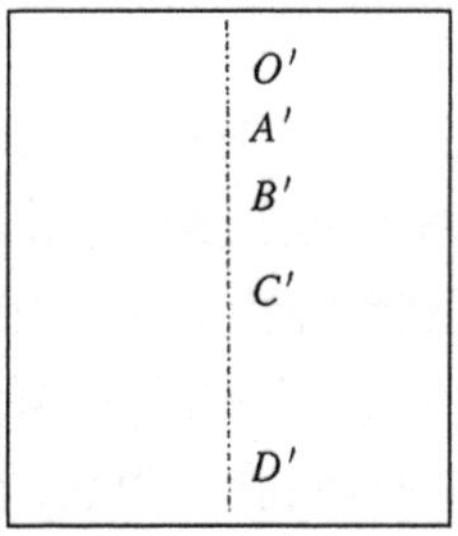

图 4-15　平抛运动轨迹

〖教学技能训练 4-5〗　请使用上述演示器演示平抛运动。

请设计出在高中物理教学中运用该演示实验的程序。

2. 教学策略示例

(1) 策略示例 1：演示实验设疑激趣

师：请看实验(老师把小车放在桌面上)，此时小车处于什么状态？当用手推小车时，小车怎样呢？

(教师演示，学生观察回答)

生：开始处于静止状态。当用手推小车时，小车开始运动，后来小车慢慢停下来。

师：开始运动后的小车后来为什么又停下来呢？

生：小车受到阻力。

（一些学生在下面讨论、回答）

师：小车受到的这个阻力就是我们本节课要学习的摩擦力。

（板书：第三节　摩擦力）

【点评：教师在引入新课、讲解新课以及习题课讲解这些教学环节中均可插入演示实验，而起到不同的教学效果。本节课在引入新课这个环节中巧用演示实验，既引出问题悬疑，又激起学习摩擦力的浓厚兴趣。】

(2) 策略示例 2：演示实验激发学生的思维活力

师：要认识一个力，可以从哪几个方面入手？

生：可以从三个方面：大小、方向、作用点。

师：回答得很熟练。

（教师板书：大小、方向、作用点）

师：这节课我们就通过实验，探究摩擦力的方向和作用点。

（教师介绍了实验器材后，演示海绵实验：木板不动，水平推动海绵）

师：推动过程中，海绵在水平方向上，除了受推力，还受什么力？

生：摩擦力。

师：摩擦力对运动起什么作用？摩擦力发生在什么部位？

生 1：起到阻止海绵运动的作用。

生 2：发生的部位在手接触的地方，因为手是施力物体。

生 3：发生的部位应在海绵和木板接触的地方。

师：同学们都经过了认真的思考，这很好。下面我们一块来分析。

（教师和学生一起分析）

【点评：演示实验能很好地训练和培养学生的观察能力，但演示实验的最终目的在于提高学生的思维能力。教师在演示实验中创设良好的物理情境，会极大地激发学生的思维活力，从而达到良好的教学效果。本节课利用演示实验既培养了学生的观察能力，又充分调动了学生思维的积极性。】

3. 思考、讨论与实验

〖教学技能训练 4－6〗　思考与讨论下面的问题，设计验证你的结论的实验，并进行。

1) 在力学演示实验中基本量具的使用应注意哪些事项？请举例说明。

2) 只使用铁架和米尺测定木块与长木板间的动摩擦因数。

3) 备选器材：刻度尺（一把）、足量的水、烧杯（一个）、长方体木块（一个）、小铁块（一个）。请选用如上器材测量长方体木块的密度。

附录　光电效应演示实验的方法论分析

物理实验需要有一定的方法和实施方案。方法指为了解决某一具体问题从实践或理论上所采取的手段与方式的总和。进行物理实验方法和实验方案的研究，要善于了解实验的设计思想、实验手段、显示方法等，以便吸取实验设计中的精华，发现实验方法的关键所在。一个典型的物理实验，一般是由实验对象(实验中研究的客体)、实验源(实验的信号发生器)和实验效果显示器三部分组成。对于光电效应实验来说，实验对象是在光的照射下发出光电子的金属板，一般为锌板；实验源指用来照射金属板的光源，一般为弧光灯或紫外线灯；实验效果显示器指显示光电效应现象的装置，如静电计等。

近年来在光电效应实验改进方面的探索很多，提出了许多创造性的做法。从方法论的角度来说，各种方法虽然构思巧妙，手段各异，但总结起来，绝大多数是从实验对象、实验源和实验效果显示器三个角度出发所做的创新。下面就分这三个方面结合具体的改进方法加以评析。

1. 针对实验对象所做的改进或创新

在传统实验方法中，实验对象为与静电计指针相连的锌板。一般的锌板由于表面层氧化而阻碍了光电子的溢出。最简单的改进就是在实验前用砂纸擦亮锌板，但仅作这一改进，效果仍不明显。更进一步的改进有如下几种：

(1) 替代法

用硒片(硒光电池)或硅片(硅光电池)代替锌板。直接用白光照射。具体做法是：将硒片背光面和向光面分别用导线与微安表的两极相接，背光面接正极，向光面接负极。实验时，打开白炽灯，指针偏转，通过调节光源的远近、亮度，可改变指针偏转角度。使用硅片时，需将背光面接负极，向光面接正极，而且，由于硅片易碎、怕脏，需要将其密封。但用硅片可产生较大的光电流，在示教电流计上演示即可。

使用硅片代替锌板的机理是：当白光照射到某些半导体材料时，它们内部的自由电子——空穴对数量便会迅速增加，这是由于光子的能量足以使电子摆脱原子的束缚，并把电子由满带激发到导带中去的缘故。这种现象称为内光电效应。上述两种现象都属于内光电效应。由于内光电效应与锌板(金属)光电效应的机理不同，因而，这种改进方法虽然效果明显，但说服力不强。

(2) 预带电法

这种改进方法的基本思路是实验前使实验对象预先带上电，从而使实验现象更加明显。具体做法又有如下两种：

一种是锌板式，使锌板预先带上负电并与静电计导杆相连，静电计指针有一定张角。实验时用紫外线光源照射锌板，静电计指针张角迅速减为零；让锌板预先带上正电进行对比实验，静电计指针张角不变。这种方法简便易行，但容易让学生产生误解：似乎只有带负电的锌板在紫外线的照射下才能产生光电效应，而且，静电计张角的减小是否会是紫外线的电离作用所引起的？

另一种是外壳式，将打磨好的锌板装在静电计导杆上，静电计置于泡沫绝缘板上。使静电计外壳预先带上负电，则锌板感应带上负电，指针感应带正电而张开。实验时用紫外线光源照射锌板，指针张角增大；关闭电源并释放外壳上的负电，指针仍有一定张角，经检验，锌板带正电。这种方法效果虽然明显，但操作较复杂，由于实验过程中不停地充放电，易使学生因思维混乱而导致理解上的困难；而且，跟锌板式预带电法同样的误解也不可避免。

(3) 附加电场法

这种方法的基本思路是通过附加电场设法消除锌板附近的电子，从而使锌板溢出更多的光电子，带上更多的正电荷。具体做法是：在紫外光源和锌板侧面置一铜箔板，实验时把铜箔板连在激光电源正极上。在空载时，激光电源的输出电压在铜箔板周围形成高压电场，从而起到良好的清除电子的作用。也可先使验电器带上正电荷，然后用紫外线照射带电的验电器，箔片张角的相对稳定，说明紫外线的电离作用并不明显，此时若将锌片放在验电器后，置于紫外线的照射之中，验电器箔片张角将迅速合拢，说明锌板上有电子逸出并被吸附到验电器的金属球上，发生了电中和现象。

根据同样的思路，也可采用中和法：打磨的锌板装于静电计导杆上，打开紫外线灯，照射锌板的一个侧面，静电计指针张角很小。用毛皮与有机玻璃棒摩擦，将带正电(用氖管检验)的有机玻璃棒在没有被紫外线照射的锌板侧面附近上下晃动，拿走玻璃棒后，静电计的指针闭合。用带正电的有机玻璃棒在锌板被照射的侧面附近上下晃动，取走玻璃棒后，静电计张开一个角度。重复一次，指针张角又可增大；若改用带负电的橡胶棒，则指针张角不变。这是因为当带正电的有机玻璃棒在锌板被照面附近上下晃动时，中和了因光电效应产生的光电子云(负势垒)，使锌板电势(差)增大，从而使静电计指针张开的角度明显。静电计指针的张开不是因静电感应所致。因为取走带正电的玻璃棒后，静电计指针并不闭合。另外，当施感电荷为正电时，若发生静电感应，锌板应带负电，而经氖管检验锌板的确带正电。

(4) 电容辅助法

取两片面积较大锌片(可用镀锌铁皮替代)，制成一平行板电容器，把极板间距调到最小，将两极板分别与静电计的导杆和外壳相连。几次拉开两极板间的距离，静电计指针均不偏转，说明电容器并不带电。将极板复位并开启紫外灯后，由于极板上的电量仍然很少，而电容器的电容又较大，故静电计仍无变化。关闭紫外灯后，再度拉开极板间距，使电容器电容骤减，极板间的电压急剧攀升，静电计指针将出现明显偏转，表明极板确实因光照而带上了电。电容器法不会使学生产生误解，从而优于中和法或预带电法，但这种方法要求电容变化区间大，或者在紫外光源一定时，采用灵敏度较高的静电计。

2. 对实验源所做的改进或创新

除了用硒片(硒光电池)或硅片(硅光电池)代替锌板时，可用白光代替紫外光照射外，有人提出用X线代替紫外线光源照射锌板以提高截止电压，并从理论上对这种方法的可行性进行了论证。不过，从中学物理课堂教学的实际情况看，采用弧光灯或紫外线灯管作光源，应该还是中学教师的首选。

3. 针对实验效果显示器所做的改进或创新

这种改进方法的思路很简单，基本上都是设法提高静电计或验电器的灵敏度。有人把玻璃瓶中的空气抽掉，箔片挂在磨尖的铜丝上，制成高灵敏度验电器；有人利用场效应管、二极管等通过一定的连接电路制成电子验电器；利用废旧电子表制成液晶验电器；等等。无论哪种思路，都需要巧妙的构思。也有的采用了其他的显示手段，前面提到的用白光照射硒片或硅片时，就用灵敏电流计作了显示器。类似的情况还有很多，比如通常所说的光电流法：利用T2517型光电效应演示器或改进型，在柱型紫外光源和外面的锌筒之间置一铜网筒，在两筒之间通过高压直流电源接一微安表，接通紫外光源电源时，微安表指针偏转。

除上述各种方法外，还有些对整体装置做出改进的，有的把生物实验用的接种箱加以改造，利用接种箱自带的紫外灯做光源，将实验装置移入箱中进行演示，也取得了良好的效果。

当然，对实验装置做出的改进，只是为实验的成功创造了条件，为了取得良好的实验效果，还需要在操作上再下些工夫。前面提到的许多实验改进中，都在改进器材、装置的基础上指出了明确的操作要求，其中比较多的是采用了对比法：在不给锌板带电、带正电、带负电的情况下进行实验对比；用紫外线直接照射锌板，和在光源与锌板之间加一块带正电的铜网、加一块玻璃板等进行对比，等等。通过对比，加深了对实验现象的认识，在一定程度上弥补了装置上的不足。

参考文献

1. 安忠，刘炳升. 1986. 中学物理实验教学研究. 北京：高等教育出版社
2. 罗星凯. 1998. 中学物理疑难实验专题研究. 桂林：广西师范大学出版社
3. 冯容士. 1998. 物理实验创造技法和实验研究. 上海：上海教育出版社
4. 陶洪. 1996. 物理实验论. 南宁：广西教育出版社
5. 姚瑞军. 2004. 平抛运动实验的改进. 中学物理教学参考，34(4)

6. 鲍玉龙，郭依群，鲍守权. 2001. 阿基米德原理演示实验. 教学仪器与实验，17(5)
7. 刘彬生. 1997. 力学实验的研究与设计(一). 教学仪器与实验，(2)
8. 刘彬生. 1997. 力学实验的研究与设计(二). 教学仪器与实验，(4)
9. 姚云芬. 2000. "平行板电容器的电容"演示实验探讨. 物理实验，21(9)
10. 须雪忠. 2004. 课堂演示实验要注意"十性". 现代物理知识，(6)
11. 鄢茅志. 2003. 探究式演示实验教学方法的应用研究. 中学物理教学参考，32(7)
12. 王崇光，赵汝木，梁宝龙. 2004. 中学物理演示实验要突出科学探究. 学科教育，(4)
13. 常作梁. 2004. 如何提高物理演示实验的质量. 现代中小学教育，(4)
14. 姜连国，张德启，陈娜. 2004. 光电效应演示实验的方法论分析. 实验教学与仪器，(7、8)

第 5 章　学生分组实验的要求与教学技能训练

5.1　学生分组实验的基本特征与基本要求

5.1.1　学生分组实验的基本特征

学生分组实验是学生探究并获取知识与应用知识过程中的一个有机组成部分。《普通高中物理课程标准》提出“让学生积极参与、乐于探究、勇于实验、勤于思考。”学生分组实验正是让学生积极参与活动、培养兴趣、探索研究、验证规律，开发学生思维、训练学生技能、培养学生创新精神和动手实践能力的良好教学方式。在高中物理教学中，应该重视学生对物理实验的理解。学生分组实验时，应该让学生在明确实验目的、理解实验原理的前提下独立操作实验：使用仪器、观察测量、记录数据，并分析总结实验过程、进行数据处理。学生分组实验大体可以分为探究性实验、验证性实验、测定性实验、基本练习性实验。探究性实验（又称探索性实验），主要目的是让学生通过实验观察、归纳，认识物理规律、训练实验技能；验证性实验的主要目的是通过实验来验证由已知理论推导出的新结论的正确性，以加深对新知识的理解，并训练实验技能；测定性实验通过物理量或物理常量的测定，帮助学生理解物理概念以及物理量的意义，应用物理规律，训练实验技能，并学会一些间接测量的思想方法；基本练习性实验的目的是使学生认识某种仪器并训练使用方法或者是学习某种装配技术。

实验是了解、研究自然规律的重要方法，它的作用不只是为了获取信息。应该让学生认识到实验操作是在相关原理的指引下进行的，学会把实验获得的信息演绎、归纳成结论，只动脑不动手和只动手不动脑都是不正确的。在《上海中学物理课程标准》中对学生实验的要求则明确划分为三个层次：“初步学会”（A）、“学会”（B）、“设计”（C）。“初步学会”指能根据实验目的，按照具体的实验步骤，正确使用给定的器材，完成观察、测量、验证和探究等实验任务。“学会”指能根据实验目的，参照简要的实验步骤，合理选择实验器材，独立完成观察、测定、验证和探究等实验任务。“设计”指根据学习和研究的需要，确定实验目的，设计实验方案，选择或制作实验器材，独立完成比较复杂的观察、测量、验证、探究等实验任务。

学生分组实验一般分为以下三个阶段。

1. 准备阶段

准备阶段的主要目的是使学生明确实验目的，理解实验原理、方法，认识实验仪器，做好操作与记录的准备。在准备阶段，教师要引导学生认真阅读实验教材，并根据实验的重点、难点、成败关键、在原理上或实验技能上可能遇到的困难、实验中可能会发生的错误以及不恰当的方法、可能发生的故障等提出一些帮助学生思考的问题，使学生认真理解实验方案。同时，让学生学习设计实验的方法。

2. 操作阶段

操作阶段是把实验方案变为实践的阶段。在这个阶段中，学生的主要任务是：安装调试仪器，控制实验条件变化，观察测量，记录数据，并排除可能出现的故障。教师的主要活动是进行指导，巡视检查，严格要求学生遵守操作规则和程序，了解学生在实验中遇到的困难和问题，启发学生思考，培养学生以思维为指导、手脑并用、有条不紊以及细心观察的良好习惯，并注意避免可能出现的事故和协助学生排除故障。

操作阶段一般可以分为三步。

第一步，安装调试。仪器的安装与使用都要满足一定的条件。例如，底座是否处于水平，电路连接是否正确，仪表是否需要重新调零，电子仪器的预热、辉度、聚焦的调节等。

第二步，操作观察。严格按操作规程行事，否则，不仅会造成很大的实验误差，使实验失败，而且可能损坏仪器，甚至造成人身事故。例如，温度计不能当搅拌器用，不允许用导线短接电源试探，不允许用手摸光学镜头，读数应根据仪表的精密度、准确度和被测对象来确定有效数字等。

第三步，拆除、整理仪器。按合理顺序拆除仪器，养成实验结束后认真清理仪器、打扫卫生的良好习惯。

3. 总结阶段

总结阶段是把具体实验结果提高到理性认识的重要阶段。要求学生处理数据，分析结果，完成实验报告。在这个阶段中，教师要引导学生发挥思维的能动作用，学习数据处理的某些方法，了解影响实验结果的因素。对不理想的实验结果，要弄清是误差还是错误，属于错误的要改进或重做，属于误差的要分析原因，提高认识，要防止为得一个好结果而弄虚作假，拼凑数据。教育学生尊重事实，培养学生实事求是的科学态度。

5.1.2　学生分组实验的基本要求

实验是学习物理概念、规律的基础。物理实验仪器的构造、原理、实验中误差产生的原因及数据处理等内容也是学生学习的基础知识。中学物理的学生分组实验基本上采用并进式方式进行的，实验内容紧密结合物理知识的学习，因此分组实验应满足知识性、科学性方面的要求，除此之外，学生分组实验还应具有启发性、训练性、安全性、定量性及教育性等。

1. 启发性

启发性是指使学生明确为什么和怎样做当前的实验，并主动研究、探索一些问题。在中学物理范围内，虽然学生所学的基本现象、基础知识已有定论，但在学生学习过程中应具有探索因素，例如在教师的指导下，让学生亲自通过观察实验，进行探索研究。通过观察测量，对结果进行分析，归纳总结出物理规律，这种做法，能激发学生的兴趣和主动精神，能调动学生学习的积极性，有利于培养学生的创造能力。在验证性实验中，同样需要启发性，例如在题目已确定的情况下，可启发学生采取另外的方法解决这一课题。在记录数据上启发学生设计记录数据的表格，防止他们“照方抓药”，仅仅按书上规定的步骤做，避免被人牵着鼻子走。这样有利于发挥学生的主动精神。

2. 训练性

学生分组实验的主要目的之一是培养学生的实验操作技能。操作技能是关于操作活动方面的经验，用以控制操作活动的进行。操作技能的形成必须经过一定的训练，在学生实验的活动中，通过学生亲自动手，反复训练才能掌握所需的技能。通过训练学生能正确使用高中物理实验项目中的仪器和工具，获得较准确的实验信息，但要避免进行刻板的技能训练，因为随着科技进步，对技能的要求也在不断的变化。

3. 安全性

学生分组实验的安全性包括两层意思，一是仪器设备的安全，二是学生本人的安全。在学生实验中要让学生学会正确合理使用仪器，如使用测量仪器不得超过量程，使用天平要保护“刀口”等。对学生本人的安全尤为重要，例如，在实验中一般不引入直接用 220 V 交流电做电源的内容，以免发生事故，危及学生安全。不安排学生使用有毒、有害的气体、液体（水银、一氧化碳等）做实验。

4. 定量性

学生分组实验多数是需要定量的。就是说多数学生分组实验需要测量几个物理量，记下数据，通过计算，得出结果，最后归纳出或验证某一规律，确定几个物理量之间的关系。如液体内部压强实验、欧姆定律实验等。既然有定量性，就应在数据记录、数据的处理上有一定要求，误差不可过大。

5. 教育性

物理实验教学的重要目的之一，是培养学生实事求是、艰苦奋斗、爱护公物、团结互助的优良作风。这就要求实验教学具有教育性，使学生在获得知识、提高技能、经历实验操作过程，掌握物理实验方法的同时，提升情感态度与价值观，寓教育功能于物理实验教学中。

6. 独立性

学生分组实验是以学生活动为主的实验，在整个实验教学过程中，教师不可讲得过于具体，也不可管得过多，更不可包办代替，要创造条件使学生有更多动手动脑的机会，启发诱导，使学生充分发挥自己的聪明才智，培养学生科学探究的能力。

5.1.3　高中物理学生分组实验的主要内容

表5-1根据课程标准的要求列出了高中学生分组实验的主要内容：

表5-1　高中学生分组实验主要内容

实验内容	说明
1. 长度的测量	使用刻度尺、游标卡尺。
2. 研究匀变速直线运动	使用电火花计时器(或电磁打点计时器，下同)、刻度尺。
3. 探究弹力和弹簧伸长的关系	记录弹簧伸长与所受拉力的数据，在坐标纸上描点，做出拟合曲线，写出与曲线对应的函数，解释函数式中各量的物理意义。
4. 验证力的平行四边形定则	使用弹簧测力计。
5. 验证机械能守恒定律	用自由落体进行实验。使用电火花计时器、刻度尺。
6. 用单摆测定重力加速度	使用刻度尺、停表。
7. 研究平抛物体的运动	用描迹法。
8. 验证动量守恒定律	用平抛实验器进行实验。使用学生天平、刻度尺。
9. 用油膜法估测分子的大小	测油膜的面积。
10. 用描迹法画出电场中平面上的等势线	用恒定电流场模拟。
11. 描绘小电珠的伏安特性曲线	使用电流表、电压表、滑动变阻器。要求分析非线性的原因。
12. 测定金属的电阻率	使用刻度尺、游标卡尺、螺旋测微器、电流表、电压表、滑动变阻器。要求会合理地选择仪器。用伏安法测电阻。
13. 把电流表改装为电压表	使用电流表、变阻器、电阻箱、标准电压表等。
14. 研究闭合电路的欧姆定律	用可调内阻的电池进行实验。使用电流表、电压表、滑动变阻器。
15. 测定电源的电动势和内阻	使用电流表、电压表、滑动变阻器。要求做出 $U\sim I$ 图像，由图像得出电动势和内阻。
16. 练习使用示波器	观察交变电流的波形和整流后的波形。使用学生电源、示波器等。介绍二极管的单向导电性和整流作用。
17. 用多用电表探索黑箱内的电学元件	黑箱内有两个电学元件，元件可以是电阻也可以是二极管，黑箱有三个接线柱与外界相连。
18. 传感器的简单应用	光电和热电转换及其简单应用。光电计数的简单概念。
19. 测定玻璃的折射率	用插针法测定。
20. 用双缝干涉测光的波长	用双缝干涉实验仪进行实验。
21. 用气垫导轨验证动量守恒定律	用气垫导轨进行实验。
22. 研究玩具电机的能量转化	用电机匀速吊起砝码，砝码下落使电机转动。使用电流表、电压表、停表和刻度尺等。

5.2 力学实验教学技能训练

5.2.1 电磁打点计时器的调整及相关实验研究

【导语】

电磁打点计时器作为中学物理实验中的一种基本仪器，其基本功能就是计时，相当于我们生活中的表，它有计时精确、稳定(每隔 0.02 s 计时一次)，以及时空结合(用空间表示时间)的特点，因此常被用来作为进行与时间有关的物理实验研究的仪器。

【预习思考】

1) 阅读电磁打点计时器的使用说明书，了解其结构、原理和使用注意事项；了解检验、调整打点计时器的方法；了解处理纸带数据的方法。

2) 了解用打点计时器做“验证牛顿第二定律”等实验的方法，确定实验方案，选择实验条件，设计记录表格。

【实验目的】

1) 掌握调整、检验电磁打点计时器的方法。

2) 掌握处理纸带数据的方法。

3) 掌握用电磁打点计时器进行“研究匀变速运动规律”、“测定重力加速度的大小”、“验证牛顿第二定律”、“验证机械能守恒定律”等实验的实验方法。

【器材说明】

常用的电磁打点计时器有两种类型，J0203 型电磁打点计时器是磁电式的，J0203—1 型电磁打点计时器是电磁式的。请认准所用计时器是哪种型号的。这里我们以 J0203 型电磁打点计时器为例说明。此外，有些中学物理实验室里配备的是电火花计时器，请参照第二章“认识物理实验基本仪器”对两者加以比较。

1. 仪器调试

电磁打点计时器由于振动或多次使用而造成打点周期的等时性变差，甚至造成实验的失败，因此使用电磁打点计时器前应进行调试。试设计检验电磁打点计时器是否正常打点的方案。

下面列举用示波器检验电磁打点计时器等时性的一个方案，供参考。

(1) 打点计时器等时性能的检验

测试装置，如图 5-1 所示。用导线将电磁打点计时器的振动片和打点基板(限位板)分别接在 J2458 型教学示波器(或 J2459 型学生示波器)的“Y 输入”和“地”的接线柱上。接通示波器的电源，待其正常工作后，当打点器不打点(打点针不接触基板)时，电路断开，“Y 输入”端因感应有 50 Hz 交变电流，在示波器屏幕上就出现 50 Hz 的正弦波形(此时可能因外界干扰，正弦波形不太好，请考虑，在图

5-1的基础上怎样进行变动可以基本避免干扰?);当打点器打点(打点针接触基板)时,示波器的“Y 输入”端短路,感应电压不能输入示波器,此时示波器屏幕上只出现一条水平线。打点器工作时,每个打点周期里打点针都要瞬时地接触打点基板,因此示波器“Y 输入”端的感应电压也是周期性地瞬时为零,这样屏幕上就出现一条有缺口的正弦波形,如图 5-2 所示。

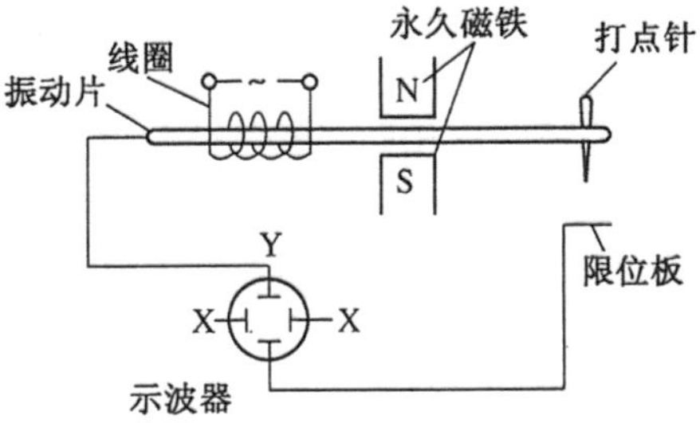

图 5-1　等时性检验

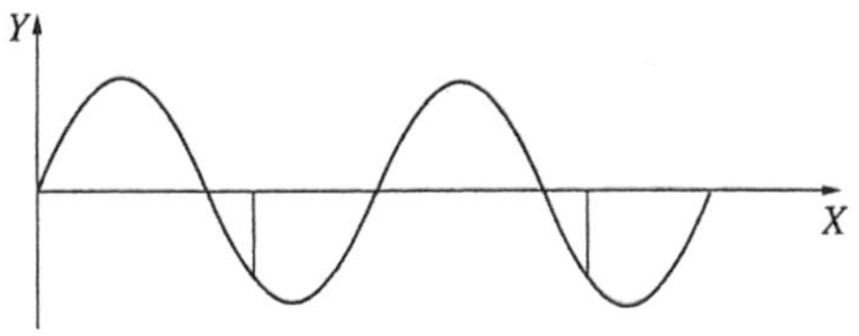

图 5-2　正常工作图像

每个波形上的缺口的相位正好是它所对应的那个打点周期中打点针接触基板的时刻。如果打点器的打点周期十分稳定,打点针连续两次接触打点器基板的时间间隔应当相等,则波形上缺口的相位也就是稳定的,每个波形只出现一个缺口,同时缺口位置是固定不变的。如果打点器的打点周期不稳定,打点针连续两次接触基板的时间间隔就不等,则正弦波形上缺口的相位也不固定,如图 5-3 所示。可以看出在头两个连续打点周期里,缺口的位置分别在同相的 A、B 处,而第三个打点周期里缺口的位置不在同相位的 C 处,却在 D 处或 E 处。缺口的位置从 C 变化到 E 时,表明打点针打点的时刻推迟了,这个打点周期就变长;缺口的位置从 C 变化到 D 时,表明打点时刻提前了,这个打点周期就变短。由于示波器的余辉时间及人的眼睛的视觉暂留等原因,上述跳跃变化的过程是看不出来的,而只能看到如图 5-4 所示的情形,即在一个波形上同时存在着几个缺口。缺口个数越多,缺口的位置在水平方向上变化的距离(BC 之间的距离)与整个波形在水平方向上的距离相对比例越大,说明打点周期 T 的相对误差越大。这样,就可以由示波器检查出打点计时器的打点等时性是否合格。应当特别注意,在进行此项检验时,应把一个波形在水平方向上的距离调至足够大,使合并在一起的缺口尽量分开,以避免检验失误。

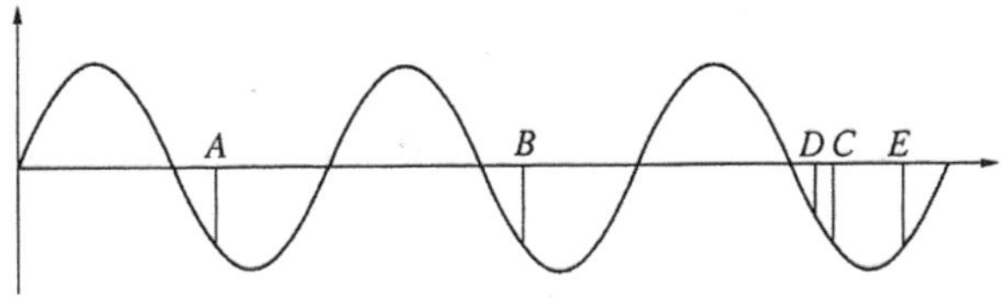

图 5-3　打点周期不稳定

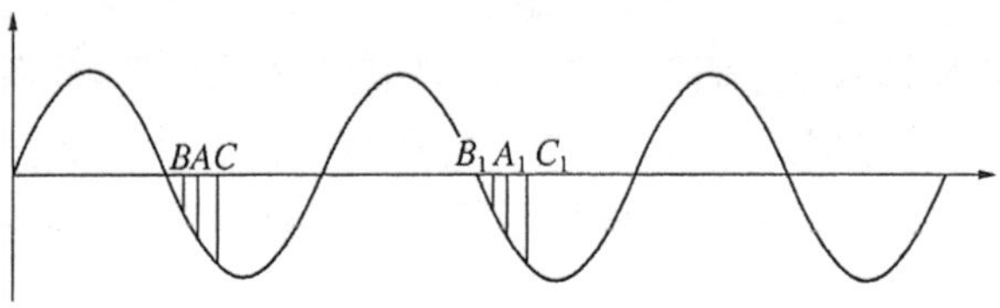

图 5-4　打点周期不稳定

(2) 等时性差的原因及调试

电磁打点计时器振动片的振动频率与交流电源的频率相同。要想使打点周期稳定为 0.02 s，首先要使电源频率稳定为 50 Hz。电磁打点计时器在工作时，为了能在纸带上打下清晰的点迹，打点针必须以一定的速度打击基板，这样振动片就会受到基板给它的反作用力的影响而使打点周期不等时。因此就要使电磁打点计时器振动片的固有频率与工作电源的频率一致，以产生共振。振动片的固有频率取决于它的长度及弹性系数。J0203 型电磁打点计时器主要通过调节振动片的长度来调节它的固有频率，及松开振动片固定端的两只螺丝，伸长或缩短振动片即可解决。

(3) 打点计时器调试结果的检验

打点计时器调试结果的检验，可用下面两种方法进行。

使用示波器监视，边调节、边检验，具体方法如前所述。调节至电压波形与图 5-2 相似，即可使用。

用输出功率在 1 W 以上的低频信号发生器的输出作为打点器的工作电源(J0203 型打点器线圈的阻抗约为 50 Ω，J0203—1 型打点器线圈的阻抗约为40 Ω)，边改变低频信号发生器的频率，边观察振动片的振幅，当振幅最大时的频率即为振动片的固有频率，从而较准确地测知振动片的原有固定频率。如果低于 50 Hz，可将振动片的长度缩短些(J0203 型)或将塔形弹簧拧紧些(J0203—1 型)。相反，如高于 50 Hz，可伸长振动片和放松塔形弹簧。实验检验得知，固有频率相差 1 Hz 时，振动片大约需要伸缩 1 mm 左右。另外，振动片在振动时与线圈架或与磁铁发生相碰(J0203 型)或者振动片定位杆的摩擦太大(J0203—1 型)，都会出现打点周期不稳。

2. 注意事项

打点针的针尖过于尖锐也是影响打点准确、稳定的常见故障。应用砂纸将它磨钝一些，以克服纸带移动时由于针尖产生的阻力。但不应磨得过于圆平，否则打出的点子过大，影响精度。J0203 型打点器的压纸框架(压圆形复写纸和纸带)，不要压得过紧，否则，也会增大摩擦阻力，应调节压纸框上的螺丝，使之要松紧适度。

【实验说明】

该实验是一个非常重要的实验，只要实验安排得当，对训练学生的实际动手操作技能(电磁打点计时器的调整、使用)和思维能力(纸带数据的具体处理)相当有益。

【教学技能训练内容】

1. 电磁打点计时器的检验与调整

电磁打点计时器的工作状态是否正常,通常从三个方面来评价:打点频率的稳定性(等时性)、打点质量和打点器给纸带的阻力的大小。

请具体设计实验步骤,使电磁打点计时器处于正常工作状态。

设计方案检验调整好的打点计时器是否正常工作,并和同伴进行交流。

2. 匀变速直线运动实验的研究

利用电磁打点计时器研究匀加速直线运动的实验装置,如图 5-5 所示,钩码通过细线和定滑轮牵引着小车作匀加速直线运动,打点器在小车拖着的纸带上打出一系列点。

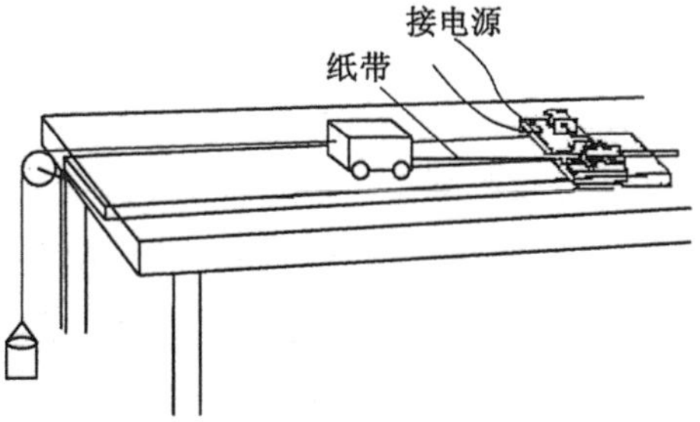

图 5-5　研究匀加速直线运动的装置

(1) 判断小车是否做匀加速运动

为测量准确方便,在处理纸带时不从第一个点开始,而在后面找一个比较方便的点开始,时间单位可以取长一点,例如以每打 5 次点的时间作为时间单位(0.1 s)。这样,在选好的开始点上标明 0,在第 6 个点上标明 1,第 11 个点上标明 2,依此类推,这些标记出的点叫计数点,相邻计数点间所表示的时间称为计数周期 T。用刻度尺测出各计数点的"坐标"x_n,由此确定物体在各个相应的计数周期内的位移 $s_n = x_n - x_{n-1}$。请想出多种方法(包括公式法和图像法)用来判断小车是否做匀加速运动,并计算出加速度的大小。

思考:你认为公式法和图像法在判断小车是否作匀加速运动时,哪种方法更好些?说出你的理由。

(2) 利用速度-时间图像求小车的加速度

对小车的加速度,我们可以用速度-时间图像求。运用"做匀变速直线运动的质点在某段时间内的平均速度等于这段时间中点时刻的即时速度"规律,求出各计数点的即时速度,画一表格,将对应的时间、速度值填入。用横坐标表示时间,纵坐标表示速度,作图像,求出斜率,得到加速度大小。

思考:同(1)中求加速度的方法予以比较,看哪种方法求加速度的误差小些。为什么?除了可以用 $v \sim t$ 图像求加速度外,还可以用 $s_n \sim t$ 图像(直线斜率为 $\mathrm{tg}\alpha = aT$)和 $s_n \sim n$ 图像(直线斜率为 $\mathrm{tg}\,\alpha = aT^2$)来求。试用这些方法分别予以求解。

3. 验证牛顿第二定律

试设计验证牛顿第二定律的实验方案。

下面列举两种实验方案，供参考。

一种做法是目前教材中常用的方法，如图 5-5 所示，平衡摩擦力后，当研究加速度与作用力的关系时，保持小车质量不变，而改变砂桶里的砂量（将图中钩码换成砂桶）；当研究加速度与质量的关系时，保持砂量不变，而改变小车的质量（在车上加砝码）。在实验中，将砂和砂桶的总重力近似为小车所受的拉力，这种做法带来了一定的实验误差。

思考：小车实际受的拉力等于多少？什么情况下，可以认为砂和砂桶的总重力约等于小车所受的拉力？

另一种做法是将整个系统的质量（即小车与砝码盘或者小车与砂桶）作为一个物体来看待。这样就可以消除上面的系统误差。下面叙述一下这种方法。

将图 5-5 中的钩码换成砝码盘，砝码盘的重量要轻些，最重也不能拉着小车做加速运动，先在小车中放置 3 个 10 g 的砝码，再向小车中放入沙袋或者砝码，使小车的总质量凑成一个整数，例如 500 g。然后将平板的一端（靠近打点器的一端）垫高一点，使小车能在砝码盘的作用下做匀速运动（由测量计数点的间距来判断）。此时，小车的重力沿斜面的分力加上砝码盘的重力就与平板面对小车的摩擦力相平衡，然后进行下列实验。

(1) 研究质量一定时，加速度与作用力的关系

1) 从小车中取 10 g 的砝码放在盘中，测出加速度 a_1。

2) 再从小车中取 10 g 的砝码放在盘中（共 20 g），测出 a_2。

3) 再从小车中取 10 g 的砝码放在盘中（共 30 g），测出 a_3。

将上述测得的 s、Δs、a 的数据列表填入，并作 $a \sim F$ 图像。由图像可得出什么结论？

(2) 研究作用力一定时，加速度与质量的关系

1) 在小车中增加重物（砂或砝码）500 g，使其总重量为 1 000 g（包括 30 g 砝码和砝码盘在内）。这时要重新调整一下平板的斜率，使小车在砝码盘作用下仍能做匀速运动。然后从小车中取 30 g 砝码放到砝码盘中，使小车做匀加速运动，测出加速度 a_4。

2) 使小车总质量为 1 500 g 时（砝码盘中的砝码仍为 30 g）。用同样方法重做一次，测出 a_5。注意当小车增加质量时，仍需重新调整平板的斜度。

将测得的 s、Δs、a 的数据列表填入，由 a_3、a_4、a_5 作 $a \sim \frac{1}{M}$ 图像，并得出结论。

思考：(1) 做验证牛顿第二定律实验时，运用的是什么物理方法？举例说明该方法还应用在什么实验中？(2) 做该实验时应特别注意什么？有没有其他方法消除摩擦力？(3) 这里为什么要做出 $a \sim \frac{1}{M}$ 图像，而不是直接画出 $a \sim M$ 的图像？

4. 用落体法测定重力加速度

1) 将方座支架放于水平桌的边沿，打点计时器固定于支架的下端并位于竖直平面内。支架底座上放一重物以保持支架的稳定。打点纸带上端穿过计时器的限位孔，并用夹子固定起来，下端通过夹子悬挂一重锤，如图 5-6。

2) 接上电源，闭合开关。待打点计时器工作稳定后，放开上面的夹子让重锤带着纸带自由下落。这时计时器在纸带上打下了一系列点。重复实验，可得几条打点纸带。

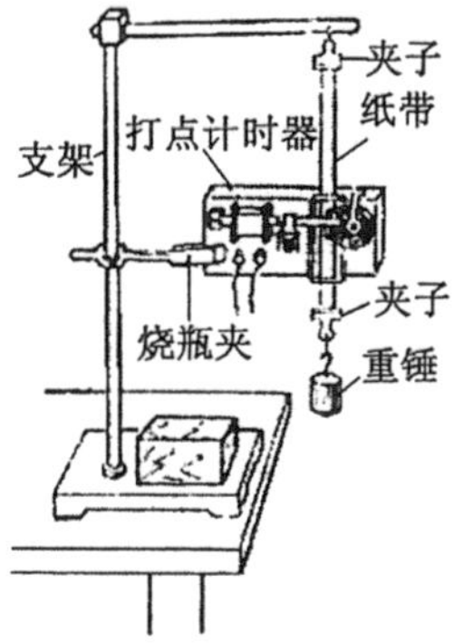

图 5-6
落体法测重力加速度

3) 在纸带上选取 5～6 个点，分别求出打点计时器在打这几个点时，重锤下落的速度及对应的时刻，把计算出的结果在坐标纸上以 t 为横坐标，以 v 为纵坐标，画出各点。再根据这些点画直线，直线的斜率即为利用该纸带测出的重力加速度的值。然后利用另外几条纸带分别求出重力加速度的值，最后求出这些重力加速度值的平均值，即为该地区的重力加速度值。

在"用落体法测重力加速度"的实验中，可这样来简捷地测出重力加速度值：取 11 个连续点，一分为二，读出前一段的长度 s_1 和后一段的长度 s_2（厘米数），(s_2-s_1) 之值就是重力加速度（单位：m/s^2）的实验值（实验教师可用此法快速判断学生上交的纸带是否符合实验要求）。请分析这种简便方法的缘由。

思考：在本实验中，纸带选取多长较为合适？

5. 验证机械能守恒定律

参照图 5-6，设计实验，列出具体实验步骤，最后打出纸带，验证机械能是否守恒。探讨产生误差的原因。

【问题与探究】

问题：有位同学按照教材上的步骤做验证牛顿第二定律的实验，做完后，发现 $a \sim F$ 图线不经过坐标原点，和其他同学比较发现其图线大部分经过原点，该同学认真分析实验步骤和数据处理过程，最后发现自己在实验中和其他同学不同的地方在于放入砝码盘中的砝码的质量要比其他同学的小。该同学想：是否盘中砝码的质量会影响 $a \sim F$ 图线？如果影响，应满足什么条件才会使 $a \sim F$ 图线经过坐标原点。同理，要使 $a \sim \dfrac{1}{M}$ 图线经过原点是否也需要满足一定的条件？

探究：该同学经过比较发现，盘中砝码质量较大作出图线后，都经过坐标原点，盘中砝码质量较小的都不经过原点，由此，从实验上验证了该实验对盘中砝码的质量是有一定要求的，但到底有怎样的要求？该同学决定从理论上推导一下。设：小车车身的质量为 M_1，车轮质量为 M_2、半径为 r，转动惯量为 I，小车总质量为

$M=M_1+M_2$;砝码质量为 m,定滑轮质量为 m'、半径为 R,转动惯量为 I';线中水平段的张力为 F、竖直段的张力为 F';打点器给予纸带的平均阻力为 f';小车受到的木板给予的摩擦力为 f^*;纸和纸带的质量可忽略不计;小车的加速度为 a。由运动方程可得:

$$mg-F'=ma \tag{1}$$

$$(F'-F)R=I'\beta'=I'\frac{a}{R}$$

$$F'-F=I'\frac{a}{R^2} \tag{2}$$

$$F-f-f'=Ma \tag{3}$$

$$fr-N\delta=I\beta=I\frac{a}{r}$$

$$f-\frac{N\delta}{r}=I\frac{a}{r^2} \tag{4}$$

将(1)、(2)、(3)、(4)式相加后得

$$a=\frac{mg-f'-\dfrac{N\delta}{r}}{M+m+\dfrac{I'}{R^2}+\dfrac{I}{r^2}}$$

令 $\dfrac{I'}{R^2}+\dfrac{I}{r^2}=\Delta M$ 为折合质量,则上式写成

$$a=\frac{mg-f'-\dfrac{N\delta}{r}}{M+m+\Delta M}$$

该同学查阅了J0203型电磁打点计时器和J2108型斜面小车的说明书,得到仪器出厂的技术要求:$f'\leqslant 0.0294$ 牛顿,$\Delta M\sim 14$ g,$\dfrac{N\delta}{r}\leqslant 0.0588$ N。

在实验中采用了"抬高斜面法"抵消了 $\dfrac{N\delta}{r}$,则在研究加速度与外力关系的实验中,实验条件应满足:$m\gg 3$ g。

否则,$a\sim F$ 图线不经过原点。

对研究加速度与质量的关系的实验,实验条件除满足上述条件外,还需满足:

$$M+m\gg 14\text{ g}$$

评估:该同学通过理论推导得出了验证牛顿第二定律实验的条件,按照这个条件重复实验得到了较好的图像。

【思考与讨论】

教学技能训练中的相关内容与"思考与讨论"中的问题是本课程学习、实验报告的重点内容之一，必须回答。以下不再说明。

1）请查阅资料及实际操作，考虑造成电磁打点计时器打点频率不稳定的原因主要有哪些？

2）若市电频率不等于 50 Hz，能否将打点器的打点频率调整为 50 Hz？为什么？

3）怎样指导学生做好验证牛顿第二定律这一实验？

4）做好机械能守恒定律实验的关键是什么？

5）在"用落体法测重力加速度"的实验中，你测算出的重力加速度值是多少？试分析这一实验的误差来源及影响程度。你认为中学生的实验结果允许在怎样的范围内？

6）对于验证机械能守恒定律实验中打出的纸带，请分析对纸带的选择要求有哪些？

7）在验证机械能守恒定律中，处理纸带时，能否用公式 $v=gt$ 计算某时刻的即时速度？

8）一位学生想研究物体在重力作用下沿斜面运动时的机械能守恒情况。请你帮他设计实验，并画出物体沿斜面运动实验的装置简图，写出实验步骤。若和自由落体运动过程机械能守恒比较，哪种能量损失大？为什么？如何改进？

9）请参考高中物理教材，针对本实验撰写一个指导中学生的教学设计。

5.2.2　用气垫实验装置做验证牛顿第二定律实验

【导语】

气垫导轨利用物体间形成一层气垫，从而有效减小摩擦，趋向一种无摩擦的理想状态，达到较为理想的实验效果，是中学物理教学中一种常用的仪器。光电计时器是一种较为精密的测量时间的仪器。中学物理学生分组实验中常常利用二者的结合研究一些要求较高的实验。

【预习思考】

1）初步了解气垫实验装置和光电数字计时器（毫秒计）的性能和使用方法。

2）请提出验证牛顿第二定律的方法。

【实验目的】

1）掌握气垫实验装置和光电数字计时器（毫秒计）的性能和使用方法。

2）研究做好验证牛顿第二定律实验的关键。

【器材说明】

利用气垫导轨表面和滑块之间形成的气垫效应，把滑块浮起，大大减少了相对滑行时的摩擦力(剩下的阻力只是空气的黏滞力),使过去许多难度较大的实验易于进行,并能较精确地定量研究物体的运动规律。气垫是 20 世纪 60 年代发展起来的新技术,现已多方面地进入了应用领域,如:气垫车船、空气轴承、气垫传输线等。在减少机械磨损,延长使用寿命,提高机械效率等方面起了很好的作用。

【实验要求】

利用气垫导轨研究直线运动;测量重力加速度 g;验证牛顿第二定律。

【理论探究】

1. 利用物体在水平导轨上做加速运动,测重力加速度

通过细线及定滑轮将滑块和装砝码的砝码盘连接起来,如图5-7所示,滑块在沿水平方向的细线的拉力 T 的作用下做加速运动,若不计细线和滑轮的等效质量以及滑块在运动中的阻力,由牛顿第二定律得:

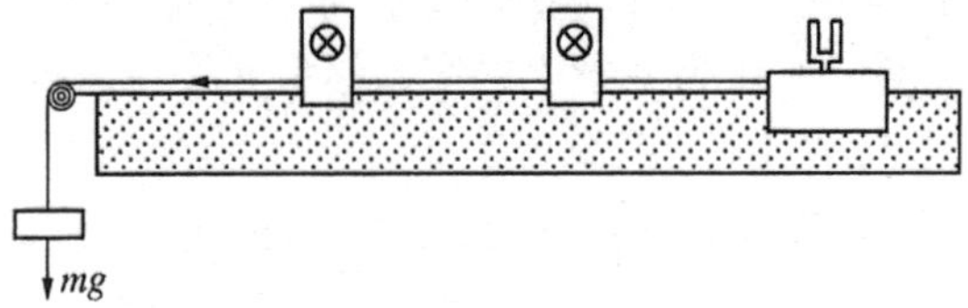

图 5-7 用气垫导轨研究直线运动

$mg-T=ma$, $T=Ma$,其中,M 为滑块的质量,m 为砝码盘和重物的质量。由此可得出:$a=\frac{mg}{M+m}$。

2. 利用物体在斜面上作加速运动,测重力加速度 g

在略去空气黏滞阻力后,物体在斜面上将无摩擦地下滑,做匀加速直线运动。设物体质量为 m,斜面的倾斜角为 θ,其运动方程为:

$$mg\sin\theta=ma$$

即

$$g=\frac{a}{\sin\theta} \tag{1}$$

式中 a 为物体的加速度,$\sin\theta$ 可由斜面的几何参数计算出来。所以,如果能用实验方法测出加速度 a,就能测得重力加速度 g。

加速度 a 可以利用匀加速运动的规律来求得。设 v_0 为物体的初速度,v 为物体在某处(或某时刻)的速度,s 为距离,则对匀加速运动有下列关系。

$$s=\frac{1}{2}at^2 \quad (v_0=0) \tag{2}$$

$$v^2=2as \quad (v_0=0) \tag{3}$$

$$v-v_0=at \tag{4}$$

可见,如果根据实验测量结果,画出了 $s\sim t^2$,或 $v^2\sim s$,或$(v-v_0)\sim t$ 的函数关系曲线,则由曲线的斜率即可求出加速度 a。

3. 验证牛顿第二定律

设运动物体的总质量为 $M_{总}$，作用力为 F，若其他力（如摩擦力、空气阻力、气垫的黏滞力等）可以忽略，则牛顿第二定律表达为

$$F = M_{总} \cdot a \tag{5}$$

如果保持 $M_{总}$ 不变，改变 F，则 $\frac{F}{a}$ 应是常量；或 F 保持不变，改变 $M_{总}$，则 $M_{总} \cdot a$ 应是常量。可见只要在实验上设法满足上述条件，就能观测和验证牛顿第二定律。

【教学技能训练内容】

1. 调节气垫导轨呈水平

思考：请参照第2章中有关仪器介绍，说明如何将气垫导轨调成水平状态？（学会光电数字计时器的使用）

提示：即达到这样的状态，基于惯性定律，使滑块处于水平导轨上，在不受水平方向的外力作用时，保持静止或匀速运动的原始状态。做这一步调节时，可采用静态和动态调节法。

静态调节法：

导轨通气后，将滑块轻轻置于导轨中间部位。如果滑块定向运动，则说明导轨不水平，应调底脚螺丝，直到滑块保持不动。再将滑块放置在导轨两端部位，做同样检查，这是初调时有效的方法。

动态调节法：

把两个光电门置于导轨中央彼此相距 60～70 cm，将滑块放在导轨的一端，并给以一定速度（切勿用力过大），使之平稳运动，分别记下通过二光电门的时间 Δt_1 和 Δt_2。当 $\Delta t_1 = \Delta t_2$ 时，一般可认为导轨已达到水平；若差别较大，则应调底脚螺丝，使 Δt_1 与 Δt_2 的相对误差小于1%为止。

2. 求重力加速度值

思考：请根据理论探究中提及的方法考虑怎样用气垫导轨和光电数字计时器求滑块运动的加速度，继而求出重力加速度。

提示：在滑块上插两挡光片，把两个光电门放置在相距约 500 mm 的位置，让滑块从距离第一个光电门约 250 mm 的某一位置，从静止开始滑动，滑块经过两光电门时，毫秒计上显示时间数值：T_0、T_1、T_2，则可计算出两个挡光片前沿的中点经过两光电门的即时速度，再运用运动学公式 $\left(a = \frac{v_2^2 - v_1^2}{2s}\ \text{或}\ a = \frac{v_2 - v_1}{t}\right)$ 和相关公式即可求出重力加速度值。

请写出具体的实验步骤。

思考：比较用 $a = \frac{v_2^2 - v_1^2}{2s}$ 和 $a = \frac{v_2 - v_1}{t}$ 两种方法测得加速度值的相对误差

是否相同？分析本实验产生误差的原因，指出减小误差应采取哪些措施？

3. 验证牛顿第二定律

(1) 当质量 m 一定，加速度 a 与外力 F 的关系

设砝码(包括砝码盘)质量为 m，滑块质量为 M，滑轮的等效质量为 m_e，则对如图 5－7 中所示的运动物体，有 $m_n g=(M+m+m_e)a_n$，其中 m_n 是砝码盘和盘中砝码的质量，而其余砝码 $m-m_n$ 在滑块上，这样保持 F 改变时运动物体的总质量不变。

将气轨调水平，用丝线将砝码盘通过滑轮与滑块的一端连接。固定光电门，测量相同质量的运动物体在不同的力 F 的作用下通过光电门的速度，求出其加速度。$\left(\text{提示：利用公式 } a=\frac{v^2}{2s}\text{。}\right)$

思考：作 $F\sim a$ 曲线，由此曲线可以得出什么结论？根据曲线计算运动物体的总质量，与实际测量值比较，并说明不一致的原因。

(2) 消除各种阻力的影响(选做)

作用在上述物体上的力，除了砝码盘和放在其中的砝码重量以外，还有气垫导轨面上的气流与滑块间的黏滞力，空气对运动物体的阻力，和滑轮受到的摩擦力矩相应的等效摩擦力。若设阻力、黏滞力、等效摩擦力之和为 F_γ，则

$$m_n g-F_\gamma=(M+m+m_e)a_n=M_{\text{总}}\,a_n$$

思考：试检查(1)中的实验数据 $\frac{m_n g}{a_n}$ 的数值是否大于$M_{\text{总}}$？即 F_γ 的影响是否明显。如何处理实验数据才能消除 F_γ 的影响呢？

【思考与讨论】

1) 在测量加速度 a 的方法中，v_1 和 v_2 实际是平均速度，严格说来也不是两挡光片前沿的中点经过两光电门的即时速度，那么应该是哪一点经过光电门的即时速度？

2) 考虑如何利用气垫导轨设计验证动量守恒定律。

3) 请参考有关高中物理教材，针对本实验撰写一个指导中学生的教学设计。

4) 请利用微机辅助物理实验教学系统做验证牛顿第二定律的实验。下面做一提示。

实验原理：如图 5－7，假设做匀变速直线运动的物体经过连续两段相等位移所用的时间分别为 t_1、t_2。那么物体的加速度就为：$a=\frac{2s(t_1-t_2)}{t_1t_2(t_1+t_2)}$；因此，只要我们测出位移 s 和经过 A、B、C 三点时的时刻 T_1、T_2、T_3，利用关系式 $t_1=T_2-T_1$ 和 $t_2=T_3-T_2$ 就可算出物体的加速度。

传统方法是测出物体经过两个光电门时的速度 v_1、v_2；再应用公式：$a=\frac{v_2^2-v_1^2}{2s}$ 求出加速度。但问题是 v_1、v_2 并不能准确地测量出来，只是取 U 形片经过

光电门时的平均速度$\overline{v}_1$、$\overline{v}_2$来近似等价于v_1、v_2。这样的做法使"验证牛顿第二定律"的实验从理论上已存在误差。现在这种方法通过记录物体经过三点A、B、C的三个时刻来得出t_1、t_2后求出加速度，并没有引入任何理论上的误差。这就是改进后的计时方法的优点。

实验步骤与方法：

1）实验装置示意图如图5-8，使三个光电门A、B、C等间距s固定在气垫导轨上，在物体上装上I形片。

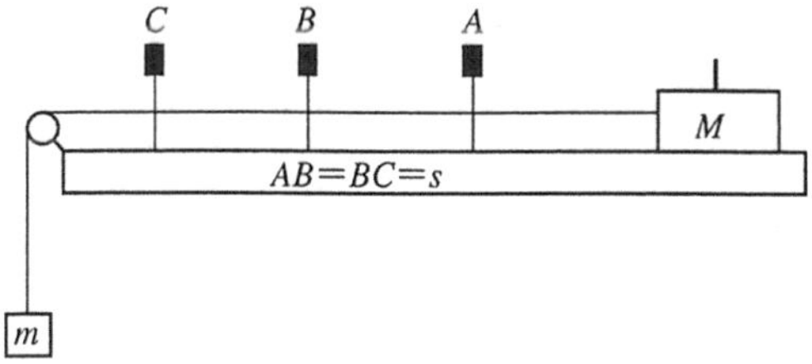

图5-8　验证牛顿第二定律的实验装置

2）运行专用软件，按C、B、A的顺序分别把光电门插入主控机的3、2、1接口。调节光电门的测量方式为"时刻—逐次"，并利用光电门计时来调节气垫导轨水平。

3）按各个光电门对应显示窗口的"开始"，放开小车，那么当I形片的左侧对光电门A挡光，数据采集器就会记下此时的时刻T_1（起始时刻可能为随机数）。之后小车经过B、C时数据采集器同样会记录下相应的时刻T_2、T_3。把数据代入公式即可得小车的加速度。

表5-2和表5-3是根据改进后的方法进行实验时得到的数据。

由上面两个数据表的结果我们可以看出，加速度的理论值与实验值相当接近，可以认为实验值与理论值相等，从而从数值上直接验证了牛顿第二定律的公式：$F=ma$。

再根据两个数据表中的数据进行作图，就可得到当质量m不变时拉力F和加速度a的关系，以及拉力F不变时质量m的倒数$\frac{1}{m}$和a的关系。从而也从图像上验证了牛顿第二定律。

5.2.3　阿基米德原理实验研究

【导语】

阿基米德(公元前287年～公元前212年)是古希腊著名的哲学家、物理学家，它通过对生活的仔细观察和悉心体会，研究总结了许多物理规律，传说阿基米德原理就是阿基米德在洗澡时偶然想到的，可见只要我们善于观察、积极思考，智慧的火花就会迸发。阿基米德原理实验研究属于探究性实验，通过本实验研究，可以掌握实验探究法在物理教学中的应用，为以后实施探究式教学打下基础。

【预习思考】

查阅材料，看看各种义务教育物理教材用什么实验方案来验证阿基米德定律的，你能设计出什么样的方案？

表 5-2　验证牛顿第二定律的数据和结果(f 不变)

第次	过 A 时刻	过 B 时刻	过 C 时刻	位移	总质量	拉力	质量倒数	t_1	t_2	a 的实验值	a 的理论值
	T_1	T_2	T_3	s	m	f	md	T_2-T_1	T_3-T_2	$a=\frac{2s(t_1-t_2)}{t_1t_2(t_1+t_2)}$	f/m
1	47 310.6	48 018.7	48 533.5	0.3	0.358 6	0.092 9	2.788 6	708.1	514.8	0.260 171	0.259 063
2	259 827.4	260 564.0	261 108.2	0.3	0.410 6	0.092 9	2.435 5	737.2	543.6	0.226 314	0.226 254
3	445 670.9	446 468.8	447 048.3	0.3	0.456 1	0.092 9	2.192 5	787.9	579.5	0.205 751	0.203 683
总　和	752 818.9	755 052.1	756 690	0.9	1.225 3	0.278 7	7.416 6	2 233.2	1 637.9	0.686 76	0.689
平均值	250 939.6	251 684	252 230		0.408 43	0.092 9	2.472 2	744.4	545.966 7	0.228 92	0.229 67

表 5-3　验证牛顿第二定律的数据和结果(m 不变)

第次	过 A 时刻	过 B 时刻	过 C 时刻	位移	总质量	拉力	t_1	t_2	a 的实验值	a 的理论值
	T_1	T_2	T_3	s	m	f	T_2-T_1	T_3-T_2	$a=\frac{2s(t_1-t_2)}{t_1t_2(t_1+t_2)}$	f/m
1	0.0	960.2	1 548.2	0.3	0.362 6	0.092 9	960.2	588	0.255 483	0.256 205
2	49 806.2	50 385.6	50 814.0	0.3	0.362 6	0.132 1	579.4	428.4	0.362 181	0.364 313
3	105 571.8	106 088.0	106 465.8	0.3	0.362 6	0.171 3	516.2	377.8	0.476 288	0.472 421
4	147 493.3	147 987.5	148 340.9	0.3	0.362 6	0.210 5	494.2	353.4	0.570 681	0.580 53
总　和	302 871.3	305 421.3	307 168.9	1.2	1.450 4	0.606 8	2 550	1 747.6	1.664 63	1.673 47
平均值	75 717.83	76 355.33	76 792.23	0.3	0.362 6	0.151 7	637.5	436.9	0.416 16	0.418 37

【实验目的】

1）通过猜想、设计、实验、分析，体验探究过程，尝试在物理实验教学中渗透物理学的研究方法“猜想—设计—验证—结论”。

2）学习探究性实验教学设计的思路与方法。

【实验器材】

弹簧秤、烧杯、大玻璃杯、水槽、木块、小石块、密度不同的盐水、一次性水杯、溢杯、适量水、细线、体积相同的铜块和铝块。

【教学技能训练内容】

首先用实验探究的方法设计阿基米德原理的教学，重点突出验证“浮力的大小可能与排开液体的重力有关”的实验设计；按照自己设计的方案进行实验；最后设计几种收集和测量溢出液体的重力的实验方案，并实施。

以下是实验探究教学设计一个案例，供参考。

1. 探究设计

(1) 提出问题

不管是浮在液面还是在液体中下沉的物体，都要受到浮力。浮力的大小与什么因素有关?

(2) 中学生可能的猜想

可能与物体的密度、物体的体积、液体的密度、物体浸入水中的体积、物体所处的深度等有关。

(3) 建立假设

引导学生利用“排除法”排除干扰因素，获得较为准确的假设。确定“排开液体的体积和排开液体的密度”影响到了浮力的大小。学生进行以下分组实验。

1）利用“称重法”测量体积相同的铜块和铝块浸没于水中时所受的浮力大小相等，说明浮力大小与物体的密度无关。

2）利用“称重法”测量同一石块全部浸入水中所受到的浮力大小与部分浸入时所受浮力的大小不同，说明浮力大小与物体的体积无关。

3）利用“称重法”测量浸没于水中不同深度的石块所受浮力大小相同，说明浮力的大小与浸没时所处的深度无关。

由此得出浮力大小可能与液体的密度、物体浸入水中的体积有关。为检验这一假设，需进一步让学生做以下实验，加深感性认识。

[实验一] 将空矿泉水瓶慢慢按入水中，感受浮力的大小。浮力的大小与排开液体的体积有关。

[实验二] 盐水浮鸡蛋。浮力的大小与排开液体的密度有关。

(4) 深化假设

浮力的大小与“排开液体的体积和排开液体的密度”两个因素有关的结论说明

浮力的大小与什么力有关呢？

$\because G = mg$；$m = \rho V$

$\therefore G = \rho V g$

则 $G_{排} = m_{排} g = \rho_{液} V_{排} g$

由此进一步猜想：若浮力的大小与“排开液体的体积和排开液体的密度”两个因素有关，则浮力的大小可能与排开液体的重力有关。

(5) 学生设计实验，验证猜想

1) 如何测浮力？记录表格如何设计？

2) 如何测排开液体的重力？记录表格如何设计？

3) 如何制作排开液体的收集装置？

利用“称重法”可以测量出物体所受浮力的大小：

物　体	在空气中的重力	在水中的重力	所受浮力
木　块			
石　块			

收集并测量排开的液体。

方法一：可以用弹簧测力计测量排开液体受到的重力。

容器的重力	容器和排开液体的重力	排开液体受到的重力

方法二：将排开液体放入量筒中，测量体积，利用公式求解排开液体的质量和体积。

排开液体的体积	排开液体的质量	排开液体受到的重力

(6) 学生进行实验探究，教师指导

注意指导学生利用石块和木块进行实验探究，顺利完成探究任务。

(7) 分析论证

引导学生进行实验数据分析，获得实验结论。

(8) 评估

利用“排除法”确立较为准确的假设，利用“推导法”确立明确的探究课题等。存在问题：溢出液体受到重力测量的准确性、所用物体的吸水性等都能影响实验结论的顺利获得。

2. 动手制作

思考：我们可以用哪些方法收集并测量溢出液体的重力？试设计方案，并实施。

现提出以下几种方案，供参考。

1）利用烧杯制作溢水杯。

2）在塑料袋（或矿泉水瓶）的一定高度剪一个小孔，加入水，多余的水就会从孔中流出，当水不流时，在袋内放入物体，将孔中流出的水用烧杯（塑料袋等）接住即可。

3）将小烧杯加满水后放入大烧杯中，将物体放入小烧杯时，溢出的水会被大烧杯收集。

4）在量筒中放入一定量的水，记录此时的体积 V_1，将物体浸入量筒的水中，记录此时体积 V_2，溢出的水的体积即为 (V_2-V_1)。

【理论推导】

通过实验探究得出的结论，常常需要从理论上进行推导验证，检验其合理性和科学性。

思考：试根据浮力产生的原因，推导阿基米德原理。

提示：根据浮力产生原因——上下表面压力差推导阿基米德原理：

将一个规则的边长为 l 的正方体没入液体中，如图5-9，则上、下表面的压强 p_1、p_2 分别为：

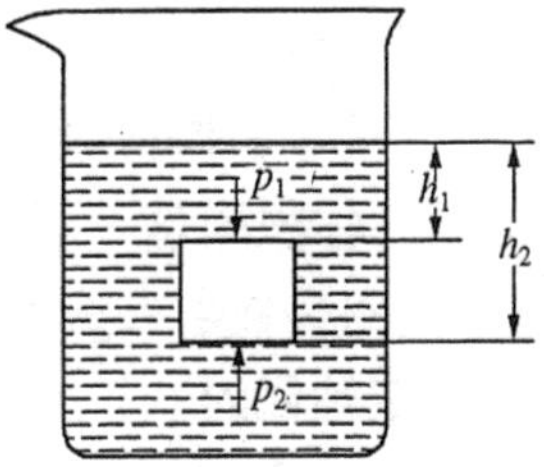

图5-9　阿基米德原理推导

$$p_1=\rho_{液}gh_1,$$

$$p_2=\rho_{液}gh_2=\rho_{液}g(h_1+l)$$

所以，$F_{浮}=F_{向上}-F_{向下}=p_2l^2-p_1l^2=\rho_{液}gl^3=\rho_{液}gV_{排}$

即得：$F_{浮}=G_{排}=\rho_{液}gV_{排}$

浸入液体中的物体受到向上的浮力，浮力的大小等于它排开的液体受到的重力。阿基米德原理适用于液体，也适用于气体。

【课外探究】

课题：运用阿基米德原理测石块的密度

探究思路：使石块浸没在液体中，由

$$F_{浮}=G_{排}=\rho_{液}gV_{排} \tag{1}$$

得

$$V_{排}=\frac{G_{排}}{\rho_{液}g} \tag{2}$$

将上式带入公式

$$\rho=\frac{m}{V}=\frac{m}{V_{排}} \tag{3}$$

即可求出石块的密度。

【注意事项】

1. 实验中最好选用密度比水大的不易吸水的重物。
2. 实验中要让重物缓缓浸入水中,且不要让重物与水杯壁接触,以免影响读数。

【思考与讨论】

1. 请考虑设计其他实验来验证阿基米德原理。
2. 怎样指导中学生做好这个实验。
3. 试设计一个探究性实验的教学。

5.3 分子物理学与热学实验教学技能训练

5.3.1 用油膜法测量分子的大小

【导语】

分子非常神奇,是组成我们这个五彩缤纷世界的基本微粒,分子又是非常微小的粒子,你想测量一下它的大小吗?要测出分子的大小需要用一些科学的方法,这里用到的是数学方法和累积法,也是物理测量中的一种重要思想。

【实验目的】

1) 测量油酸分子的直径。
2) 学习间接测量微观量的原理和方法。

【实验说明】

油膜法是粗略测定分子大小的重要实验。通过该实验可以使学生对分子大小的数量级有一个比较具体的认识。体会科学研究中近似方法和理想化方法的运用。

【预习思考】

实验前应明确以下问题:

1. 油酸分子有何特性?为什么可以在水面上形成单分子油膜?
2. 如何由单分子油膜测量分子的大小?

【理论探究】

油酸分子($C_{17}H_{33}COOH$)由两部分组成:一部分是—COOH,它对水有很强的亲和力;另一部分是$C_{17}H_{33}$—,对水没有亲和力。把油酸滴在水面上,$C_{17}H_{33}$—部分冒出水面,而—COOH部分留在水中,使得油酸分子直立在水面上,并在水面上散开形成单分子层圆形薄膜。根据油酸分子的这种特性，可以通过实验的手段估算出油酸分子的最大长度。一般情况下，可以把油酸的分子视为球体或圆柱体。

1. 球体模型与分子大小

图 5 - 10 是油酸形成的单分子层。把油酸分子看成球体，分子直径为 d。假设一滴纯油酸的体积为 V，油酸在水面形成的薄膜的面积为 S，则可以得到以下的关系：

$$V = d \cdot S$$

由此可以得到

$$d = \frac{V}{S}$$

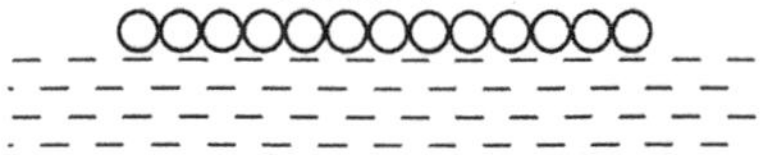

图 5 - 10　油酸分子层

只要测出油酸的体积和单分子油膜的面积，就可以测出分子的直径，并进而算出分子的大小。

2. 圆柱体模型和分子大小

如果把油酸分子看成圆柱形，如图 5 - 11 所示。这样，油酸分子大小由两个量确定：一是油酸分子的长度，即圆柱形的高；另一是油酸分子的直径，即圆柱形底面直径。

思考：根据上面的分析，若测出油膜的总面积和油膜中所含分子的个数，怎样计算单分子油膜的厚度(一个油酸分子的长度)和油酸分子的直径？试说出具体的计算方法。

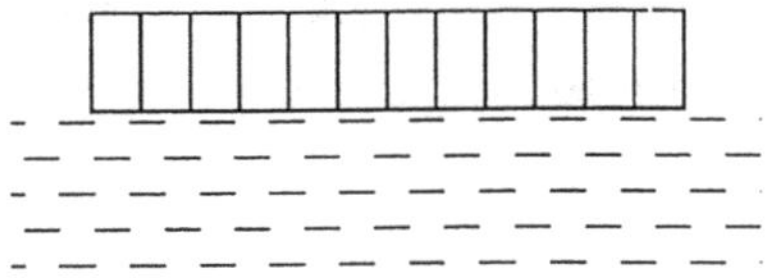
图 5 - 11　油酸分子模型

提示：设油酸滴入水面后的体积为 V，因此油膜厚度(即一个油酸分子的长度)

$$L = \frac{V}{S}$$

式中 S 为水面上油膜的面积。

设油酸分子直径(即圆柱底面直径)为 d，则有

$$N \cdot \frac{1}{4}\pi d^2 = S$$

$$d = \sqrt{\frac{4S}{\pi N}}$$

其中 N 为一滴油酸中油酸分子的个数。一滴纯油酸可以在水面上形成几个平方米的薄膜，不便测量，为此，先配制一定浓度的油酸酒精溶液(可以是 1∶200 和 1∶400)，用注射器吸取溶液。然后将针头向下，缓缓推出溶液，使溶液一滴一滴地滴到量杯中，当滴入量杯中溶液体积达到 1 ml 时，记下此时的体积和液滴滴下数

目 n,则一滴油酸酒精溶液所含纯油酸体积 $v=$ 浓度 $\times \frac{1}{n}$。

设油酸的密度为 ρ,摩尔质量为 μ,则一滴油酸所含的油酸分子个数为

$$N = 6.02 \times 10^{23} \times \frac{\rho v}{\mu}$$

思考：该种方法粗略测定分子的大小,忽略了分子间的空隙并且把分子的形状进行了理想化,从理论上你认为该方法可行不可行？说出你的理由。能不能找到一些测量固体分子或气体分子大小的方法？

【实验器材】

浅盘(直径为 40 cm 的圆盘或 40 cm×30 cm 的矩形盘),比浅盘略大的有机玻璃板;200 ml 稀油酸溶液(油酸浓度为 1∶200 或 1∶400),量筒(10 ml),2 ml 注射器及针头一支(或用内径小于 1 mm 的滴管),水彩笔一支,坐标纸,痱子粉。

【教学技能训练内容】

获得单分子油酸薄膜,并测量油酸分子的大小,具体内容如下。

1) 用注射器或液管将配制好的溶液滴入量杯中。数出量杯内增加 1 ml 所需要的滴数。然后根据油酸溶液的浓度计算出一滴溶液中所含纯油酸的体积。

2) 往边长约为 30～40 cm 的浅盘中倒入约 2 cm 深的水,待水面静止后,将痱子粉或石膏粉均匀地撒在水面上。

3) 用注射器或移液管将油酸酒精溶液滴在水面上一滴,形成如图 5－12 所示形状的油酸膜。油酸薄膜的形状稳定后,其形状为圆形。将事先准备好的玻璃板(或有机玻璃板)轻放在浅盘上,用彩笔描绘出油膜的轮廓。在整个操作中,不要使浅盘发生振动。

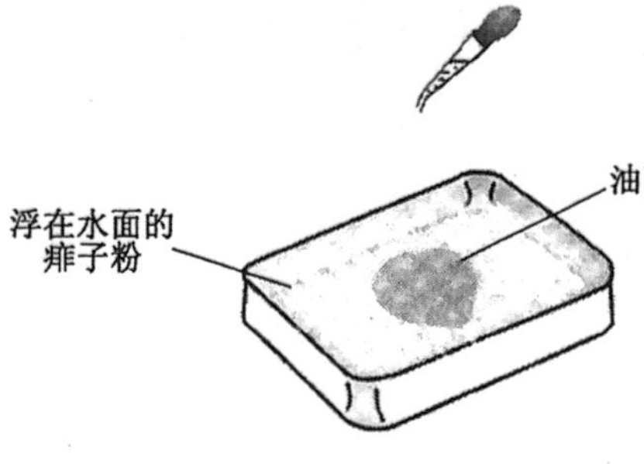

图 5－12　油酸膜

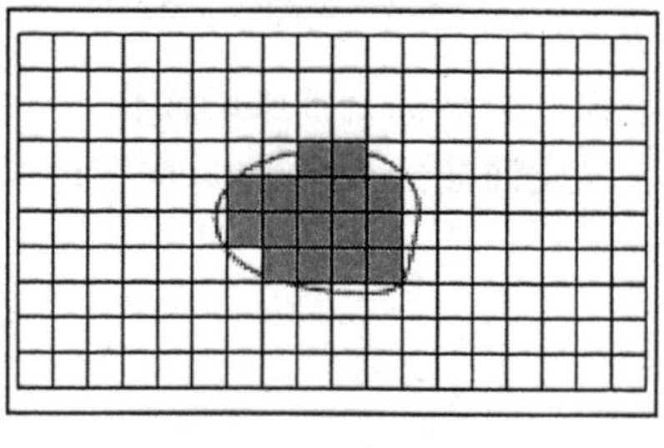

图 5－13　油酸膜面积

4) 将画有油酸薄膜轮廓的玻璃板放在坐标纸上,求出油酸薄膜的面积 S。求面积时以坐标纸上边长为 1 cm 的正方形为单位,计算轮廓内正方形的个数,不足半个的舍去,多于半个的算一个,如图 5－13 所示。

5) 根据配制的油酸酒精溶液的浓度,算出一滴溶液中纯油酸的体积 V。根据

一滴油酸的体积 V 和薄膜的面积 S，即可算出油酸薄膜的厚度 $L=\frac{V}{S}$，即油酸分子的大小。

【注意事项】

1）在该实验中，油酸溶液的浓度是实验成功的一个关键点。如果液体的浓度不合适，在实验时，使油酸膜分布于整个浅盘，不能形成圆形的薄膜。

2）由于水的表面张力系数大于油酸的缘故，可以使油酸在水的表面形成单分子膜。为了使油膜的轮廓近似为一圆形，应保持容器壁清洁。

【讨论思考】

1）做好本实验的关键是什么？

2）分析产生误差的主要原因和因素。

3）你怎样组织和指导中学生做好这个实验？

4）如何测量分子的质量？设计一些方案。

5.3.2　海波的熔化和凝固

【导语】

“下雪不冷，化雪冷”，这是大家熟知的事实，为什么会出现这种现象？实际上熔化和凝固是自然界中的一种常见的物理现象，不同物质在熔化和凝固时，表现出了不同特征，但又遵循着某种规律，这些物态变化遵循什么规律？它对你的生活又会造成怎样的影响？通过实验研究一下吧。

【实验目的】

1）掌握晶体熔化和凝固的一般规律。

2）学会正确使用温度计测量温度。

【实验说明】

海波的熔化和凝固实验是热学中研究物态变化的重要实验。其目的是使学生通过实验认识、理解晶体在熔解和凝固过程中保持温度不变的特性，使学生建立熔点和凝固点的概念。

【实验器材】

试管（直径 15～20 mm）、烧杯（300～400 ml）、铁架台、温度计（0～100℃）、搅拌器、搅棒、海波晶体（硫代硫酸钠）、热水、冷水等。

【理论探究】

该实验在初中物理教材中占有重要的地位，但是由于影响实验的因素比较多，实验结果并不是很理想。我们对实验进行逐步的分析。

通常的情况下采取水浴法进行实验。把 15～20 g 的海波加入到试管中，把试管放在装有水的烧杯里，将烧杯放在铁架台的石棉网上，用酒精灯加热，通过水间接加热海波。同时，在温度计的玻璃管上套一个螺旋形的金属丝，由于金属丝改善了海波的导热性能，使中心的海波与靠近管壁的海波始终处于同一温度，它们能同时熔化，如图 5－14 所示。

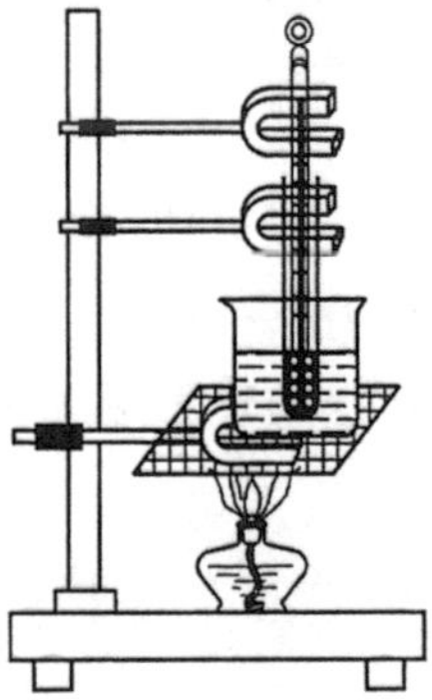

图 5－14　水浴法装置

海波具有熔点比较低、没有刺激性气味、溶于水、便于清洗等特点，但是由于导热性较差，实验常常失败。主要原因是加热时，不同部位的海波的温度不同，温差比较大，靠近管壁的海波已经熔化，而在试管中部的温度还低于这个温度。当温度计周围的海波已经熔化时，海波的传热速率加快，温度计示数很快达到熔点。并且迅速上升，出现一段稳定的熔解时间比较困难。要使该实验成功，必须对熔解的过程进行有效的控制。

1. 初始水温的控制

海波加温时可以选用温水，温水的温度不应很高。由于温差的存在，试管刚刚放入水中时，不要立即加热，稍停片刻，使海波达到温度的平衡后，再用酒精灯加热。

2. 加热过程的控制

海波比热容小，受热后升温快，熔化过程持续时间很短，学生不易观察。一般用控制水与海波粉的升温速率的方法，控制水的温度升高的速度，在烧杯的水中插一根温度计，将水的升温速度控制在每分钟升高 1℃，海波与水的温差控制在 5℃。当温度快接近晶体的熔点时，采用减小酒精灯的火焰，加石棉铁丝网或移去酒精灯停止加热等措施控制加热的速度。

在整个熔化过程中，使用搅棒将整个海波搅拌均匀。尽快接近平衡态，在固液共存的阶段，应搅拌使其成为糊状，达到固、液均匀混合逐步熔解成清澈透明的液体。在凝固过程中应沿试管壁搅拌，用以破坏首先沿试管壁形成的妨碍热交换顺利进行的凝固层，使其冷却均匀。搅拌要及时、不停顿。

【教学技能训练内容】

1. 观察海波熔化过程

将温度计插入试管后，待温度升至 40℃左右时开始，每隔大约半分钟记录一次温度；在海波完全熔化后再记录 4～5 次。

时间/min	0	1	2	3	4	5	…
海波的温度/℃							
蜡的温度/℃							

重复进行第二次、第三次实验。（提示：在熔解时温度不变的现象只有晶体才有，若所含杂质不是晶体或者虽是晶体，但熔点与海波不一样，都会使海波在熔化

时温度不变这一现象不显著。）

数据处理与分析：根据表中各个时刻的温度在方格纸上描点，然后将这些点用平滑曲线连接，便得到熔化时温度随时间变化的图像。并根据对实验数据的整理和分析，总结海波在熔化前、熔化中和熔化后三个阶段的温度特点。

2. 观察海波的凝固过程

实验时，在烧杯里放 3/4 的热水（温度 80℃左右），在试管内放入适量海波，插入温度计，再把试管放入热水中加热，至海波熔化时记下熔化的温度 $t_{熔}$（约 48℃）。待完全熔化后，温度上升至 54℃左右时，把试管从热水中取出，让其在空气中冷却，每隔 1 min 记录一次温度，直至海波完全凝固，温度下降到 40℃左右为止。

重复进行第二次、第三次实验，在海波完全熔化后，撒入一些小颗粒状的海波晶体，或是粉笔灰之类的杂质，并不断搅拌冷却，仔细观察，比较各次实验的差别。

数据处理与分析：

1）根据记录的数据绘出温度随时间的变化曲线，并在曲线上标出海波相应的状态。

2）根据对实验数据的整理和分析，总结海波在凝固前、凝固中和凝固后三个阶段的温度特点。

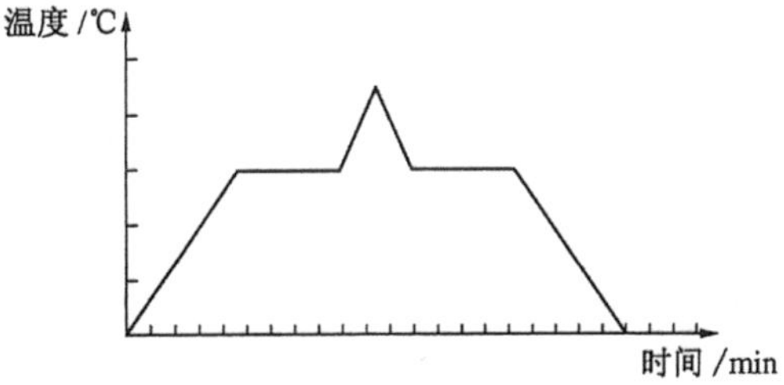

图 5－15　海波的熔化和凝固曲线

3. 作出海波的熔化和凝固曲线（图 5－15）

【思考与讨论】

1）做好本实验应注意哪几点？

2）本实验可使中学生获得哪些热学实验技能和方法？

3）你有什么收获和体会？有何改进方法？

【课外探究】

课题：海波凝固特性的研究

晶体熔化和凝固的一般特性曲线，如图 5－16 所示，这是大家都熟知的理想化的曲线，实验中是否都如此呢？如果不一样，就需要我们去发现问题和探索原因。

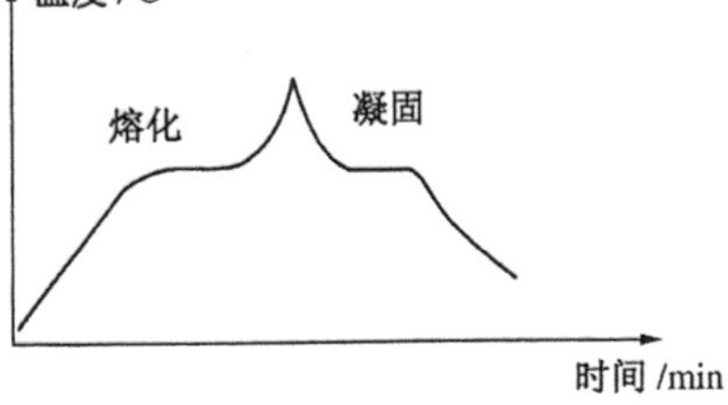

图 5－16　晶体熔化和凝固的一般特性曲线

探究指导：

取试管（直径 15～20 mm），烧杯（300～400 ml），温度计（0～100℃），搅棒，海波（硫代硫酸钠），热水，冷水等备用。

实验时在烧杯里放 3/4 的热水（温度 80℃左右），在试管内放入适量海波，插入温度计，再把试管放入热水中加热，至海波熔化时记下熔化的温度 $t_{熔}$（约 48℃）。

待完全熔化后，温度上升至 54℃左右时，把试管从热水中取出，让其在空气中冷却，每隔 1 min 记录一次温度，直至海波完全凝固，温度下降到 40℃左右为止。重复进行第二次、第三次实验，在海波完全熔化后，撒入一些小颗粒状的海波晶体，或是粉笔灰之类的杂质，并不断搅拌冷却，仔细观察，比较各次实验的差别。根据记录的数据绘出温度随时间的变化曲线，并在曲线上标出海波相应的状态。

思考：

1) 在实验中，你发现了哪些你认为是值得研究的现象？

2) 在海波冷却过程中，初始液态降温的速率(反映在曲线的斜率上)与完全凝固后固态降温的速率有什么区别？原因有哪些？

3) 在海波从液态冷却至开始凝固的阶段，有什么“异常现象”，你认为原因可能是什么？

4) 海波凝固的温度与熔化的温度是否相同？误差的原因可能有哪些？

图 5－17 为一次实验所描绘的图像，围绕这一图像，讨论如下几个问题：

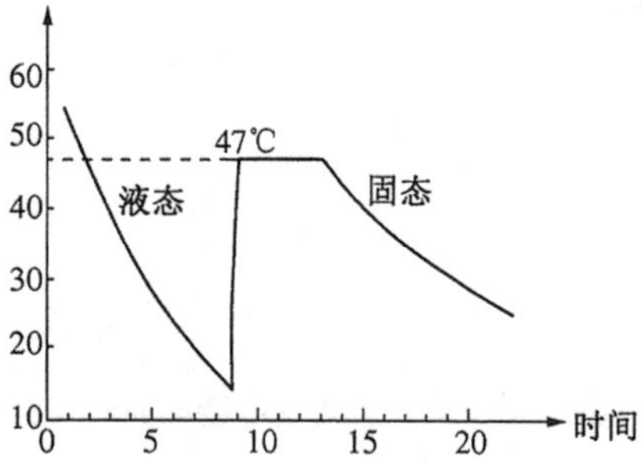

图 5－17　海波凝固曲线

1) 液态的海波随着向外散热而不断冷却，冷却至熔点时(48℃)，按一般的晶体特性，应当开始凝固，可它并不凝固，仍然维持液态，甚至冷却到 20℃以下，还不凝固，当冷却到一定程度后，会发现温度突然上升，同时液体中开始出现晶体颗粒，并从这些颗粒中生长出新的晶体而使颗粒不断变大、扩展，在此过程中温度保持不变，直至完全凝固以后，温度才继续下降。这种低于凝固点而不凝结的现象称为液体的过冷却现象。产生这种现象的原因是液体中缺少凝聚核，不易形成结晶，随着热量散失，其内能减少只能以其分子的平均动能的减少为代价，故温度下降到凝固点以下。在较低的温度下，分子间引力作用显著，稍有扰动即可形成结晶。一旦结晶时，放出热量，即使液体回升到凝固点。撒入一些海波粉或其他杂质，可以增加凝聚核，从而使海波正常凝固。

2) 从曲线可以发现，在液态冷却过程中和在固态冷却过程中，曲线的斜率有显著区别。反映液态冷却的速率比固态要大。这里有如下原因：一是液态海波的比热比固态小，二是液态散热对流起了较大的作用，而固态的散热主要靠传导，固态海波的导热性能较差。

5.3.3 初级玻璃工技术

【导语】

提到玻璃,大家会想到我们生活中的各种玻璃制品:流线型的车窗,美观耐用的玻璃器皿,高雅漂亮的玻璃工艺品,它们是怎样做成的?大家也可能想到玻璃粉碎后的锋利玻璃片,会很容易的刺入人的皮肤。只要想出一些办法,掌握一定的技巧,你就能驾驭这些玻璃,随心所欲造出你想要的东西,当然也包括物理实验所需的玻璃器皿。

【实验目的】

1) 了解并掌握玻璃加工的有关初级技术,例如切割、弯折、封口等;

2) 在实验中进行必要的技能训练。

【教学技能训练内容】

1. 平玻璃的直线切割

实验器材:待用的平玻璃、玻璃刀、直尺、小圆棍等

玻璃刀靠镶嵌在顶端的小块宝石或可旋转的硬度极高的合金轮切割玻璃。一个很小的边缘锋利的砂轮可以用来切割较薄的玻璃。使用玻璃刀时,必须使它保持缓慢的速度和均匀的压力划过玻璃表面。不同厚度的玻璃可能需要不同规格的玻璃刀,一些特殊玻璃则需要特殊的切割设备。

实验步骤:

1) 在正式切割需用的玻璃之前,如果没有足够的经验,最好在一些废玻璃片上做些练习。

2) 切割时,把切割工具和尺子之间调整合适角度,能够使玻璃刀以缓慢的速度划过玻璃表面,如图 5 - 18a,这时能听到均匀的轻轻的划痕声。划过的玻璃表面上可以看到一条均匀的划痕或浅槽。

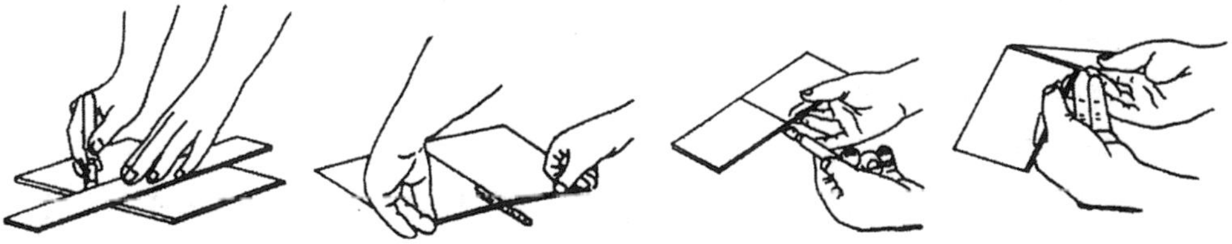

a b c d

图 5 - 18 平玻璃的直线切割

3) 沿划痕线在玻璃下面垫上一圆棍(可用玻璃刀柄代替),双手用力向下压,参见图 5 - 18b,玻璃会出现一条较明显的裂痕。

4) 如果玻璃没有断开,用玻璃刀从玻璃下面沿划痕轻轻敲打,如图 5 - 18c 所

示，裂痕就会加深，然后用双手就可将它掰开，如图 5－18d。

注意事项：

1) 成功切割主要取决于刀与玻璃之间的角度与压力。由于切割会产生玻璃碎片，不能在原划痕处重复切割，避免玻璃碎片损坏玻璃刀。

2) 手不要沿着玻璃的边缘滑动，避免手触及玻璃碎片。

2. 玻璃管的切割

实验器材：细玻璃管、三角锉、无明火本生灯（一种煤气灯）以及手套、水笔、橡胶垫（或毛巾）等备用物品。

(1) 切割细玻璃管

实验步骤：

1) 用三角锉在细玻璃管的切割部位上锉出一道槽。锉管的方法如下：一手紧紧握住玻璃管，拇指压在管上的被锉部位附近；另一只手握住锉把，用力向前推锉，与此同时，握管的手应该向手腕方向用力，使管子不向前滑动。边锉边旋转管子，在管子的切割部位锉出一个沿圆周的小槽。

2) 锉好圆周槽以后，双手握住管子的两端，轻轻一掰，管子就可以齐槽断开，如图 5－19 所示。

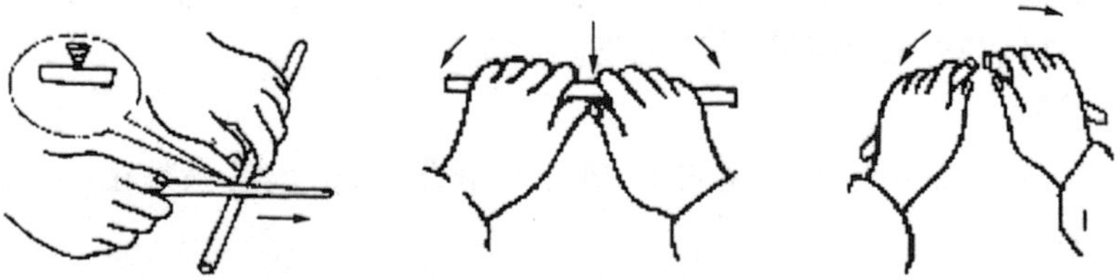

图 5－19　切割细玻璃管

3) 管子的断口修复。刚切割的断口比较尖锐，需要对断口进行加工处理使断口光滑。将管端慢慢地移近无明火本生灯的上部，同时旋转玻璃管，使管口受热均匀，直至管口变软。由于表面张力的作用，管口就可以自己变得光滑了。然后，将管子放在一边，慢慢冷却。

注意事项：

1) 锉玻璃管时，用力不要过猛，以免玻璃管断裂伤手。所以，最好带上手套操作。另外，最好将管子固定在垫上橡胶垫的桌面上（如果没有橡胶垫，也可以在较为平整的普通桌面上垫上厚布或者毛巾代替），握管的手在桌面外，管子的被锉部位在桌子上。这样不但可以省力，而且锉不会在玻璃管上打滑，锉口位置容易掌握。为了不致于锉歪，可以用油性水笔在管子的锉口位置划出一条闭合圆周划线。

2) 对玻璃管口加热要缓慢、均匀。加热过快，玻璃管断口升温过快，玻璃管整体受热不均匀，玻璃管有可能爆裂。

(2) 切割粗玻璃管

1) 热应力加热切割法

实验步骤:

(ⅰ) 将玻璃管放在橡胶垫桌面,滚动管子,用三角锉在玻璃管表面锉出一道圆槽。锉玻璃管前,将锉缝两边用胶带(或者胶纸)各粘贴上一圈,可以保护锉缝以外的不被锉坏,又可以作为锉缝标志。

(ⅱ) 用尖端的细玻璃管或者玻璃棒,将尖端部分放在无明火本生灯的蓝色火区加热,直至烧红为止。

(ⅲ) 用烧红的细玻璃管或者玻璃棒尖端压在粗玻璃管的锉缝上。这项操作可能需要重复几次,直到粗玻璃管因受热不均匀在管内产生热应力,沿锉缝破裂为止。

(ⅳ) 最后,参照上面方法对玻璃管断口加工处理,使断口光滑。

2) 喷嘴加热切割法

实验步骤:

(ⅰ) 在玻璃管的圆周上锉出槽,见上面介绍的第一种方法。

(ⅱ) 将玻璃管的一端放在本生灯上加热,变软后,用钳子或者镊子夹住并拉伸,使管口成为窄细形状喷嘴。

(ⅲ) 喷嘴冷却后,将它套在本生灯的灯嘴上,这样可以使灯火集中在一条线上。

(ⅳ) 点燃本生灯,将玻璃管的锉缝对准喷嘴的狭缝,利用喷嘴对玻璃管的锉缝加热。加热时,要不停地转动玻璃管,直至管子由锉缝处破裂为止。

3) 电阻丝加热切割法

实验器材:粗玻璃管或玻璃瓶;三角锉;一条大约 60 cm 长的 24 号镍铬合金电阻丝;两个耐热绝缘手柄,其中一只手柄带一个电源开关;12 V、5 A 的电源,可以用汽车的蓄电池组或者降压变压器;粗导线。

实验装置的制作:

(ⅰ) 将电阻丝与手柄相连。

(ⅱ) 用粗导线通过手柄将开关、电阻丝与电源相连。此时,电阻丝、导线与手柄上的开关已经形成电流回路。导线与开关必须能够承受 5 A 电流流过。否则,可能会发生事故。

(ⅲ) 闭合手柄上的开关,使电流流通。通电后,电阻丝应该在几秒钟内达到红热状态。如果不是这样,首先检查电源和接线;如果电源和接线没有问题,就必须减小电阻丝的长度,直至符合上述要求。至此,电阻丝玻璃切割器就制作完成了。

实验步骤:

（ⅰ）首先，在管子或玻璃瓶上锉出一道圆周槽。

（ⅱ）将电阻丝置于槽中并拽紧，使电阻丝与凹槽保持良好接触。

（ⅲ）闭合电源开关，使电流通过电阻丝，几秒钟之后，管子或玻璃瓶将在电阻丝缠绕的部位整齐地裂开。如果通电 15～20 s 以后，管子或瓶还没有断裂，应该断掉电源，并迅速取下电阻丝，将瓶子放在水池中用自来水冷却。由于瓶子凹槽部分温度迅速下降而收缩，从而使瓶子沿槽裂开。如图 5－20 所示。

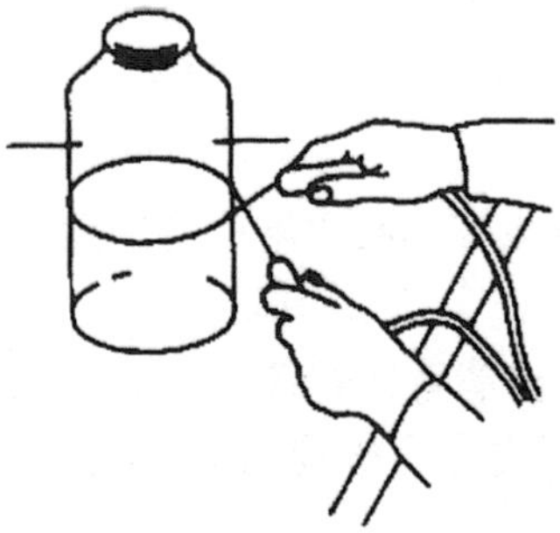

图 5－20
电阻丝加热切割玻璃瓶

注意事项：

只能使用低压蓄电池组或者低压电源，不要使用高压电源，以免发生触电危险。另外，如果通电较长时间后，管子还没断裂，应该将电源断开，再将管子的锉缝锉深一些，然后再重复加热的操作。

3. 有机玻璃切割

有机玻璃实质是硬塑料，用钢锯不难锯开，但有时会锯不直。可以从商店里买到一种叫做钩刀的工具，它就是切割有机玻璃的玻璃刀。常见的很多硬质塑料薄板，也可以这么切割。简单的方法是用断折的废钢锯条，沿着要分开的线用锯条的斜尖在板上用力刻划。然后将划线对齐桌子的边缘，一手压住留在桌面上的那一部分有机玻璃板，另一只手迅速向下用力折断伸出桌沿的那一部分板。有机玻璃板就会沿刻线笔直地分离。

4. 玻璃管弯折实验

实验器材：玻璃管、本生灯、钳子或者夹子。

实验步骤：

1) 用钳子夹住玻璃管，将其放置在离火焰较远的地方，使管子的温度有所提高。

2) 然后将玻璃管逐渐移近火焰，最后将玻璃管弯折部位放置在火中，并且不停地转动，直到这部分开始变软。

3) 将管子的弯折部位仍然留在火中，用钳子夹住管子的两端并且持平，稍微用些力就可以把它折弯。或者将管子略微提起一些到火焰顶上，只夹持住管子的一端成水平，而放开另一端，利用管子自身的重力作用就可以使其自然折弯，如图 5－21 所示。

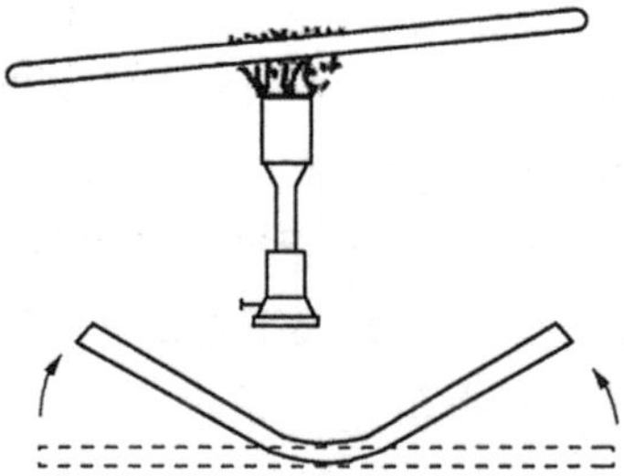

图 5－21 弯折玻璃管

注意事项：

利用上述方法弯折玻璃管，管子的弯折处将

被压变形不能保持圆柱形，同时管径将有所减小。为了使玻璃管弯折处的管径基本保持不变，在加热之前在管内注满沙子，并将管子的两头堵住。

5. 玻璃管封口实验

(1) 粗玻璃管封口

实验器材：粗玻璃管一根、本生灯、夹子或钳子。

实验步骤：

1) 将粗管的端口放在火中加热，也是一边加热一边转动管子。

2) 当管端受热变软时，将未加热端的位置压低，使被加热端处于整个管子的最高点；同时注意不要停止加热和转动。这样，被加热端的玻璃就会变软而向管内流动，从而将管口封死。

(2) 细玻璃管封口

实验器材：细玻璃管一根、本生灯、夹子或钳子。

实验步骤：

1) 用本生灯将细玻璃管加热。

2) 当被加热部位受热变软时，用钳子拉住管子的两端迅速向外拉伸，这样就能够使它的受热部位管径缩小、变细，形成毛细管。如果再稍微拉伸一下，最细的部分就会掉下来，而原来的一根管子变为两根，并且其端口都变得很细小或者已封死。

3) 再将管端放在蓝色火区的顶部，边加热边转动，直到管口完全封死并且变光滑为止。

4) 将玻璃管从火上拿开，趁热从开口端向里吹气，这样做可以使封口变得更圆滑。这项操作可能要重复几次，直到满意为止。

5.4　电磁学实验教学技能训练

5.4.1　电表改装和可调内阻电池的使用

【导语】

电流表和电压表是电学测量中的基本仪表，也是物理教学中最重要的器材之一，掌握电表的原理和改装方法，熟练改装电表，是对物理教师的基本要求。可调内阻电池特点是内阻大，并可连续调节，具有一定的容量，电动势较稳定，又允许短路工作，在研究闭合电路欧姆定律、电源的输出功率、测定电池的电动势和内阻等重要的实验中可作为实验电源。物理教师需要根据实验熟练使用可调内阻电池。

【实验目的】

1) 学会用分流法测定检流计的内阻，进一步理解并联分流的原理。

2) 练习把检流计改装成电压表，加深对串联分压作用的理解。

3) 掌握确定改装电压表的百分误差的方法。

4) 了解可调内阻电池的性能，掌握其使用方法，会用其研究闭合电路欧姆定律演示实验。

【器材说明】

检流计(J0409 型或 J0409—1 型)，直流电压表(J0408 型或 J0408—1 型)，滑动变阻器(J2354—1 型)，转柄电位器(22 kΩ)，筒式电阻箱(J2262 型)，干电池2～3个，单刀开关 2 个(J2352 型)，气压式可调内阻电池，双刀双掷开关，导线若干。

1. 电表改装

【预习思考】

如果要使检流计 G 的电压量程从 R_gI_g 扩大到 n 倍，应串联一个阻值为多大的电阻？

【理论探究】

1) 在图 5 - 22 所示电路中，如果 $R_0 \gg R'$，则 S_2 不论是否闭合，电路中的总电流保持不变。当调节 R'使通过R'与通过 G 的电流相等时，可以认为 G 的内阻等于 R'(一般情况下要求 $R_0 \geqslant 100R'$)。

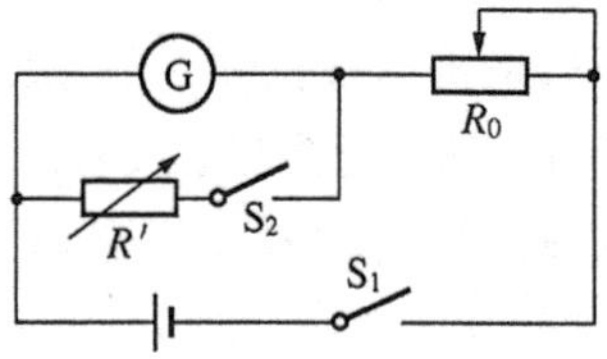

图 5 - 22　半偏法测检流计内阻

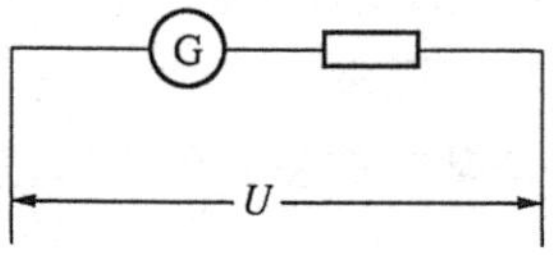

图 5 - 23　扩大检流计电压量程

2) 检流计 G 的内阻为 R_g，满偏电流为 I_g，它的满偏电压为 R_gI_g，为了让它的电压量程扩大 n 倍能测量电压 $U = nR_gI_g$，则应串联一个电阻 R，由图 5 - 23 知

$$U = I_g(R_g + R)$$

即如果要使检流计 G 的电压量程从 R_gI_g 扩大到 n 倍，应串联一个电阻

$$R = (n-1)R_g$$

【教学技能训练内容】

1. 检流计内电阻的测量

试根据以上理论探究，设计测量检流计内电阻的实验方案。

方案设计指导：

1) 按图 5 - 22 接好电路。R_0 为电位器(22 kΩ)，R'为电阻箱(0～9 999 Ω)，G 为检流计，选用 G_0 挡(R_g=80～125 Ω，I_g=300 μA)，电源为 2～3 节干电池。

将 R_0 的阻值调至最大，断开 S_2，试触 S_1，如果电路中电流超过检流计的满偏电流，则应串联一个定值电阻；如电路中电流未超过检流计的量程，则可以开始实验。

2）调节电位器 R_0 的阻值，使检流计指针逐渐指到满刻度。

3）将电阻箱 R' 的阻值调到最小，闭合 S_2，这时检流计 G 的示数很小。调节（增大）电阻箱 R' 的阻值，使检流计的指针正好指到满刻度的一半。

4）记下电阻箱 R' 的阻值，它就是检流计内电阻 R_g 的阻值。

2. 把检流计改装为电压表

实验方案设计指导：

1）计算应串联的分压电阻的阻值。根据上面实验结果计算出检流计的满偏电压 $U_g = I_g R_g$，为了将它的量程扩大到 U，则它的量程扩大的倍数为 $n = \frac{U}{U_g}$，故应串联的分压电阻为 $R = (n-1)R_g$。

2）将检流计与电阻箱串联，使电阻箱阻值为 $R = (n-1)R_g$，即组成量程为 U 的电压表。

3）弄清改装后表盘的读数。首先明确表盘上每格表示多少伏。检流计的原量程为 300 μA，最大量程处标的是“30”，表盘上“0～30”之间是 15 格，改装成 2 V 的电压表后，每一格应表示 $\frac{2}{15}$ V，如果指针指在 110 μA 刻度上，实际电压是 $2\times\left(\frac{110}{300}\right)=0.73$ V，如果指针偏转 3 格，实际电压是 $\left(\frac{2}{15}\right)\times 3=0.40$ V。

一般来说可以按公式 $U' = \left(\frac{I}{I_g}\right)U$ 来计算，式中 I_g 为检流计满偏电流值，I 为表盘电流的刻度值，U 为改装表的最大量程，U' 为改装表对应的刻度。

3. 改装电压表的校准

1）按图 5-24 接好校准电路。滑动变阻器 R_1 采用分压接法，开始时它的滑片置于分压最小的位置。电源用 2 节干电池。虚线框内为改装后的电压表，V 为标准电压表。

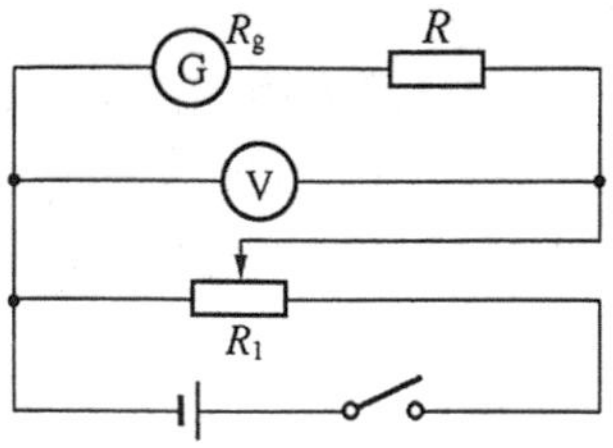

图 5-24　改装电压表的校准

2）闭合开关，调节滑动变阻器的滑片，依次使标准电压表的读数为 0.5 V、1.0 V、1.5 V、2.0 V，在表 5-4 中记下改装电压表的相应的读数。

表 5-4　校准改装电压表

实 验 次 数	标准表读数/V	改装表读数/V
1	0.5	
2	1.0	
3	1.5	
4	2.0	

3）按下式计算改装电压表的百分误差：

$$\frac{|U_0-U|}{U_0}\times 100\%$$

式中 U_0 为改装表的最大量程，U 为标准表的相应的读数值。

【注意事项】

1）检流计的满偏电流和内电阻的准确度对改装电压表的精度有较大的影响。检流计的满偏电流可以从表盘刻度读出。但由于检流计新旧程度不一样，它的满偏值会发生变化。为提高改装电压表的精度，可以用一只标准微安表与检流计串联接入电路，测量检流计的满偏电流。

2）检流计满偏电流仅 300 μA，电流过大易将其烧坏，实验中应特别小心。由于 R_0 采用转柄电位器，学生不熟悉其用法，教师应根据电位器电路的实际连接情况给予指导，务必让学生明白不要将电位器旋转到使其阻值变小甚至为零的方向，避免烧坏检流计。实验中，如果要求不太高，可用电阻箱代替电位器，当用 J0409 型检流计和 2 节干电池时，使用 9 999 Ω 的电阻箱可近似达到 $R_0\approx 100R'$，可保证检流计的安全。

3）测检流计的内阻时，可能出现这样的情况：R_0 已调至最大阻值，电流仍超过 G 的满偏电流（用电阻箱代替电位器时极可能出现这种情况），这时可在 R_0 上再串一个定值电阻。

2. 使用可调内阻电池演示闭合电路欧姆定律

仔细阅读气压式可调内阻电池的使用说明书，了解它的性能、使用及维护方法。用气压式可调内阻电池演示闭合电路欧姆定律。

1）按图 5-25 连接电路。图中 B 为气压式可调内阻电池，R 为筒式电阻箱，S_1 是单刀开关，V 是直流电压表，S 是双刀双掷开关。为了用一个直流电压表既能测量外电路两端的电压（电压表的正、负极分别接到电池的正、负极上），又能测量内电路两端的电压（即测量两探针间的电压，由于在电池的内电路中，电流的方向是由电池的负极到电池的正极，因此靠近电池负极的探针的电势高于电池正极旁边探针的电势，这就要求直流电压表的正极与靠近电池负极的探针相连），双刀双掷开关的连线要按图 5-25 所示连接。

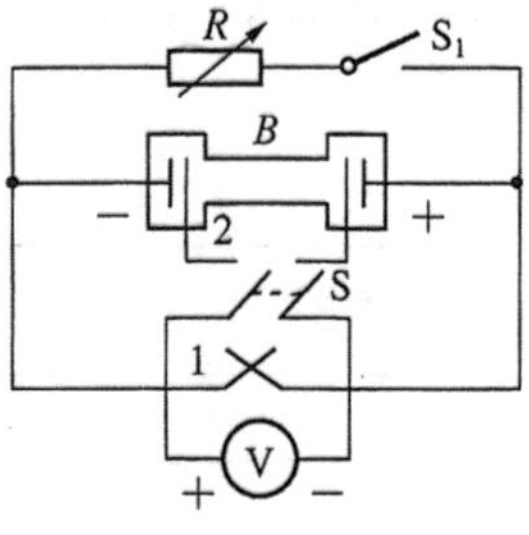

图 5-25　用可调内阻电池演示闭合电路欧姆定律

2）可调内阻电池通道槽液面保持正常高度。将 S_1 断开，双刀双掷开关 S 倒向图中的“1”端，此时电压表的读数是电池两端的开路电压（外电路断开时的外电压），由于电压表的内阻很大，这种开路电压可作为电源的电动势 E。

3）闭合 S_1，由小到大选取电阻箱 R 的阻值，将 S 分别倒向“1”端和“2”端时，电压表的读数即为外、内电路上的电势降落（电压）$U_{外}$ 和 $U_{内}$，实验结果记入表 5－5中。

表 5－5　演示闭合电路欧姆定律

外电路电阻 R/Ω						
$U_{外}/V$						
$U_{内}/V$						
电动势 E/V						

4）由 $E = U_{外} + U_{内} = IR + Ir$，就得出了闭合电路的欧姆定律 $I = \frac{E}{R+r}$。

【思考与讨论】

1）在图 5－22 电路中，要调整 G 表的指针半偏，为什么只能调整 R' 而不能变动 R_0？

2）如果实验中不能满足 $R_0 \geqslant 100R'$ 的条件，按照本节的实验方法测出的电表内阻 R_g 的真实值比 R' 大还是小？为什么？

3）请讨论把检流计改装为毫安表的实验原理与方法。

4）在闭合电路的欧姆定律演示中，你观察到的现象和数据怎么样？试做简要分析。

5）请设计测量检流计内电阻的其他方法。

5.4.2　测定电源的电动势和内电阻

【导语】

电源是电学中的最基本的仪器，电源的电动势和内电阻是电源的两个基本特征量，应用全电路的欧姆定律测定这两个物理量，从而掌握研究电学问题的思想和方法是对中学物理教师的基本要求。

【实验目的】

1）学习用电流表和电压表测定干电池的电动势和内电阻的方法。

2）掌握用图像处理实验数据的方法。

【器材】

干电池，直流电流表（J0407 型或 J0407—1 型），直流电压表（J0408 型或 J0408—1型），滑动变阻器（J2354—1 型），单刀开关（J2352 型），导线若干。

【实验说明】

这是一个应用闭合（全）电路欧姆定律的非常重要的实验，它对于中学生更好地理解闭合电路欧姆定律有重要价值。

【预习思考】 测定电源的电动势和内电阻的理论依据是什么？

【理论探究】

由闭合电路的欧姆定律 $I=\frac{E}{R+r}$

可得
$$U=E-Ir \tag{1}$$

式中 E、r 为电源电动势和内电阻，在电路中不随外电阻的变化而改变。当外电阻 R 变化时，路端电压 U 及电路中的电流 I 将发生改变。如改变外电阻，求得 n 组 U、I 值，即可由公式法或图像法求得 E、r。

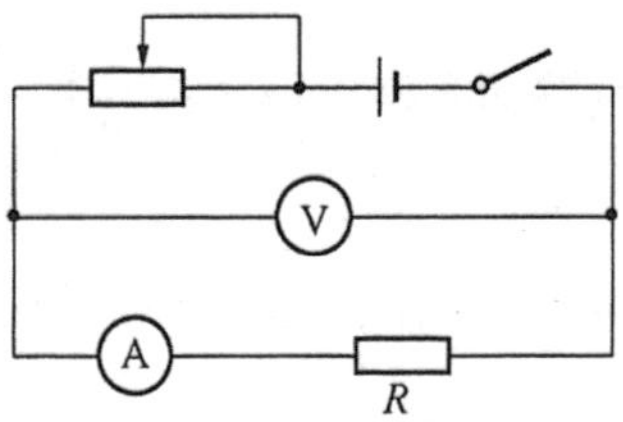

图 5-26　测量电路

【教学技能训练内容】

1) 按图 5-26 接好电路。其中电流表用 0.6 A 量程，电压表用 3 V 量程，滑动变阻器置于阻值最大位置。

2) 闭合开关，记下这时电流表和电压表的示数。依次减小滑动变阻器的阻值，读出相应的 U、I 值，将读数填入表 5-6。

表 5-6　电流与电压的测量值

物理量 \ 次数	1	2	3	4	5	6	7	8
I/A								
U/V								

3) 用公式法计算 E、r。将第 1、2 次测得的 U、I 值代入公式(1)，求出 E 和 r。同理，由第 3、4 次，第 5、6 次的测量结果可求出相应的 E 和 r。然后求出干电池的电动势和内电阻的平均值。

4) 用图像法求 E、r。在坐标纸上，用横轴表示电流 I，纵轴表示路端电压 U，选取适当比例，描出所记录的各组数据所对应的点，将这些点连成一条直线。如图 5-27，连线应使尽可能多的点落在直线上，并使直线两边的点尽可能对称。直线与纵轴的交点表示断路时 ($I=0$) 的路端电压 $U=E$，与横轴的交点表示短路时 ($U=0$) 的电流强度 I_0。直线的斜率即为电源的内电阻：$r=\tan\alpha$。

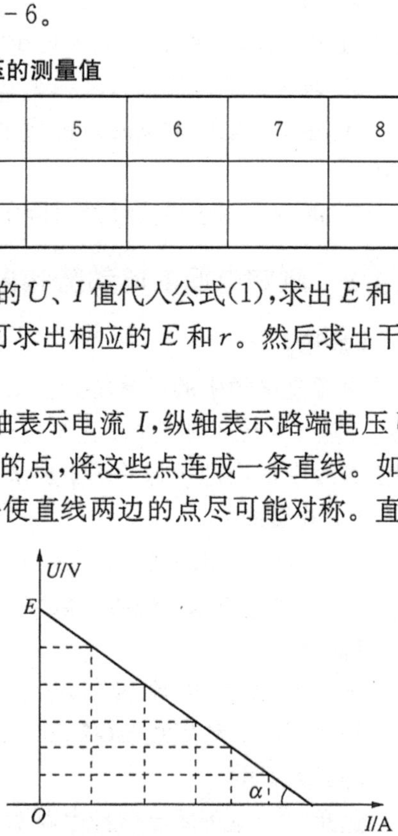

图 5-27　图像法求电源电动势和内电阻

【注意事项】

1) 由于干电池的内电阻较小（0.5～1.5 Ω），如果电路短路，电路中电流过大，会损坏电表和电池，因而调节滑动变阻器时要防止电阻为零的情况发生。

2) 一般来说干电池的电动势和内电阻是要变化的，随着电池使用时间的增加，它的电动势减小，内电阻增加。实验中使用电动势为 1.4 V 左右半新电池效果较好。如果是新电池，电动势在 1.55～1.58 V 之间，使用前应用小电流放一下电，使电动势降到 1.5 V，并且稳定下来。

3) 实验时为了不使在外电阻较小时，电路中的电流长时间超过干电池的正常放电电流(0.3 A)，应使通电时间越短越好，只是在读取数据时让电路接通，否则易损伤电池。

4) 改变滑动变阻器的阻值时，最好让两个电表中的一个表的指针指整数格，每次电阻值的变化适当大一些，可以减小读数误差，电表读数应多估计一位。

5) 图线坐标轴的单位长度取得是否合适，直接影响作图的准确性。图线的倾角最好接近 45°，坐标原点可以不从零开始，比如纵坐标原点可从比测量时的最小电压稍小的某一电压值 U_0 开始，但这时图线与横轴的交点 I 不再是短路电流。(想一下：这种情况下，如何利用图像求电源内电阻?)

【思考与讨论】

1) 有一电池的电动势为 E，内阻为 r，现把它和一外电阻 R 串联成如图所示的闭合回路。当外电路上的电阻 R 逐渐增大直至无穷时，请分析电池的效率 η 等于多少？(答案：效率为 1)

2) 用图像法求电源的电动势和内阻有什么优点?

3) 用本实验介绍的方法能否测蓄电池的内阻？为什么?

4) 测电源电动势和内电阻的一次实验结果见表 5-7。

表 5-7　实验结果

I/A	0.10	0.20	0.30	0.40	0.50	0.60
U/V	2.90	2.85	2.80	2.73	2.72	2.69

用公式法计算 E 和 r。选择恰当比例，作出 U～I 图像。

【课外探究】

课题：

试设计测定电源电动势和内电阻的其他方案。

探究指导：

方案一：如图 5-28 所示电路。调节电阻箱的阻值分别为 R_1、R_2，并由电流表上读出相应的电流值 I_1、I_2，由方程组：$\begin{cases} E_1 = I_1(R_1 + r) \\ E_2 = I_2(R_2 + r) \end{cases}$，解得。

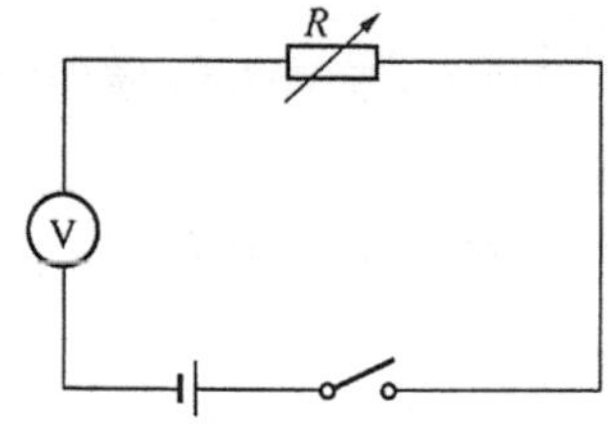

图 5-28　测电动势与内电阻

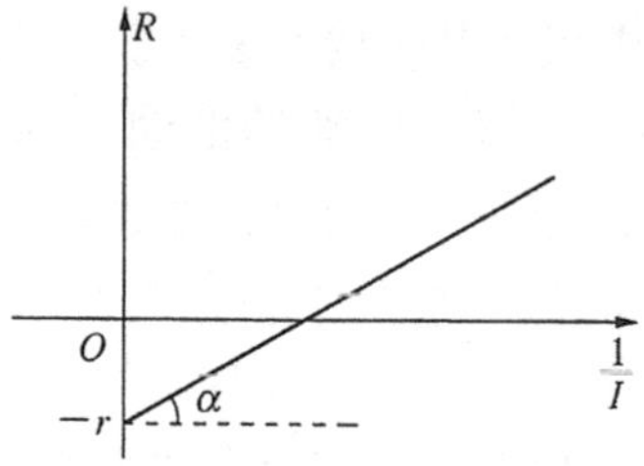

图 5-29　图像法求电动势与内电阻

若能测出多组 I、R 值，以 R 为纵坐标，$\frac{1}{I}$ 为横坐标做出 $R\sim\frac{1}{I}$ 图像，由于 $R=\frac{E}{I}-r$，可知这条图线是直线。直线在纵轴的截距为 $-r$，图线的斜率为 $E=\tan\alpha$，如图 5-29 所示。

方案二：在图 5-30 所示电路中，先后把电阻箱阻值调节为 R_1、R_2，并由电压表上读出相应的电压值 U_1、U_2，

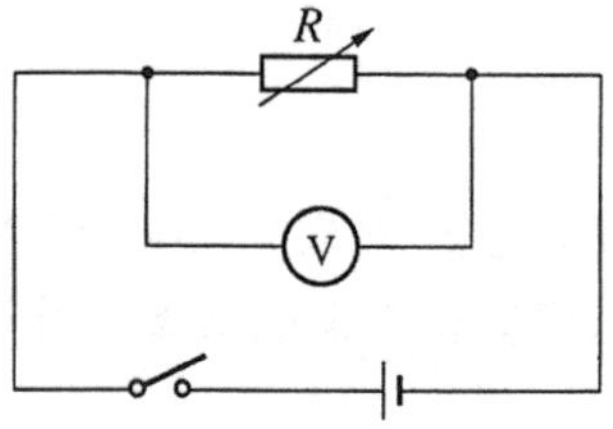

图 5-30　测量电路

由方程组：$\begin{cases} E_1=U_1+\dfrac{U_1}{R_1}r \\ E_2=U_2+\dfrac{U_2}{R_2}r \end{cases}$，可解得。

若能测出多组 U、R 值，也可以用上述方法，通过图像求得电源的内电阻和电动势。

以上方法均未考虑电表内阻对电路的影响，当考虑电表内阻时，不同电路中引起的测量误差不相同，这里不再讨论。

思考：请再设计一种“用电流表和电压表测量电池的电动势和内电阻”的电路图，并根据实际情况，对本实验所涉及的方案进行误差分析、比较。

5.4.3　伏安法测电阻和测小灯泡功率

【导语】

在中学物理教学中，与电阻和功率的测量有关的实验比较多，如初中的“伏安法测电阻”、“决定电阻大小的因素”、“测定小灯泡的功率”等，高中的“欧姆定律”、“电阻定律”、“用电器的额定功率和实际功率”等。在这些实验中，教师应该掌握如何选取合适的实验器材与研究方法。通过本实验则应进一步掌握利用误差原理进行实验准备和分析的方法。

【预习思考】

1) 实验中提供了“4 V，0.7 A”、“2.5 V，0.3 A”等小灯泡，灯泡参数的含义是什么？

2）阅读直流电流表和电压表的说明，了解其量程、电表内阻等参数。

3）通过中学物理 5 年的学习和做了几年大学物理实验，我们已经学习了哪几种测电阻的方法？它们都适用于什么情况？

4）中学物理中有哪几个学生分组实验与电阻、电功率的测量有关？

【实验目的】

1）学会用误差理论来分析实验，确定实验方案和选择实验器材。

2）根据实验条件来确定实验的误差范围和减小误差的措施。

3）研究如何指导中学生做好这个实验。

【器材】

电流表、电压表、滑动变阻器、电阻箱、定值电阻、学生电源、携带式直流单双臂电桥、电键、小灯泡（多种型号）、小灯座。

【实验说明】

本实验是中学物理实验中的一个非常基本的电学实验，它对训练学生使用基本电测量仪表、学会简单的误差分析、电路连接以及理论联系实际都有很重要的训练价值。

【理论探究】

1. 伏安法测电阻实验方案的设计

用电压表测出电阻两端的电压，用电流表测出通过这个电阻的电流强度，根据欧姆定律即可计算出该电阻的阻值，这种测量电阻的方法称为伏安法。伏安法测电阻的实验方案有两种：电流表内接法和电流表外接法，如图 5－31。

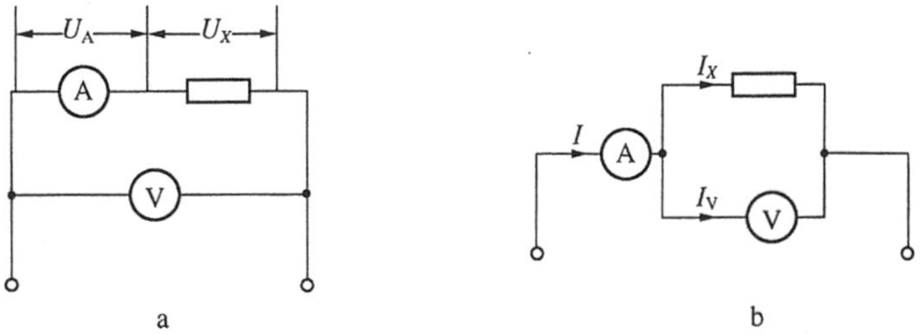

图 5－31　内接法与外接法电路

思考：利用伏安法测电阻，何时选用电流表内接法，何时选用电流表外接法？请根据所用器材、仪表、待测电阻确定实验方案。

提示：

外接法，$R_{测}=\dfrac{U}{I}=\dfrac{R\cdot R_V}{R+R_V}<R$，$\delta_{外}=\dfrac{|R_{测}-R|}{R}=\dfrac{R}{R+R_V}$

内接法，$R_{测}=\dfrac{U}{I}=R+R_A>R$，$\delta_{内}=\dfrac{|R_{测}-R|}{R}=\dfrac{R_A}{R}$

一般中学常用电压表 0～3.0 V 挡，$R_V = 1\ \mathrm{k\Omega}$，要求系统相对误差在 1%以下。

2. 确定电源电动势和滑线变阻器的规格

如何根据电压表和电流表的准确度级别来选择待测电阻和确定实验误差范围，进而确定电源电动势和滑线变阻器的规格。

设电表的准确度级别为 K，则测量中的最大误差为满量程的 $K\%$，即 $\Delta I = I_m \times K\%$，$\Delta U = U_m \times K\%$，由间接测量的误差传递公式可知：$\frac{|\Delta R|}{R} = \frac{|\Delta U|}{U} + \frac{|\Delta I|}{I}$。

测电压产生的最大相对误差：$\delta U = \frac{\Delta U}{U}$，实验时选用 0～3.0 V 挡，考虑到准确度级别为 2.5 级，则 $\Delta U = 2.5\% \times 3.0 = 0.075\ \mathrm{V}$，待测电压应在满量程的 2/3 以上(2～3 V)，误差范围在$\left(\frac{0.075}{3.0} \sim \frac{0.075}{2.0}\right) = (2.5\% \sim 3.8\%)$之间。

自己算一下测量电流产生的最大相对误差。

则电表产生的误差在 5%～7.6%之间，待测电阻的规格应是：$R_X = \frac{3.0\ \mathrm{V}}{0.6\ \mathrm{A}} = 5.0\ \Omega$，功率 $P_X \geqslant 3.0\ \mathrm{V} \times 0.6\ \mathrm{A} = 1.8\ \mathrm{W}$。

由待测电阻 $R_X = 5.0\ \Omega$，电流值 $I_{max} = 0.6\ \mathrm{A}$，$I_{min} = 0.4\ \mathrm{A}$，当滑线变阻器 $R_0 = 0$ 时，电阻两端电压为 $I_{max} \cdot R_X = 3.0\ \mathrm{V}$，则电源电动势应满足 $\mathscr{E} \geqslant I_{max} \cdot R_X = 3.0\ \mathrm{V}$。

根据最小电流的要求，确定变阻器 R_0 的参数。$I_{min} \geqslant \frac{\mathscr{E}}{R_X + R_0}$ 则 $R_0 > \frac{\mathscr{E}}{I_{min}} - R_X = \frac{3.0}{0.4} - 5 = 2.5\ \Omega$。

可选用大于 2.5 Ω，0.6 A 规格的滑动变阻器。

思考：换用其他挡位时，应如何选择元件？

【教学技能训练内容】

1) 用电桥法测出待测电阻阻值，作为真值。

2) 分别用电流表外接法和内接法测待测电阻阻值，对用这两种方法的测量结果进行比较，分析其原因。

3) 在实际测量中，若不能事先知道待测电阻的大概值，用什么方法确定采用哪种连接方案？请说明具体操作方法。

4) 画出测定小灯泡功率的电路图，选取适当的器材。

5) 用两种方法测出小灯泡在额定电压下的功率，并对实验误差进行定量分析。

6) 用两种方法测出小灯泡在高于和低于额定电压下 1/5 时的功率。

【思考与讨论】

1）根据实际数据分析小灯泡的伏安特性曲线是否为一直线？为什么？

2）根据本实验中所用电表，怎样分析在用某一量程测量数据时，读数需保留的位数是多少，并据此查验你的测量数据的保留位数是否规范。

3）请查阅资料，探讨无穷网络的等效电阻问题。

【参考资料】

1. 欧姆表

（1）基本构造

欧姆表由电流表 G、电池、调零电阻 R，刻度盘和红、黑表笔组成，如图 5-32 所示，就电路部分而言，在欧姆表内部是电流表、电池、调零电阻三者串联而成，在欧姆表外部，接上被测电阻 R_X 后，与欧姆表内部电路一起组成闭合电路。

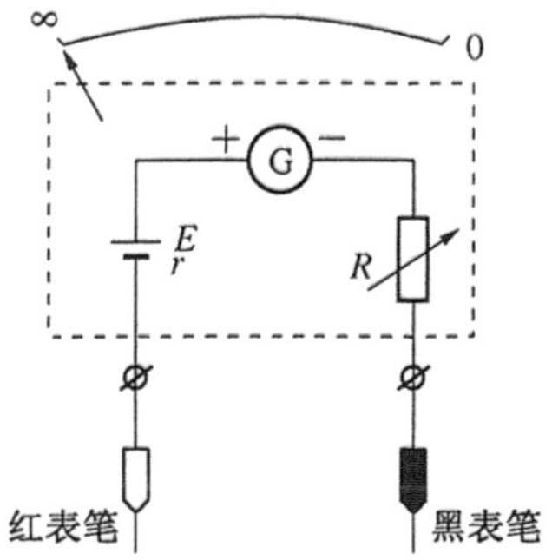

图 5-32　欧姆表

【注意】红表笔的插孔是正插孔（标有“+”），黑表笔的插孔是负插孔（标有“−”）。对欧姆表来说，正插孔与内部电源的负极相连，是低电势，它表示欧姆表工作时电流从“+”插孔流入；负插孔与内部电源的正极相连，是高电势，它表示欧姆表工作时电流从“−”插孔流出。

（2）工作原理：闭合电路欧姆定律

设电流表 G 的满偏电流为 I_g、内阻为 R_g、电池的电动势为 E、内阻为 r，调零电阻为 R，被测电阻为 R_X，则有 $I=\dfrac{E}{(R_g+R+r)+R_X}$，而电流表指针的偏角 $\theta\propto I$，所以可根据 R_X 与 θ 的对应关系得到 R_X 的值。

（3）刻度的标定

红、黑表笔短接（被测电阻 $R_X=0$）时，调节调零电阻 R，使 $I=I_g$，即使电流表指针达到满偏值，这一过程叫做欧姆表的调零。

1）当 $I=I_g$ 时，$R_X=0$，在满偏电流 I_g 处刻 0 Ω。

2）当 $I=0$ 时，$R_X\to\infty$，在 $I=0$ 时处刻 ∞。

3）当 $I=\dfrac{I_g}{2}$ 时，$R_X=(R_g+R+r)=\dfrac{\varepsilon}{I_g}$，此电阻值也叫中值电阻：$R_中=(R_g+R+r)=\dfrac{\varepsilon}{I_g}$，在 $I=\dfrac{I_g}{2}$ 处（盘处正中央）刻 $R_中$。

4）一般地，当 $I=\dfrac{E}{(R_g+R+r)+R_X}$ 时，刻度值为 R_X。

（4）使用方法

一般常用的欧姆表是多用电表中的其中一个功能。如图 5-33 所示，欧姆表的使用要点是：

1）根据被测电阻的大致值，将选择开关旋转到欧姆挡相应的倍率上。欧姆挡的倍率表示测量值跟指针指示值的倍数关系。例如用“×10”挡测某电阻时，指示值为 15，则表示被测电阻值是15×10=150（Ω）。选取挡位的根据是以测量时指针尽可能达半偏为宜。

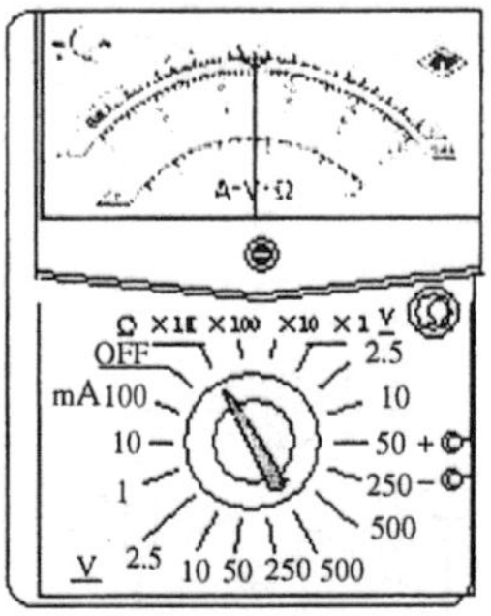

图 5-33
多用电表中的欧姆挡

欧姆表测量电阻时，指针越接近半偏位置，测量结果越精确，电压表和电流表测量电压和电流时，指针越接近满偏，测量结果越精确。

2）调零：红、黑表笔短接，调节调零旋钮（调节调零电阻的值）使指针指向最右方 0 Ω 处。

3）测量：将被测电阻跨接在红、黑表笔间。

【注意】 ① 不要用手接触电阻的两引线。② 若发现指针偏角太大或太小应换用倍率较小或较大的挡。但每次换挡后必须重新调零。③ 读数：测量值=表盘指针示数×倍率。④ 测量完毕，将选择开关旋转到空挡或交流高压挡，拔出表笔，长期不用应取出电池。

2. 电流表刻度盘上的刻度为什么是均匀的

学生用的磁电式电流表包括改装成的电压表在内，其刻度盘上的刻度都是均匀的，现以原理图作一个简单的说明。

当线圈通有电流时，安培力产生的力矩，如图 5-34 所示。

$$
\begin{aligned}
M_1 &= M_{ab} + M_{dc} = 2nF \times \frac{ad}{2} \\
&= 2n(ILB) \times \frac{ad}{2} \\
&= nIB(ab \times ad) = nIBS
\end{aligned}
$$

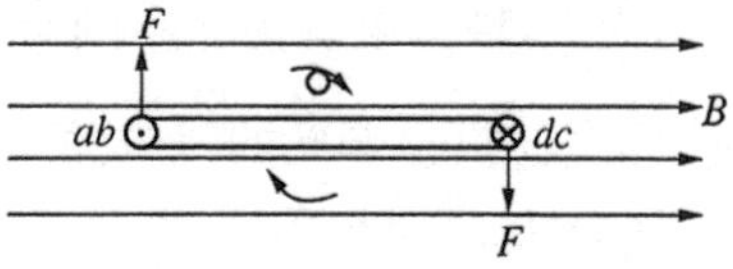

图 5-34　安培力矩

式中 n 代表线圈匝数、S 代表线圈的面积、令 $K_1 = nBS$，则 $M_1 = K_1 I$。

由于螺旋弹簧的扭转力矩与扭转角 θ 成正比，设此时螺旋弹簧的扭转力矩 $M_2 = K_2\theta$。

力矩平衡时：$M_1 = M_2$，即 $\theta = \frac{K_1}{K_2} I$。

所以令 $K = \frac{K_1}{K_2}$ 得 $\theta = KI$。

可见指针的偏转角 θ 与电流 I 成正比，即电流表刻度盘上的电流刻度是均匀的。

3. 表级对伏安法测电阻的影响

电工仪表准确度的高低用“表级”表示，它是电表按满刻度值计算的相对误差的百分数：最大相对误差$=\frac{\text{最大绝对误差}}{\text{满刻度值}}\times 100\%$。

依此关系可由电表的最大相对误差值(表级)及其满刻度值，求出该表的最大绝对误差，如满刻度为 0.6 A，表级为 2.5 级的安培表，其最大绝对误差为：0.015 A。如测量时，电表示数达不到满刻度，则电表示数越小，相对误差就越大，读数就越不准确。如上面提到的安培表，若满刻度为 0.06 A，则其最大相对误差为$\frac{0.015}{0.06}\times 100\%=25\%$(相当于 25 级表)，读数就很不准了。

中学物理对伏安法测电阻实验，重点讨论了安培表内外接法的误差问题，实际上由于电表准确度不高造成的读数误差往往比内外接法引起的理论误差还大。因此在实验时，选取电表量程要尽量使指针能在 1/3 满刻度以上大范围转动，越接近满刻度值，相对误差越小，而不能根据待测电阻中最大电流表是否小于满刻度值来确定量程。

5.5　光学实验教学技能训练

5.5.1　利用双缝干涉测定单色光的波长

【导语】

光的干涉是光的波动性的重要特征，双缝干涉实验是科学发展史上研究光的波动性的重要实验，通过本实验的研究进一步认识光的本质，熟悉光学实验的技巧，掌握光学实验的思想和方法，为指导中学生做好该实验打下基础。

【预习思考】

1) 通过哪些方法可以求单色光的波长。

2) 初步了解双缝干涉仪的构造特点。

【实验目的】

1) 学会双缝干涉仪的安装和使用。

2) 观察干涉现象，利用双缝干涉条纹测定单色光的波长。

3) 通过实验观察单缝衍射现象，了解单缝衍射图样与双缝干涉图样的区别。

【器材】

J2515 型双缝干涉仪一套、J2507 型光具座一个、低压电源(J1202 型或 J1202—1 型)、激光器一台、衍射单缝、直丝灯泡、红、绿色透明纸、玻璃片、刀片、支架等。

【实验说明】

光的干涉是高中物理教学中的重点内容，在光的干涉的教学中，一个值得注意的问题是相干条件的讲述，相对于机械波——比较容易地获得连续振动的波源、满足相干波的条件，两个独立光源发出的光，即使是“频率相同的单色光”(实际上严格的单色光并不存在)，也不能保持恒定的相差。考虑到学生的知识基础和接受水平，讲解中可以不提出相干光的概念，只强调利用“单孔双缝”使得一束光“成了两个振动情况总是相同的波源”，这同机械波中提到的振源的“振动步调相同”的要求是一致的。

实验时可以用灯丝为线状的灯泡作光源，在双缝前加一个滤光片(红、绿均可)，让双缝对准光源且双缝平行于灯丝，这样通过双缝的为单色光。然后调节双缝的卡脚，即可在筒内带有刻度的光屏上得到单色光的干涉条纹，再从观察到的条纹中选若干条清晰的条纹。本实验除了测波长，还可以让学生观察白光的干涉条纹(不加滤光片，直接观察灯丝发出的光)，在屏上可看到彩色条纹。

【实验前思考】

进行实验前需明确以下问题：

1) 双缝干涉实验中，产生明纹和暗纹的条件各是什么？何处可以观察到明条纹，何处观察到暗纹？

2) 相邻的明纹或暗纹中心的间距如何计算？

3) 如何通过双缝干涉实验，测定单色光的波长？

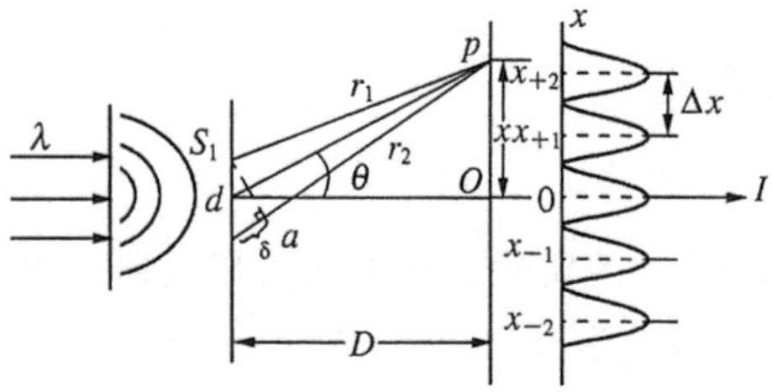

图 5-35 双缝干涉

【理论探究】

因为 $d \ll D$，而角度 θ 通常很小，所以根据图 5-35 中的几何关系，虚线段 S_1a 近似垂直于 r_1、r_2，

$$r_2 - r_1 \approx d\sin\theta$$

如果 P 点处为明纹中心，那么两束光在 P 点处的相位差应为

$$\Delta\Phi = \pm 2k\pi,\ (k = 0,1,2,\cdots)$$

如果 P 点处为暗纹中心，那么两束光在 P 点处的相位差应为

$$\Delta\Phi = (2k+1)\pi,\ (k = 0,1,2,\cdots)$$

则在 P 点处观察到明纹中心的条件为

$$\delta = d\sin\theta = \pm k\lambda,\ (k = 0,1,2,\cdots) \tag{1}$$

在 P 点处观察到暗纹中心的条件为

$$\delta = d\sin\theta = \pm(2k+1)\frac{\lambda}{2},\ (k = 0,1,2,\cdots) \tag{2}$$

式(1)中的 k 连同正、负符号给出明纹的级次。$k=0$ 的零级明纹在 $\theta=0$ 处，称为中央明纹；两侧向外有 ±1 级的明纹、±2 级的明纹等。

下面讨论双缝干涉条纹中相邻明纹中心的间距。在图 5-35 中，令第 k 级明

纹中心对应的 θ 为 θ_k，则由式(1)得

$$d\sin\theta_k = k\lambda$$

设这一明纹的坐标为

$$y_k = D\tan\theta$$

因 θ 很小，近似有 $\sin\theta_k \approx \tan\theta_k \approx \theta_k$，故

$$y_k = k\frac{D}{d}\lambda$$

同理，相邻明纹中心的坐标为

$$y_{k+1} = (k+1)\frac{D}{d}\lambda$$

间距为

$$\Delta y = y_{k+1} - y_k = \frac{D}{d}\lambda$$

由于以上结果与 k 值无关，可知各相邻明纹中心间距相等。

对相邻暗纹中心作同样分析可得同样的结论。因此，双缝干涉的条纹是等间距的，相邻明纹中心或暗纹中心的间距为

$$\Delta y = \frac{D}{d}\lambda$$

这个结果表明：① 条纹的间距与波长成正比，红光的条纹间距大于紫光的条纹间距，当用白光做实验时，只有中央明纹为白色，其他各级明纹成为错开和重叠的彩色明纹，级次稍高时，级次相邻的条纹将因彼此重叠而变得模糊不清；② 根据实验测得的 Δy、D 和 d 的值，可以求出入射单色光的波长。

【教学技能训练内容】

本实验研究需要完成以下三项内容：首先学会安装调节双缝干涉实验仪；观察双缝干涉图样和单缝衍射图样，并作比较；求出单色光的波长。

1. 安装调节双缝干涉实验仪

参照“认识物理实验基本仪器”一章有关内容，按照仪器结构示意图及整机图把零部件安装在光具座上。在光具座最后两只滑块上插上半圆形支架环，支架环插杆的高度要相等。遮光管搁在支架环上，与光具座导轨平行。在遮光管前端固定好双缝，缝取竖直方向。单缝管套在双缝外面，因此从仪器外表上看不到双缝。调节单、双缝平行的拨杆装在单缝管上。灯泡、透镜分别插在光具座滑块上，置于单缝前面。在遮光管的另一端装上观察筒。遮光板在观察或测量时插在单缝前，用于挡住灯光，以免刺激实验者的眼睛。

仪器调节的关键,一是使光学元件的中心均在仪器的光轴上,即共轴;二是使光源、单缝与双缝平行。仪器以遮光管的轴线为光轴,装在遮光管上的单缝、双缝、观察筒(或测量头)已共轴,这是由仪器结构保证的,因此只需把灯泡及透镜的中心调节到仪器的光轴上就行了。采用共轭法调节灯泡及透镜共轴。灯泡与单缝之间的距离约为 25 cm。把灯泡灯丝、透镜大体上调节到与单缝等高。点亮灯泡,透镜移近单缝,在单缝面上成灯丝的缩小像,透镜上下移动,使灯丝的缩小像成在狭缝中心。然后把透镜移向灯泡,在单缝面上成灯丝的放大像,上下或左右移动灯泡,使灯丝放大像亦在单缝中心。反复调节 2、3 次,当移动透镜时,灯丝的放大像及缩小像均成在单缝的中心。然后把透镜固定在离开灯丝约 5 cm 的地方,用平行光照亮单缝。用拨杆调节单、双缝的平行。双缝的缝固定在竖直方向,左右移动拨杆时,拨动单缝绕光轴旋转,就能把单缝调节到与双缝平行。调节时边移动拨杆,边观察干涉条纹,直至看到清晰的干涉图样。如果干涉条纹不是竖直方向的,不影响实验结果,但看起来不习惯,可把遮光管连同单、双缝、观察筒转过一个角度,使干涉条纹成竖直方向。在仪器安装调节过程中,还可以把双缝干涉实验装置与杨氏双孔干涉实验装置进行比较,了解单、双缝的作用以及产生稳定的干涉图样的条件。

2. 单色光波长的测量

仪器安装调节好后,换上测量头,把测量头的游标尺置 10 mm 左右,调节目镜,在视场中出现清晰的干涉条纹及分划板上的刻线,然后在单缝前套上红色或绿色滤色片即可开始测量。

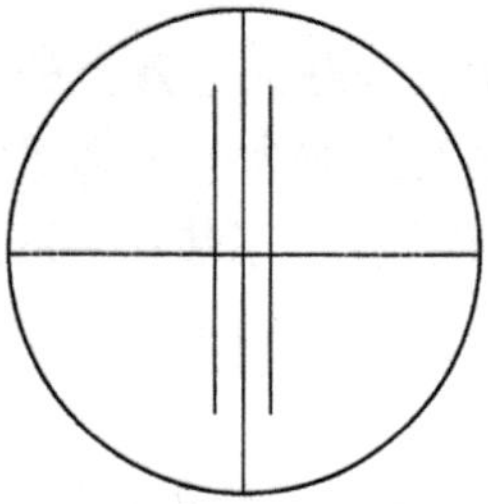

图 5-36　分划板

分划板上的刻线形状如图 5-36 所示,一条水平刻线,三条竖直刻线。竖直刻线应与干涉条纹平行。若不平行,松开测量头上的紧固螺钉,转动测量头,使竖直刻线与干涉条纹平行。

根据在双缝距 d 及缝屏距 L 已知的条件下,测出相邻两条亮(或暗)条纹的间距 Δx,就可计算波长 λ。若直接测 Δx,测量的相对误差较大,因此可先测 6 条明(或暗)条纹的总间距,再计算出 Δx。转动手轮,把分划板刻线对齐左边某一条清晰的亮(或暗)条纹,记下游标尺上的读数 x_1,然后把分划板移向右边,把刻线对齐第 7 条亮(或暗)条纹,记下游标尺读数 x_7,如图 5-37 所示。6 条条纹的总间距为 x_7-x_1,则 $\Delta x=\dfrac{(x_7-x_1)}{6}$。

分划板刻线能否对齐干涉条纹,对测量结果影响很大,由于明暗条纹的单线不很清晰,测量时应对齐干涉明(或暗)条纹的中心。方法如下:把明(或暗)条纹嵌在分划板两根短刻线之间,使条纹的两边边缘与短刻线的距离相等,这时中心刻线就对齐在条纹的中心,如图 5-38 所示。

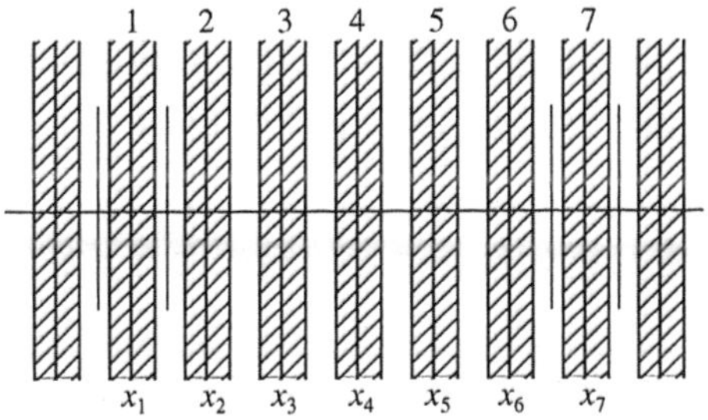

图 5-37　波长测量方法

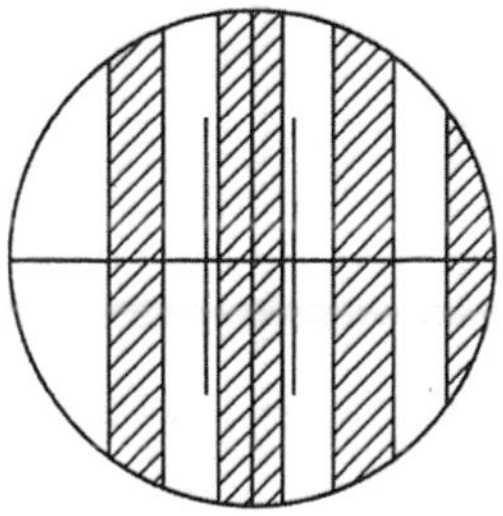

图 5-38　分划板刻线对齐方法

为减小测量误差，x_1 及 x_7 的读数应重复测多次，取其平均值。计算波长时，双缝距 d 标在双缝座上，在安装仪器时就要把 d 值记下来。缝屏距 L，不加接长管是 600 mm，加上接长管后为 700 mm。

J2515 型双缝干涉实验仪有红绿两块滤色片、两块双缝及两个缝屏距，共有 8 组实验条件可供学生选用。列在表 5-8 中的测量数据及计算结果供参考。表中的 x_1、x_7 已是 3 次测量数据的平均值。

表 5-8　双缝干涉实验测量结果

滤色片	仪器参数		条纹	游标尺读数		x_7-x_1/mm	$\Delta x=(x_7-x_1)/6$ /mm	$\lambda=\frac{\Delta x\cdot d}{L}$ /nm
	D/mm	L/mm		x_1/mm	x_7/mm			
红色	0.200	600	明	2.84	14.48	11.64	1.94	647
			暗	3.80	15.50	11.70	1.95	650
		700	明	1.58	15.34	13.76	2.29	654
			暗	2.64	16.56	13.92	2.32	663
	0.250	600	明	2.28	11.88	9.60	1.60	667
			暗	3.10	12.66	9.56	1.59	663
		700	明	1.48	12.54	11.06	1.84	657
			暗	2.34	13.48	11.14	1.86	664
绿色	0.200	600	明	3.32	13.04	9.72	1.62	540
			暗	2.60	12.18	9.58	1.60	533
		700	明	2.74	13.98	11.24	1.87	534
			暗	1.88	13.08	11.20	1.87	534
	0.250	600	明	3.18	11.00	7.82	1.30	542
			暗	3.92	11.56	7.64	1.27	529
		700	明	2.84	12.00	9.16	1.52	543
			暗	3.72	12.64	8.92	1.49	532

【注意事项】

1）共轭法成像的条件，物与像平面之间的距离必须大于透镜焦距的 4 倍，因此用共轭法调节灯泡、透镜与仪器光轴共轴时，灯泡与单缝之间的距离应在 25 cm 左右。

2）测量单色光波长时，测量头、接长管与遮光管连接处的定位面应紧密吻合，否则缝屏距 L 变长，测量误差增大。

3）在读取 x_1 至 x_7 的整个过程中，不能拨动调节拨杆或转动测量头，否则会引起干涉条纹的移动而使读数无效。

4）考虑仪器误差及测量误差等因素，测量结果红光的波长应在 624～696 nm 之间，绿光波长应在 505～566 nm 之间，若偏离了上述范围，应检查原因。

5）仪器所用的光源灯泡，其灯丝冷电阻较小，一开始用 12 V 电压点灯泡时，电流过大，学生电源次级保险丝可能会烧断，或者过载保护自动截止，无电压输出。因此，点亮灯泡时电压应逐挡升高至 12 V，使用时不得超过 12 V。

3. 观察单缝衍射现象

利用双缝干涉实验仪观察单缝衍射现象实验装置的光路如图 5－39 所示。双缝干涉实验仪安装在光具座上，在遮光管前端安装双缝的地方换上缝宽为 0.200 mm或 0.250 mm 的衍射单缝，调节仪器共轴。左右移动拨杆，使光源单缝与衍射单缝平行，并能观察到清晰的衍射图样。

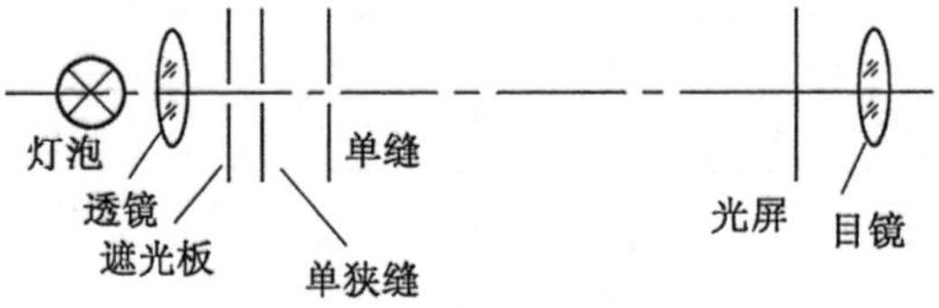

图 5－39　观察单缝衍射的装置

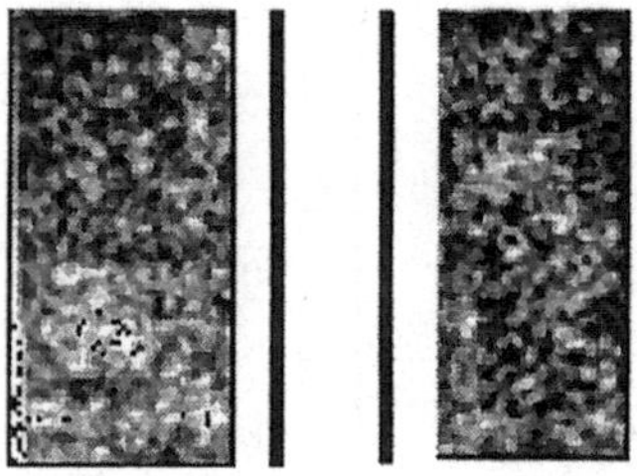

图 5－40　单色光单缝衍射图

如用白炽灯做光源，观察到的白光的单缝衍射图样，中央是一条较宽的白色的亮条纹，称中央亮条纹，两侧是彩色条纹，在同级衍射条纹中，红色在外侧。如用单色光做光源，或者在光源单缝前装上红色或绿色滤色片，观察到的衍射图样是明暗相间的条纹。中央亮条纹最亮，其他各级亮条纹的亮度逐级减弱。中央亮条纹最宽，其他各级亮条纹的宽度相等，且中央亮条纹的宽度为其他各级亮条纹的宽度的 2 倍。图 5－40 是单色光的单缝衍射图样。

【思考与讨论】

1）相邻两条明条纹或暗条纹的间距 Δx 与哪些因素有关？

2）白光的双缝干涉图样为什么中央亮条纹是白色的？其他各级亮条纹中，为什么红色在最外侧?

【课外探究】

1) 课题：自制双缝并观察双缝干涉图样。

2) 参考资料：以下提供一种自制双缝的方法供参考。

自制双缝所需的器材：蜡烛、玻璃片(用制作生物切片的载玻片较方便)、双面刀片两片。用蜡烛火焰把玻璃片的一面熏黑，操作时要防止玻璃片受热不均而断裂。把两片刀片叠在一起，刀口叠齐，捏紧，在玻璃片熏黑的一面上划一道直线，就得到一块双缝。双缝距约为一块刀片的厚度。在两块刀片之间垫一层纸，再刻一块双缝距大一些的双缝，可以刻在同一块玻璃片上。

观察时手持双缝片，透过双缝观察直丝灯泡，就可看到白光的双缝干涉图样。在灯泡和双缝之间或双缝与眼睛之间插入一张有颜色的玻璃纸或滤色片，即可看到单色光的双缝干涉图样。再改用不同缝距的双缝观察，或移动观察位置改变与光源之间的距离，可看到干涉条纹的间距发生变化。

5.6　近代物理实验教学技能训练

5.6.1　用分光镜观察钠光谱

【导语】

中学物理教学要体现时代性、基础性，就要选取一些反映近代物理研究的实验让学生接触和了解。光谱研究是近代物理研究中的一种重要研究方法(物理学三个重要分析方法是声学方法、光学方法、粒子轰击方法)，通过本实验的研究学习，掌握相应的方法和技巧，为指导中学生做好相应实验打下基础。

【预习思考】

1) 了解分光镜的构造及其使用方法。

2) 了解感应圈的构造及其使用方法。

【实验目的】

学会使用分光镜、感应圈，并会观察钠的明线光谱和吸收光谱。

【器材说明】

分光镜是一种常见的光学仪器，实际上就是一种精密的测角仪。在几何光学实验中，主要用来测定棱镜角、光束的偏向角等，而在物理光学实验中，如果加上分光元件(棱镜、光栅)即可作为分光仪器，用来观察光谱，测量光谱线的波长等。

【实验前思考】

1) 实验前复习学过的相关的近代物理学知识，明确什么是连续光谱、明线光谱、吸收光谱？它们的特征如何?

2) 实验前阅读分光镜、感应圈的使用说明书，明确其构造和使用方法。

3）如何获得钠光？你认为最好的方法是什么？

4）如何获得钠的吸收光谱？

【教学技能训练内容】

1. 观察发射光谱

1）看连续光谱　这是由炽热的固体、液体及高压气体发射的光谱。实验时将发光灯珠放置在平行光管前端的狭缝处。通过望远镜就可以观察到白光的连续光谱。

2）看明线光谱　由稀薄气体发光产生的光谱，由不连续的若干亮线组成。充有不同气体的光谱管装在带金属夹的木框上。框与底座分别装有接线柱，以便用导线与高压感应圈的放电柱相连接（或用具有绝缘柄的金属导杆与光谱管顶部金属相接触）。演示时，接通电源使感应圈正常工作，转动感应圈的调节螺丝，调节两触点间距，使断续器工作，一般调到触点火花最小为好，触点不能压死，否则电流太大，容易烧坏初级线圈。把发光的光谱管的狭窄管道部分（制成窄的管道是为了增强发光体的亮度）靠近分光镜的镜筒窄缝处逐个进行观察。由于普通分光镜的分辨本领较差，实验时仅能看到各种气体的几条主要谱线，且排列位置和彩色也有所不同，可让学生着重观察氢光谱，因为氢光谱最简单，也最容易观察，将小日光灯直立起来，也可进行观察。

注意：严禁放电杆与光谱管排气封嘴接触，以免高压击穿漏气；尽量缩短供电时间，防止供电设备损失以及影响光谱管的使用寿命。

2. 观察钠的明线光谱

1）获得钠光的简单方法是，向点燃的酒精灯上撒食盐。但这种方法，尽管食盐很细，钠光也不稳定。另一种方法，就是将食盐溶解在酒精中，这样容易使灯芯硬结。我们所采用的方法是将食盐撒在金属网上，再将金属网罩于酒精灯上方，这种方法比前面两种要好。

2）将酒精灯靠近狭缝，即可看到钠光谱。调整狭缝宽度，在分辨本领较高的分光镜中可看到钠光的谱线是两条。

3）调整白炽灯、酒精灯、透镜、狭缝，使其在同一光轴上（进入平行光管的是光源的直射光）。将白炽灯通过调压器接上电源。调整电压，使灯不太亮，即可观察到钠的谱线恰好在连续谱线的黄色区域。

3. 观察钠的吸收光谱

在逐渐加高白炽灯电压（即加强连续光谱，但不要超过额定电压）的同时，可观察到钠光逐渐由黄变黑。

吸收光谱与吸收物质层厚度有关，吸收层越厚，谱线越暗。光通过的钠焰越长，吸收谱线越明显。

【参考文献】

光学分析方法

光学分析法利用的是待测定组分所显示出的吸收光谱或发射光谱，既包括原子光谱也包括分子光谱。利用被测定组分中的分子所产生的吸收光谱的分析方法，即通常所说的可见与紫外分光光度法、红外光谱法；利用其发射光谱的分析方法，常见的有荧光光度法；利用被测定组分中的原子吸收光谱的分析方法，即原子吸收法；利用被测定组分中的发射光谱的分析方法，包括发射光谱分析法、原子荧光法、X 线原子荧光法、质子荧光法等。

思　考　题

1. 分光镜狭缝的大小对观察光谱有什么影响？
2. 在观察到连续谱线上的明线后逐渐转为吸收谱线的做法有什么好处？
3. 本实验存在什么问题，如何加以改进？

参 考 文 献

1. 安忠，刘炳升. 1986. 中学物理实验教学研究. 北京：高等教育出版社
2. 陶洪. 1996. 物理实验论. 南宁：广西教育出版社
3. 郭子正，王河. 1995. 中学物理实验技能及教学技能训练. 北京：高等教育出版社
4. 冯容士. 1998. 物理实验创造技法和实验研究. 上海：上海教育出版社
5. 王兴乃，张诚，陈准等. 1984. 中学物理仪器的使用和检修. 福州：福建教育出版社
6. 刘炳升，仲扣庄. 2004. 中学物理教师专业技能训练. 北京：高等教育出版社
7. 王河，胡象岭，李新乡等. 1998. 物理教育学. 济南：山东大学出版社
8. 教育部教学仪器研究所. 高中物理学生实验(人民教育出版社出版). http://www.pep.com.cn/gxssy/index.htm

第6章　自制教具、课外实验与教学技能训练

做好物理实验必须要有一定的物质条件，其中最重要的是教学仪器。随着科学技术的发展，教学仪器在不断地更新和改进，为物理教学改革奠定了一定的物质基础，但仍然跟不上教学的需要。因此，中学物理教师开展自制教具的研究、学生进行小实验和小制作的训练，就显得很有必要。自制教具不仅可成为仪器改进的先导，而且其本身的直接应用价值也非常大。这是因为自制教具价格低廉，易于普及；简单明了，易于揭示本质特征；而且易使学生感到亲切，含有许多创造教育的因素。

课外实验的训练能使中学生感受到物理世界并不是很神秘的，而是和学生身边的生活密切相关的，这样容易激发学生物理学习的兴趣。同时利用身边的器材自制教具、学具能够培养学生的动手实践能力；从学习生活和社会生活中选择课题进行实验探究，对改变学生的学习方式、培养学生科学探究的能力具有重要的作用。

6.1　物理实验设计、自制教具基本原理

6.1.1　实验设计与自制教具的意义

进行实验设计，不仅是新的实验方法、方案、内容、装备等更新发展的需要，也是教学、教改和教研的需要，是提高教师教学水平、开发学生智力、培养学生能力以及科学素养的需要。自制教具与实验设计是一对孪生兄弟，一般都是同时进行的。随着科技的进步、教育理论的发展，人们越来越认识到，自制教具不仅取材容易、成本低廉，可以解决教学仪器的不足，而且简单明了、易于揭示事物的本质联系，富于创造因素，有利于开发学生的智力和发展良好的非智力因素，因此具有现代教育思想的本质特征和符合现代教育思想的教学功能，与厂制仪器的发展并驾齐驱，具有强大的生命力。2002年的高中物理教学大纲提倡并明确指出，要发动学生和教师一起自制教具。原国家教委师范教育司[1992]16号文件把“演示实验和制作教具”作为师范院校学生的教师职业技能训练的主要内容之一，从突出师范特色和教育、教学改革的角度规定了“演示实验、制作简易教具技能训练的基本要求”。所以说，自制教具技能的训练对师范院校的学生来说是不可缺少的重要教学环节之一。2003年教育部颁布的《普通高中物理课程标准》中也提到：“提倡客观记录学生提

出的问题以及在理论学习、物理实验、小论文、小制作和科学探究等活动中的表现，关注学生的观察和实验的能力、提出问题的能力、做出猜想和假设的能力、收集信息和处理信息的能力、交流的能力等”(为叙述简单起见，以下把“小实验、小制作”简称为课外实验)。课程标准在各个模块中也提到了许多课外实验，例如，“制作一个简易弹簧秤，用胡克定律解释其工作原理”，“根据牛顿第二定律，设计一种能显示加速度大小的装置”，“用磁感线描绘通电直导线周围的磁场”，“进行实验，估测油酸分子大小”，“组装小型变压器”，“利用传感器制作简单的自控装置”，“用注射器和胶管制作简易液压传动器，验证力与柱塞横截面积及移动距离的关系”，“自制简易望远镜，用望远镜观察星空，与同学交流观察结果”，“以多用电表为测量工具，判断二极管的正、负极，判断大容量电容器是否断路或者漏电”，“利用集成块制作简单的实用装置”，“制作简单的门电路”，“用电磁继电器安装一个自动控制电路”，“设计实验，比较肥皂水和清水的表面张力”，“学生们站成一排，依次下蹲、起立，模拟机械波”，“制作水火箭”等。

在物理教学中，课外实验既能激发学生学习物理的兴趣，又能直接切入主题教学核心进行教学的设计。一般来讲，课外实验不受时间和场地等的约束，在学校、家庭等场所中均可以动手实验。通过实践，能激发学生学习物理的兴趣，帮助学生认识物理概念及规律，提高实验效果，增强学生观察、分析和逻辑推理能力。

6.1.2　物理课外实验的作用

在教学中适时引导学生用常见、便宜的器材进行课外实验，研究物理问题必须注意到物理课外实验的特点。在教学活动中的物理课外实验具有自己的特点，主要表现在以下几个方面。

1. 趣味性强

这类实验大多数要求学生自己设计、寻找材料、自己实验，增加了实验的趣味性，对学生具有很强的吸引力。

如要设计一个“把鸡蛋从五楼摔下来而不碎”的实验装置，只给出实验题目，不给出设计的限制和所需的器材，由学生自己选择器材、方案并付诸实施。这对学生而言就有了很强的刺激性和趣味性，能极大地调动学生的参与性与创造性，达到开展这类实验的目的。

2. 取材容易

这类实验所需要的材料都是一些非专业性的，实验能够比较顺利进行的。如选用竹筷、木块、塑料薄膜、易拉罐、可乐瓶、塑料尺、废圆珠笔、塑料笔杆、缝纫机梭芯、胶卷盒、包装纸盒、挂历螺旋套、一次性注射器、输液管，甚至鸡蛋壳之类的家庭生活中常见的东西和废弃物品为材料，这些材料同样能使这类实验活动的开展具有巨大的生命力。

3. 制作简易

当前,中学生的实验能力水平各异,但总体水平不高。课外实验不需要用高、精、尖的设备进行加工。因此,对这类实验的设计要贯彻“制作简易”的原则,即要求学生用家庭生活用具,如刀、剪、钳、锥、锤、扳手,甚至针线这类工具,或市场可以购到的万能胶、透明胶带等,就能完成制作。这就符合中学生动手的实际水平,并能让他们在制作中不断提高自己的操作工艺和动手能力。

6.1.3 物理课外实验在中学物理教学中的作用

1. 培养学生选择应用器材的能力

实验时,使用各类器材是首要的。实验是学生获得使用器材经验和识别器材的有效途径。教师根据实际的物理问题引导学生选择应用的物理器材,并判断各种器材的性能和实验之间的关系、测量范围、使用方法等,为学生进行课外实验打下良好的基础,保证实验的完成、仪器和人身的安全。

2. 培养动手操作的能力

实验能力是不能仅靠教师讲解来传授的,必须通过学生的实践,只有通过实验,才能提高学生在实验中的动手能力,提高学生的操作技能和思维能力。

3. 促进观察、理解能力的形成

让学生仔细观察,充分注意实验条件,比较前后实验的异同点,鼓励、帮助他们得出实验结论。在这个过程中,可以促进学生的观察能力、理解能力的提高。如:反复触摸正在发声的物体和没有发声的物体,体验、思考,指导学生得出“振动物体可以发出声音,没有振动的物体不能发声”的结论。再如用自找器材制成潜水艇,向艇内吹气或吸气,观察艇的浮沉。指导学生观察:① 艇浮沉时的体积有何变化?② 艇浮沉时的排水有何变化?③ 艇浮沉时舱内水的多少有何变化?指导学生思考,在浮沉时① 潜水艇此时受几个力的作用?② $V_{排}$ 变化?$F_{浮}$ 的变化?③ 吹气或吸气时艇舱内水的变化?G 的变化?④ $F_{浮}$ 与 G 的变化怎样对比?这样完善了对浮沉条件的系统理解。

6.1.4 实验设计的一般步骤

1. 明确设计实验的目的和作用

设计实验总的目的是提高教育质量,对一个具体的实验来说,在其总目标中只能起到某些特定的作用。各类不同的实验,目的和作用都不尽相同。因此,在实验设计之初,必须明确目的,以确定方向。

2. 掌握教学实验设计的指导思想和依据

物理实验设计的指导思想是:物理教学理论,物理学的理论、思想和方法,现代科技知识、成果,实验方法与设计方法的基本理论。

物理实验设计的依据有以下 4 个。

1）时代特点。时代确定培养目标，造就教学环境，实验设计必须依据时代的需要，按照必要性和可能性原则，充分利用现实条件推陈出新。

2）学生特点。学生是学习的主体，必须依据学生的年龄特征、知识水平、认识能力，按照可接受原则确定实验方案，选择实验方法。

3）教材特点。物理教材的突出特点是“以物论理”，而实验教材有与知识同步和加强技能训练两大体系。因此，实验设计要把握教材的结构体系，做到原理正确、结构严谨、方法巧妙、生动有趣。

4）教学特点。当前教学的突出特点是实现“知识与技能、过程与方法、情感态度与价值观”3 维教学目标。因此，要充分发挥学生的主体作用，实验设计要尽可能多地提供让学生通过动手、动脑、观察和分析去探索或验证真理的条件与机会。

3. 拟定实验设计方法和程序

实验设计的总体方法是理论联系实际，创造性地解决实际需要的问题。一般都是从物理教学的某种需要出发选定设计课题，并分析动态，确定主攻方向，再通过调查研究和反复实验直到攻克难关，使问题得到解决。

实验设计的程序大体如下。

1）选题立案。首先，根据需要，确定设计课题，并通过广泛的调查研究，收集资料信息，分析研究，初步构思制定若干种方案，然后通过评价，选择出最佳方案并决定总体构思、建立模型、设计各种参数。

2）总体设计。首先进行局部设计，研究解决局部问题，必要时需要局部试验或试制，然后确定各部分接口参数，进而估计总体参数。如不符合要求，则需修正或重新选择甚至重新设计方案。

3）技术设计。绘制各部分的用材、尺寸、加工制作要求，确定各部分的装置及总装图。

4）试制与试验。首先，根据器件的工艺设计要求设计“样机”，然后根据实验条件进行全面试验。

5）鉴定、评价、定型、立案。

6.1.5　自制教具与学具的设计原则

自制教具、学具与正规仪器的教学功能是一样的，所以其设计应符合教学仪器设计的总原则。但它毕竟又不是正规仪器，其设计与制作又有它自己的特点。

1. 科学性原则

自制教具与学具的设计必须既符合物理原理，又符合教学理论，既能反映物理现象和规律，又能取得较好的教学效果。

2. 实用性原则

自制教具与学具重在突出原理，设计思想新颖，不要过多地追求加工工艺。其设计必须既适用于教学，又能做到结构简单、使用方便、现象明显、造价低廉、坚固耐用、易于推广。

3. 针对性原则

自制教具与学具的目的是解决教学中的重点、难点，从而顺利完成教学任务，因此，要求针对性强，作用单一、见效快。演示教具，要符合演示实验仪器特点；学生分组实验学具，要符合学生分组实验仪器特点。也就是说，要符合教学仪器的设计原则。

4. 安全性原则

制作的教具与学具在使用时必须确保安全，尤其不能造成对人体的伤害，避免一切对身体有害和有危险的实验。

6.1.6　自制教具与学具的基本要求

1. 要有明确的目的，根据教学的实际需要自制合适的教具与学具

一般说来，自制教具与学具要从以下几个方面来考虑。

1) 模仿复制，解决仪器短缺。

2) 改进原有仪器，改善或扩大其教学功能，解决教学重点、难点。

3) 设计新仪器，开发新实验。

4) 提供足够的学生实验器材，为边教边实验等新的教学方法创造条件。

2. 突出物理原理，训练学生能力

自制教具与学具要研究其设计思想，从实际教学出发，突出物理科学原理，注重对学生智力的开发和能力的培养。

例如，在学习串联电路之前，教师先利用小木板、罐头盒、按扣等，制作小电键、小灯座、电池夹等简易电路器件样品，要求学生创作或仿制，给学生以动手制作、培养创造力的机会。上课时，教师边教边实验，指导学生认识电器元件、符号，让学生组装自制的学具，探讨总结串联电路特点，从而巧妙地把学生制作与学习物理知识紧密结合起来，组成一个既学习知识又开发智力培养能力的教学过程。

3. 提倡“就地取材”做实验

提倡用学生所熟悉的日常生活用品或废品中的“坛坛罐罐”，进行少量加工或基本上不加工“拼拼凑凑”制作教具与学具，进行实验，这样不仅利于推广，而且学生对这样的实验会感到亲切，教学效果好。如纽扣、缝衣针、气球、篮球、铅笔、橡皮、软木塞、罐头盒、塑料瓶等都可以用来做十分生动有趣的实验。在国外，一些经济和技术发达的国家，物理教师也进行了一种叫做“线和胶带纸实验”(String & Sticky Tape Experiments)的研究，这些实验所用的器材有：橡皮筋、透明胶带、回形针、泡沫聚苯乙烯杯或纸杯、线、饮料吸管、玻璃弹子、纸、粉笔、铅笔、硬币、尺子、剪刀以及铝箔(糖或香烟包装纸)、饮料罐等。这项研究已经取得了很大成绩,最成功的实验是在力学、流体力学、热学和电磁学方面。

4. 综合考虑眼前效益与长远目标

我们一方面提倡"就地取材","坛坛罐罐当仪器、拼拼凑凑做实验"(但自制教具与学具要力求坚固耐用,不易损坏),另一方面,又不提倡一切仪器都试图自制,一些有一定精度要求的基本量具和有相当工艺要求的必备仪器不宜自制。"坛坛罐罐、拼拼凑凑"不可能完全代替那些常规的技术先进的实验,这两种实验应该是互相补充的。从长远的角度来看,应把自制教具与学具的主要精力放在改进现有仪器以及设计教学需要的一些新的仪器和装置上。

6.2 物理实验设计、自制教具与学具的创新方法

要改进教学仪器和自制教学仪器,自觉地学习和运用创造的技法是很重要的。从改进物理教学仪器、自制物理教具与学具的创造技法来说,主要有以下7种:① 希望点和需求点列举法;② 缺点列举法;③ 联想和移植创造法;④ 替代法和模拟法;⑤ 组合技法;⑥ 强化技法与挖掘潜力法;⑦ 逆向技法。下面仅就其中几种方法略加论述。

6.2.1 希望点列举法在自制物理教具与学具中的实践

有一条格言是这样的:"人的一半是梦想,一半是追求,梦想是美丽的,但追求比梦想更美丽。"人们都有美好的希望,发明者根据人们的希望进行创新,这就是创造技法中的希望点列举技法。希望点列举法是人们克服思维障碍、发现问题、提出问题的一类技术,但它更多地运用想像,因此能锻炼人的有效地控制思维活动的能力。所以这种技法常用来研制新的仪器、开发物理实验新的教学模式。

在运用希望点列举法进行操作时首先应定好课题。课题不应局限于某种仪器设备,它还可涉及整个物理实验教学活动中,小至演示顺序、实验方法,大至教学模式的研究。然后列举希望点,对研究的对象提出希望。

案例1 共点力合成的平行四边形法则演示教具的设计

用作图法研究合力与分力间的关系不是很直观,学生总是学不好,于是提出了一个设想(即创造技法中所谓的希望点),能不能制作一件教具演示力合成的平行四边形法则及合力与分力间的关系呢?就是在这样一种希望之下发明了如图6-1所示的共点力合成的平

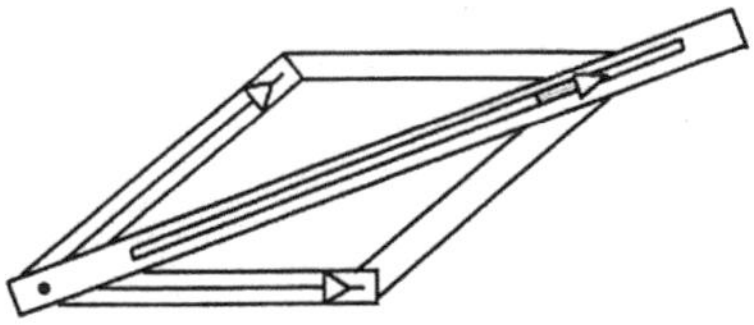

图6-1 平行四边形法则演示教具

行四边形法则演示教具，并形象地演示了合力与分力间的关系。教具是用 2 mm 厚的铝合金制作的，该教具每边长 30 cm，对角线长 60 cm，制作时只要在平行四边形的 4 个端点上打上 4 个小孔，然后用螺帽固定即可，当然还需在每边连接处加上红色的力的箭头。可见度是很好的，在教学中收到了良好的教学效果。

6.2.2　缺点列举法在自制物理教具与学具中的实践

人类的希望、社会的需求和事物的缺陷，构成了发明和革新的不尽源泉。中学物理教师应该从现有的实验器材的缺陷中寻找自制教具与学具的课题。缺点列举技法是指通过发掘现有事物的缺陷，且一一列举，然后提出改进或革新的一种技法。列举缺点，就是发现问题，而创造发明就是要解决问题。每发现一个缺点，提出一个问题，也就找到了一个创造发明课题。

运用缺点列举技法一般按下列步骤进行。

1）定课题。课题要相对小些，简单一些，这样比较容易成功。

2）根据掌握的信息一一列举缺点。列举缺点可从实验器材的物理和化学性能角度，从外形、结构、材料角度，从实验方式、方法、教师演示和学生观察角度等。

3）找出造成缺点的原因。

4）针对缺点提出克服缺点的各种方案。

5）对改进方案进行评估，并进行实验、优化。一时实施不了的可暂时“冻结”起来，以备条件成熟时“解冻”。

案例 2　运用缺点列举技法改进平行电流相互作用的演示

平行电流的相互作用是高中物理教学中必做的演示实验，以往的演示方法是在铁架台上用两根钢丝挂两根平行的直导线，下端插入水银槽中，然后通入电流，导致两导线相互排斥（如图 6－2a 所示）。通过观察和使用，发现该装置存在如下缺点。

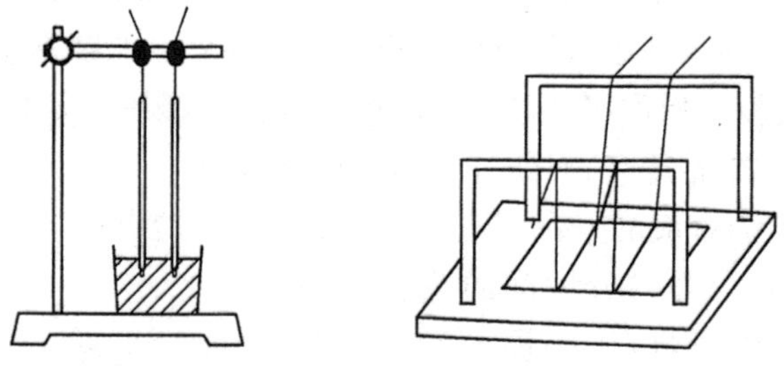

a　　b

图 6－2　演示平行电流相互作用

1）实验可见度不高，即使现在用摄像机、电视机来提高可见度，一个二十九英寸彩电的显示效果也不是很好，而且用这么多的器材也很不方便。

2）该装置只能用来演示平行反向电流的排斥作用。

3）该装置中用的水银也存在环保问题，应该尽量不用。

4）该装置的设计毫无艺术性可言，对学生的吸引力不够。

针对上述缺点，首先设计了如下的方案。

1）用一件尺寸为 11 cm×13 cm×14 cm，上面有 5 个小球的用来研究弹性碰撞的工艺品，只利用其中精美塑料底座的塑料板，在其上用刀划出一个 7 cm×8 cm的矩形，为放在幻灯机上投影时透光用。这样实验时需要的设备就少多了，可见度也很好，水银也不需要了。

2）利用塑料方形支架作为悬挂通电导线的两根横梁，从家用电线中截取两段直径 1 mm、长 10 cm 的铜导线作为通电导线，再找 4 根双股细铜丝将它们与两根铜导线焊接起来，然后平行等高的挂在塑料架上，两根铜导线到塑料架的高度为 10 cm，它将起到将微小的磁场力通过力矩放大的效果。两根钢导线水平相距为 7 cm左右，4 根双股细铜丝在塑料架上绕一圈后再用电烙铁焊接后固定在塑料架上。

3）并联后接上额定输出为 10 A 的电源，将电流调到 8 A 左右，就能清楚地看到两根导线通以同向电流时被吸引到一起的情况。

4）若调一下接线，就可演示反向电流相互排斥的情况。电流只要取 5 A 左右即可。

以上的设计总共用了一周时间，开始时用的电流太小，间距太大，都导致过实验失败，但最后还是成功了。图 6－2b 是这一装置的示意图。该装置只要另加一蹄形磁铁形成一个竖直方向的磁场，还可用来演示通电导线在磁场中的受力问题。

6.2.3　联想和移植创造法在自制物理教具与学具中的实践

联想是一种科学想像的方法，是在头脑中改造记忆中的表象而创造新形象的过程，也是对过去经验中已经形成的那些暂时联系进行新结合的过程。相似联想是运用较多的一种方法，在实验教具的改进中，较多的是从原理、功能、技术（包括结构、材料、工艺）和方法等方面进行相似联想和移植。

这里通过剖析玩具的外形特征、技术功能和结构原理并移用到物理实验教学中，从而导致创造发明的技法为例，说明联想移植的基本思路和方法。

1. 直接移用

有一类玩具，因其本身就是根据物理原理设计的，能形象显示物理现象，可直接用于物理实验教学。

案例 3　视觉暂留（鸟进笼）

在课堂教学中经常应用一种“鸟进笼”的玩具，来证明视觉暂留的存在。将印有“鸟笼”和“小鸟”图片的两张硬纸剪下来，图案朝下，背贴背地合插在一根小棒上端开叉处，然后搓动小棒下端，上端的图片看起来，就像“鸟进笼”或“笼有鸟”，这是根据视觉暂留现象设计的一个游戏。这种移用，把玩具的生动形象性直观地展示在学生面前，起到了情感的激发和求知欲的启示作用，使学生全身心参与课堂教学中，这是一般教具所无法比拟的。

2. 功能移用

借鉴玩具的功能“为我所用”，或把某些潜在的功能挖掘出来，用到物理实验教学中去，导致功能的扩展，就是一种创造活动。

案例4 玩具汽车(发条为动力)

在物理教学中，常用公式 $P = F \cdot v$ 来计算车辆的功率。这一公式说明：对任一车辆来说，当功率一定时，为了加大牵引力，必须降低运动速度；若要增大速度，牵引力就要减少。教材中无此演示的要求，但因学生缺乏有关感性材料，理解上总感到欠缺。

有人用一种以发条为动力的玩具汽车，用力上紧发条，由机械结构控制发条缓慢松弛，带动轮子运转。经测试，这种小车从上紧发条到松弛到一半左右的过程中，其功率基本不变。这种小车的动力功能经过移用，可以作为上述内容的演示。

3. 技术移用

有些玩具就其本身来说，对物理实验教学意义不大，但其结构上的传动装置、操纵系统、控制机构等技术因素可移用到物理实验教学中。

案例5 电动玩具的发声电路板和扬声器

有人使用了一些会发声的电动玩具的发声电路板和扬声器，再加上能够检测水位的传感器，设计成了一种方便盲人使用的音乐茶杯，当茶杯中的水位接近杯口时，茶杯底座中的扬声器就会发出悦耳的音乐，提示应该停止倒水。这种技术上的移用，取材简单，效果明显。

6.2.4 逆向技法在自制物理教具与学具中的实践

逆向技法是改变一般思维程序，把事物反过来看，并由此解决问题。把逆向技法引入实验教学中，即将正反两种现象有机结合，交替显示，或改变演示程序，获得殊途同归之效。

案例6 由热变冷——双金属片实验的新思路

双金属片实验是为了说明在相同条件下，物体的材料不同，热膨胀的大小一般也不相同。把长和宽都相同的铜片和铁片紧紧铆在一起，做成双金属片：取厚度相同的铜、铁薄片各一块，把它们叠放在一起，剪成 $1.2\times19\ cm^2$ 的长方形，用小钉子在两长边离边缘约 2 mm 的地方，每隔 2 cm 冲一个小孔，并把冲孔时留下的突起部分用钢锉锉掉，用锤子敲平。在每个孔里穿过一个铆钉，把两块金属片铆在一起，即成了双金属片。为了使用方便，可在双金属片一端钉一个木柄，如图 6－3 所示。

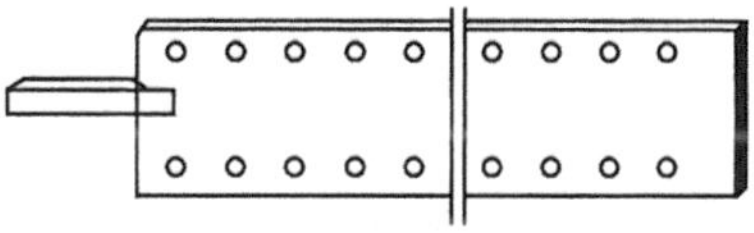

图 6－3　双金属片

常规的演示方法是对它加热，双金属片会向铁边弯曲，这表明当同样受热时，铜片膨胀比铁片大。由于受习惯思维定势影响，很少有人对这种传统方法提出异议。若把实验条件变换一下，将双金属片浸没在冰水中，双金属片会弯向铜片一侧。这可说明逆向技法在实验中最简单的应用。

案例 7　反证浮力产生的原因

浮力产生的原因是水对物体向下和向上的压力差。为了证实这一结论，有人设计了如图 6－4 所示的浮体，浮体的 5 个立面上都蒙有橡皮膜，余下一个立面是观察窗。浮体无通气管，这样当浮体浸入水中时，从观察窗就可了解各个立面上的受力情况。此装置可演示水中物体存在上下压强差，但没有揭示浮力产生原因。若我们反过来想想，“假设浸在水中物体无压强差”或者说失去压强差的条件，浮力不是就没有了？若能证实这一点，就从反面证实浮力产生的原因了。

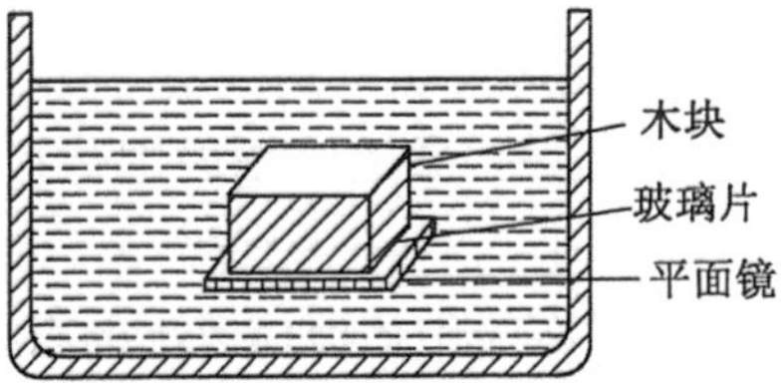

图 6－4　反证浮力产生原因

设计如图 6－4，取一块长 7 cm、宽 4 cm、高 3 cm 的松木块，底面用强力胶粘贴一块与木块面积相同的玻璃片。再取一块长 9 cm、宽 5 cm 的厚平面镜和玻璃缸一个。将厚平面镜平放在玻璃缸底面上，镜面向上，再将贴有玻璃片的木块放在厚平面镜上，使两玻璃面正对。用力压方木块使之紧贴厚平面镜，微微转动木块排除两玻璃面之间空气，用手指压住木块不放，再将清水轻轻注入玻璃缸内，使木块全部淹没在水中，然后将手拿开，这时木块并不浮出水面。这是由于水不能进入木块底部，木块底部所受液体压力为零，木块不受浮力的缘故。由于水的浸润作用，待一会水进入两玻璃面间，这时木块会受到浮力的作用，使它浮出水面。

6.3　课外实验设计与教学技能训练

探究性课外实验是物理实验教学的重要组成部分，对于提高学生的动手能力、创新意识和科学探究能力有着重要的作用，然而在物理教学实践中这一点往往被忽视。下面给出几个案例及教学技能训练任务，以供参考。另外，在附录中给出了“数字相机碱性电池性能探究”的科学探究案例。

案例 1　简谐运动图像描绘仪的制作

1. 问题情境

人民教育出版社出版的高级中学实验课本《物理》第一册(修订本)中,采用砂摆演示实验来描绘简谐运动的图像。砂摆实验已经沿用许多年,但在教学应用中总感觉不够顺畅,一直是许多教师试图改进的实验之一。

砂摆实验的缺点：砂子需要干燥、颗粒小且均匀,需要精心筛选,比较麻烦;每次实验都会损失部分砂粒,散落的砂粒影响教室的卫生;演示板上的图像不便于同学们观察,也不便于教师讲解。

2. 实验设计思路

针对以上缺点,参照相关资料,对该实验进行了适当的改进,应用效果很理想。

实验需要改进的中心问题是振动图像的描绘介质,变散落的砂粒为墨迹便会解决原实验的缺点。

为此,有的教师曾经用细软的毛笔来描绘曲线,但毛笔与板间的作用力改变了摆的运动规律;而且由于单摆振动时摆球的高度是变化的,导致绘制的图像极不稳定。

要避免绘制曲线时摆与板间的接触,还得沿用砂摆实验中让流体流出的思路。偶然的机会我得到了一个注墨器,发现效果更好。

3. 实验器材

首先是最关键的器材：注墨器一个。

其次是实验的配套器材：固定支架(50 cm×80 cm)、细线、薄木板(40 cm×80 cm)、宣纸(也可用吸水性好的报纸代替)(40 cm×80 cm)、墨水、水彩笔、透明胶带。

4. 实物展示

如图 6-5 所示。

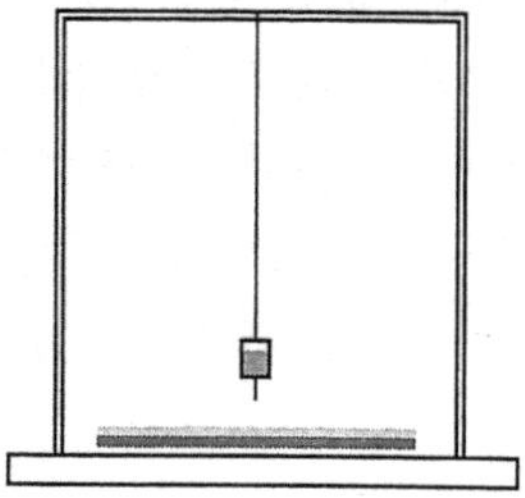

图 6-5
简谐运动图像描绘仪

5. 操作注意事项

吸入墨水不要太满,要留有一定空隙。墨水可适当稀释,颜色要鲜艳些好。针孔越细越好,针尖离宣纸 1～3 cm 为宜。

宣纸大小要适合直接用于展示,铺放到薄木板上及黏贴到黑板上时要用透明胶带,不要用双面胶,以便清理。

实验时,将注墨器拉离平衡位置,适当拉伸注墨器吸入空气;松手后墨水从针孔流出,单摆开始振动。

振动稳定时,匀速拖动薄木板,即可将曲线绘出。

图像绘制完毕,教师可将宣纸用透明胶粘贴到黑板上,用彩笔在上面进行勾画、讲解。

6. 进一步改进的设想

将摆线稍作改进，如图 6－6 所示，可画出利萨如图形。其中 C 点为可移动的非固定点（C 处用橡皮筋扎住即可），以画出不同的图形。演示时，将注墨器自平衡位置移开，适当拉伸注墨器吸入空气，再将其慢慢推出，即给一小初位移和初速度，它就可在水平放置的宣纸上留下合振动的轨迹。当调节 C 点至适当位置，两分振动频率成整数比时，则合成振动的轨迹即为利萨如图。

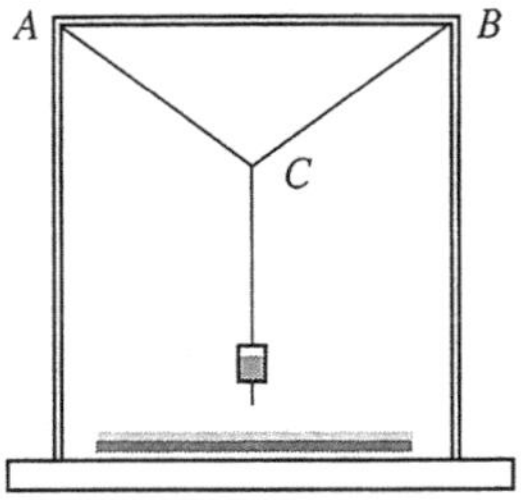

图 6－6　描绘仪的改进

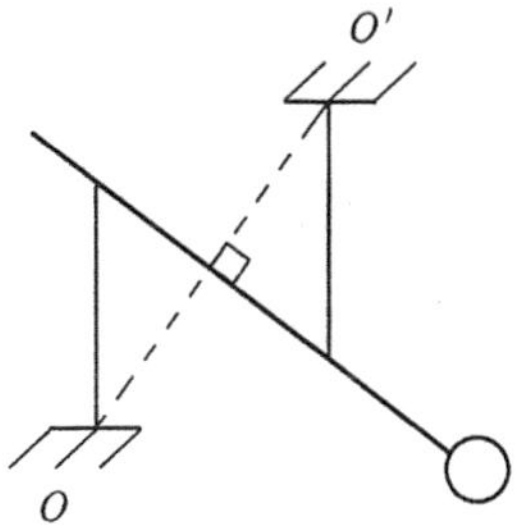

图 6－7　探究倾斜摆周期

案例 2　探究倾斜摆的周期

实验装置如图 6－7 所示，摆锤的质量远大于摆杆的质量，摆杆通过两根线悬挂在 OO' 轴上，摆锤可以绕 OO' 轴摆动。提供的器材还有卷尺、秒表、游标尺、重锤线、坐标纸等。

1. 猜想

1）试猜测在摆角很小的情况下，摆的振动周期与哪些因素有关？

2）试比较倾斜摆与单摆的区别和联系。

3）用实验的方法探索摆的周期与某些可控变量的关系。

2. 探究过程

1）设计表格。

2）测量并记录数据。

3）将周期与相应变量的关系通过变量转换，用直线图像表达出来。

4）归纳出周期公式。

5）分析说明实验误差的主要来源。

3. 说明

该实验看起来似乎很难下手，如果完全用实验归纳法也很难找出规律，因为凭直觉很难找到独立变量。通过拨动摆锤偏离平衡位置和仔细观察，可以发现摆锤偏离平衡位置时重心升高，因此产生回到重力势能最小的趋向。这和单摆的运动有相似之处。在和单摆的比较中，可以认为它是一个绕 OO' 轴偏转的单摆，其摆长是摆锤重心到 OO' 轴的距离，与单摆的不同点在于，单摆的轴与铅垂线之间的夹角

是 90°，而 OO' 与铅垂线的夹角为 θ，则可以猜想，倾斜摆的周期

$$T \propto \sqrt{\frac{l}{g\sin\theta}}$$

在类比思维的启发下，可以找到倾斜摆的周期与哪些因素有关，余下的实验任务就迎刃而解了。当然要找到这样的关系并非易事，需要观察发现，需要空间想像和类比推理。有两种途径可以把倾斜和单摆联系起来：一是将 OO' 斜向上延伸，与通过摆锤重心的铅垂线相交于 A，则倾斜摆就可以看成是摆长为 $l' = \frac{l}{g\sin\theta}$ 单摆；二是将倾斜摆看成是等效重力加速度为 $g' = \frac{g}{\sin\theta}$ 的单摆（图 6－8 所示）。殊途同归，得到相同的结果。

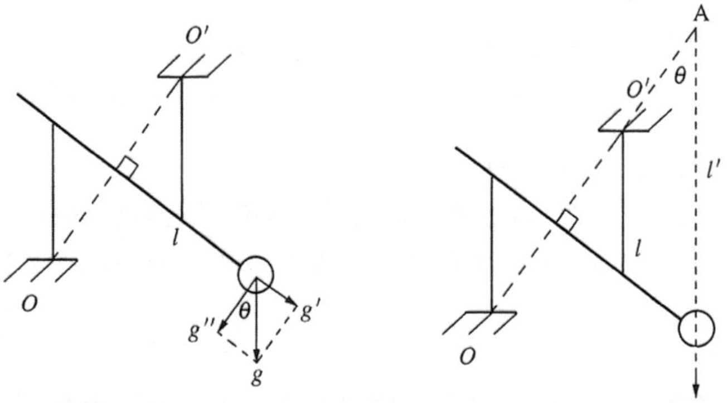

图 6－8　倾斜摆周期探究

案例 3　覆杯实验探究

1. 问题情境

覆杯实验能够很好的演示大气压强的存在，但是在演示过程中那些非本质的现象有时却容易吸引学生注意，为此，通过一系列问题的提出，引导学生进行探究。

2. 科学探究过程

1）提出猜想：玻璃片可以托住一杯水吗？

实验验证：设计实验并操作、观察现象，分析现象，得出初步结论。

2）进一步提出猜想：如果只有半杯水，玻璃片能托住吗？

实验验证：再次进行实验操作、观察现象，分析现象，得出结论。

3）发散思维：把玻璃片换成卡纸，可以托住吗？

实验验证：进行实验操作、观察现象，分析现象，验证假设。

4）深入探究：如果在玻璃杯的底部或侧面开一个小口，重复上面实验，结果如何？

进行实验操作、观察现象，分析现象，得出结论。

5）如何用所学的知识对上述实验现象进行定量的分析？

3. 说明

覆杯实验的操作并不复杂，但是学生往往不能针对实验深入地提出问题。通过上述引导性的几个问题，促使学生不断深入思考。前两个问题学生比较容易理解，第3个则需要在实验过程中仔细观察，根据卡纸的形变，结合玻意耳定律给出解释。第4个问题是针对学生可能出现的错误认识而作的改进。学生往往认为纸片是被水粘住的，通过该实验充分证明了大气压的存在，彻底消除了学生的错误认识。

教学技能训练6－1　静电除烟实验的研究

1. 问题情境

根据学习的静电知识，可以制作静电除尘装置。其中，静电除烟实验的一种演示装置如图6－9所示。A和B为静电感应起电机的两个金属球，a和b为细铜丝，C为绝缘棒，D为去掉底盖的小铁皮筒，E为50 g的铁钩码，F为无色透明的有机玻璃筒（先在底部中央开一个比钩码直径大一些的孔，然后倒放在桌面上），G为点燃的蚊香。a连接A和E，让钩码正好悬挂于F上方的孔中，b连接B和D。

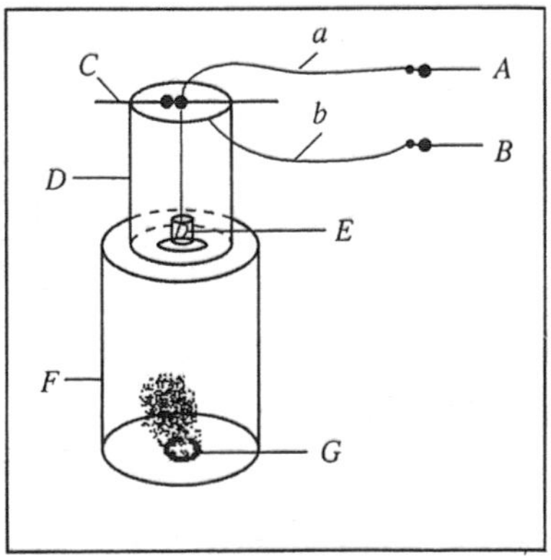

图6－9　静电除烟实验装置

2. 猜想、假设与验证

1）你能猜想出静电除烟装置的除烟原理吗？

2）当给A和B带上静电，你预言会看到怎样的实验现象呢？请猜一猜，然后和实验结果比较一下，哪些现象你想到了，哪些现象你没有想到呢？

3）为了使实验现象更加明显，你将对实验进行哪些改进？

3. 说明

该实验非常有趣，但由于装置本身的缺陷和思维定势的影响，学生很容易对实验原理产生以下误解：静电感应起电机启动后，钩码和铁皮筒分别带上了甲、乙两种不同的电荷。上冒的烟到达钩码处（附近）带上甲种电荷，飞向带有乙电荷的铁皮筒，吸附在其上面。其实验原理为异种电荷互相吸引。但是其真正的实验原理是否是这样呢？由于该实验装置上部是封闭的，实验现象不够明显。我们可以对原实验进行以下几步改进探究。

【探究1】把铁皮筒面向学生的半面剪去，再做该实验。发现大部分烟并不是从F中间的孔冒出到上方被铁皮筒吸附了才消失的，而是在到达钩码之前就消失了。

【探究2】把b和B、D脱离，仅让钩码带电做该实验，发现铁皮筒不带电时，仍旧能起到除烟的作用。

【探究 3】不用铁皮筒，而任取一支架，固定了绝缘棒 C，让钩码悬挂在 F 的孔内做该实验，实验仍然成功。

仔细观察会发现，经较长时间后蚊香周围的桌面上堆积了一层灰烬。用验电器检验，灰烬所带的电和钩码所带的电是同种电荷。显然静电除烟的原理是：同种电荷互相排斥。

【探究 4】把细铜丝 b 折成“～～～ ”形状，金属板和 B 连接起来，a 仍和 A、E 相连；把金属板放置在蚊香烟下面，让蚊香烟先带上电荷。在改进探究 3 的基础上来做该实验。发现烟到达钩码就消失了，且很快钩码变得很黑。而前面数次实验经很长时间钩码才有点黑。显然本次实验静电除烟的机理才是异种电荷互相吸引。

教学技能训练 6－2 浮沉条件定量演示器

1. 问题情境

物体的浮沉条件是初中物理中比较难理解的一个知识点。中学物体实验室中一般有浮沉条件演示器，能直观地演示物体的“漂浮、悬浮、下沉”现象，但是缺少定量的演示。本实验利用一些简单的器材制作了浮沉条件定量演示器，具有成本低廉，使用简单，现象明显，说服力强的特点。

2. 制作方法

往直径 40 mm，高 300 mm 的试管里注水，当水面离试管口的容积约 60 ml 时，在试管外部水面处标上零刻度。再注入 10 ml 水，在新水面处标上 0.1 N 刻度。再注入 10 ml 水，在水面处标上 0.2 N 刻度。按这种方法再标出 0.3、0.4 N 刻度。将 40 ml 水倒出，使试管内的水面回到零刻度。

把一个 10 ml 的小注射器的柱塞抽出一部分，柱塞顶部停在 4 ml 处。然后，用橡皮帽把注射孔封住。在柱塞手柄上绕一些铁丝，使注射器连同铁丝所受重力为 0.3 N。

找一个能把大试管口塞紧的橡皮塞，用打孔器在橡皮塞上钻一个孔，在孔中穿一根玻璃管，再用一根橡皮管把玻璃管和一个大注射器的注射孔相连通，装置如图 6－10 所示。

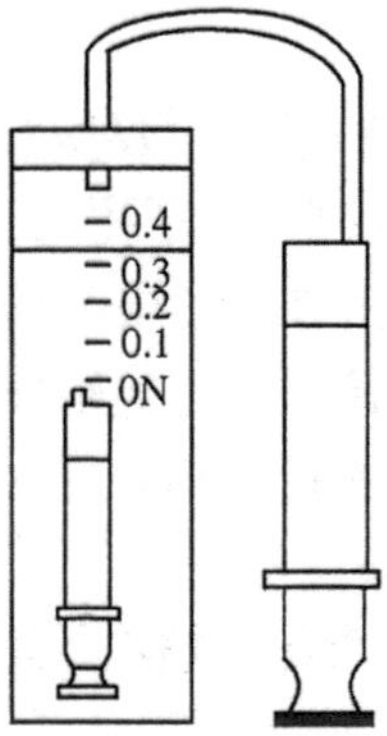

图 6－10
浮沉条件定量演示器

3. 使用方法

1) 拔开橡皮塞，将封有 4 ml 空气的小注射器放入大试管里的水中(头朝上)，注射器沉入水底，水面上升到 0.25 N，说明注射器受到的浮力为 0.25 N，因为浮力小于注射器受到的重力，所以注射器下沉。

2) 将大注射器柱塞全推入后再将橡皮塞塞紧大试管口，缓慢抽出大注射器的柱塞，由于水面上压强减小，水中压强也减小，小注射器里的空气体积扩大，将它的柱塞推出一部分(排水量增大)，试管水面随之升高，当高于 0.3 N 刻度时，小注射器开始上升。说明物体上浮的条件是浮力大于重力，当小注射器露出水面以后，水面保持在 0.3 N 处，说明物体漂浮的条件是浮力等于重力。适当控制大注射器抽出气体的多少可使小注射器浮在水中任何深度，水面仍在 0.3 N 处，说明物体悬浮条件是浮力等于重力。

4. 注意事项

① 小注射器的封口、大试管的封口及橡皮管两端等接头处，不能漏气，这是保证制作成功的关键。② 小注射器的柱塞应上下推动灵活，不能阻力太大。

（本教具由武汉市第十中学马志同设计制作，曾获第三届全国自制教具评比三等奖。）

教学技能训练 6-3　小孔成像演示实验

制作和使用方法：① 在桌面上放一张白纸作屏，把一片中心戳有小孔的硬纸片放在白炽灯和屏之间，并固定在支架上。② 合上电灯开关，即可在屏上看到灯丝的像，且像的开口处与灯丝的开口处方向相反，说明像是倒立的，如图 6-11 所示。若向上或向下移动小孔的位置，可使像的大小发生变化。

教学技能训练 6-4　用废弃材料制作反冲式水轮机模型

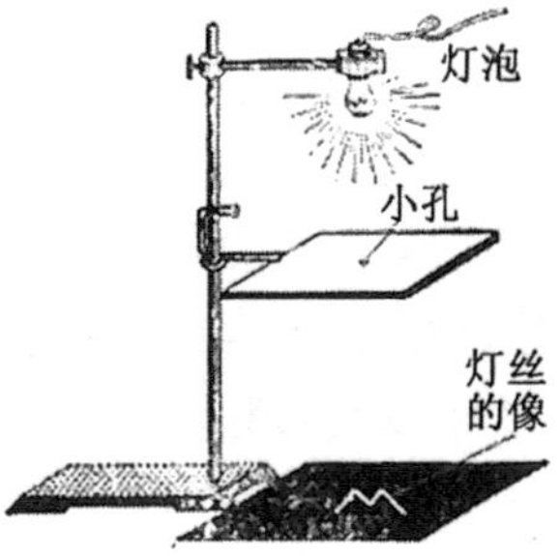

图 6-11　演示小孔成像

1. 问题情境

动量守恒定律是力学三大守恒定律之一，新课程标准指出，“通过实验，理解动量和动量守恒定律。能用动量守恒定律定量分析一维碰撞问题。知道动量守恒定律的普遍意义。”利用自制教具演示反冲现象，对于理解动量守恒定律有重要意义。

2. 制作方法

制作材料及工具：塑料饮料瓶、水笔芯、笔杆、笔帽、塑料盒、塑料直尺、金属块、502 胶水、剪刀、锥子。

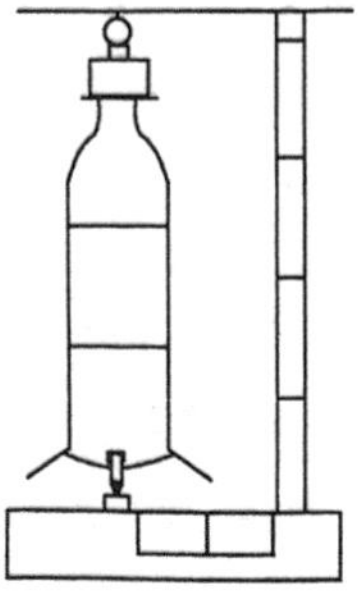
图 6-12
反冲式水轮机模型

反冲式水轮机模型见图 6-12。

1) 主体的制作。用炉火加热锥子成赤热状，在饮料瓶壁靠近底部处，烫 6 个对称的小孔，比笔芯外径略大，在瓶肩烫一小孔。截取 3 cm 笔芯管子 6 段，趁加热软化时弯成 90°，并将出口捏成锥状做成喷嘴，分别将喷嘴插入小孔，用 502 胶水粘牢。在瓶底中央用热锥子烫出小孔，将截下的水笔芯金属头部分插入小孔，用 502 胶水粘住，作为主体的下转轴；主体上转轴也用同样的方法做在瓶盖中央。

2) 底座的制作。取塑料盒和顶部有圆槽的笔帽，用 502 胶水将笔帽粘牢在盒的一端。盒的另一端用锥子烫出较大的洞，插入 1 根长竹筷,用 502 胶水粘上。再截取 4 根塑料笔杆依次套上竹筷并用胶水粘好。最上一根笔杆有外径较小的套座可套上圆笔帽,作为支柱。盒底内粘上几块金属块。

3) 顶架的制作。顶架板是一把废旧塑料尺,一端粘上 1 个有小圆槽的笔帽,支承主体的上转轴,另一端粘 1 个能套在支柱上的笔帽。

3. 使用方法

1) 向饮料瓶里倒水,快倒满时迅速将瓶盖旋紧,同时用手指捂住瓶肩上的小孔,此时水不再从喷嘴喷出。

2) 将瓶的下转轴放在底座的槽内,再将顶板盖上(一端套上支架,一端对好瓶盖上的转轴),平稳后松开手就可看到水轮机模型一边喷水,一边旋转,极其灵巧。

思考:有没有更简单的设计方法?试试看。

教学技能训练 6-5　静、动摩擦力演示仪的制作

1. 问题情境

摩擦力是学生进入高中阶段学习之后遇到的一个有一定难度的物理概念,它主要有以下几个方面需要认识清楚:① 影响静、动摩擦力大小的因素;② 判断静、动摩擦力的方向;③ 最大静摩擦力和滑动摩擦力的区别与联系。传统演示摩擦力的方法是:用测力计水平地拉桌面上的物体,物体静止时,测力计的示数即为物体受到的静摩擦力的大小;物体匀速运动时,测力计的示数即为动摩擦力的大小。使用这种方法不容易演示静摩擦力从零逐渐增大的过程,从最大静摩擦力到滑动摩擦力的变化过程由于是瞬间完成的,学生不容易观察到,物体是否做匀速运动教师也不易掌握,这样,测力计的示数并不能准确地反映动摩擦力的大小。

2. 设计思想

用一低速同步电机带动主动轮旋转,主动轮与从动轮之间用橡胶皮带连接,把摩擦块(质量合适的木块或铁块)放在橡胶皮带上,木块的一端通过细绳与测力计相连,当木块与橡胶带相对静止时,橡胶带对木块的静摩擦力是动力,测力计的拉力是阻力,测力计的读数即为木块所受静摩擦力的大小;随着木块的运动,测力计对木块的拉力越来越大,但橡胶带仍能提供相应大小的静摩擦力保持木块处于平衡状态,这样就能动态地演示木块受到的静摩擦力逐渐增大的过程;当测力计的拉力继续增大,超过了木块所能提供的最大静摩擦力的大小时,木块就相对橡胶带发生滑动,这时,测力计的读数即为滑动摩擦力的大小。为了区分最大静摩擦力与滑动摩擦力,让测力计指针带动一纸质游标一起运动,游标穿在棉线上,靠摩擦可停在任一位置,这样,最大静摩擦力的位置由游标记忆下来,动摩擦力的大小由测力计读出。这样就直观地演示了木块受到的静摩擦力从零逐渐增大到最大静摩擦力,最后到滑动摩擦力的变化过程,克服了摩擦力这个难点,使学生对摩擦力认识更加清楚、全面。

3. 制作方法

用永磁同步电动机、标准机箱、两个小飞轮、支架、橡胶带、电源线、开关、指示灯、测力计、滑轮、木块等按照图 6 - 13 所示进行安装并调试。

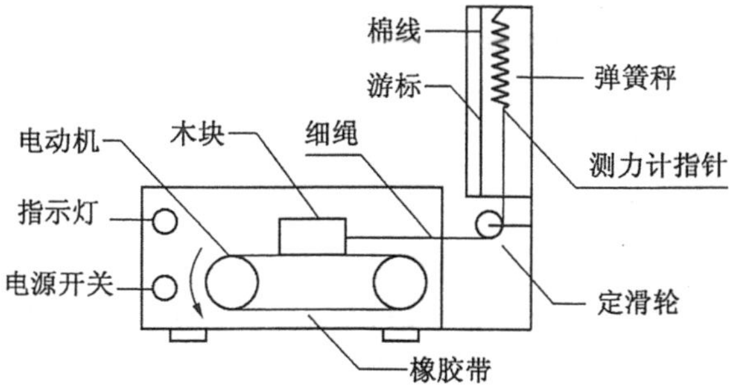

图 6 - 13　静、动摩擦力演示仪

4. 使用方法

1）把木块轻放在橡胶带上，使木块与测力计的连线松弛，打开开关，电机开始缓慢转动，连线张紧时，木块已与橡胶带一起匀速运动，二者相对静止说明此时的摩擦力为静摩擦力，测力计的示数即为静摩擦力的大小；随着木块的运动，测力计的读数越来越大，说明静摩擦力不断增大，最终观察到测力计的读数有一个最大值，此即为最大静摩擦力的大小，游标把此位置记忆；随后木块与橡胶带发生相对滑动，测力计读数略有减小并保持某个数值不变，此即为滑动摩擦力的大小。对同一物体而言，最大静摩擦力略大于滑动摩擦力，说明最大静摩擦因数略大于滑动摩擦因数。

2）调换木块的粗糙面与橡胶带接触，观察这次的最大静摩擦力、滑动摩擦力的大小均比上次略有增大，说明最大静摩擦力、滑动摩擦力的大小与接触面的粗糙程度有关；换用木块较小的接触面与橡胶带接触，观察测力计变化相同，说明摩擦力的大小与接触面积无关。

3）在长方木块上增加一个砝码，即增大了压力，这时测力计的读数明显增大，说明最大静摩擦力、滑动摩擦力的大小均与压力有关。

附录　数字相机碱性电池性能探究

（本附录是深圳中学高一学生李玮、余秋琬、张业宏、孙泽沛在因特网 http://202.96.165.5/ljwuli/Article_Show.asp? ArticleID=96 发表的资料，在编写时，对个别字与句进行了修改）

自 2001 年以来，数字相机的销售量首次超过传统的机械相机。但是，现在数字相机是否能够取代传统相机了呢？恐怕不见得。因为它还有很多需要改进的地方,例如感光器件的清晰度(低于600万像素级,而普通胶卷相机的照片都超过了千万像素级)。已购买数字相机的用户最有体会的是耗电量太大了！所以,数字相机拥有者的应对之策就是购买价格昂贵的充电电池(而且还须买充电器),而不会使用或很少使用价格便宜的碱性电池。不过,最近不少电池厂商开始顺应市场的需要,推出一些电力耐久的碱性电池,甚至声称能在数字相机上长时间使用。有鉴于此,本文进行了一个简单的测试,看看目前市面上销售的碱性电池是否真的已经做出较大改进,能够为数字相机提供更长的拍摄时间。

1. 数字相机常用的电池类型

首先,我们不妨了解一下数字相机可以使用的电池类型。目前,数字相机能够使用的电池种类主要包括碱性电池、镍镉电池、镍氢电池等三种。市面上可供选择的品牌更是不胜枚举,以下简单介绍几种电池的特点。

(1) 碱性电池(Alkaline)

其成分包含氢氧化钠(Sodium Hydroxide)及氢氧化钾(Potassium Hydroxide)。由于它拥有高能量输出及使用时间长的优点,所以通常应用于收音机、MP3/CD/磁带随身听、照相机及闪光灯。不过,经过一段时间使用后,碱性电池的电压会下降,导致在新型数字相机上的实际使用时间不及镍镉电池和镍氢电池长。

(2) 镍镉电池(Nickel Cadmium, Ni－Cd)

Ni－Cd电池是Ni－MH电池流行前经常使用的可充电电池,专门设计给一些家用小电器使用,例如收音机及家用无绳电话等。主要成分包括镉阳极(Cadmium Anode)、氢氧化镍及碱性电池液。镍镉电池的缺点是具有记忆效应,所以循环使用的次数较少,而且储电量也会逐渐下降,故镍镉电池需定时在充电器上放电,才能达到最佳状态。

(3) 镍氢电池(Nickel-Metal Hydroxide, Ni-MH)

由于Ni-Cd电池的成本一直维持在高水平,后来科学家找到一种金属作为氢的吸附剂,构成的MH称为氢的吸附络合物,利用它取代了镉,这就是镍氢电池。在同等设计和使用的环境下,Ni-MH电池的寿命一般比Ni-Cd电池长40%,而且可以连续使用超过600次,所以成为数字相机的电池首选。

2. 主流品牌碱性电池性能测试

目前市面上的碱性电池品牌可谓多不胜数,其中笔者找到的三大主流品牌包括美国的劲量(Energizer)、比利时的金霸王(DURACELL)以及国产的南孚"聚能环"(NANFU)。为了便于大家对比理解,我还使用了在国内数字相机玩家中声誉极佳的超霸(GP)1800 Mah高容量镍氢充电池,以及普通的碳锌干电池。

(1) 省电型数字相机实测分析

1) 测试相机：尼康(Nikon)COOLPIX

首先，笔者将 5 种电池使用到比较省电的 Nikon COOLPIX 数字相机上。测试方法是根据数字相机的不同工作状态(耗电量不同)来分成三个部分，包括：没有开启 LCD 液晶显示屏和闪光灯、开启 LCD 显示屏但不开启闪光灯，以及同时开启 LCD 显示屏和闪光灯进行拍摄。这样分类的原因主要在于，数字相机镜头的变焦系统和对焦系统、LCD 液晶显示屏及闪光灯等都是最费电的部分，适合用来考验电池的电力耐久性。至于拍摄方式，笔者的测试过程是不停地按快门释放按钮、间歇地变动焦距，以及半按快门按钮进行对焦。此外，我采用一块 256MB 的 Compact Flash 存储卡作为载体，看看电池能够拍摄多少张照片。

2) 测试结果

省电型数字相机测试结果

项　目	劲　量	金霸王	南　孚	超霸 Ni－MH 电池	碳锌电池
(1) 关闭 LCD 显示屏及闪光灯					
拍摄时间/min	60	60	60	60	20
拍摄张数(334 万像素 Fine 级)	225	235	245	269	70
测试后电池状态	尚未耗尽	尚未耗尽	尚未耗尽	尚未耗尽	耗尽
CF 卡剩余空间	没有	没有	没有	没有	有
(2) 开启 LCD 显示屏并关闭闪光灯					
拍摄时间/min	60	60	60	60	3
拍摄张数(334 万像素 Fine 级)	223	233	239	232	12
测试后电池状态	尚未耗尽	尚未耗尽	尚未耗尽	尚未耗尽	耗尽
CF 卡剩余空间	没有	没有	没有	没有	有
(3) 同时开启 LCD 显示屏及闪光灯					
拍摄时间/min	60	60	60	60	1
拍摄张数(334 万像素 Fine 级)	221	232	237	230	2
测试后电池状态	显示缺电	显示缺电	显示缺电	尚未耗尽	耗尽
CF 卡剩余空间	没有	没有	没有	没有	有

3) 结果分析

从本项测试中可见，3 种碱性电池的性能相差不大，拍摄时间均为 1 h 左右，相片张数在 200 张以上，并剩余少量电力。这样的表现可与 Ni－MH 充电池相比，可见新一代的碱性电池性能的确有所改进。当然，表现最差的就是碳锌电池，无论是哪项测试，结果都不好。所以大家选择数字相机的备用电池时，除了充电电池外，碱性电池也是不错的选择。

(2) 耗电型数字相机实测分析

1) 测试相机：Minolta DiMAGE 7

为了更清楚电池的真实表现，我还借用了一部大家公认的“耗电大王”——美能达(Minolta)DiMAGE 7 数字相机。测试方法与测试(一)相同。

2) 测试结果

耗电型数字相机测试结果

项　　目	劲量	金霸王	南孚	超霸 Ni - MH 电池	碳锌电池
(1) 关闭 LCD 显示屏及闪光灯					
拍摄时间/min	15	16	22	45	不能启动
拍摄张数(524 万像素 Fine 级)	67	78	117	181	0
测试后电池状态	耗尽	耗尽	耗尽	耗尽	尚未耗尽
CF 卡剩余空间	有	有	有	有	有
(2) 开启 LCD 显示屏并关闭闪光灯					
拍摄时间/min	11	13	14	30	不能启动
拍摄张数(524 万像素 Fine 级)	36	41	45	155	0
测试后电池状态	耗尽	耗尽	耗尽	耗尽	尚未耗尽
CF 卡剩余空间	有	有	有	有	有
(3) 同时开启 LCD 显示屏及闪光灯					
拍摄时间/min	10	11	11	21	不能启动
拍摄张数(524 万像素 Fine 级)	30	38	38	103	0
测试后电池状态	耗尽	耗尽	耗尽	耗尽	尚未耗尽
CF 卡剩余空间	有	有	有	有	有

3) 结果分析

在非常耗电的美能达 MiMAGE 7 相机上拍摄，超霸 1800 Mah Ni - MH 充电器拍摄时间明显比碱性电池及碳锌电池长。至于碱性电池方面，3 个品牌均不能超过 30 min，最长的也只是南孚“聚能环”的 22 min。至于碳锌电池(重庆生产的火车牌)连数字相机都不能启动。

(3) 结论

经过以上两项测试，相信大家都已清楚电池的性能。就整体测试结果而言，碱性电池的电力耐久性的确提高不少，用于数字相机有不错的表现，尤其是在比较省电的机型中，拍摄时间几乎能与 Ni－MH 充电池媲美。不过，笔者个人的建议还是用 Ni－MH 充电池（拍摄时间长，而且单位使用成本低），碱性电池作为数字相机的后备电池更好。

3. 数字相机的日常省电方法

打算出门到野外旅行的人，可能最烦恼的就是为数字相机准备很多备用电池。其实，您可以采用一些省电的方法，让数字相机电池用得更久。

1）关闭 LCD 显示屏。尽量使用光学观景器取景，因为大部分数字相机都会因开启液晶显示屏取景而消耗更多电力，将它关闭可使电池备用时间增长两三倍。

2）注意闪光灯的有效距离。大部分数字相机闪光灯指数偏小，有效距离一般不足 3 m。而当数字相机感应到光线不足时，通常都会自动启动内置闪光灯辅助曝光。不过，这时闪光灯对拍摄效果没有太大的帮助，关闭闪光灯反而会让相机更省电。

3）尽量少用连拍功能。数字相机的连拍功能大都利用机身内置的缓存来暂时保存数字相片。如果经常使用这些缓存的话，所需的电力非常多。因此，减少使用连拍和动态影像短片拍摄功能，对节电有很大帮助。

思　考　题

1. 列出你做过的某一物理实验中存在的缺点，并提出相应改进措施。
2. 放置在水平桌面上的黑箱里，有一个比较重的长方形木块，给你一个量角器和一本三角函数表，请测出木块与黑箱底面之间的动摩擦因数。
3. 蜡烛跷跷板：取一条约 25 cm 长的窄铁皮，两端向下弯折 90°。在折边上拴两支长短不一的蜡烛。再把铁皮放在一个刀口支架上，调节刀口的位置，使铁皮水平，如图所示。如果把两端的蜡烛点燃，并使两火焰的大小基本相同，试寻找材料制作验证并理论分析：在蜡烛燃烧的过程中，这个跷跷板是否能保持平衡？如果不平衡的话，哪一端翘起？

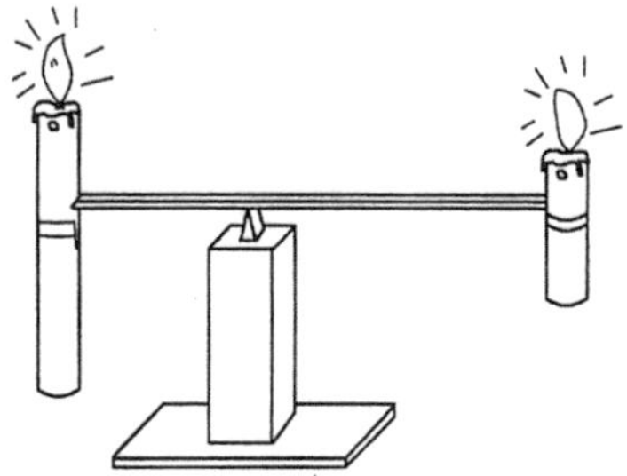

4. 谈谈你学习本章的主要收获。

参 考 文 献

1. 中华人民共和国教育部. 2003. 普通高中物理课程标准. 北京：人民教育出版社
2. 安忠，刘炳升. 1986. 中学物理实验教学研究. 北京：高等教育出版社
3. 刘炳升，冯容士. 2000. 中学物理实验教学与自制教具. 上海：上海世纪出版集团
4. 刘炳升. 1999. 科技活动创造教育原理与设计. 南京：南京师范大学出版社
5. 王河，胡象岭，李新乡等. 1998. 物理教育学. 济南：山东大学出版社
6. 教育部教学仪器研究所. 高中物理学生实验（人民教育出版社）. http://www.pep.com.cn/gxssy/index.htm
7. 郑树葵. 中学物理探究性实验研究——开展中学物理探究性实验研究，培养学生的创新能力. http://www.scnu.edu.cn/～wuli/mspe/d28/06.htm
8. 李彤，韩卫平. 2004. 静动摩擦力演示仪的制作. 教学仪器与实验，(6)
9. 王荣恺. 2004. 用废弃材料制作反冲式水轮机模型. 物理实验，(10)
10. 李玮，余秋琬，张业宏. 数字相机碱性电池性能探究. http://202.96.165.5/ljwuli/Article_Show.asp?ArticleID=96
11. 上海市教委教研室. 2000. 高中研究型课程实施案例选编. 上海：上海科技教育出版社
12. 孙元清. 2001. 高中研究型课程导师指导手册. 上海：上海科技教育出版社

第 7 章　物理实验教学评价

为了衡量中学物理实验教学的效果和学生的实验能力，促进学生实验素质的发展，必须重视实验教学评价。通过实验教学评价既可以促使学生重视物理实验，也促使教师改进实验教学。在很多中学，实验教学评价尚未受到学生和教师重视的现象确实是存在的。一种较普遍的现象是，考核中缺乏实验内容，让学生死记一些实验现象或步骤，缺乏实验操作的考核，缺乏探究能力的考核等，这种考核方式加剧了“高分低能”现象的发生。

随着中学物理教学改革的深入，实验教学评价问题已得到专家学者和教师的大力关注。下面仅对实验教学评价中的有关问题作初步的探讨。

7.1　物理课程标准对实验教学评价的要求

实验教学评价是实验教学的重要组成部分，对于新课程中物理实验教学的实施具有很强的导向和质量监控作用。实验教学评价的目的功能、评价的内容标准和评价的方式方法等各方面都直接影响着实验教学培养目标的实现，影响着物理新课程功能的转向与落实。

长期以来，物理教学与其他学科的教学一样，存在着重知识传授、轻能力培养的现象，将考试作为学习的最终目标，使考试等同于评价。新的物理课程标准从培养人的全面发展的角度提出了新的评价理念和要求：强调评价在促进学生发展方面的作用，而不强调评价的甄别与选拔功能；重视学生在活动、实验、制作、讨论等方面的评价，不赞成以书面考试作为唯一的评价方式；倡导客观记录学生成长过程中的具体事实，不过分强调评价的标准化。这无疑对物理实验教学评价提出了新的挑战和要求。为此，每一位物理教师都要认真学习和领会物理课程标准的精神实质，转变评价观念，明确评价的目的和内容，掌握多样化的评价方法，依据课程标准全面科学地实施实验教学评价。

7.1.1　树立正确的物理实验教学评价观念

在传统的教学评价中，教师对学生的评价非常重视反映学习结果的终结性评价，而忽视体现学习过程的形成性评价；在形成性评价中教师又只重视教师本人的评价，而忽视了学生的自我评价和学生相互评价；在评价功能上，只重视评价及测试的甄别与选拔功能，而忽视了评价为学生成长、发展服务的功能；在评价内容上只重视知识与技能的评价，而忽视了过程与方法、情感态度与价值观等方面的评价；在评价方式上只重视书面考试，而忽视了学生在活动、制作、讨论等方面的评价。在物理实验教学中，上述传统的评价误区也不同程度的存在。为此，我们必须以学生的整体发展和终身的持续发展为着眼点，树立正确的现代评价观。要努力实现以下几个转变。

1. 在评价的功能上，要从过分强调评价的甄别与选拔功能向促进学生全面发展服务的功能转变

传统的教学评价，其主要目的和功能是为甄别与选拔服务，通过评价把学生分成三六九等，由于长期以来都是通过分数给学生排序，这给学生的身心发展带来了很多不利的影响，违背了教育以及青少年的身心发展规律。新课程评价既要发挥评价的甄别与选拔功能，更注重发挥教育、改进与激励功能，使评价的过程成为促进发展和提高的过程，使每一个学生获得最大的发展和成功。所以在实验教学过程中教师要树立实验教学评价为学生的成长与发展服务的观念，要通过评价不断改进物理实验教学，使学生树立起自信心，乐于参与实验技能的培训与实验能力的训练，从而提高学生的实验素养。表 7－1 列出了发展性评价观与传统评价观的区别。

表 7－1 发展性评价观与传统评价观的比较

发展性评价观	传统评价观
强调每个学生的发展	强调甄别与选拔
评价指标的多元化（3 个维度）	评价指标单一（知识点）
评价方法多样化，强调过程性评价	评价方法单调（纸笔测验），强调终结性评价
鼓励学生、展示成功、建立自信与自尊	甄别、选拔
强调“质性评价”，定性与定量相结合	片面强调评价的量化与标准化
实施的主体是学生、家长、老师与社会	实施的主体只有老师

2. 在评价的内容上，要从单纯重视知识的评价向重视学生全面素质的评价转变

与传统的教学重视知识与技能一样，传统的评价只注重学生对知识的理解与掌握，而忽视了过程与方法、情感态度与价值观的评价，评价只重结果，不看过程，对学生的学习能力、创新精神、学习态度和习惯等尤其缺乏重视。

物理课程标准明确指出：评价的内容应该与课程目标一致，即要求评价内容多元化，要将知识与技能、过程与方法、情感态度与价值观的评价有机结合起来。因此教师要以学生的全面素质为评价内容，要建立促进学生全面发展的评价体系，评价不仅要关注学生的学业成绩，而且要关注学生的其他方面，如积极的实验态度、创新精神、解决问题的能力、与他人合作的能力以及正确的人生观和价值观等，以发现和发展学生多方面的潜能。

3. 在评价形式上,要从单纯重视笔试向综合运用多种评价方式转变

传统的评价中,笔试是唯一的评价方法。多方面的研究已表明：不能仅用书面测验来评价学生的学习效果,同样,也不能仅用它来评价实验教学的效果。例如,一个学生书面解答实验题可能得到高分,但在真正进行实验操作时却漏洞百出。书面测验肯定会忽略某些能力素质,而这些能力素质在真正的实践活动中是必不可少的。特别对探究性的实验活动,若用书面测验,难以创设发现问题的情境,也难以展示千变万化的探究过程,许多创造性的能力因素将被忽略。新课程标准强调评价方法的多样化,教师要根据不同的评价内容和对象选择不同的评价方式。如建立学生学习档案、项目调查、活动观察、实践操作、情景测验等,要将定性评价与定量评价相结合,切实提高评价的有效性。

4. 在评价主体上,要将学生从处于被动评价的客体向学生积极参与评价的主体转变

在传统的评价中,学生始终处于一种消极的被动地位,评价主要是由教师对学生进行评价,学生的主观能动性得不到很好的发挥。学生学习的主动性、自主性受到很大程度的压抑。新的课程评价要求重视学生在评价中的主体地位,强调学生主动参与评价。因此教师要改变单一由教师评价学生的倾向,要将评价有机地融入教学过程,建立开放、宽松的评价氛围,使学生成为实验评价主体中的一员,加强评价者与被评价者之间的互动,鼓励学生个人和小组进行自我评价和合作评价,促使他们对自己的学习过程进行回顾、反思,从而培养学生学习的主动性和对自己的学习负责的态度,自觉地调控自己的学习过程。

7.1.2　建立科学的物理实验教学评价内容和标准

评价的内容和标准应该与课程目标相一致,培养学生用实验方法研究物理现象与规律的能力,使学生在物理实验的基本知识、基本方法和基本技能等方面受到较系统的训练,加深对物理学基本概念和基本规律的理解和掌握,培养良好的科学素养、创新精神和实践能力;把物理实验教学从传统的注重传授知识型转变为传授知识和培养能力型的教学模式。根据教学过程的多样性和教学目的、教学改革目标的同一性设计的综合考核、评估体系的目标是：通过课程考核、评估,更好地落实教学目的,促进教学改革,提高教学质量,培养高素质人才。为此,不仅关注学生的知识和技能的获得情况,还应关注学生学习的过程和方法、情感态度和价值观等方面的发展。因此,评价的内容和标准应在如下三大目标领域里进行相应的设计。

1. 知识与技能

对于基础知识的评价,要尽量融合在科学探究过程的情景中。评价的内容包括：是否具有最基本的物理知识;是否能运用这些基本知识发现问题、提出问题;

是否具有独立地去探索新知识的能力；是否具有识别和筛选信息的能力等。对于基础知识的评价要做到在实际的情景中评价基础知识，在学习的过程中评价基础知识。例如，评价学生是否能初步理解速度的含义和学会速度的测量方法，可以通过"比较物体运动的快慢"的实践活动来完成。根据学生对玩具小车运动的记录和对比较快慢依据的描述，对学生做出评价。

对于基本技能的评价，应按其性质和特点，灵活进行评价。例如，对于物理实验技能方面的评价可以包括以下几个方面。

1）是否会根据实验课题选择常用的实验仪器和测量工具。

2）是否会使用这些基本实验仪器和测量工具。

3）是否会记录实验数据，知道简单的误差处理方法。

4）是否会写出简单的实验报告。

5）是否会用科学术语和简明的图表来描述实验结果等。

这些基本实验技能的评价除了进行笔试和具体操作考核外，主要应通过观察和对学生实验报告的检查来收集评价信息，并根据这些信息及时做出评价。

2. 过程与方法

在过程与方法的评价中，要重点评价学生的观察能力、提出问题的能力、提出猜想和假设的能力、收集信息和处理信息的能力、合作与交流的能力等。在评价中，应将形成性评价与终结性评价有机融合起来，客观地记录学生参加了哪些活动、投入的程度如何、在活动中有什么表现和进步等情况，对学生在学习过程中所经历的途径、采用的方法进行比较综合，然后得出评价结论。例如，在学生的探究性学习活动中，教师和学生可以参照下列各项对学生的探究过程和方法进行评价。

1）能否根据观察或生活经验提出问题，根据问题提出假设。

2）能否利用身边的材料设计实验方案。

3）能否按照实验方案准备实验，有步骤地进行实验。

4）能否按照实验操作的规范要求完成实验。

5）能否安全地使用各种实验器材。

6）能否实事求是记录和收集实验数据。

7）能否分析实验数据的相关性并得出结论。

8）能否在探究活动中与他人合作和交流。

3. 情感态度与价值观

对于情感态度与价值观的评价，不宜像知识与技能一样直接进行评价，多数情况是通过一些可以观察的指标来间接地推断和度量。因此教师应该通过观察、记录学生在实验过程中的表现情况来了解学生在情感态度与价值观等方面的现状和进步。对于学生科学态度的评价，学生有语言表现、行为表现、情绪表现等方面；对于行为表现和情绪表现的评价，必须分别对学生的行为、情绪进行观察和记录。如学生在实验结束后是否乐意将实验台整理好、当学生无法调试好实验仪器时是否对实验失去信心、学生对这些实验是否抱有无所谓的态度、是否愿意在实验过程中同别人合作、学生是否尊重实验数据等。

此外应灵活运用合理的评价方法。评价方法的选择应根据评价内容的需要，由于评价内容和标准是多元和综合的，那么对应的评价工具和方法应注重多样化和科学化，尤其强调形成性评价。只有将形成性评价与终结性评价、定性评价和定量评价有机结合起来，才能较全面、有效地描述学生的学习状况。其评价方法可以采用诸如档案袋评价法、测验法、观察法、学生自我评价法、学期和学年报告法等形式。

7.2　物理实验教学评价的内容

实验教学评价的内容(本节所指物理实验教学评价的内容主要是对学生分组实验而言的)应包括物理实验的基础知识、基本技能和能力。普通高中物理课程标准明确指出：物理实验是物理教学中的重要内容和学习方式。对于物理实验教学的评价应采用多种方式，评价的内容应多样化。一般地，学生分组实验教学评价的内容大致可以分为如表 7-2 中所列的 6 个方面。

表 7-2　实验教学评价的具体内容

评价内容	具体要求
编写实验计划的能力	理解实验原理，编写实验步骤，设计记录表格。
动手能力	安装及调整仪器，按一定顺序操作，会使用有关工具，并达到一定的工艺水平。
观　察	正确选择观察目标，观察迅速，读数准确，判断正确，实验中能够发现事先未说明的问题。
处理实验数据的方法	运用有效数字表示测量数值，正确运算和描绘图线。
分析与总结的能力	分析结果，得出结论，用公式或文字表述结论，写出实验报告，思考实验有待改进的地方及相应的改进措施。
实验素养	注意实验环境，遵守操作规程，实事求是，不怕困难，不失机遇，爱惜器材。

根据各阶段评价的要求，评价内容可适当选择，一次评价的内容可以有所侧重，多次评价的总体应能全面反映学生的实验能力，符合物理实验技能和能力的培养目标。

按照物理实验的过程，可对实验能力进行如下划分(续佩君著《物理能力测量研究》)。

1. 按实验步骤完成操作

这一层次的主要成分是操作，其主要要求是使实验按照教材或教师的要求顺利进行。由于教材中实验步骤已经按学生水平做出了清楚表述,所以难度一般不大。学生的理解水平不同,实验步骤表述应有一定变化,例如是否需要交代所用仪器,操作要点交代到什么程度等等。这一层次的基本要求,一是要完成所有步骤,二是要规范操作。由于后者可能并不影响实验正常进行,所以在不出现意外事故的情况下,学生容易忽略操作的规范性。

2. 设计实验记录的表格

这一层次的主要要求是使实验中的所有数据相对集中,便于阅览,便于分析和使用。由于学生从小学数学中就逐步接触过本层次内容所涉及的形式,所以当实验数据的数量较少时,对于列表基本没有困难。问题一般在于表格列得不规范,例如物理量的单位不写在表头标题栏内而写在表内数字的后面,物理量平均值不取在直接测量的物理量后面等。

3. 基本量具及仪器的使用

基本量具通常指经过很简单的操作即可直接度量某一物理量的用具,例如米尺、千分尺、卡尺、温度计、秒表、量筒、弹簧秤等。基本仪器通常指物理实验中常用的一些实验仪器。它包括基本测量仪器和常用辅助器械两类。前者指通过适当操作才能完成对某一物理量的度量的仪器仪表,如电磁打点计时器、天平、电流表、多用电表等。后者如量热器、稳压电源、滑动变阻器、透镜等,这些器械一般不能度(计)量物理量。中学生应掌握的基本量具和基本仪器的具体内容是由物理实验培养目标决定的。

这一层次的主要要求是能够规范地、基本熟练地操作基本量具和基本仪器,以使物理实验能够顺利进行。由于这一层次有突出的操作性特点,因此要求学生亲自动手操作仪器,并且对同一基本量具和仪器的重复操作,必须有一定的次数保证。

4. 基本工具的使用

基本工具,这里指操作和调整物理实验仪器所经常使用的工具,如测电笔、尖嘴钳、电烙铁等。有些工具,虽然在物理实验中不经常使用,但由于在生活中常用(例如小槌),所以若有可能,例如在课外小实验、物理课外活动或物理小组活动当中,也应给予适当的注意。

这一层次的主要要求是会正确使用基本工具,并使物理实验顺利进行。在实验的实际过程中,除必要的仪器调整之外(如表针的零点调整),这些基本工具主要用来排除一些简单故障,例如仪器旋钮松脱,更换保险管(丝),焊接脱焊导线,紧固螺栓或木螺丝等。要求学生自己动手,能够排除简单的故障,参加某些简单的实验仪器的常规检修,检查物理课外小实验成果等,都是在本层次培养学生实验能力的重要途径。

5. 运用误差理论分析物理实验

运用误差理论分析物理实验,是物理实验能力中的一种较高层次的能力。

这一层次的主要要求是让学生理解误差研究是物理实验中的一个重要问题，而不在于让学生用误差知识解决什么具体问题。在涉及误差计算时，一般只要求到直接测量的物理量。本层次的基本内容如下。

1）了解误差存在的必然性及其必然产生的一部分原因（如来源于仪器与操作者的）。

2）知道一个不能确定误差的测量，在物理上是基本没有意义的。

3）理解真值的存在并会选择某些真值（如物理常量的真值，直接测量量的算术平均值等）。

4）会用有效数字简易处理实验中数据的读取、计算及结果，知道这种简易处理本身存在较大误差。

5）会计算某些仪器的极限误差，会计算算术平均绝对误差，并能用它们表示实验结果。

6）会计算由仪器极限误差和算术平均绝对误差决定的百分误差。

7）能够分析具体实验中误差产生的主要原因。

需要说明，上述内容中的有些名词，并不一定介绍给学生，但其具体内容是要在教学中落实的。

6. 写出物理实验报告

这一层次的主要要求是学会规范书写物理实验报告。由于实验教材的叙述不可能过分详细，所以这一层次中的思维成分较多，它们主要表现在对教材所述实验的目的、原理、步骤、要求的理解、区分与表达上。此外，阅读能力、表达能力和书写实验报告的技能（例如对报告基本格式和要求的熟练程度）也对本层次能力的形成和发挥起一定作用。这种综合性特点，使本层次的难度加大，成为物理实验能力中稍高的一个层次。

写实验报告时，除对简单的以直接测量结果为目的的实验以外，均应重视实验原理的书写。理解并简要表述实验原理，是将物理概念、规律直接应用于实验的过程，它可以表明：一个物理实验的测量过程据何而来，该实验的结果究竟为什么能实现该实验目的。可以说，不清楚实验原理的实验者，即使其操作和结果都是成功的，他从该实验学得的东西也将大打折扣。一般情况下，实验原理应从已知的物理现象、概念、规律出发，通过下述三方面内容的逻辑表达来说明。

1）有关的公式变形。

2）直接可测（或可观察）的实验内容。

3）如何得以实现关键处（难点）的测量或较难获得的现象和过程。

关于实验步骤，除极个别情况，均应以鲜明序号罗列表述，内容只涉及操作成分。一般应包括实验仪器、测量程序、操作要点（注意点）及调试的有关参数等。

7. 分析物理实验现象和实验数据

这一层次的主要要求是分析(扬弃)实验数据和实验现象得出恰当的物理结论。本层次的特点是思维成分多,对探索性实验,特别是数据的规律性不太明显的时候,其难度有较大的伸缩性。

实验数据处理的常用方法有列表法、作图法、逐差法等,原则上说,应采用最能直观表现数据间关系的方法。有时我们也综合采用几种方法。此外,数据处理还应包括去掉粗差和整理有效数字。

无论用何种方法,无论是定性的实验还是定量的实验,重要的一点是,应该对完成的实验有一个明确的结论,即使对验证性实验亦是如此。除了测定性实验外,实验结论一般应包含语言与数学的两种表达方式,误差说明和测试条件等方面的内容。若实验结论中有意料之外的成分,还应予以特别的讨论。

8. 设计简单的物理实验

本层次的主要要求是用可实际操作出的实验结果完成对某一物理问题的研究。当问题本身属于质疑性的问题时,它还可以有效地配合教学,并使学生学习到物理学的研究方法。例如,浮力由液体内部压强差形成,而同种液体的内部压强又由液体深度决定,那么浮力大小亦应与物体浸入液体的深度有关。然而,阿基米德定律却表明,浮力与该深度无关。对逻辑推出的这两个相悖的结论,能否用实验说明浮力与物体浸入液体的深度无关呢?

这一层次的主要特点是思维和操作两种成分并存,并且交织在一起,灵活程度大,而且初步设想的方案还常需要经过试探性操作进行修改完善。所以,这一层次的难度较大,是较高层次的一种实验能力。

关于这一层次的具体要求,应侧重实验方案设计的规范性、创造性与可行性。可行性的基本含义是可比较稳定地重复操作,并且在允许的误差范围内每次操作均获得相同的结果,而不是简单地指可以进行操作。一般说,它包括仪器、操作与误差三个方面。对于不能找到(或不能做出)相应的仪器,或者找到(做出)的仪器稳定性极差;对于危及到人身安全的操作,或不能重复的操作,都不能认为是可行的。例如测定粗盐(晶体状)的密度,若机械套用测金属体积的方法和步骤对单块进行测量,则体积读数就很困难;多块放入量杯测量,由于溶解会导致误差太大。因此,这些方案虽然可以进行操作,但作为物理实验,它们的可行性都较差。

9. 排除简单故障

由于实验中异常现象和故障各种各样,原因各异,所以本层次的灵活性很强,而且思维和操作两种成分也相互交织在一起。甚至有的异常现象或故障虽能设法排除,但其原因并不十分清楚。因此,本层次是实验能力中的一个较高层次。

这一层次的主要要求是让学生养成习惯:在物理实验中遇到意外情况时,试着解决,在这一过程中培养自己的观察能力和实验能力。至于学生究竟对异常现象和故障的排除解决到何等程度，并不作为重点要求（当然以完全独立解决为好）。完成本层次任务的基本方法，是通过观察分析异常现象与故障发生的部位、过程、特征等，缩小查找原因的范围，并针对设想的原因进行局部调整改正，然后进行试探性操作，确定解决方法。在异常现象和故障未被排除以前，应该中止实验；在排除过程中，应注意保护实验仪器。

10. 根据需要寻找实验仪器的代用品

辅助操作的代用品，例如隔热物、支撑物、扶持物等。寻找代用品，往往是设计实验或实验过程中突然产生的一种需要。代用品在稳定、牢固、精度上可以稍逊于仪器，但功能上应基本相同。由于寻找代用品是一种创造性的操作，而且有时还需要辅助以小加工，因此，本层次的难度和灵活性较强。这一层次的主要要求是保证实验能够正常进行。

7.3　物理实验教学评价的类型、方式、方法

一般来说，物理实验教学评价的类型，可分为经常性、阶段性和选拔性三类。经常性评价一般是在平时的实验报告、小测验、课堂提问中进行。阶段性评价包括期中、期末、毕业考试，它需要统一试题，有统一的评分标准。选拔性评价的目的是从全体学生中选拔英才，这类评价包括升学考试、招工考试和实验竞赛等。鉴于此，实验评价的方式有操作、口试、笔试三种。采用何种评价方式，需要根据评价的内容、类型、规模和设备条件来决定。关于实验教学评价的方法，目前仍是待研究的问题，需要经过摸索和积累经验，逐步充实与完善。

7.3.1　物理实验教学评价的基本类型

1. 试卷型

它是由教师把实验的基本理论、观察和操作技能，根据实验教学目标编成试题，组成书面试卷，由学生进行笔答，从答卷的成绩评判学生实验能力的高低。这种评价方式简单易行，省时经济，但这种考核方式没照顾到实验考试的特殊性，不能全面反映学生实际操作技能的水平。

采用试卷型评价方式时，实验试题的编制是个关键，编得不好，易导致教师上课讲实验，学生考前背实验的不良后果。因此，在选择和编制试题时，除做到与实验教学目标一致，有一定的代表性和区分度外，还要坚持实践第一的原则，尽量在与实际操作技能有关的问题方面进行命题。

2. 操作型

它是由教师根据操作领域的教学目标进行命题，学生按试题要求进行操作。在操作过程中，教师进行观察或辅以“口试”，然后，按评分标准记录、评定成绩。

操作是学生个别进行的活动，操作的内容可根据评价的要求和实验条件而定。例如，在期中或期末考试中虽然要求学生全面掌握本阶段实验教学的内容，但每一个学生不可能进行过多的操作，可采用抽签方式分批进行。同一批学生所抽取的内容一般应有所不同，例如，有这样两张卡片，一张是："请你把天平调整到能正常工作的状态，并说明这台天平的最大称量是多少？座号 5"，而另一张卡片是："请观察这台天平是否已经调整好？请你用它称出 15.5 g 萘并说明这台天平最小称量是多少？座号 6。"这样，两者的要求基本相当，而内容又不完全相同，操作时也不会互相干扰。为了缩短考试时间，可以组织实验技能较好的学生当计分员，事先考核计分员，再经过培训即可独立工作。

抽签考试的缺陷是有偶然性，不便于考查学生之间的真实差距。因此，对于选拔性评价则应使考生有同等的得分机会，操作的内容应该相同。评分办法可在无干扰情况下由教师观察操作，当场或按实验报告评分。

这种评价方式注意了实验考试的特殊性，实践性强。只要组织得当，命题合理，就能较全面地评价学生的操作技能。但这种评价方式工作量较大，也受仪器、设备、实验条件等因素的限制，且评分主观，随意性大。

3. 试卷和操作结合型

教师根据物理实验教学目标进行命题，由学生在实验操作的基础上，完成试卷，在操作过程中，教师按事先制定的评定量表和观察量表，进行适当的观察和记录，然后综合评定学生的成绩。

我们认为，根据我国目前的实际情况，对于小规模的实验考试，就实践性和可行性来说，这种评价方式是比较合理的。因为它能较全面地反映学生对实验理论和实验技能的掌握情况，并能对学生达到实验教学目标的程度做出较为准确的判断。

7.3.2 物理实验教学评价方式、方法

1. 笔试部分

以传统回答试卷的方式进行。笔试部分主要考查实验的原理、方法、步骤、操作规程、设计思想、误差分析等。其试题可以编制成问答题、选择题、图解题、计算题等。除一般笔试外，近年来还出现观察与笔试相结合的方法，例如：让学生先观察教师的演示，然后用文字和图示的方法描述实验的现象和分析因果关系。如用洛伦兹力演示器让学生观察电子束的偏转，判断线圈中电流的方向。这种方法有利于考查学生的观察和分析能力。

2. 操作部分

(1) 观察技能的考查

可以通过用实物演示、幻灯、投影、播放录像等方式进行。根据目标要求，观察

部分的评价内容可以向学生显示具体的物理现象，让学生记述观察到的现象，或指出现象产生的条件，或判断现象变化的原因；也可以向学生显示具体的测量仪器或实验装置，让学生说出仪器的构造、各部分的作用，读出仪器显示的数据，画出实验装置的结构图示，或进行演示操作，让学生指出操作中错误的地方，发现实验操作中疏漏的步骤或违反规则之处等。

(2) 操作技能的考查

让学生按指定的要求，选择器材，组装仪器；按指定的要求对实验装置进行调试，使之达到规定的状态，或按实验课题要求，设计出简要的实验步骤和数据记录表格，在规定的时间内进行操作和读数，并进行数据处理，在此基础上，完成实验报告，并回答有关问题。检查学生实验步骤的设计是否科学合理，表格设计是否简明，操作是否规范熟练，数据记录是否可靠，数据处理方法是否得当，结论是否正确，回答问题是否全面正确，并检查实验操作完毕后器材放置、整理的程度。

考试前，教师可根据操作领域的教学目标，编好若干实验操作题，并提供一定量的仪器设备，在学生全面准备的基础上，由学生抽签进行考试。试题要突出典型实验，题目的形式可以是操作式、排除故障式、读取数据式、设计实验方案式、选择仪器进行测量式等，题目按名称、仪器、要求等栏目，写成卡片并编号。评分原则主要看其过程是否规范，主要的标准要求是否达到。总之，不管采用什么方式、方法进行实验教学评价，都要保证测验的可靠性和有效性。

为此，在进行实验教学评价时，首先要明确规定评价的目标、内容、范围、要求、形式、步骤及评分细则。其次，对于操作型实验考试，要根据操作领域的行为目标和内容，准备好必需的仪器、用具等实验材料。第三，实验命题要注意科学性、代表性、全面性、实践性、针对性和可行性。要突出典型实验，要强调对实验理论和技能的全面考查。第四，要围绕考核目标进行命题。对于试卷型实验题应根据考查目标，结合常用题型的特点，合理选择题型。第五，要及时对考核结果进行评议。

总之，关于实验的评价最好采用多种形式相结合。对于物理实验考试(尤其是对操作能力的考试)，可从评判学生的深刻性、灵活性、敏捷性、批判性和独创性等层面进行。

1) 深刻性的表现

- 对已学过的量具、仪表(如量筒、电流表、打点计时器等)能说出它们的名称；
- 能对未使用过的仪器的外部形态和一般结构进行正确的观察；
- 对未使用过的仪器，能通过阅读说明书，了解它的主要功能和使用条件，了解它的量度范围和精密度；
- 对使用过的仪器，能正确装配和进行预备性调整，能按规程正确启动且能正确操作仪器；

● 能获得必要的数据资料并记录下来，进行分析，实验结束后，能按一定的顺序拆除和整理仪器，使一切设备复原。

2）灵活性的表现

● 对某一个问题，能根据研究问题的要求，从所学过的仪器、仪表、量具中，灵活选取所需要的实验器材；

● 针对某一个问题，设计出多种实验方案；

● 善于对方案的可靠性做出正确评估；

● 如果再做曾经做过的实验，能对所需器材进行正确选取；

● 对学习、使用过的仪器，能根据仪器的特点和性能灵活地进行装配、调试、操作，且对已经学习过的仪器的操作技巧，能迁移到新学仪器的操作中。

实验中，善于对实验进行合理的组合和安排，善于对所用仪器进行恰当的布局，使之便于操作，且能从不同的角度思考和分析所观察的现象，并能够观察现象的动态特征。

3）敏捷性的表现

● 能熟练操作基本的实验仪器和工具，如天平、改锥等；

● 操作中动作连贯、配合自然、动作协调；

● 在观察过程中，对各种现象，特别是偶然现象，能够及时地做出反应；

● 能够熟练、正确地完成实验现象和数据的观察及记录；

● 实验中，在某一个过程结束后，能及时地做出观察报告（口头或书面）；

● 实验的一个阶段或整个实验完成后，能够及时、正确地进行数据的处理，写出实验报告，得出结论。

4）批判性的表现

● 能够综合运用眼、耳、鼻等多种感觉器官发现实验中的异常现象；

● 善于对所观察的现象灵活地进行分解和合成；

● 能用动作防止突发性的事故；

● 进行观察时，能排除其他各种无关因素的干扰，集中注意力进行观察；

● 在实验的全过程中保持质疑，重视反思和总结，能及时地检查、评价、调节实验过程；

● 对一般常见故障能自己排除；

● 能根据需要及时修改实验方案，使实验顺利进行；

● 能够寻找代用品，并进行简易加工，以解决仪器设备方面的某些困难。

5）独创性的表现

● 对未做过的实验，能够根据问题的需要，独立设计实验方案或根据已有的实验方案，独立选择实验设备；

● 能根据已有实验方案独立组装并操作实验仪器（针对曾用过的仪器）；

● 能根据实验要求在实验过程中获取所需数据，且能够根据问题的需要对实验中所得到的数据独立进行分析；

● 善于探索发现新颖、独特的操作技巧和操作方法；

● 在实验中，善于选择新颖、独特、有效的方法和思路；

● 能够独立实施探索性实验和设计性实验的设计方案；

● 在教师的指导下，能制作出有特色的科技作品。

案例 1　给你一块多用电表、电位器和干电池（1.5 V），回答下列问题（根据考生的实际水平，可以给出适当的提示，增、减试题内容等）。

要求：必须写出实验测量原理，画出原理图；必须写出实验操作步骤，重要的操作方法、过程；正确写出实验测量结果的有效数字。

① 测量多用电表直流电压 2 V 挡的内阻（即直接从仪表上读出结果，不能通过计算求出结果）；

② 研究多用电表直流电压 2 V 挡的示数与外串电阻的关系，用作图法确定其内阻；

③ 分析产生实验结果不确定度的主要原因，尝试提出解决方案。

该试题的测试目标为：a. 多用电表的使用，试题中要用多用电表测量干电池的电压和实际串入电路中的电位器的电阻值；b. 多用电表的工作原理；c. 用作图处理实验数据的方法；d. 实验方案设计能力；e. 用实验方法研究物理现象和规律的能力；f. 灵活运用知识及创新思维的能力；g. 实验动手能力，分析和解决问题的能力；h. 有效数字及误差理论方面的知识。

为了突出物理教学实验在培养学生能力方面的独特作用，实验考核必须突出重点，即突出测试学生的实验能力，灵活运用知识的能力，创新思维的能力以及分析、解决实际问题的能力等，同时也要突出物理实验课程中重点实验知识、方法、技能和科学素养的测试。该试题很好地体现了上述原则。学生要完成这道考题就必须掌握多用电表的原理并能灵活应用，尤其要具备应用知识解决实际问题的能力。例如，要完成测量直流电压 2 V 挡的内阻，学生必须懂得电压挡的原理，以及串联电路中的分压原理，或许还要受到欧姆挡中值电阻的启示，才能构想出测量方案，即串入电位器并调节其阻值使表的示数达到干电池电压的一半时，此时串入电路中的电位器阻值便是 2 V 挡的内阻值。因为内阻较大，给了一个一圈电位器（大阻值）和一个十圈电位器（小阻值），学生必须懂得将两个电位器串联实现粗调、细调阻值的目的，而且能够正确地调节阻值，才能够较准确地测量出结果，测电阻时必须知道欧姆挡要调零等。

7.4　物理实验教学评价的命题要求及改革

实验考试能否获得好的效果，关键在于命题的质量。一份好的试题，既要有利于发现人才、培养人才，又要能对中学物理实验教学起促进作用，把人才的培养引向正确的方向，促进学生的发展。为此，命题时可注意从以下观点考虑。

7.4.1　要贯彻实践第一的原则

在笔试命题中注意使学生只能在实际操作的基础上才有正确答案，以体现实践性。

案例 2　有三个外形相同的定值电阻 a、b、c，它们的阻值大致分别为 10 Ω、500 Ω、30 kΩ，如何用多用电表测出它们的准确数值？试写出测量步骤。

学生要能正确回答上述问题，必须知道多用电表的电阻挡有哪些量程，每一个量程的测量范围怎样，熟悉多用电表的调节方法和测量的程序。否则不可能正确回答。

也可以把仪器的实物图印在试卷上，让学生根据图中所示仪器的名称、结构、规格和作用回答问题。例如学生不知道滑线变阻器的结构，就可能把导线画得与电阻丝直线相连，而不是把它接在接线柱上。

7.4.2　要注意考核学生的实践能力

命题的内容不应是简单重复学生已做过的实验，应该能使学生灵活运用知识和技能。

案例 3　电阻测量实验

已准备干电池两节、小电珠两只、开关一只、电流表和电压表各一只、导线若干，请完成以下实验，并得出结论。

1) 用两节干电池串联作电源，采用伏安法，先分别测出两只电珠的电阻，然后再测出两个电珠串联时的总电阻。设计一个记录表格，将实验数据填入表格内，从实验结果中你能做出怎样的论断？

2) 在现有的器材范围内，自行设计实验，进一步证实你的论断。绘出电路图，列出实验数据，说明论断理由。

本题要求学生正确选择电路，分析实验结果，并设计实验来验证自己的判断。虽然知识内容和方法都不复杂，是学生所学过的，但对能力的要求并不低，一些学生忽视实验条件的变化，用固定的观点看待电珠的电阻，因此不可能正确解释实验中出现的“异常”现象。这样的命题对培养学生灵活运用知识的能力是有益的。

7.4.3 考核的内容应有一定的覆盖面

为了全面考核学生的实验能力，考核的内容应有一定的覆盖面。可以用两种途径来扩大实验的覆盖面：一是在一份试卷中，通过不同的题目考核不同的方面，如实验原理、仪器性能、操作方法、数据分析、误差分析等；二是通过一道题目考核多方面的实验能力。考虑覆盖面时应当注意，不要使问题过于庞杂。

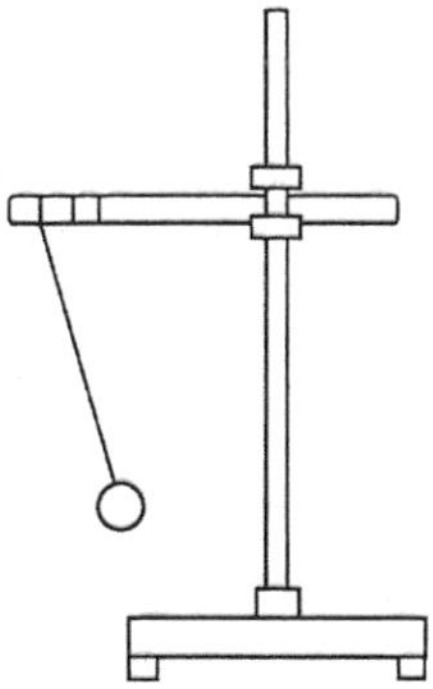

图 7-1　单摆装置

案例 4　描述观察到的现象(现象由教师表演)：观察这个单摆装置是否存在不合理的地方？(图 7-1)再看看老师这样操作是否正确？为什么？

案例 5　实验原理：图 7-2 是利用 50 Hz 的电磁打点计时器记录自由落体运动的纸带，并量得各点离起点的距离分别为(单位：cm)：

0.2，0.8，1.8，3.2，5.0，7.2，试计算落体在第 5 个点时的速度，并证明机械能守恒。

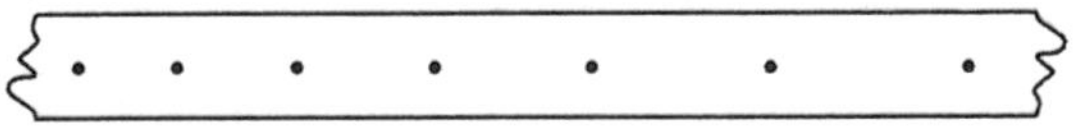

图 7-2　附有记录点的纸带

案例 6　编写实验程序：试写出互成角度的两个力合成的实验步骤，并绘出示意图。

案例 7　数据分析和数据处理：表 7-3 是一组用注射器验证玻意耳定律的实验数据，试分析其中哪组数据误差较大，原因何在？

大气压强 $p_0 = 9.8\times10^4$ Pa，注射器的标称容积为 100 ml，注射器刻度总长为 4.50 cm。

表 7-3　用注射器验证玻意耳定律

次　序	活塞上的压力 F/N	空气柱体积 V/m^3	空气柱内压强 $p = p_0 + \dfrac{F}{S}$	pV
1	0	5.00×10^{-6}		
2	4.9	4.30×10^{-6}		
3	9.8	3.00×10^{-6}		
4	−1.98	5.30×10^{-6}		
5	−4.9	6.80×10^{-6}		

注：F 为负值，表示活塞受到拉力。

案例 8　实验设计：有一支游标尺，能测得最大的长度为 12 cm，现有两根圆柱体，初步估计长度大约是 5 cm 和 15 cm 左右，你怎样用这支游标尺测出它们的长度。试写出实验的步骤。

这份笔试实验考题，分别从实验观察、实验原理、实验程序、数据处理与分析、实验设计等 5 个方面考核多种实验技能。同时整个考核内容，在本阶段所做实验中占有一定比重，所以它具有一定的覆盖面。

案例 9　巧测物质密度的设计性实验

要求：请先不要看题后的设计方案，自己先设计，再和本书的设计方案加以比较。

1) 测定一个不规则形状的固体(如石块)的密度，提供的器材只有：刻度尺、水杯(无刻度，不能用来测体积)、石块、线和一个不知道重量的重物(如小玻璃瓶)。

2) 没有弹簧秤，但有一只不知道倔强系数的弹簧，还有刻度尺、水杯、线和水，请你测定某种密度大于水的固体的密度。

3) 请你测定玻璃弹子的密度，提供的器材：圆柱形水杯、刻度尺、十几粒玻璃弹子、牛皮纸。

4) 估测蜡烛的密度，给你的器材有蜡烛一支、脸盆、刻度尺和水。你一定认为这还不简单，只要让蜡烛插在水中，测出漂浮在水中的蜡烛部分的长度和蜡烛的全长，运用阿基米德定律就能算出它的密度。但是实验的时候你会发现，蜡烛不可能竖直地浮于水中，怎么办呢？请你设计一个可行的方案。

5) 有两只玻璃杯、一根细橡皮管、一只盘子和水、垫块。请设计实验做测一个石蜡块的密度。这可是个难题，给你提供的东西似乎都与测质量或测体积无关，给你一点提示：用一只玻璃杯和一根细橡皮管，可以组成一个虹吸式的滴水器，它可以当作一种特殊的量筒，不过它的最小分度不是多少毫升，而是一滴水的体积。

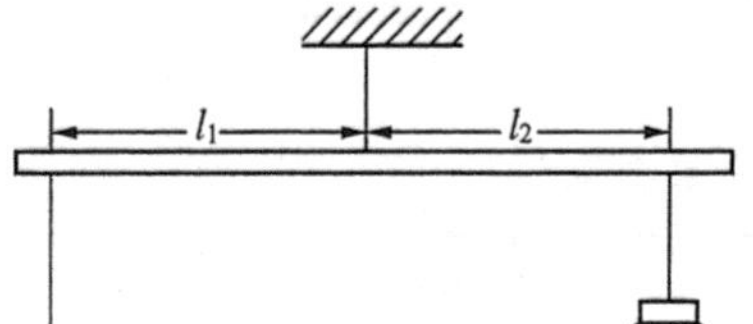

图 7 - 3　测石块密度

设计方案：

1) 在刻度尺寸的中央系一根线，把尺悬挂起来，在尺的两端挂上待测物和重物，如图 7 - 3 所示。平衡时的方程为

$$ml_1 = m_0 l_2$$

把待测物浸到水中，调节 l_2，使杠杆平衡，如图 7 - 4，又可得到另一个方程：

$$(m - \rho_{水} V)l_1 = m_0 l_2'$$

联立这两个方程可得

$$\rho = \frac{l_2}{l_2 - l_2'} \cdot \rho_{水}$$

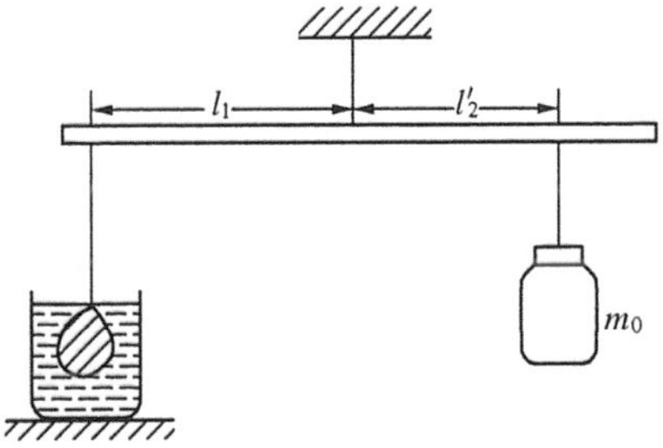

图 7-4　待测物浸入水

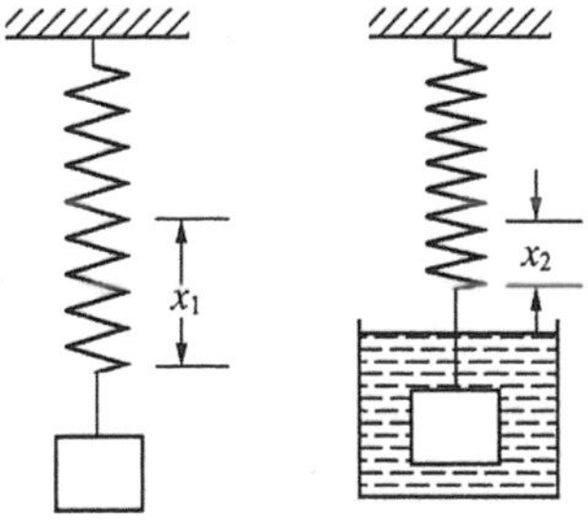

图 7-5　测固体密度

2）如图 7-5，在弹簧下端挂重物，用刻度尺测得弹簧伸长量为 x_1，则

$$mg = kx_1$$

把重物浸没于水中，伸长量变为 x_2，则有

$$(m - \rho_{水} V)g = kx_2$$

由这两个方程可得

$$\rho = \frac{x_1}{x_1 - x_2} \cdot \rho_{水}$$

3）在圆柱形水杯内倒入水，然后再放入 n 只玻璃弹子，用刻度尺测出水面上升高度 h_1，由此得一只弹子的体积为$\frac{h_1 S}{n}$（S 为水杯的底面积）。再用牛皮纸折叠一只小船，把 n 只玻璃弹子放到小船内，放入水中，如图 7-6，测出水面上升高度 h_2，其排开水的体积为 $h_2 S$。由平衡条件得

$$\rho_{水} h_2 S g = nmg$$

由此得一只弹子的质量 $m = \frac{\rho_{水} h_2 S}{n}$

因此，弹子的密度为

$$\rho = \frac{m}{V} = \frac{h_2}{h_1}\rho_{水}$$

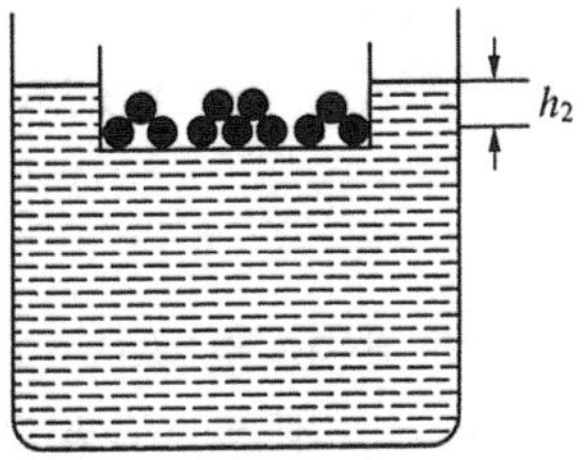

图 7-6　测玻璃弹子密度

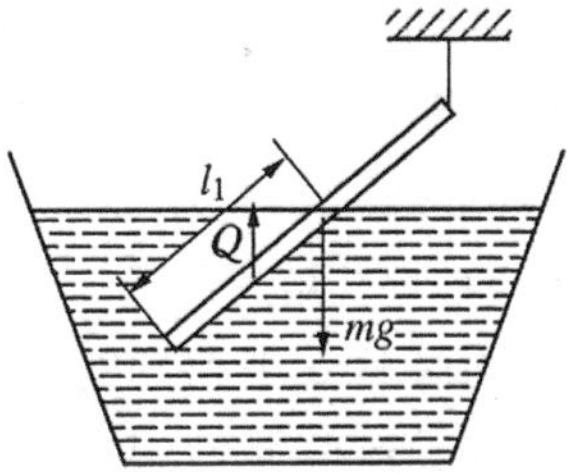

图 7-7　测蜡烛密度

4）用手提住蜡烛的引线，使蜡烛稳定在水中，如图 7－7。用刻度尺测出蜡烛在水中的长度 l_1 和全长 l。以悬挂点为支点，蜡烛在重力矩和浮力矩的作用下达到平衡。设蜡烛的质量、体积和受到的浮力分别为 m、V 和 Q，则

$$mg \cdot \frac{l}{2} = Q\left(l - \frac{l_1}{2}\right)$$

$$Q = \rho_{水}\, g \cdot \frac{l_1 V}{l}$$

由此可得

$$\rho = \frac{l_1(2l - l_1)}{l_2}\rho_{水}$$

5）在一只玻璃杯里放满水，使石蜡块漂浮于水中，再小心地取出石蜡块，玻璃杯中溢出的水量就等于石蜡块漂浮时排开的水量。用虹吸的滴水器往这只玻璃杯中滴水，同时计数，直至杯中水滴满时，记下水的滴数 n_1（图 7－8）。若一滴水的体积为 V_0，则石蜡块排开水的体积为 $V_1 = n_1 V_0$，根据阿基米德定律，石蜡块的质量 m 等于它所排开的水的质量，即 $m = n_1 V_0 \rho_{水}$。然后，使石蜡块完全浸没在水中，取出石蜡块，用同样的方法测出以水滴为单位的石蜡块的体积 $V = n_2 V_0$。则石蜡块的密度为：$\rho = \frac{m}{V} = \frac{n_1 V_0 \rho_{水}}{n_2 V_0} = \frac{n_1}{n_2}\rho_{水}$。

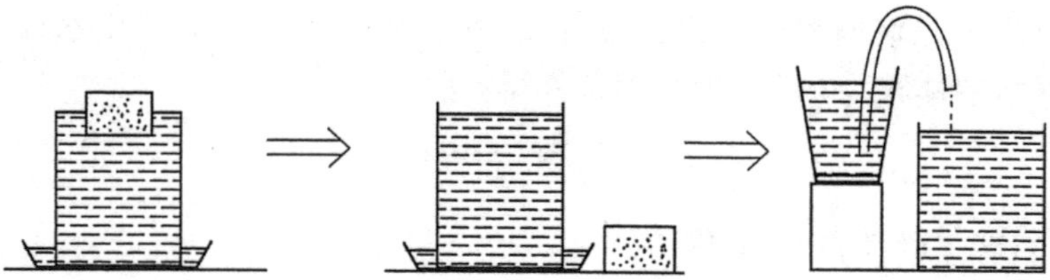

图 7－8　测石蜡密度

7.4.4　有利于区分学生的实验水平

试题的难度既要适当，又要有高低之分，以便考查不同学生的实验水平。尤其是选拔性考核试题，这一要求非常重要。为此，必须根据考核的目的和学生的实际水平精心设计试题。

案例 10　电学黑箱实验

电学黑箱内装有 5 个独立的电路，它们是由导线、电阻、电解电容、二极管中的某些元件组成的。这些元件的焊接点露在箱盖表面上。不准打开箱盖，只能用多用电表测试盖面的焊接点，判断内部电路结构，绘出电路图。如果是电阻，必须标

明电阻值，如果是二极管，必须标明极性。

参考答案：本题中被探的 5 个电路，其难度依次增大，其中第五个电路（图 7－9）的难度在于如何判断 a 与 b、a 与 f 之间是空挡。如果不是准确地测出各电阻值，并运用电阻串联的规律就很难确定，只有少数学生可能全对或者部分正确，这样就能把学生水平的高低区分开来。

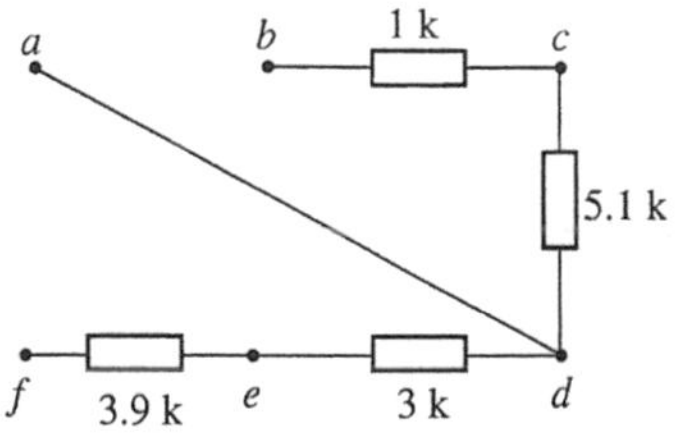

图 7－9　黑箱电路

7.4.5　根据实验设备条件命题

如前所述，各地实验条件虽然不同，但要做到中学物理教学以实验为基础，应该充分发挥现有设备的作用或自制教具，创造条件，做好实验。同样，在考核实验时，也应充分考虑实验仪器的具体情况。仪器不足时，也可通过自制的办法，解决考核问题。事实表明，选用仪器在某种意义上也可以考查出学生实验技能的水平。

7.4.6　可以考查学生在物理教材中未接触到的内容

这部分内容可作为信息题。

案例 11　让学生先阅读下面关于“电位差计”的材料，然后回答问题。

电位差计是根据补偿法测量原理制成的精密测量电动势和电压的仪器。所谓补偿测量就是将待测电动势（电压）与电位差计上的已知电压相比较使之达到相互平衡。其优点是不从待测对象中取用电流而消耗其能量，因此测量精度得以提高。电位差计不仅可以测量电学量和非电学量，还可以用来校准精密电表和直流电桥等直读式仪表，在自动控制和调节中得到了广泛的应用。

为了测量未知电动势 E_x，原则上可按图 7－10 安排电路，其中 E_0 是可调电压源。调节 E_0，使检流计 G 指零，这表示 $E_x = E_0$，我们称此时电路达到补偿。在补偿条件下，如果 E_0 已知，E_x 即可求出。据此原理构成的测电压或电动势的仪器称为电位差计。

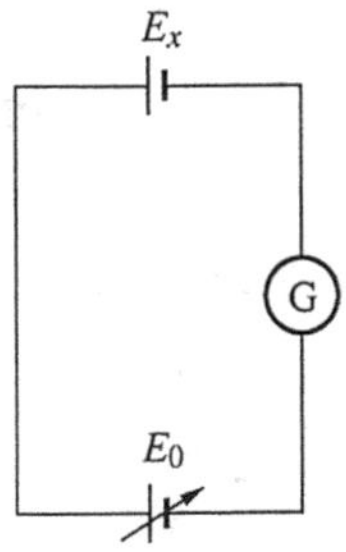

图 7－10
电位差计测量原理

根据图 7－10 可知，要构成一个电位差计，需要一个可调电压源 E_0。

它不但大小可调，而且数值稳定准确可读。另一件需要的仪器是高灵敏度检流计，作为示零器，它的灵敏度直接关系着 E_x 与 E_0 的接近程度。

在实际的电位差计中，E_0 是通过下述方法得到的（图 7－11）：稳压电源 E、限流电阻 R_p 和精密电阻 R_{ab} 串联成一闭合回路，称为辅助回路。当有一恒定的标准电流 I_s 流过 R_{ab} 时，改变滑动头 C、D 的位置，就能改变 C、D 之间的电位差 V_{CD} 的大小。

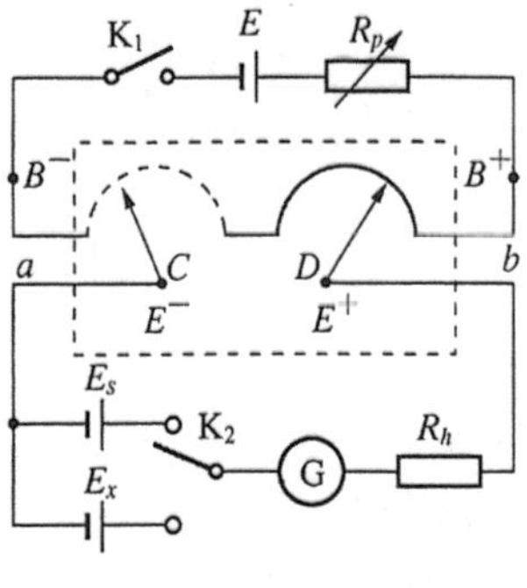

图 7-11　电位差计电路

R_h 是保护电阻。V_{CD} 正比于 R_{CD}，一般把 R_{CD} 转化成电压数在仪器上直接读出。V_{CD} 相当于所要求的 E_0，测量时把滑动头 C、D 两端的电压 V_{CD} 引出并与 E_x 比较，E_xCDGE_x（或 E_sCDGE_s）称为补偿回路。要注意的是，电路中 E 和 E_x（或 E_s）必须结成同极性相对抗。E_s 是标准电池，它提供精确的电压基准。辅助回路中的标准电流就是借助标准电池来临时校准的（这个过程称为定标或电流标准化）。定标的方法如下：根据所需的标准电流 I_s 及当前标准电池电动势的值 E_s，计算出一个电阻 R_s（$R_s=E_s/I_s$），移动 C、D 使 $R_{CD}=R_s$（实际上是使 $V_{CD}=E_s$）。闭合 K_1，将 K_2 与 E_s 接通，调节 R_p 使 G 指示到零，则辅助回路中的电流即准确达到 I_s。

定标之后就可以进行未知电动势的测量，方法是：将 K_2 与 E_x 接通，移动 C、D 使 G 指示到零，此时 $E_x = V_{CD}$（直接读出）。

根据上述所述“电位差计原理”，请利用下列仪器，设计测量电路图，以测量一干电池的电动势和内电阻。

电压表、微安表、稳压电源（3 V）、滑线变阻器、51 Ω定值电阻、开关两个、导线若干（要求正好把这些仪器都要用上）。

参考解答：见图 7-12。

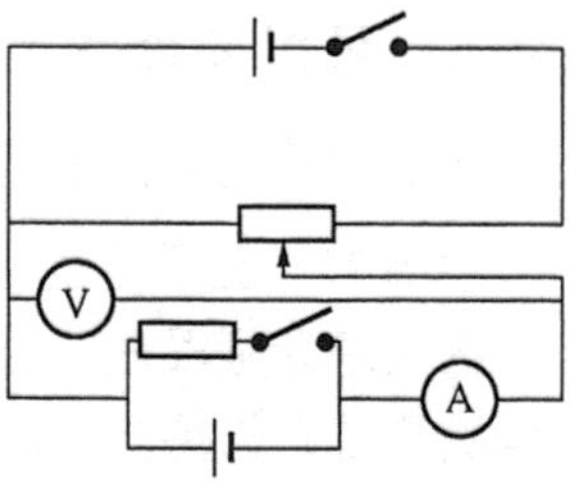

图 7-12
测干电池电动势和内电阻

7.4.7　可以采用写物理实验小论文的形式

案例 12　在一端封闭的玻璃管内注满水，再把一只小试管底朝下插入水中，然后迅速把长玻璃管倒转过来。

1）如果让你就实验现象写一篇论文，你将讨论哪些问题？

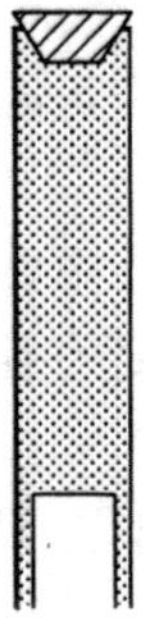

图 7-13
小试管上升

2）小试管为什么会上升？谈谈你的看法。

3）小试管是否一定上升，决定其上升与否的因素可能有哪些？

4）如果不计次要因素，请你用数学式表达小试管上升的条件和加速度的大小。

5）能否用实验来验证你提出的有关假说？你做了哪些实验，实验的结果如何？你认为的次要因素在实验中能否忽略不计？

提示：探究过程中，可进行如下 5 个实验，边实验、边思考。

1）长玻璃管倒置后小试管管底朝上，观察小试管的运动情况；

2）长玻璃管倒置后小试管管底朝下，观察小试管运动情况；

3）在小试管内装水，使其密度大于水的密度，观察小试管能否上升；

4）选择较小外径的试管，使它与玻璃管间的间隙较大，观察小试管能否上升；

5）选择较大外径的试管，使它与玻璃管间的间隙较小，观察小试管能否上升。

研究论文示例　逆流而上的小试管

按课题要求，我们进行了实验，奇怪的现象引起了我们探索的兴趣，是什么原因使小试管逆流而上？

【发现问题：从实验现象的观察中发现与物理学有关的问题，这是提出问题的前提。】

开始认为：小试管上升的主要原因是大气压强。由于大气压强可以支持约10 m高的水柱，远比小试管上方的水柱高度大得多，因此大气对小试管向上的压力足以使小试管上升。

【表述问题并提出初步假定：能从物理学的角度明确的表述问题；对问题的答案做出假定。在此过程中思维是非逻辑性的、发散的。】

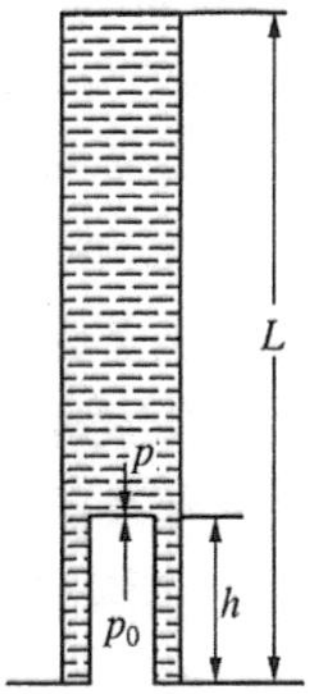

图 7 - 14
试管状态分析

根据这一解释，可以得出如下的推理：设大气压强为 p_0，外玻璃管长为 L，小试管高为 h，横截面积为 S，质量为 m，小试管所受合力 $F = p_0S - \rho g(L-h)S - mg = ma$，由于 $p_0S \gg \rho g(L-h)S$，则 $a \approx \frac{(p_0S-mg)}{m}$。

假设 S 为 1 cm^2，小试管的质量 m 为 0.2 kg，则可估算出上升的加速度为 4 g，即重力加速度的 4 倍。

【提出假设：运用已有的压强知识对初步假定进行合理的推理，即逻辑证明。在此过程中思维是逻辑性的、收敛的。】

为检验这一假设，我们再次实验，发现小试管上升的加速度远比重力加速度要小得多。

我们再将小试管管底朝下实验，小试管下的压强仍为 p_0，上方水柱的高度比大气压能支持住的高度仍小得多，但实验结果却是小试管不能上升。两个实验的结果都与上述假设不符，因此，我们感到有必要重新审视假设的正确性。

【进行实验：通过实验来验证前面提出的假设。本实验没有证实前面提出的假设。】

仔细分析可提出影响小试管上升的因素如下：① 大气压强；② 小试管的质量（重力）；③ 小试管的高度和横截面积；④ 外玻璃管的长度；⑤ 小试管与外玻璃管间的间隙（包括表面张力）；⑥ 水流动的影响。

为使问题简化，暂不考虑第⑤⑥两个因素。假设在将外玻璃管倒置的瞬间，间隙口的水未曾流出，作用在液面上下的大气压将传递至液体内部，水作用于小试管底部的压强 $p = p_0 - \rho gh$（显然它不等于试管上方水柱产生的压强，这就是导致上述错误的原因）。从这样的概念出发进行推导，可得小试管所受的合力 $F = (p_0 -$

$p)S-mg=\rho ghS-mg$，其中 ρghS 即为小试管排开水的重量，我们用 $G_{排}$ 来表示，则上式表示为 $F=G_{排}-mg$。

根据这一推论可知，如果 $G_{排}>mg$，小试管上升；如果 $G_{排}<mg$，小试管则下降。这一形式与物体的沉浮条件相似。

【初步分析：根据实验结果分析影响小试管上升的因素。】

为了验证这一结论，我们用一只橡皮塞把小试管口封起来，管内的水量可以改变，然后进行实验，实验的结果与推论基本相符，即 $G_{排}$ 等于、小于(甚至略大于)小试管的重力时，它就不能上升。当小试管上升时，我们还可估测它的加速度，可以发现它的加速度很小。

【进行实验：再次实验验证全面的分析。在这一个环节中进行实验与实验分析将反复进行。】

进一步的实验就是探讨⑤⑥两个因素的影响。用较粗的外玻璃管使小试管与外玻璃管间的间隙较大(如 7～8 mm)，则小气泡从间隙处上升，使小试管落下。用较细的外玻璃管使小试管与外玻璃管间的间隙较小(约小于 1 mm)，小试管既不上升，又不落下，这是由于表面张力起到了显著作用。

在能够上升的情况下，间隙大一些时上升较快，圆头的试管比平头的上升得快一点，这是运动流体阻力的影响。由于涉及的知识限制，我们不再深入研究，在我们选取的条件下流速不大、间隙适中，这些因素可以略去不计。

【结果解释：对本实验作出客观、准确、概括性的描述。】

上面实验过程中，我们得到比较满意的解释，更重要的是我们学到了一种解决问题的方法，这种方法对我们来说是终身受益的。

【实验评价：对整个实验过程的收获进行总结。】

7.4.8　科学探究的评价要重视情境创设，鼓励学生展示思维

科学探究的评价是一项非常复杂的任务。新一轮国家基础教育课程改革大力倡导学生主动参与的科学探究，其教学方式仍处于探索阶段，科学探究评价则更为滞后。当然，科学探究的评价可以根据组成科学探究的要素及其相应的教学过程，设计调查问卷，通过数据分析，得出结论，形成科学探究评价指标。这里我们主要从质的研究角度探讨科学探究评价的可能性。

探究是一种多侧面、多形式的活动，无论何种形式，在评价时首先要看是否体现科学探究的思想和基本特征(尽管有些探究活动只包含了探究的部分要素和特征，有的探究活动要求学生参与探究的全过程)。其次，在评价时要根据探究活动的指导和开放程度的不同加以区分。如提出问题，按照问题的来源，可以把它分为三个由低到高不同的层次：① 学生根据教师、教材或其他途径给出的问题进行探究；② 学生从所提供的问题中得到启发而提出新的问题；③ 学生自己提出问题。

层次越低教师的指导性越强，层次越高探究开放的程度越大。

此外，要想成功地进行科学探究的评价，就要在科学探究的设计过程中注意对情境的创设，尊重学生的不同看法、观点，允许学生畅所欲言，努力创设给学生发现问题和提出质疑的机会。因为探究过程重要的是从收集证据到根据证据解释猜想与假设的过程，探究始于问题，培养学生问题的意识和发现问题的能力是培养探究能力的首要目标。为此，让学生参与广泛的对话、交流，有别于“尽力引出所谓的正确答案”的做法。教师可以用“提问方式”引发学生思考，这样容易发现学生正在用什么概念和推理方式来思考问题。

下面我们举一实例“阳光透过树阴所成光斑的探究”（通过科学探究活动认识小孔成像的原理）说明这样的探究设计能有益于科学探究评价的实施。

案例 13　阳光透过树阴所成光斑的探究

【提出问题】

观察阳光透过树阴产生的现象，看到什么现象？能提出什么问题？

（见到许多圆形的光斑，这种光斑是从哪里来的？也见到一些非圆形的光斑，这种光斑又是怎样形成的？）

【猜想与假设】

小组讨论：对看到的现象的成因，能提出什么样的猜测吗？

交流各组提出的猜测。

（可能透光的孔近似为圆形，从而使影子的边缘近似为圆形，如果透光的孔为非圆形，那么形成的光斑也就是非圆形；可能是阳光透过小孔形成的光斑（像），孔的大小可能会影响光斑的形状。究竟哪一种猜想是正确的呢？）

【设计实验，收集证据】

各小组选择一种假设，用实验来证实自己假设的正确性。

打算如何收集证据来检验提出的假设？

实验的方案是怎样的？需要哪些器材？

有哪些变量？怎样控制变量？

（学生分组，观察阳光通过纸片上的孔在屏上所成的像。让阳光通过纸片上各种不同形状的孔，如圆形、三角形、方形、菱形、梯形等，观察所成的像。

让阳光通过纸片上各种不同大小的孔，选三角形、方形、菱形、梯形等中的一种，观察所成的像。）

【分析、论证与解释】

收集的事实有哪些？归纳的结论是什么？

用什么原理对结论进行解释？

（通过分析所收集的事实，可以归纳出小孔所成的像都是圆形，与孔的形状无关，而当孔大到一定程度，圆形消失，得到与孔形状相似的光斑。用光的直进原理可以解释上述结论：即太阳面上的一个发光点透过小孔在屏上形成一个光斑，所有的发光点都形成与自己对应的光斑，从而组合成一个太阳的像。）

【评估】

能否用其他的事实来证明上面的结论呢？

打算做什么实验？

（用蜡烛代替太阳光做小孔成像的实验，证实结论的正确性。）

【应用】

能否应用探究得来的结论解决某种问题？

能否根据上面的结论测出太阳的直径？公式和方法是什么？

（用直尺量出小孔到屏的距离 l 和太阳像的直径 d，已知太阳到地球的距离 L 为一个天文单位长度，由小孔成像的理论可以推导出 $D=\frac{L}{l}\cdot d$。由测量结果可算出太阳的直径。）

【报告与交流】

用报告说明结论是如何得出的，有哪些事实支持这一结论，有哪些应用？

【案例评价】

该案例反映了一个全程性的探究活动过程。从观察阳光透过树阴产生的现象出发，提出科学问题，引导学生步步深入地进行主动的探究，做出猜想，设计实验，收集证据，理论解释，再收集证据，并应用探究的结果解决新的问题。这一过程能使学生更好地领会探究的科学思想和方法。

该案例中，设计者还关注学生的合作学习，主要活动以小组为单位，并适时进行小组间的交流，让每一小组选择一种假设，共同围绕这一假设进行探究。最后再进行大组的汇报和交流，使每个学生共享各组探究的成果。

在探究过程中，进行猜想和假设是探究的核心环节。各组提出的假设，有的得到事实和证据的支持而被证实；有的被实验的事实所否定，从而从“失败”的过程中得到了正确的认识。这种创设“失败”机会的策略也是可取的。

总之，根据上面的介绍，你可能有关于实验评价的更好的想法和建议，不妨动笔写下来，和其他同学一起交流、讨论。最后，为了解近年来高考中关于实验的考核情况，下面列出 1998～2004 年高考实验题考查的内容及分值分布情况（表 7-4），以作参考（详情可查阅相关书籍或登陆有关网站下载）。

表 7-4　1998～2004 年高考实验题考查的内容及分值分布情况

高考年份	考查内容及分值
1998	1. 用 LC 振荡电路测线圈的电感（周期公式，T^2 与 C 的关系图线，求 L 的数值）（6 分）。2. 验证牛顿第二定律平衡摩擦不当的结果分析（a～F 图）（5 分）。3. 用全电路欧姆定律测电阻的有关分析（6 分）。（3 题共 17 分）

（续　表）

高考年份		考查内容及分值
1999		1. 50分度游标卡尺的读数(4分)。2. 用公式法测凸透镜焦距实验的焦距的计算和成像情况分析(6分)。3. 用已知电路测电阻(实物连线、实验操作步骤、被测电阻的表达式(7分)。(3题共17分)
2000		1. 碰撞中动量守恒读小球的水平射程，实验操作中必须进行的测量(6分)。2. 用二次成像法测点光源到筒口的距离(6分)。3. 设计测电流表内阻的电路原理图，应测定的物理量，并写出表达式(8分)。(3题共20分)
2001	全国3+2考试	1. 观察光的衍射的实验操作方法(5分)。2. 用打点计时器测斜面小车的加速度，测小车阻力应测的物理量，并由此求小车受到的阻力的表达式(6分)。3. 用已知电路测电流表内阻的实物连线，求相对误差表达式，由相对误差求电源电动势的值(9分)。(3题共20分)
	湖北3+x理综	用给定电路测定电流表内阻的实物连线，被测电表的选择，需要测定的物理量，被测电表内阻的表达式(20分)。
2002	全国3+x理综(春季高考)	伏安法测电阻的电路选择，实物连线，用电压表、电流表的内阻和测得的物理量表示被测电阻的真实值(18分)。
	全国3+x理综	用验证玻意耳定律的实验装置测大气压强的实验操作步骤和根据测得的物理量用玻意耳定律求大气压强的表达式(17分)。
2003	全国3+x理综	伏安法测量电阻的电路图，图像处理，游标卡尺读数，数据处理(15分)。
2004	全国3+x理综	螺旋测微器读数、演示电表的改装与使用(18分)。

认真分析表7-4不难发现，无论是“3+2”高考还是“3+x”高考，近7年来的有关物理高考实验试题总结起来有如下一些特点。

1）7年实验题分数都在15到20分之间变化，相对比例占10%～14%左右。

2）注重实验仪器的考查。如1999年与2003年游标卡尺的读数、2000年刻度尺的读数、2004年螺旋测微器读数，电流表、电压表、滑动变阻器的使用(几乎年年考)等。

3）注重实验操作过程的考查。如1999年用已知电路测电阻实验操作步骤，2000年验证动量守恒必须进行的操作步骤，2001年观察光的衍射的操作方法，2002年用验证玻意耳定律的实验装置测大气压强的实验操作步骤等。

4）强调实验方法的考查。如1998年用全电路欧姆定律测电阻，1999年用并联电路电压相等测电阻，2000年用并联电路中电流与电阻成反比来设计电路测电流表内阻。

5）注重实验结果的分析和误差分析的考查。如1998年验证牛顿第二定律平衡摩擦不当的结果分析(a～F图)，2002年用已知电路测电流表内阻，求相对误差表达式，由相对误差求电源电动势的值等，2003 年用伏安法测量电阻时，电流表内外接法的判定。

6) 电学实验考查的比例和出题的概率相对较大。除 2002 年外，其余每年均有一电学实验题，考查的内容主要是实物连线，对实验原理、实验方法进行创新，多为设计性实验，而且占的比分较大。

7) 强调实验创新。体现在：① 用教材中学过的原理去设计一个实验来测定某一物理量，如 1998 年用 LC 振荡电路测线圈的电感，用全电路欧姆定律测电阻。1999 年用给定的电路测电阻，2000 年设计测电流表内阻等；② 实验原理和方法的迁移，即用学生实验中用过的方法去设计实验完成其他物理量的测量。如 2000 年用二次成像法测点光源到筒口的距离，2001 年用打点计时器测斜面小车的加速度，测小车阻力，2002 年用验证玻意耳定律的实验原理测大气压强等。

8) 实验试题体现对探究性学习能力的考查。如 2002 年上海高考物理试卷第 17 题。

附录 《普通高中物理课程标准》中的物理实验专题模块

开设“物理实验专题”模块，目的是使学生较为深入地学习物理实验的有关理论、方法和技能；进一步提高学生的实验素养，激发学生实验探究的兴趣；增强学生的创新意识；培养学生实事求是、严谨认真的科学态度；养成交流与合作的良好习惯；发展学生的实践能力。

在本模块中，学生应完成不同难度的实验，原则上实验数量不少于 8 个。

本模块的设计尤其注重从以下几个方面培养学生。

1) 经历实验探究过程；

2) 强化实验方案的自我设计；

3) 深入对实验过程和实验误差分析；

4) 重视对实验方案和实验结果评估。

1. 内容标准

1) 通过典型实例，认识实验在物理学发展中的重要地位和作用。了解可重复性和可控制性是对物理实验的基本要求。

例 1　赫兹通过实验发现了电磁波，验证了麦克斯韦的电磁场理论。

例 2　收集资料，了解科学界对冷聚变的争议。

2) 通过实验认识测量的意义；理解系统误差与偶然误差、绝对误差与相对误差，以及有效数字的概念；会用有效数字表达测量结果；知道精度和准确度的区别；能对实验误差进行初步分析。

例 3　判断测量的优劣。用螺旋测微器测量厚度分别为 20 mm 和 2 mm 的钢板,绝对误差都是 0.01 mm,但前者的相对误差较小,测量质量较高。

3）初步具有发现问题、提出实验研究课题的能力;能根据实验目的,设计并讨论实验方案,确定科学、合理的实验步骤。

4）能根据实验要求合理选择并安装实验器材,正确进行实验操作。对较复杂或没使用过的仪器,能读懂仪器说明书,并按说明书正确使用该仪器。具备用已有的知识和设备能否完成实验的判断能力。能排除实验中出现的一般故障。

例 4　按照说明书使用示波器。

5）能正确观察和如实记录实验现象和数据,养成实事求是的科学精神。会用正确的方法处理实验数据,得出实验结论。

例 5　利用表格、图像方法分析、处理实验数据。

例 6　用传感器和计算机实时采集和处理实验数据。

6）在实验过程中能与他人合作交流。能够对实验方案和实验结果进行评估和反思,具有对结果进行质疑、改进方案的意识。能够用科学语言,正确地写出实验报告。

2. 实验示例

本模块的实验示例是供选择的内容。为了适应不同地区、不同学校的情况,学校可以自行开发实验项目。

例 1　研究弹簧振子的周期与小球质量的关系。

例 2　用冲击摆测弹丸的速度。

例 3　用滑块、气垫导轨、数字毫秒计等研究动量守恒定律。

例 4　用摄像机、数码相机或频闪照相研究物体的运动。

例 5　用变阻器设计几种不同的控制电路。

例 6　把电流表改装成多量程电流表、电压表或多用电表。

例 7　探究大容量电容器对电路的影响。

例 8　测定自来水的电阻率。

例 9　用电桥和热敏电阻测温度。

例 10　选用传感器制作控制电路。

例 11　探究静电屏蔽和电磁屏蔽现象。

例 12　用电解法测定元电荷。

例 13　研究霍尔效应。

例 14　将 CD 光盘作为反射光栅,测定其光栅常量。

思 考 题

1. 物理实验教学评价的主要教育功能有哪些?
2. 请根据下面的情境,设计一个用于指导学生实施科学探究的方案(从提出问题、猜想与假设、制定计划与设计实验、进行实验与收集证据、分析与论证、评估、交流与合作等7个探究要素设计)。

上海科技馆有一个展品,如图所示,在较暗处有一个不断均匀滴水的龙头,在一种特殊的灯光照射下,可观察到一个个下落的水滴,缓缓调节水滴下落的时间间隔,当调节到某一个恰当间隔时,可看到一种奇特的现象,水滴似乎不再下落,而是固定在图中 A、B、C、D 4个位置不动,当调节到另一个恰当间隔时,水滴看上去不仅不往下滴,反而缓缓向上移动。通过探究找出产生这种现象的原因。

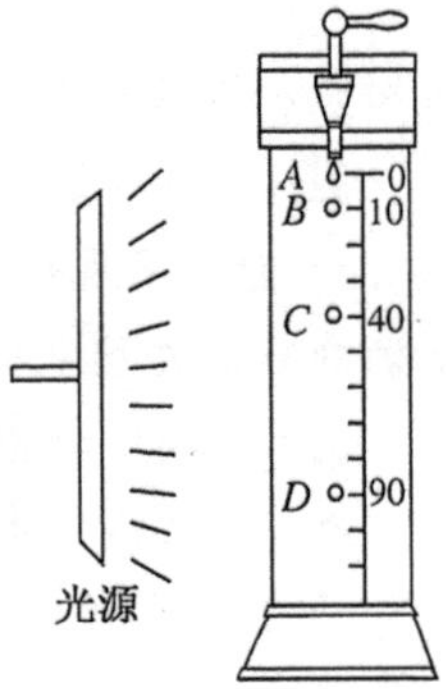

参 考 文 献

1. 中华人民共和国教育部. 2003. 普通高中物理课程标准. 北京:人民教育出版社
2. 续佩君. 1996. 物理能力测量研究. 南宁:广西教育出版社
3. 安忠,刘炳升. 1986. 中学物理实验教学研究. 北京:高等教育出版社
4. 刘炳升,仲扣庄. 2004. 中学物理教师专业技能训练. 北京:高等教育出版社
5. 刘炳升,冯容士. 2000. 中学物理实验教学与自制教具. 上海:上海世纪出版集团
6. 汪华英,罗莹. 2003. 物理实验课程考核、评估体系初探. 物理实验,23(7):25~27
7. 熊春玲. 2003. 物理新课程发展性教学评价的研究与实践. 学科教育,(4)
8. J. Myron, and Janet E. Coffey. 2003. Everyday assessment in the science classroom. Arlington, Virginia: National Science Teachers Association Press
9. Duschl,R. , and D. Gitomer. 1997. Strategies and challenges to changing the focus of assessment and instruction in science classrooms. Educational Assessment, 4(1): 37~73

第8章 物理实验教学中的信息化

国家新一轮基础教育课程改革特别强调了信息技术与物理教学的整合，并提出应积极探索多媒体计算机与物理实验的结合，实现对物理实验的实时控制及对实验数据的自动化采集和处理，以更好的发挥实验教学的功能。如何促进物理教学演示中的信息化、物理实验中数据采集的信息化，以及物理实验数据分析的信息化是本章重点讨论的内容。

但是，迄今为止，对这个问题的探讨也仅仅是开始，有很多问题尚在探讨之中，还没有建立起比较系统的理论体系，只能根据文献报道中的有关资料，给出一些具体案例，希望读者通过这些案例去体会信息技术如何与物理实验教学的整合。

8.1 物理教学演示中的信息化

在传统演示教学中无法涉及的地方让计算机大显身手，发挥计算机的优势和潜能，能够弥补学生直观感知的不足，减少其抽象思维的难度。

8.1.1 用于课堂演示，强化学生的直观感知

由于计算机具有作图的功能，所以在演示实验中可利用图像的变化来激起学生的强烈好奇心和兴趣，并可补充演示实验的不足。例如，平常在讲解光的双缝干涉进行演示实验时，必须拉上窗帘，在类似暗室的条件下进行，学生不便于记笔记。学生对双缝对干涉条纹的形成，以及单缝所起到的作用等的理解并不深刻。若在使用激光器演示后，再用计算机来模拟双缝干涉实验，则拉开窗帘，也能模拟双缝干涉的原理。由于各色光的波长不同(用线段的长短来代替波长)，相邻同色亮条纹之间的宽度也不同。因此在中央由七条彩色条纹组成的白光条纹，两边出现彩色纹，并且紫光在内，红光在外。整个过程都暴露在学生的视野范围内，它既弥补了常规演示的不足，同时声音和色彩也给学生留下了直观印象，使学生注意力集中，脑、眼、耳等器官同时活动，加深了感知程度，提高了学生动态思维的能力，物理概念的抽象程度降低了，物理规律便能较牢固地被学生内化。

8.1.2 辅助建立物理模型

探索物理问题时不仅要从实验出发，同时要忽略次要因素，抓住反映过程的主要因素和本质来形成物理模型，这是研究和学习物理学的一种很重要的方法。在

常规演示中，往往无法突出其主要矛盾，学生容易被表面现象所迷惑。如布朗运动从显微镜中只能观察到花粉颗粒在非常缓慢地移动，无法观察到它运动的原因在于液体分子对它碰撞的不均匀性。若用计算机来模拟，学生就会看到一个大的花粉颗粒在不停地受到来自各个方向小的液体分子碰撞，花粉颗粒的移动正是由于液体分子碰撞的结果。花粉运动的不规则性恰好反映了液体分子运动的不规则性，使学生牢牢掌握分子杂乱无章的运动正是布朗运动的本质。又如，用计算机来模拟交流电对电容的充放电过程时，它能让你看到电子在电场力的作用下运动，在两个极板上分别呈现出多余的正负电荷并且不断变换。这些过程用常规演示一般是无法实现的。因此，在一定范围内，直观、具体，有时甚至是夸张的模拟却能协助学生化抽象为具体，逐步建立起物理模型，最大限度地发挥学生的创造力和想像力。

8.1.3 展现宏观或微观物质世界

物理学所研究的物体小到微观粒子，如原子、电子等，大到宏观天体，用普通办法无法向学生演示，虽然可用挂图等向学生描述，但不能反映其动态的变化规律。在这方面，计算机的辅助教学是可发挥很大作用的。如在讲解开普勒定律时，计算机能为学生描绘一幅天体运动图像。行星围绕太阳运转时，其轨迹为椭圆，太阳位于椭圆的一个焦点上。用计算机还能向学生显示行星和太阳的连线在相等时间内扫过的面积相等。在微观领域，可用计算机来显示带电粒子在磁场中运动、电子能级的跃迁等现象，化微观为宏观模拟，这样的演示实验形象生动、活泼，可以调动学生的注意力，使学生在轻松、愉快的气氛中学习，极大地调动学生探索自然的兴趣与积极性。

8.1.4 显示实验现象的中间过程

对于物理教学中的有些演示实验，我们一般只能看到其最后的结果，而形成结果的原理却很难反映，这给学生带来了学习上的困难。例如在示波器的使用中，学生只能从荧光屏上看到各种各样的图形，对这些图像在形成过程中与电场的关系却不明白。用计算机模拟时，可显示解剖开的示波管，再把电子在电场中运动的轨迹显示在屏上，改变各种条件，可使电子束的轨迹发生变化，然后把内部构造与示波器的外部旋钮相联系，便可使学生理解各部分的作用，其教学效果就大为改善。

8.1.5 代替危险性较大的实验演示

如核裂变内容由于条件及危险性的限制，不可能用于课堂演示。但如用计算机来模拟核裂变的“过程”，可以看到在核裂变时不断有能量释放出来，使学生有一种身临其境的感觉，从而加深了对核裂变的理解。

为了促进物理教学演示中的信息化，我们可以借助 C 语言、C++语言、VC、VB、MATLAB、EXCEL、几何画板、FLASH、AUTHORWARE、3DSMAX 等来完成任务。这就要求物理教师不仅能够精通物理学内容，同时还要适当掌握一些计算机编程以及常用软件的运用知识。

下面列举两个案例，一是纵驻波的计算机演示，二是任意带电粒子在正交电磁场中的三维运动轨迹。

案例 1　纵驻波的计算机演示

驻波是由振幅相同、频率相同、传播方向相反的两列简谐相干波叠加形成的。由于横波的振动方向与波的传播方向垂直，波形明显，所以教材中通常以横波形成的驻波来进行讨论。其实和横波一样，纵波也可以形成驻波，也同样有波腹、波节。只是由于质点振动方向与波的传播方向相同，波形不明显，演示也难以实现，相关物理教材中讨论得较少。我们通过使用计算机动画手段，用 FLASH 制作了演示课件，分析纵驻波的形成，并把纵驻波与横驻波进行比较，分析其振动规律。课件可以调节演示速度，观察纵驻波的振动特点，也可以通过"暂停/继续"功能展示任意一个时刻的波形，以便进行具体的分析。

为了清楚观察，用竖线来表示体元，如图 8－1 所示。第一列为正向传播的行波，第二列为反向传播的行波(如图 8－1 中箭头所示)，第三列为合成的驻波。选取第一列和第二列中相位相反的两体元为起点。图 8－1 至图 8－3 为每隔 $T/4$ 所截取的波形图。

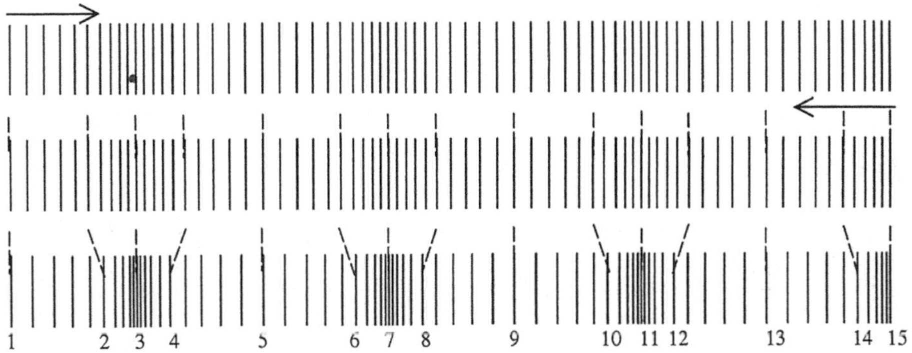

图 8－1　初始状态的波形图

通过演示可看到奇数标记的体元振动幅度最小，是波节。偶数标记的体元振动的幅度最大，是波腹。在一个周期内，有些波节两边的质点在半个周期内涌向波节，使波节附近成为质点密集区(图 8－1 中 3、7、11、15)。半周期后，又向两边散开，使波节附近成为质点稀疏区(图 8－3 中 3、7、11、15)。而相邻两个波节附近质点的疏密情况正好相反(图 8－1、8－3 中的 1、5、9、13 和 3、7、11、15 等)。波节之

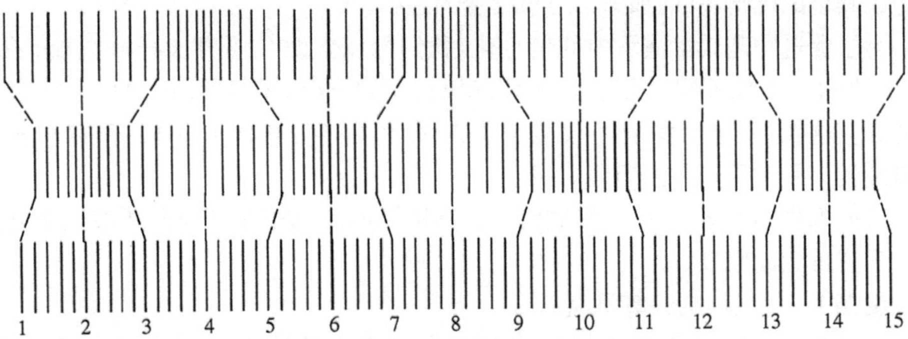

图 8-2　1/4 周期后的波形图

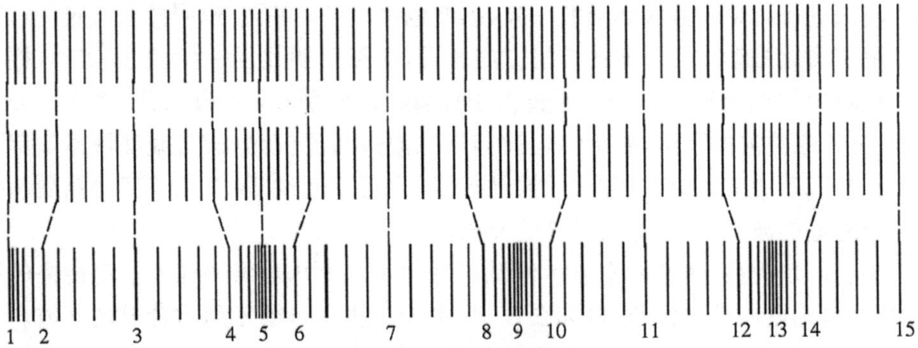

图 8-3　1/2 周期后的波形图

间各体元沿同一方向运动,于同一时间达到最大位移。波节两侧各体元沿反方向运动,并于同一时刻达到正负最大值。

由于纵波质点的振动方向与波的传播方向相同,驻波的特征不如横驻波来得明显。我们把纵驻波与横驻波同步演示进行比较,就比较容易理解了,如图 8-4 至图 8-6。

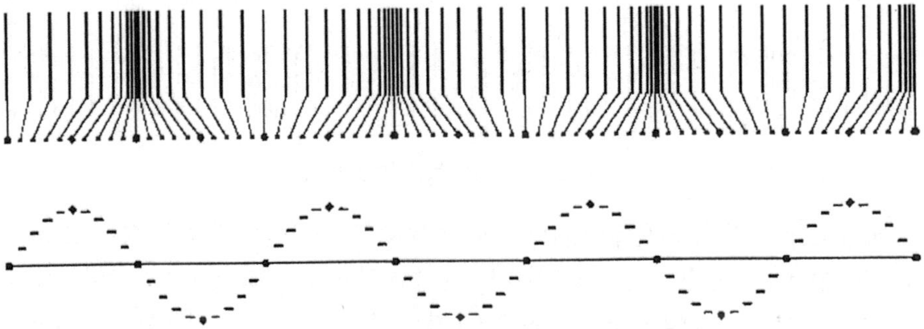

图 8-4　初始状态的波形图

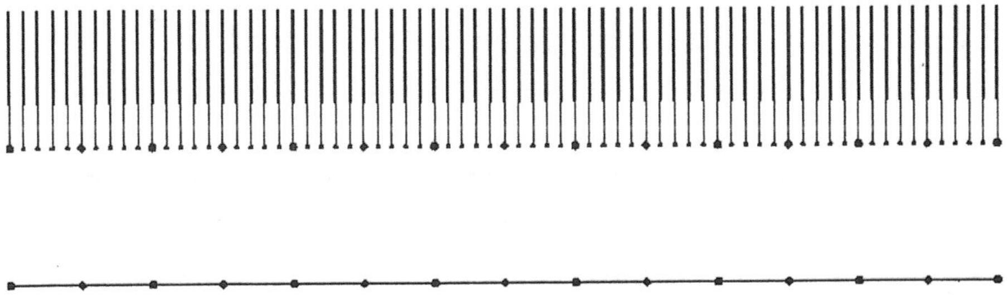

图 8-5　1/4 周期后的波形图

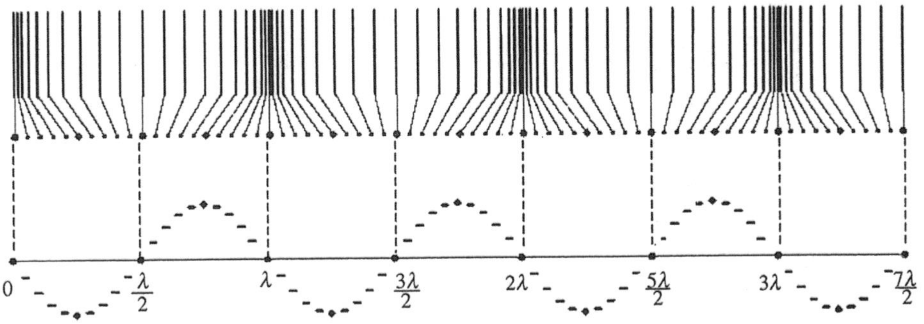

图 8-6　1/2 周期后的波形图

值得注意的是横驻波中各体元的平衡位置在同一条直线上，而纵驻波中各体元的平衡位置各不相同，在图中以小圆点标记。如图 8-5 中的各体元均位于平衡位置。横驻波中各体元在平衡位置上下两侧作简谐运动，纵驻波中各体元在平衡位置左右两侧作简谐运动。本课件将纵驻波中各体元与平衡位置用浅色线连接起来，从而可以看出振动过程中体元偏离平衡位置的情况。

通过演示可以看出，菱形标记的体元偏离平衡位置的距离最大，即振幅最大，是波腹，波腹处的形变最小，所以纵驻波的波腹并不在最疏或最密的位置。圆形标记的体元，时刻驻留在平衡位置，是波节，波节处形变量最大，在最疏或最密的位置（图 8-4、8-6）。横驻波的波节处切向形变最大，振幅为零，纵驻波的波节处被压缩或拉伸的纵向形变最大，振幅为零。可见，纵驻波与横驻波一致，各体元的振幅不同，波腹处振幅最大，波节处振幅最小。相邻波节和相邻波腹间距为$\frac{\lambda}{2}$。

若规定横驻波向上的运动方向为正，纵驻波向右的运动方向为正。则以图 8-6的状态为例，与横驻波一致，在 0 到$\frac{\lambda}{2}$，λ 到$\frac{3\lambda}{2}$，2λ 到$\frac{5\lambda}{2}$，3λ 到$\frac{7\lambda}{2}$范围内，纵驻波中的各体元均为负向偏离平衡位置。在$\frac{\lambda}{2}$到 λ，$\frac{3\lambda}{2}$到 2λ，$\frac{5\lambda}{2}$到 3λ 范围内，均为正向偏离平衡位置。可见，纵驻波与横驻波具有相同的振动规律：相邻波节间各体

元具有相同的振动相位,波节两侧各体元的振动相位相反。

由于两列反向行进的简谐波的能流相反,所以驻波的总能流为零。但由于瞬时能流密度与时间相关,两列波的瞬时能流密度并不时时相消,因而在两波节之间仍有净能量的传播。图 8-7、图 8-8 同步演示各体元的位移、动能、势能和总能量。当体元的位移最大时,动能为零。波节附近体元处于最大拉伸或压缩状态,能量以势能形式集中在波节附近,如图 8-7。当所有体元通过平衡位置时,位移为零,能量以动能形式集中于波腹附近,如图 8-8。在这个过程中波腹或波节两边并无能量交换。因而每一个相邻波节与波腹之间构成一个独立的能量交换区域,与外界不进行能量交换。

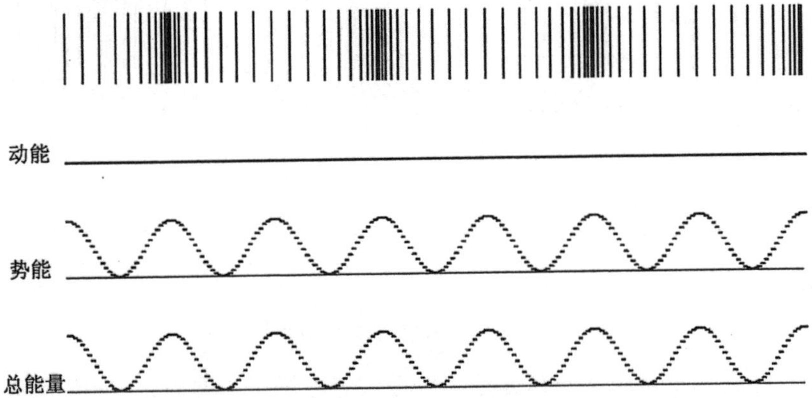

图 8-7　体元位移最大时的能量曲线

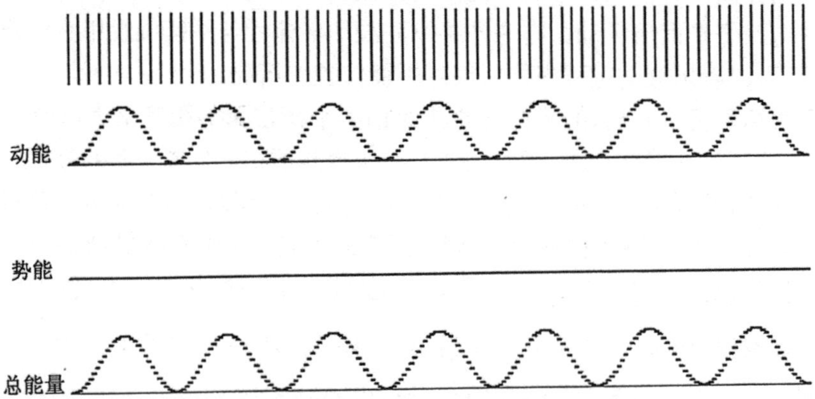

图 8-8　体元位通过平衡位置时的能量曲线

此软件在制作时依据波动方程用 Flash MX 的 ActionScript 编程控制体元的波动。部分核心源程序如下:

```
i = 0;
```

```
while (i<=m) {
  xi = d*i;
  y1 = xi+a*math.cos(w*t-k*xi+math.PI/2);
  y2 = xi+a*math.cos(w*t+k*xi-math.PI/2);
  y = y1+y2-xi;
  setProperty("boz"+i, _x, y1);
  setProperty("bof"+i, _x, y2);
  setProperty("boh"+i, _x, y);
  i = i+1;
}
```

案例 2　任意带电粒子在正交电磁场中的三维运动轨迹

1. 带电粒子在均匀稳恒正交电磁场中的运动分析

在三维坐标系 $O-xyz$ 中，设磁感应强度 B 沿 x 轴方向，电场强度 E 与 z 轴正方向重合，一带电粒子质量为 m，电量为 $q(q>0)$，在任一时刻运动到原点 O 处，此时的速度为 v_0。如图 8－9，v_0 与 yOz 平面的夹角为 α，v_0 在 yOz 平面中的投影与 y 轴的夹角为 β。

(1) 沿 x 轴方向的分运动

将 v_0 分解为 yOz 平面中的 v_{yz} 与沿 x 轴方向的 v_{x_0}。v_{x_0} 与 B 方向平行，不产生磁场力。v_{yz} 在 yOz 平面中，产生的磁场力也在 yOz 平面中。因此，在 x 轴方向粒子不受力的作用，将以速度 v_{x_0} 做匀速直线运动。

$$v_{yz} = v_0 \cos\alpha$$

$$v_{x_0} = v_0 \sin\alpha \qquad (1)$$

$$x = v_{x_0} t = v_0 \sin\alpha t$$

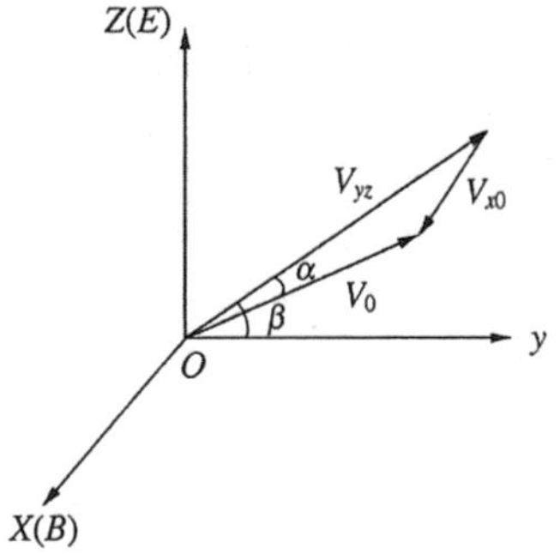

图 8－9　三维坐标系

(2) yOz 平面内的分运动

继续分解 v_{yz} 如图 8－10，使其中一个分速度 $v_1=\dfrac{E}{B}$，方向沿 y 轴正方向。另一个分量为 v_2，由余弦定理可得

$$v_2^2 = v_1^2 + v_{yz}^2 - 2v_1 v_{yz}\cos\beta$$

将 v_1 及 v_{yz} 代入上式可得

$$v_2 = \sqrt{\left(\frac{E}{B}\right)^2 + [v_0\cos\alpha]^2 - 2\left(\frac{E}{B}\right)v_0\cos\alpha\cos\beta}$$

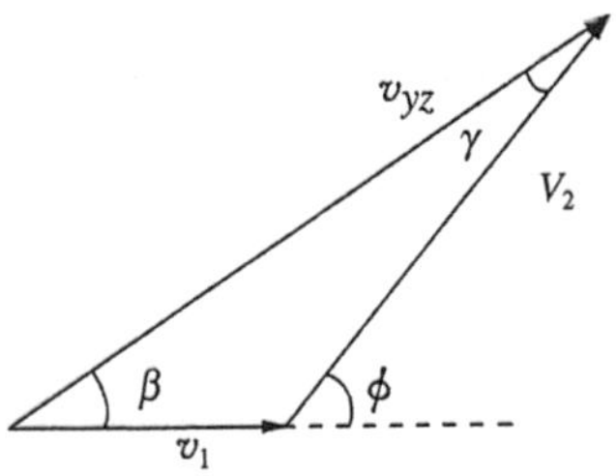

图 8－10　分解 v_{yz}

v_2 与 y 轴的夹角 $\phi=\beta+\gamma$，

$$\phi=\beta+\arccos\left[(v_{yz}^2+v_2^2-\frac{v_1^2}{(2v_{yz}v_2)}\right]$$

分速度 v_1 产生的磁场力 $F_1=Bqv_1=Bq(\frac{E}{B})=Eq$，沿 z 轴负方向。此分力与电场力平衡，粒子将沿 y 轴正方向以 v_1 做匀速直线运动。

$$y_1=v_1t \tag{2}$$

分速度 v_2 产生的磁场力 $F_2=Bqv_2$ 使粒子在yOz 平面内做匀速圆周运动。如图 8-11，圆周运动的回转半径 $R=\frac{mv_2}{(Bq)}$，角速度$\omega=\frac{2\pi}{T}=\frac{2\pi}{(2\pi m/Bq)}=\frac{Bq}{m}$，回转中心 O'，坐标 $y_{O'}=R\sin(\phi)$，$z_{O'}=-R\cos(\phi)$。在图 8-11 位置粒子的初相位在第二象限，初相位 $\phi_0=\frac{\pi}{2}+\phi$。

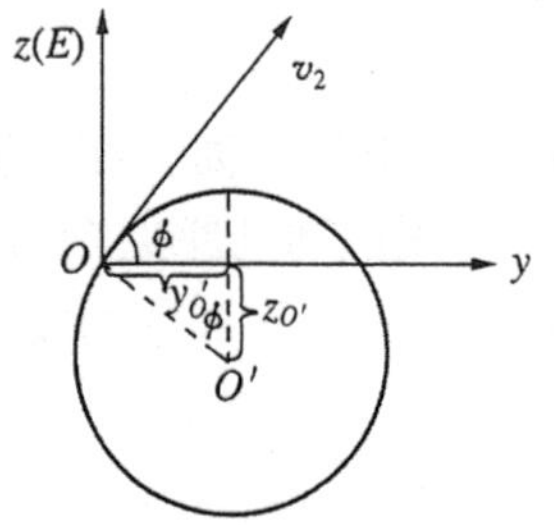

图 8-11　粒子做匀速圆周运动

粒子作顺时针匀速圆周分运动，运动方程如下：

$$\begin{aligned}y_2&=R\cos(-\omega t+\phi_0)+y_{O'}\\z_2&=R\sin(-\omega t+\phi_0)+z_{O'}\end{aligned} \tag{3}$$

粒子的运动可看成沿 x 轴方向的匀速直线运动，沿 y 轴正向的匀速直线运动与 yOz平面内的匀速圆周运动三个分运动的合成。由(1)、(2)、(3)式可得出粒子在均匀稳恒正交电磁场中的运动方程为

$$\begin{aligned}x&=v_0\sin\alpha t\\y&=v_1t+R\cos(-\omega t+\phi_0)+y_{O'}\\z&=R\sin(-\omega t+\phi_0)+z_{O'}\end{aligned} \tag{4}$$

2. 带电粒子在均匀稳恒正交电磁场空间中的运动轨迹

上述分析将粒子的运动分解为三个分运动。也可将其中沿 x 轴与 y 轴的两个匀速直线运动合成，将粒子的运动分解为沿 $y=\frac{v_1x}{(v_0\sin\alpha)}$ 的匀速直线运动和在 yOz 平面内的匀速圆周运动。从这两个运动的合成来看，粒子的轨迹是沿 $y=\frac{v_1x}{(v_0\sin\alpha)}$ 方向延伸的螺旋线。图 8-12 是以质子为例，即 $m=1.67\times10^{-27}$ kg，$q=1.6\times10^{-19}$ k，磁场 $B=0.01$ T，电场 $E=100$ V/m，初速度 $v_0=1\times10^5$ m/s，v_0 与yOz 平面的夹角为$\alpha=\frac{\pi}{12}$，v_0 在 yOz 平面中的投影与y 轴的夹角为$\beta=\frac{\pi}{3}$ 时，

用 MATLAB 画出的粒子的轨迹图。

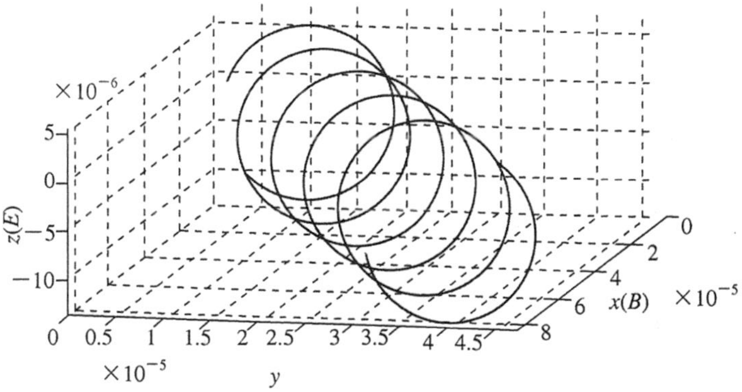

图 8 - 12　带电粒子在正交电磁场中的三维轨迹

下面我们再来讨论几种特殊情况。

(1) $\alpha=\frac{\pi}{2}$，即 v_0 平行于磁场方向

在这种情况下，粒子不受磁场力作用，仅受到 z 方向的电场力作用，将沿 z 方向做匀加速直线运动。

(2) $\alpha=0$，即 v_0 垂直于磁场方向

此时，(4)式变为

$$\begin{aligned} x &= 0 \\ y &= v_1 t + R\cos(-\omega t+\phi_0)+y_{O'} \\ z &= R\sin(-\omega t+\phi_0)+z_{O'} \end{aligned} \tag{5}$$

粒子将在 yOz 平面内运动。其轨迹是

$$y=v_1 t$$

的匀速直线运动与

$$\begin{aligned} y &= R\cos(-\omega t+\phi_0)+y_{O'} \\ z &= R\sin(-\omega t+\phi_0)+z_{O'} \end{aligned}$$

的匀速圆周运动的合成。实际上是三维轨迹在 yOz 平面内的投影，是在 yOz 平面内的旋轮线。

进一步简化问题，使 $\beta=0$，即 v_0 沿正 y 方向。此时，v_0、v_1 和 v_2 均在 y 方向上。β 不为 0 时的轨迹可由 β 为 0 的情况下运动一段时间后得到，它们实际上是同一性质的轨迹。

1) 在这种情况下，如果粒子做圆周运动的速度等于做匀速直线运动的速度，

即当 $v_2 = v_1 = \frac{E}{B}$ 时，$v_0 = v_1 + v_2 = \frac{2E}{B}$。画出的轨迹如图 8－13。

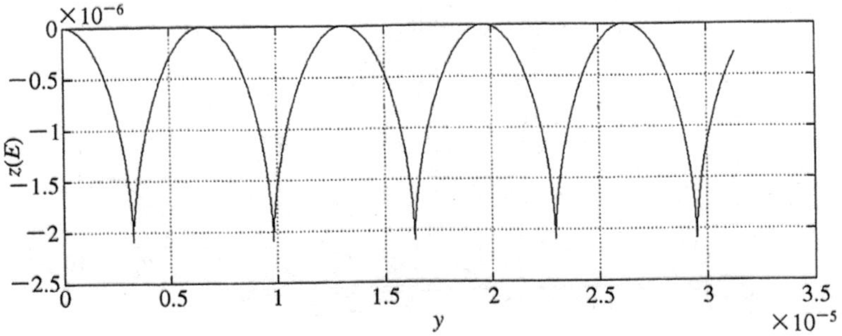

图 8－13　$v_0 = \frac{2E}{B}$

2）当 $v_2 > v_1$，即 $v_2 > \frac{E}{B}$ 时，$v_0 > \frac{2E}{B}$，轨迹如图 8－14 所示。

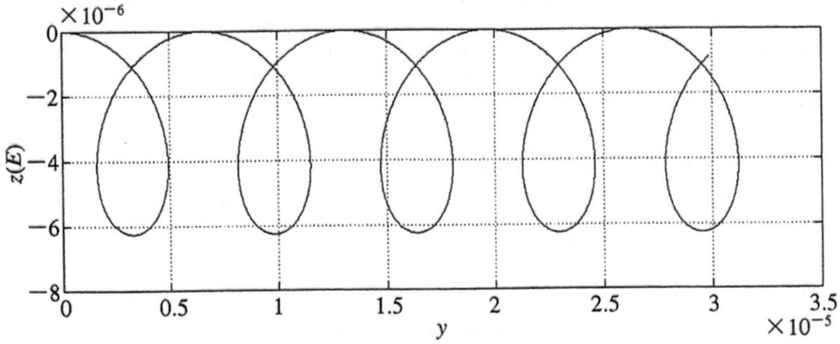

图 8－14　$v_0 > \frac{2E}{B}$

3）当 $0 < v_2 < v_1$，即 $0 < v_2 < \frac{E}{B}$ 时，$\frac{E}{B} < v_0 < \frac{2E}{B}$ 时，轨迹如图8－15。

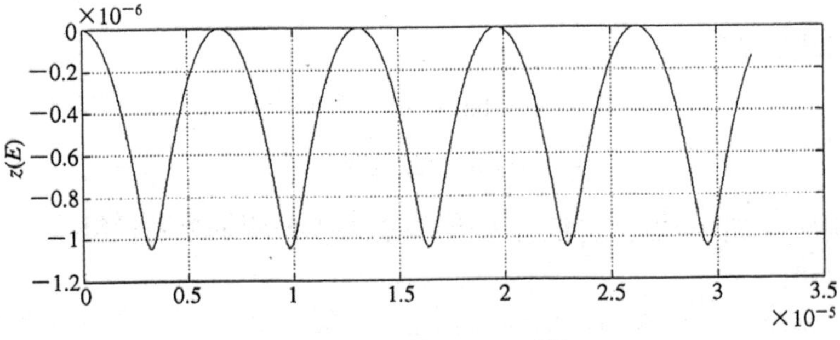

图 8－15　$\frac{E}{B} < v_0 < \frac{2E}{B}$

若 $v_2=0$，即 $v_0=\frac{E}{B}$ 时，粒子受到的电场力与磁场力平衡，粒子将做匀速直线运动。若 $v_2<0$，即 v_2 沿负 y 方向，粒子逆时针作圆周运动。其轨迹位于 y 轴上方，与 v_2 沿正 y 方向时的轨迹关于 y 轴对称，轨迹曲线基本特征未变。

8.2　物理实验中数据采集的信息化

实验过程中的数据采集手段，随着计算机技术和传感器技术的进步已经获得快速发展，例如：将声卡用于声学实验的数据采集，非常实用、方便；利用 PC 游戏杆接口采集实验数据，可以采集多种数据；用热电器件、光电器件、压电器件和普通 PC 机的串行接口就可以采集温度、光强、受力等物理参数，许多中学教师实现了上述实验，还有教学仪器厂家生产了成套实验仪器。采用信息技术采集数据不但可以及时取得传统实验中需要的数据，还可以全程观察数据的变化过程，留出给学生继续深入的空间，而且数字化的数据也更有利于后期的数据分析处理。

计算机实时测量技术应用于中学物理教学，可以改变传统的实验教学方式，形成新的教学模式。其特点是现代化手段与传统的物理实验进行有机结合，形成了多媒体实验教学环境，使传统的物理实验仪器扩展了新的功能，给基本的物理实验赋予了新的内容，具有智能交互、图文并茂、动画丰富等特点。

这里，计算机实时测量系统又称为数字化实验平台，主要用于采集实验数据，然后对数据进行处理，绘成表格的形式或函数图线的形式呈现出来。其教学功能主要有：完成常规仪器难以完成的实验；避免手工作图和处理数据的繁琐而带来的人为错误，并大大节省时间；激发学习兴趣，提高学生的动手能力与创新能力。

在 2003 年教育部颁布的《普通高中物理课程标准》中多次提到让学生了解传感器在生产、生活中的应用，体会传感器的应用给人们带来的方便。在“课程资源利用与开发建议”中特别提到“重视将信息技术应用到物理实验室，加快中学物理实验软件的开发和应用，诸如通过计算机实时测量、处理实验数据，分析实验结果等”。

上海二期课改针对中学物理学科教学则更加明确地提出“积极探索多媒体计算机与物理实验的结合，实现对物理实验的实时控制及对实验数据的自动化采集和处理，以更好地发挥物理实验的功能”。在这样的背景下，上海市中小学数字化实验系统研发中心推出了数字化信息系统实验室（DISlab）。DISlab 被列入上海市中学物理课程标准，其基本系统结构为：传感器＋数据采集器＋计算机（安装实验软件），以一系列传感器替代了传统的物理实验测量仪器，能够完成包括力、热、声、光、电、位移、磁感应强度、辐射等多种物理量数据的采集工作。

对于数据采集系统的研制，在国外比较著名的有：美国 PASCO 公司生产的数据采集系统、英国 Pico Technology 公司生产的数据采集系统、德国生产的 Cobra 型数据采集系统、澳大利亚 Dava Harvest 公司生产的数据采集系统等。国内生产的数据采集系统也开始增多，如山东远大与上海市中小学数字化实验系统研发中心合作开发的朗威微机辅助高级中学物理实验系统和朗威(R)DISLab、教育部教学仪器研究所研发的 HPCI—1 型物理实验微机辅助系统等。

下面列举两个案例，一是以朗威微机辅助高级中学物理实验系统为平台探讨单摆实验教学过程；二是电磁打点计时器的调整方法。

案例 3 探究影响单摆振动周期长短的因素

朗威微机辅助高级中学物理实验系统由“物理量传感器(探头)、数据采集器和朗威物理”软件构成，集物理量测量、智能化数据分析、数据记录和自动控制等功能于一体。它基于 PC 平台，构成了完善的数字化物理实验体系，在真实实验的基础上实现了新课标要求的“信息技术与物理学科教学的全面整合”。

实验器材包括朗威微机辅助高级中学实验系统、微机、投影仪、单摆等。把计算机与数据采集器、投影仪对接，接下来操作过程有：

1) 取出单摆传感器，接入数据采集器的第一输入口。

2) 点击“停止数据采集”，避免记录调试阶段的挡光数据。

3) 进行“计时设置”，将通道一设置为“时刻”下的“隔次”模式。

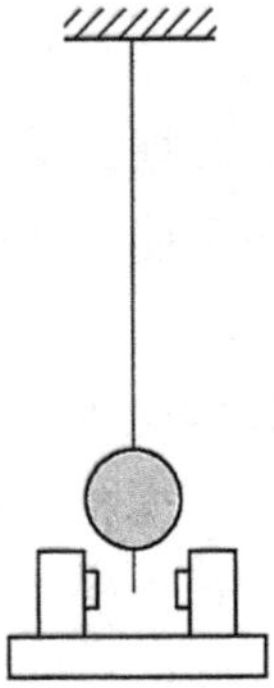

图 8-16 单摆装置

4) 如图 8-16，在单摆摆球的下面安装 10 mm 左右长的铜丝或牙签等，调整装置，使铜丝可通过单摆传感器顺利挡光，并确保单摆传感器定位在单摆运动的平衡位置。

5) 让摆球摆动，点击“开始数据采集”。

6) 让摆球下的铜丝通过单摆传感器 20 次，点击“停止数据采集”。

7) 打开“数据分析”表格，将“变量一”命名为 T2，将实验数据栏 T1 内的数据全部选中复制，以次序列的“第二次”所在行对应的 T2 栏的单元格为起点，粘贴、复制实验数据。

8) 将“表达式一”命名为“周期”，并输入公式“T1 - T2”，即 T1 中记录的摆球通过传感器的某一时刻减去前一时刻，可得出摆球的振动周期。

9) 选用不同的单摆分别做实验，观察分析实验结果，总结单摆振动的规律。

单摆这堂课，教学要求知道单摆模型，理解摆角很小时单摆的运动是简谐运动，知道单摆的周期跟什么因素有关，会用周期公式计算周期和摆长，并知道用单摆可测定重力加速度，为了突出重点和难点，笔者设计了这样几个实验。

1) 单摆摆长 $L = 100$ cm，质量较大的铁球，摆角 10°，振动 20 次，结果如图 8-17 所示。

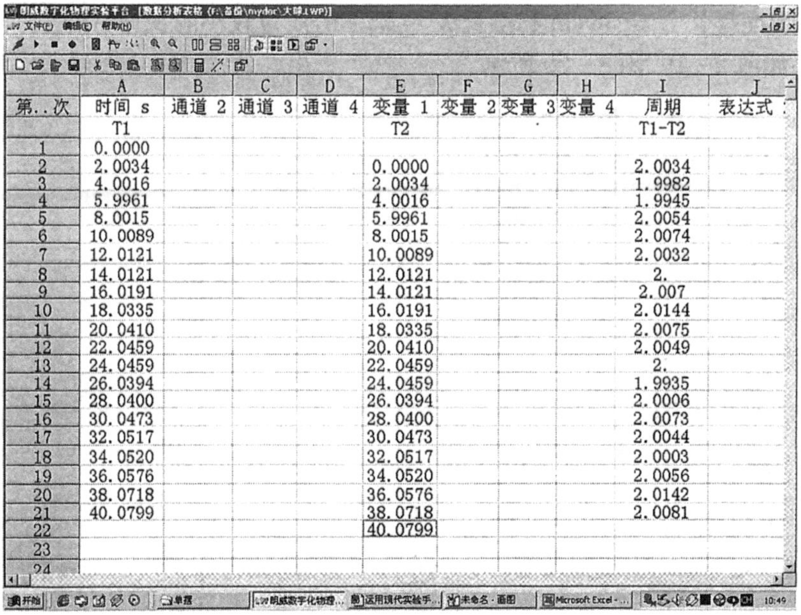

第..次	时间 s T1	通道 2	通道 3	通道 4	变量 1 T2	变量 2	变量 3	变量 4	周期 T1-T2	表达式
1	0.0000									
2	2.0034				0.0000				2.0034	
3	4.0016				2.0034				1.9982	
4	5.9961				4.0016				1.9945	
5	8.0015				5.9961				2.0054	
6	10.0089				8.0015				2.0074	
7	12.0121				10.0089				2.0032	
8	14.0121				12.0121				2.	
9	16.0191				14.0121				2.007	
10	18.0335				16.0191				2.0144	
11	20.0410				18.0335				2.0075	
12	22.0459				20.0410				2.0049	
13	24.0459				22.0459				2.	
14	26.0394				24.0459				1.9935	
15	28.0400				26.0394				2.0006	
16	30.0473				28.0400				2.0073	
17	32.0517				30.0473				2.0044	
18	34.0520				32.0517				2.0003	
19	36.0576				34.0520				2.0056	
20	38.0718				36.0576				2.0142	
21	40.0799				38.0718				2.0081	
22					40.0799					
23										

图 8-17　数据分析

2）单摆摆长 $L=100\,\mathrm{cm}$，质量较小的铁球，摆角 5°，振动 20 次，结果如图 8-18 所示。

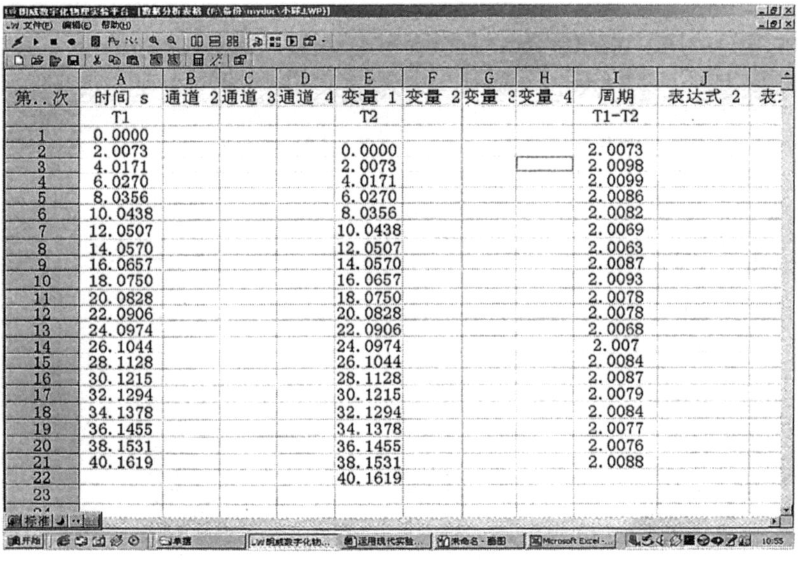

第..次	时间 s T1	通道 2	通道 3	通道 4	变量 1 T2	变量 2	变量 3	变量 4	周期 T1-T2	表达式 2	表
1	0.0000										
2	2.0073				0.0000				2.0073		
3	4.0171				2.0073				2.0098		
4	6.0270				4.0171				2.0099		
5	8.0356				6.0270				2.0086		
6	10.0438				8.0356				2.0082		
7	12.0507				10.0438				2.0069		
8	14.0570				12.0507				2.0063		
9	16.0657				14.0570				2.0087		
10	18.0750				16.0657				2.0093		
11	20.0828				18.0750				2.0078		
12	22.0906				20.0828				2.0078		
13	24.0974				22.0906				2.0068		
14	26.1044				24.0974				2.007		
15	28.1128				26.1044				2.0084		
16	30.1215				28.1128				2.0087		
17	32.1294				30.1215				2.0079		
18	34.1378				32.1294				2.0084		
19	36.1455				34.1378				2.0077		
20	38.1531				36.1455				2.0076		
21	40.1619				38.1531				2.0088		
22					40.1619						
23											

图 8-18　数据分析

由图 8-17、图 8-18 的数据分析表明：在振幅很小的条件下，单摆的振动周期跟振幅没有关系；单摆的振动周期跟摆球的质量没有关系。

3）单摆摆长 $L=36$ cm 和摆长 $L=25$ cm，质量较小的铁球，摆角 5°，振动 20 次，结果如图 8－19、图 8－20 所示。

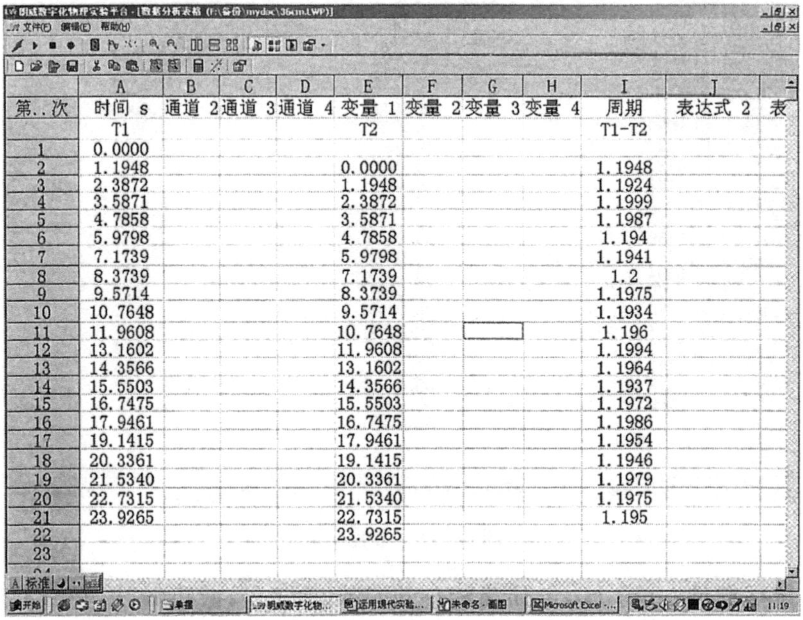

	A	B	C	D	E	F	G	H	I	J	
第..次	时间 s T1	通道 2	通道 3	通道 4	变量 1 T2	变量 2	变量 3	变量 4	周期 T1-T2	表达式 2	表
1	0.0000										
2	1.1948				0.0000				1.1948		
3	2.3872				1.1948				1.1924		
4	3.5871				2.3872				1.1999		
5	4.7858				3.5871				1.1987		
6	5.9798				4.7858				1.194		
7	7.1739				5.9798				1.1941		
8	8.3739				7.1739				1.2		
9	9.5714				8.3739				1.1975		
10	10.7648				9.5714				1.1934		
11	11.9608				10.7648				1.196		
12	13.1602				11.9608				1.1994		
13	14.3566				13.1602				1.1964		
14	15.5503				14.3566				1.1937		
15	16.7475				15.5503				1.1972		
16	17.9461				16.7475				1.1986		
17	19.1415				17.9461				1.1954		
18	20.3361				19.1415				1.1946		
19	21.5340				20.3361				1.1979		
20	22.7315				21.5340				1.1975		
21	23.9265				22.7315				1.195		
22					23.9265						
23											

图 8－19　数据分析

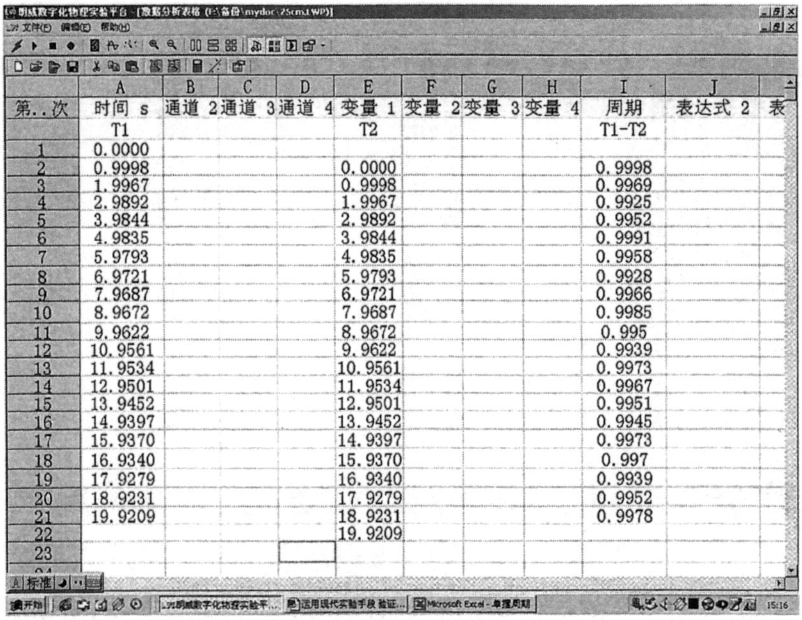

	A	B	C	D	E	F	G	H	I	J	
第..次	时间 s T1	通道 2	通道 3	通道 4	变量 1 T2	变量 2	变量 3	变量 4	周期 T1-T2	表达式 2	表
1	0.0000										
2	0.9998				0.0000				0.9998		
3	1.9967				0.9998				0.9969		
4	2.9892				1.9967				0.9925		
5	3.9844				2.9892				0.9952		
6	4.9835				3.9844				0.9991		
7	5.9793				4.9835				0.9958		
8	6.9721				5.9793				0.9928		
9	7.9687				6.9721				0.9966		
10	8.9672				7.9687				0.9985		
11	9.9622				8.9672				0.995		
12	10.9561				9.9622				0.9939		
13	11.9534				10.9561				0.9973		
14	12.9501				11.9534				0.9967		
15	13.9452				12.9501				0.9951		
16	14.9397				13.9452				0.9945		
17	15.9370				14.9397				0.9973		
18	16.9340				15.9370				0.997		
19	17.9279				16.9340				0.9939		
20	18.9231				17.9279				0.9952		
21	19.9209				18.9231				0.9978		
22					19.9209						
23											

图 8－20　数据分析

由于在实验中不能求出每次实验时周期的平均值，所以笔者设计了用 Excel 表格处理，把振动 20 次的时间输入，就会立刻由隐藏的公式计算并显示周期的平均值，如图 8－21 所示。根据表中的数据，学生会非常敏感。实验结果表明：单摆的振动周期与摆长的平方根成正比。

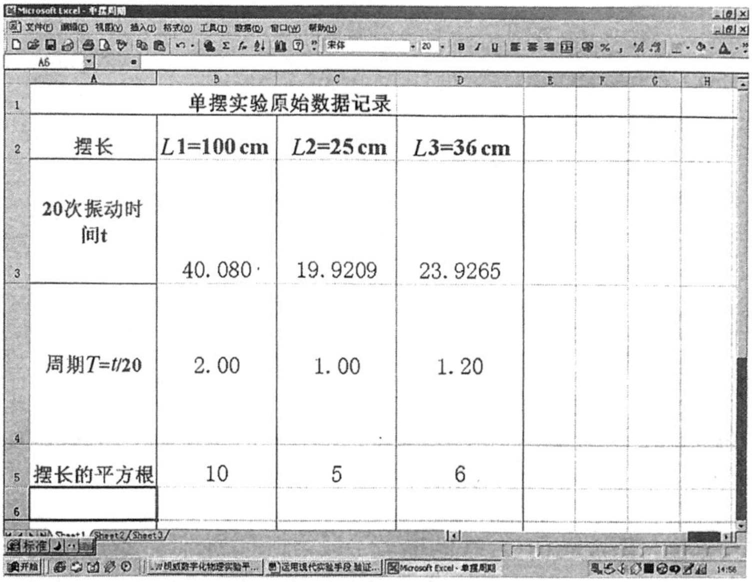

单摆实验原始数据记录			
摆长	$L1$=100 cm	$L2$=25 cm	$L3$=36 cm
20次振动时间t	40.080	19.9209	23.9265
周期$T=t/20$	2.00	1.00	1.20
摆长的平方根	10	5	6

图 8－21　周期的平均值

4）在铁质的摆球下放一块大磁铁会使单摆振动受到什么影响？对这一问题，学生有各种各样的想法，有的学生认为由于磁铁会把摆球吸住，使它很快停止摆动；有的学生认为磁铁的吸引将使摆摆动得更快；有的学生认为由于磁铁的吸引会使摆在向平衡位置摆动时加快，在偏离平衡位置摆动时减慢；还有的学生认为磁铁的吸引“加强了重力的作用”，使摆球超重，等效于超重摆的情况等。这些情况表明，如何做到善于识别和排除错误认识，既是知识水准（知识掌握的深度广度）问题，也有认识方法的问题。故必须注意抓住实质看问题，注意利用类比、例证和等效原理以及反例反证，多方分析综合。

从上述问题的实质和等效原理来看，磁铁的作用相当于加强重力方向的作用，等效于附加了一个加速度，但不是恒定的，除非是匀强磁场，故只能说该磁铁对单摆振动的影响是使它的周期变小，摆动加快。实验结果如图 8－22 所示。告诉学生，可以测定振动周期还与重力加速度的平方根成反比。

通过单摆实验与现代信息技术的结合，学生形成了对单摆振动的科学认识，很好的达到了教学的要求和目的。教学实践告诉我们：学生在学习过程中，他们的理性认识急需依赖于感性认识，没有丰富的感性认识，就会妨碍学生的认知朝着理

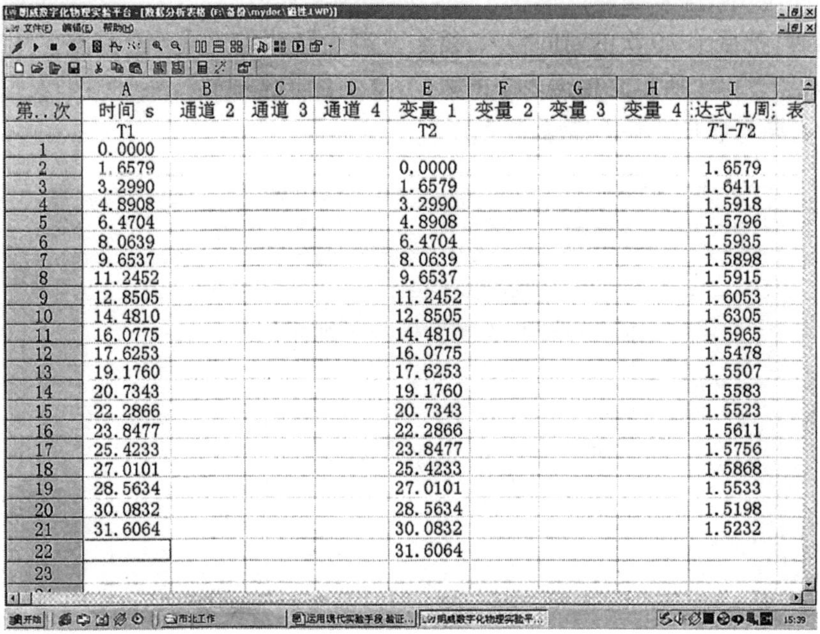

	A	B	C	D	E	F	G	H	I
第..次	时间 s T1	通道 2	通道 3	通道 4	变量 1 T2	变量 2	变量 3	变量 4	达式 1周; 表 T1-T2
1	0.0000								
2	1.6579				0.0000				1.6579
3	3.2990				1.6579				1.6411
4	4.8908				3.2990				1.5918
5	6.4704				4.8908				1.5796
6	8.0639				6.4704				1.5935
7	9.6537				8.0639				1.5898
8	11.2452				9.6537				1.5915
9	12.8505				11.2452				1.6053
10	14.4810				12.8505				1.6305
11	16.0775				14.4810				1.5965
12	17.6253				16.0775				1.5478
13	19.1760				17.6253				1.5507
14	20.7343				19.1760				1.5583
15	22.2866				20.7343				1.5523
16	23.8477				22.2866				1.5611
17	25.4233				23.8477				1.5756
18	27.0101				25.4233				1.5868
19	28.5634				27.0101				1.5533
20	30.0832				28.5634				1.5198
21	31.6064				30.0832				1.5232
22					31.6064				
23									

图 8－22　数据分析

性认识阶段深化。而成功的、合理的电教手段，却可以有效地帮助学生扫除认知道路上的障碍。学生课后反映："老师运用电教手段进行教学，我们不光感到新鲜，而且印象深刻，同时对知识的理解能力和思考问题的速度也大大提高了。"我们深信，随着教学改革的不断深入和现代教育技术的普及，计算机技术与传感器技术将在创新教育和素质教育教改实践中发挥出更大的作用。

（本文摘自：华士忠. 运用现代电教实验手段，升华单摆教学. http://www.wxyzedu.net/xk/wl/kcfd/%B5%A5%B0%DA.doc）

案例 4　电磁打点计时器的调整

【实验原理】

采集打点计时器振动过程中的声音信号，检测与打点计时器相通电路的接通信号，通过声音信号，判断打点计时器的打点是否均匀，提供判断打点计时器振动稳定性与否的一种方法。

【实验器材】

微机、Cool Edit Pro 2.1 软件、麦克风、电磁打点计时器、交流电源

【实验过程及数据分析】

(1) 按图 8－23 连接电路。将打点计时器连接到交流电源上，将麦克风和计算机的声卡相连接，并将麦克风放置在打点计时器旁。

(2) 运行计算机中的 Cool Edit 软件，采集打点计时器几秒钟的声音信号。

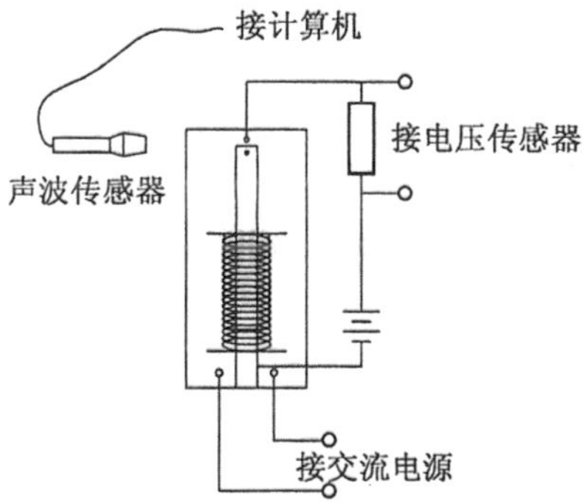

图 8 - 23　打点计时器连接电路

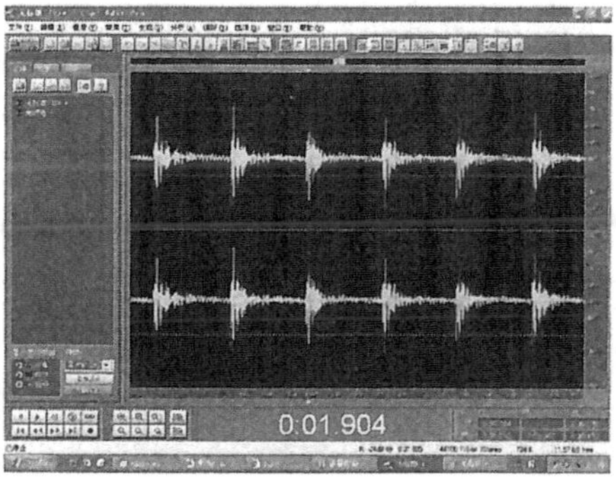

图 8 - 24　振动图像

(3) 在打点计时器打点工作的过程中,打点计时器的探针随着振动片规律振动,利用 Cool Edit 软件可以实时记录探针敲击底盘的声音情况,可以得到声音大小随时间变化的振动图像以及实时数据大小,如图 8 - 24 所示。比较最高峰之间对应的时间间隔,可以判断打点计时器打点是否均匀。

(4) 声音振动图像分析

图 8 - 24 是音频软件程序采集到的相邻两个时间间隔内,振动片振动声音的振幅随时间变化的振动图像。由该图像可以看出,振动片在敲击底盘时产生的声音具有以下特征。

1) 由波峰振动的趋势可以看出,振动图像是逐渐达到一个峰值,说明在振动片上探针撞击底盘的瞬间,打点产生的声音并没有达到最大值,而是在探针刚离开底盘后达到极大值。

2) 探针离开底盘瞬间声音达到最大值,随后(图 8 - 24 中所示特征峰)迅速衰减,直至消失。

3) 比较两个连续的峰可以看出,在稳定振动的情况下,振动的波形基本相同,产生的峰值的个数以及对应峰值的大小都基本相同。

我们可以得到这样的结论,只要我们比较打点计时器的振动图像中的任意两个相邻的波峰出现的时间间隔的差异,就可以判断打点计时器的打点时间间隔是否均匀。

8.3　物理实验数据分析的信息化

实验数据的分析借助于信息技术无疑是方便、准确的,它提供了对数据分析过程进一步深入的空间,诸如 EXCEL、MATLAB、几何画板都可在中学物理实验数据分析、处理过程中发挥功效。学生不需要再花费较多时间作大量运算,只需要知道这些过程是如何进行的,为什么如此计算就可以了。有观点认为这种方式对刚接触实验的中学生学会数据分析的方法、技巧是不利的,可以选用部分计算由学生不借助计算机完成即可达到锻炼的目的，但是不管怎样，提供一个数据信息化处理的平台使学生能花更多的时间、精力在物理实验本身还是有利的，另一方面，对学生数据信息化处理能力的培养也是必要的。

我们曾在《物理教学论》一书第 7 章“现代信息技术与物理教学”中探讨了“用‘几何画板’探究固定电阻与小灯泡的伏安特性”，其中就涉及了物理实验数据的处理问题。下面再列举两个案例予以说明，一是运用 EXCEL 进行物理实验数据处理的问题，二是有关数值计算的问题。

案例 5　运用 EXCEL 处理物理实验数据

1. 引言

在物理实验过程中，数据处理与结果分析是非常重要的一个环节。处理实验数据的一些常用方法包括列表法、作图法和最小二乘法等。这一环节常常花去学生不少时间，仅仅用于一些简单重复的计算和作图等。随着计算机和应用技术的不断普及，我们应该引导学生运用计算机某些简便的工具软件来处理实验数据，如果能快速处理实验数据来替代简单繁复的计算，并将变化趋势通过图表反映出来，则可为学生节省更多的宝贵时间，而把注意力集中在分析数据和物理图像的规律上，同时有利于促进学生知识和能力的发展，提高掌握知识的速度和质量，激发学生的学习兴趣和内部动机，也能够提高学生的计算机应用水平，以适应新时代的要求。

Microsoft 公司 Office 套件中的 Excel 就是一个非常好而且易于掌握的数据处理软件。

2. 运用 Excel 表格处理实验数据

Excel 是 Microsoft 公司的一个数据处理应用软件，也称“电子表格”。它是非编程数据处理工具软件。它的工作基础是标有行列标记的表格，称为“工作表”——由“单元格”组成，单元格中可以填写数据、函数表达式等。Excel 除了一般的制表功能外，还具备计算、统计分析和自动绘制图表等功能。

下面以模拟法测绘静电场实验为例来说明如何运用该软件进行实验数据处理以及作图。

该实验是通过在导体纸上装上同轴圆环电极 A 和 B，两电极分别与 10 V 直流电源相连（$U_a = 10\ \text{V},\ U_b = 0$）而形成的稳恒电流场来模拟形状相似的同轴带电圆柱体的电场分布情况。（原理在此不赘述）实验电路如图 8 - 25 所示。

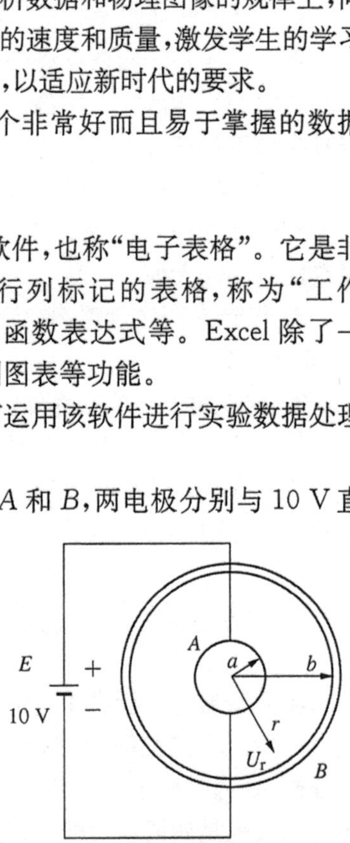

图 8 - 25　模拟法测绘静电场

A、B 之间距圆心 r 处某点电位：

$$U_r = U_a \frac{\ln\left(\dfrac{b}{r}\right)}{\ln\left(\dfrac{b}{a}\right)} \tag{1}$$

或已知电位值求该电位点到圆心的距离 r：

$$\ln r = \ln b + \left[\ln\left(\frac{b}{a}\right)\right]\frac{U_r}{U_a} \tag{2}$$

其中：$a = 10.00\ \text{mm}$ 为 A 电极的外半径，$b = 80.00\ \text{mm}$ 为 B 电极的内半径。

本实验要求学生测量从 A 电极到 B 电极之间依次减小的电位点(8 V、7 V、6 V、5 V、4 V、3 V、2 V)，需测不同方向共 8 个等电位点。然后通过公式计算比较理论值与实验值的相对误差，并且将等电位点连成光滑的等位圆，并描绘出电场线。

记录等位点，并量得离圆心距离，原始数据如下表 8-1 所示：

表 8-1　各电位数据记录表

r/mm U/V	各电位的 8 个测量点								$\bar{r}$	$r_{理论}$	相对误差
	1	2	3	4	5	6	7	8			
2	55.48	53.92	54.22	54.72	52.88	53.72	54.58	54.58			
3	44.80	44.18	43.44	43.44	43.44	43.04	43.04	43.52			
4	35.42	35.42	35.00	35.00	35.00	34.80	34.80	35.30			
5	29.08	28.66	28.24	28.24	28.24	28.24	28.08	27.68			
6	23.00	23.00	22.60	22.60	22.60	22.60	22.06	22.90			
7	18.52	18.52	18.52	18.52	17.56	18.00	17.76	17.78			
8	14.48	14.70	14.72	14.72	14.72	14.20	14.20	14.20			

其中 $r_{理论}$ 根据相应电位值代入(2)式求，相对误差 $= \dfrac{|\bar{r} - r_{理论}|}{r_{理论}}$，这里的计算量比较大，学生反映比较烦且容易算错。但是我们可以让学生运用 Excel 表格来轻松的完成，还可自动生成等位面。具体操作如下。

1) 建立一个 Excel 工作表(表 8-2)，第二行到第六行先分别填入相应电位点(8 V、7 V、6 V、5 V、4 V、3 V、2 V)各 8 个到圆心距离的测量值(从 B2 到 J8)。

表 8-2　相对误差的计算

	A	B	C	D	E	F	G	H	I	J	K	L
1	r U	1	2	3	4	5	6	7	8	平均值	理论值	相对误差
2	2 V	55.48	53.92	54.22	54.72	52.88	53.72	54.58	54.58	54.263	52.716	0.028 1
3	3 V	44.8	44.18	43.44	43.44	43.44	43.04	43.04	43.52	43.613	42.879	0.017 3
4	4 V	35.42	35.42	35	35	35	35.3	34.8	34.8	35.093	34.877	0.007 7
5	5 V	29.08	28.66	28.24	28.24	28.24	28.24	28.08	27.68	28.308	28.368	0.000 8

（续　表）

	A	B	C	D	E	F	G	H	I	J	K	L
1	U \ r	1	2	3	4	5	6	7	8	平均值	理论值	相对误差
6	6 V	23	23	22.6	22.6	22.6	22.6	22.06	22.9	22.67	23.075	0.013 2
7	7 V	18.52	18.52	18.52	18.52	17.56	18	17.76	17.78	18.148	18.769	0.027 5
8	8 V	14.48	14.7	14.72	14.72	14.72	14.2	14.2	14.2	14.493	15.266	0.043 9

2）在 J2 单元格内输入求平均值的表达式："＝AVERAGE(B2:I2)"，即求 B2 单元格到 I2 单元格内数据的平均值。然后选定单元格 J2，拖动该单元格右下角的小黑框到 J8，则 J2 到 J8 自动填上该行相应的平均值。

3）在 K2 单元格内输入求 $r_{理论}$ 的表达式："＝EXP(LN(80)＋(LN(10/80)) * (2/10))"，K3 到 K8 相似，只要改一下相应电位值。

4）在 L2 单元格内输入求相对误差的表达式："＝ABS(J2－K2)/K2"，选定单元格 L2，拖动右下角小黑框至 L8，同样 L2 至 L8 快速准确地填上相应结果，如表 8－2 所示。

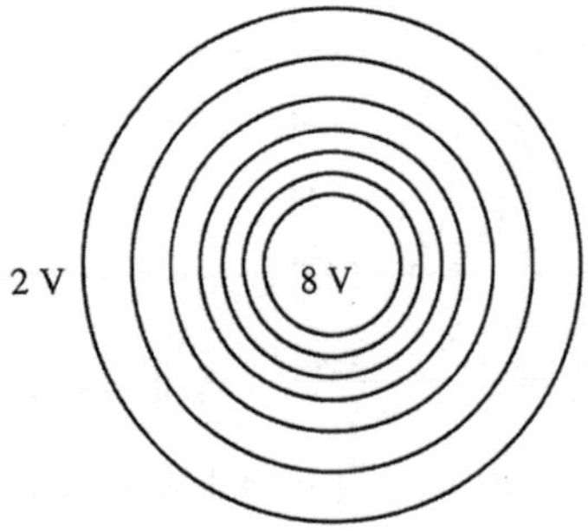

图 8－26　等位圆

Excel 不仅能帮助学生快速准确的计算，而且它具有自动生成图表功能可以帮助绘制等位圆，效果美观，且免去手工绘制的繁复与粗糙，具体实现如下。选定 B2 到 I8 中的数据，再点击菜单"插入"中的"图表"项，出现对话框，其中图表类型选"圆环图"，根据绘图指南可以生成等位圆图，如图 8－26 所示。

案例 6　用数值计算分析带电粒子在电磁场中的运动

有一道高中物理电磁学试题原题如下：

如图 8－27 所示，水平放置的两金属板间存在相互垂直的匀强电场 E 和匀强磁场 B，金属板间距为 d，一质量为 m，带电量为 q 的粒子沿水平方向以速度 v_0 射入两板间恰能沿直线通过，若将电场强度增加为原来的两倍，其他条件不变，求粒子偏转并碰到 M 板时的速度 v'。

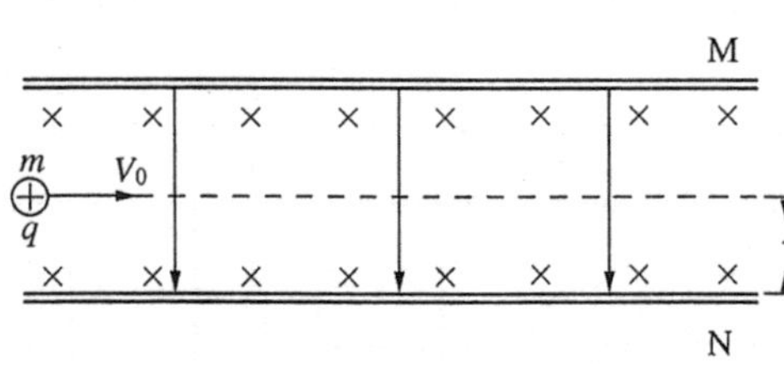

图 8－27　带电粒子在电磁场中的运动

粒子受到的电场力不等于磁场力，其运动方向将在与磁场垂直的平面内发生偏转，因此速度大小和方向都将改变，受到的磁场力也时刻改变，粒子将做变加速曲线运动。由于粒子偏转轨迹的曲线性质不明，上题一般用动能定理解答。如果要进一步讨论粒子能射出电磁场区域的初速度的范围，其解析方法超出了中学生的能力范围。如果利用数值计算，将整个运动过程细分为多个微小过程，每个微小过程可以看成匀加速直线运动，就可以用初等数学来解决这个问题。将上题的条件具体量化，$B = 0.01$ T，$E = 1\,000$ V/m，射入粒子以质子为例 $q = 1.6 \times 10^{-19}$ C，$m = 1.67 \times 10^{-27}$ kg，金属板长度 $L = 0.1$ m，间距 $D = 0.02$ m，重力不计，讨论能射出电磁场区域的质子的速度范围。

质子刚进入电磁场时受力如图8-28所示(不计重力)。此时质子水平方向的速度 $v_{x_0} = v_0$，竖直方向的速度 $v_{y_0} = 0$，$a_{x_0} = -\frac{(Bqvy_0)}{m} = 0$，$a_{y_0} = \frac{(Bqv_{x_0} - Eq)}{m}$，$s_{x_0} = 0$，$s_{y_0} = 0$。

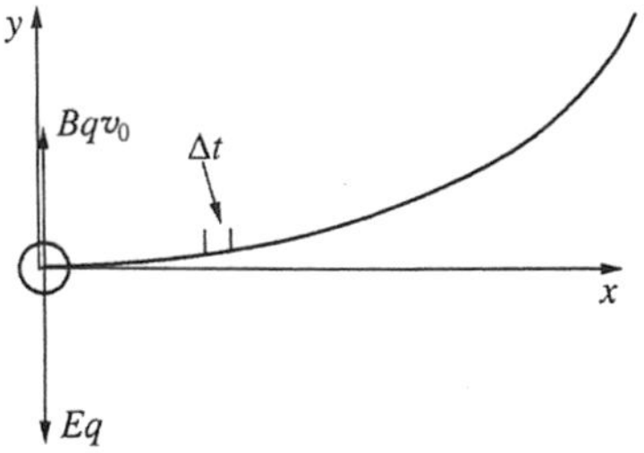

图8-28　质子受力情况

经过一段极短的时间 Δt，如果 Δt 取得足够小，则在这段时间内质子的运动可看成是匀加速运动。$v_{x_1} = v_{x_0} + a_{x_0} \times \Delta t$，$v_{y_1} = v_{y_0} + a_{y_0} \times \Delta t$，$a_{x_1} = -\frac{(Bqv_{y_1})}{m}$，$a_{y_1} = \frac{(Bqv_{x_1} - Eq)}{m}$，$s_{x_1} = s_{x_0} + v_{x_0} \times \Delta t + 0.5 \times a_{x_0} \times \Delta t^2$，$s_{y_1} = s_{y_0} + v_{y_0} \times \Delta t + 0.5 \times a_{y_0} \times \Delta t^2$，由上面分析可以得出如下递推规律：

$$v_{x_n} = v_{x_{n-1}} + a_{x_{n-1}} \times \Delta t$$

$$v_{y_n} = v_{y_{n-1}} + a_{y_{n-1}} \times \Delta t$$

$$a_{x_n} = -\frac{(Bqv_{y_n})}{m}$$

$$a_{y_n} = \frac{(Bqv_{x_n} - Eq)}{m}$$

$$s_{x_n} = s_{x_{n-1}} + v_{x_{n-1}} \times \Delta t + 0.5 \times a_{x_{n-1}} \times \Delta t^2$$

$$s_{y_n} = s_{y_{n-1}} + v_{y_{n-1}} \times \Delta t + 0.5 \times a_{y_{n-1}} \times \Delta t^2$$

以上若用手工计算，则非常繁复，借用 EXCEL，只需输入公式拖动鼠标，EXCEL 将自动完成计算。如图8-29是截取 EXCEL 表格的一部分。

表格右边的 $B, E, m, q, L, \frac{D}{2}$，都是已知条件。$v_0$ 为调试设的初值，可变。Δt 为每个微小过程所经历的时间，这里取 1×10^{-8} s，可根据不同的 v_0 调整。具体计算时只要在单元格中输入公式即可。以 a_x 为例，A 列表示每经过一次 Δt 时间 a_x 的变化，即 a_{x_n}。$a_{x_n} = -\frac{qBv_{y_n}}{m} = -$ $H$8*$H$2*D2/$H$6，带 $ 符号的(如

SUM　=-$H$8*$H$2*D2/$H$6

	A	B	C	D	E	F	G	H
1	*ax*	*ay*	*vx*	*vy*	*sx*	*sy*		*B*
2	=-$H$8*$H$2*D2/$H$6		3.50E+05	0	0.00000000	0.00000000		0.01
3	-2.29E+09	2.40E+11	3.50E+05	2.40E+03	0.00350000	0.00001198		*E*
4	-4.59E+09	2.39E+11	3.50E+05	4.79E+03	0.00699989	0.00004790		1000
5	-6.88E+09	2.39E+11	3.50E+05	7.19E+03	0.01049943	0.00010778		*m*
6	-9.18E+09	2.39E+11	3.50E+05	9.58E+03	0.01399839	0.00019161		1.67E-27
7	-1.15E+10	2.39E+11	3.50E+05	1.20E+04	0.01749656	0.00029938		*q*
8	-1.38E+10	2.39E+11	3.50E+05	1.44E+04	0.02099369	0.00043108		1.6E-19
9	-1.61E+10	2.39E+11	3.50E+05	1.68E+04	0.02448956	0.00058671		*L*
10	-1.83E+10	2.39E+11	3.49E+05	1.91E+04	0.02798394	0.00076625		0.1
11	-2.06E+10	2.39E+11	3.49E+05	2.15E+04	0.03147660	0.00096969		*D*/2
12	-2.29E+10	2.39E+11	3.49E+05	2.39E+04	0.03496731	0.00119701		0.01
13	-2.52E+10	2.38E+11	3.49E+05	2.63E+04	0.03845584	0.00144820		*v*0
14	-2.75E+10	2.38E+11	3.48E+05	2.87E+04	0.04194196	0.00172322		3.50E+05
15	-2.98E+10	2.38E+11	3.48E+05	3.11E+04	0.04542545	0.00202207		Δ*t*
16	-3.21E+10	2.38E+11	3.48E+05	3.35E+04	0.04890608	0.00234471		1.00E-08
17	-3.43E+10	2.37E+11	3.48E+05	3.58E+04	0.05238362	0.00269111		
18	-3.66E+10	2.37E+11	3.47E+05	3.82E+04	0.05585783	0.00306125		
19	-3.89E+10	2.37E+11	3.47E+05	4.06E+04	0.05932850	0.00345510		
20	-4.11E+10	2.36E+11	3.46E+05	4.29E+04	0.06279540	0.00387262		

图 8 - 29　质子运动规律

$H$8) 表示常量，不带的 $ 符号的(如 D2) 表示递推变量。选中 A2 单元格向下拖动就能自动生成经过 n 个 Δt 时，每一次的计算结果。其他量也是同样的算法，非常简便。

质子能否射出金属板只要看当表中 $|s_y|$ 等于 0.01 m 时，s_x 是否超过 0.1 m。若 $s_x > 0.1$ m，说明能射出电磁场区域。若 $s_x < 0.1$ m，说明质子打在了金属板上，不能射出。

经过调试不同的 v_0 得出，若质子以 $v_0 = 8.3\times10^4$ m/s 入射，当 $s_y = -0.01$ m 时，$s_x = 0.1$ m，质子恰好能从下侧射出金属板。图 8 - 30 是 $v_0 = 8.3\times10^4\ m/s$ 时的轨迹图。

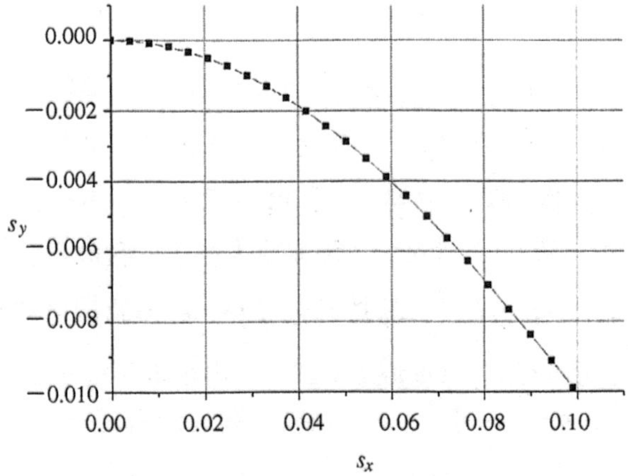

图 8 - 30　$v_0 = 8.3\times10^4\ m/s$

若 $v_0 < 8.3\times10^4$ m/s，如图8-31是 $v_0 = 5\times10^4$ m/s时，质子运动的轨迹图。当 $s_y = -0.01$ m时，$s_x < 0.1$ m，质子打在了下侧金属板上。

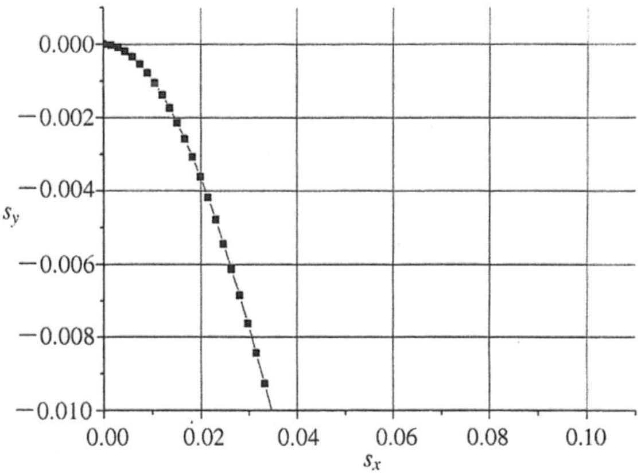

图8-31　$v_0 = 5\times10^4$ m/s

若 $v_0 > 8.3\times10^4$ m/s，如图8-32是 $v_0 = 9\times10^4$ m/s时，质子运动的轨迹图。当 $s_y = -0.01$ m时，$s_x > 0.1$ m，或者看当 $s_x = 0.1$ m时，$s_y < -0.01$ m，质子能射出电磁场区域。

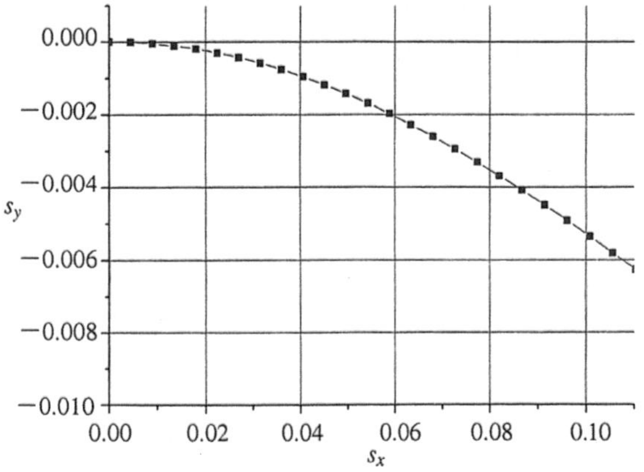

图8-32　$v_0 = 9\times10^4$ m/s

随着 v_0 的增大，质子运动轨迹的曲率将逐渐趋于平缓。当 $v_0 = 1\times10^5$ m/s时，磁场力等于电场力，质子沿直线射出。若 v_0 继续增大，质子将向上侧偏转。当 $v_0 = 3.5\times10^5$ m/s时，质子刚好能从上边界射出，如图8-33。因此质子能射出电磁场区域的范围是 8.3×10^4 m/s $< v_0 < 3.5\times10^5$ m/s

至此，学生已经能运用数值计算来分析上述问题，但在用迭代法进行数值计算时，还要注意迭代步长(即上述问题中的 Δt)的恰当选取。步长取得越大，误差也

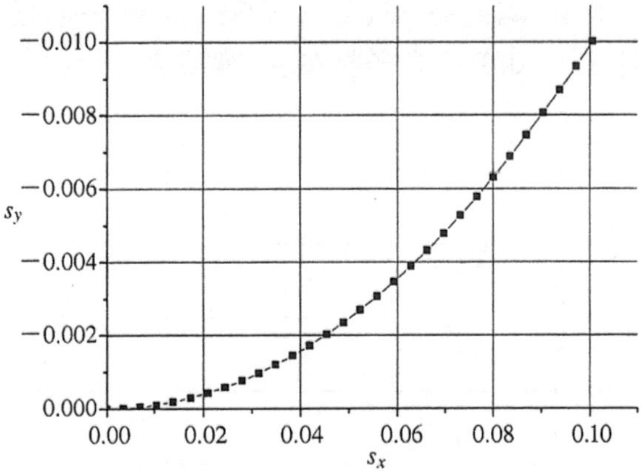

图 8-33　$v_0 = 3.5 \times 10^5$ m/s

越大。步长取得越小，结果当然就越精确。可如果步长取得太小，计算量又太大，而且数据太多不方便处理。所以步长的恰当选取也是此类迭代法数值计算中值得注意的问题。

以 $v_0 = 5 \times 10^4$ m/s 时，质子运动情况为例。图 8-31 是取 $\Delta t = 3 \times 10^{-8}$ s 时，描出的轨迹图。若取 $\Delta t = 2 \times 10^{-7}$ s，轨迹如图 8-34，在曲率半径最小的地方也就是曲线的开始位置，质子的运动轨迹没能准确描绘出来，质子运动的速度方向也就是曲线的切线方向产生了较大的误差。曲率半径较大的地方误差不大。因此，Δt 的取值要保证在曲率半径最小处能准确描出运动轨迹。

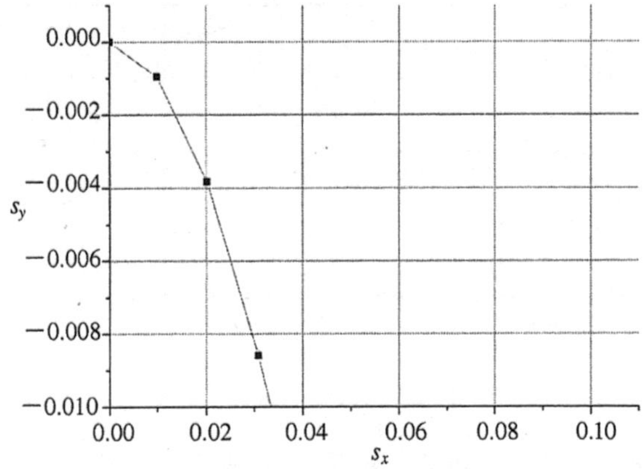

图 8-34　$\Delta t = 2 \times 10^{-7}$ s

图 8-35 是取 $\Delta t = 1 \times 10^{-8}$ s 时，描出的质子运动轨迹图。此时的轨迹图是一条光滑曲线，最为精确。但计算量大量增加了，如果计算量太大还会影响计算机的计算速度。众多的数据点叠加在一起对轨迹曲线的描绘并无太大帮助。图 8-31 中的数据点已经能够描绘出光滑的轨迹曲线，可见，Δt 取得太小并无意义，还会造成

计算机资源的浪费和数据处理的不便。

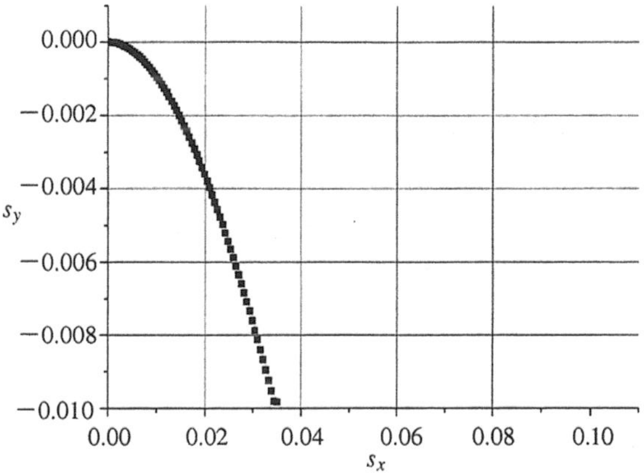

图 8-35　$\Delta t = 1 \times 10^{-8}$ s

要恰当选择步长，主要是在曲线曲率半径最小也就是曲线曲率最大处调整好步长的取值，既要保证此处所描绘曲线的准确性，又不能无限制的取小值。

中学生基本上没有数值计算的基础，向他们介绍数值计算方法就要简单直观，让他们容易接受掌握。Excel 简便易学，有丰富的内置函数和便捷的自动迭代功能，在鼠标的点击与拖拉中就能完成大批量的计算，很适合作为数值计算的工具。利用计算机开展数值计算能帮助中学生解决很多用解析法来求解有困难或是很复杂的问题。

思　考　题

1. 利用热敏电阻的阻值随温度上升而下降的特性，把桥式电路各桥臂上电流因电阻值改变而引起的变化值换算成相应的温度值，制作温度计。请设计出制作温度传感器的实验过程。
2. 借助数字化物理实验平台，设计验证牛顿第三定律的实验，并同传统验证法加以比较，体验数字化物理实验平台的优越性。
3. 你会使用哪种计算机语言或软件？试着将其同物理实验相结合，看看能解决哪些问题。

参　考　文　献

1. 强元棨. 2003. 经典力学. 北京：科学出版社

2. 郑永令,贾起民,方小敏. 2002. 力学. 北京:高等教育出版社
3. 舒幼生,胡望雨,陈秉干. 2002. 物理学难题集萃. 北京:高等教育出版社
4. 王秀娥. 1995. 均匀电、磁场中带电粒子运动状态的分析. 北京轻工业学院学报,(2)
5. 彭芳麟,管靖,胡静等. 2002. 理论力学计算机模拟. 北京:清华大学出版社
6. 秦晓文,邵泽义. 2003. 信息技术与物理教学整合的模式与策略. 北京:中国铁道出版社
7. 刘炳升,仲扣庄. 2004. 中学物理教师专业技能训练. 北京:高等教育出版社
8. 张亚琴,钱懿华,董慎行. 2004. 纵驻波的计算机演示与分析. 物理与工程,(3)
9. 赖莉飞,王笑君. 2004. 应用数据采集器定量验证"牛顿第二定律". 物理教师,(1)
10. 冯容士. 2004. DISlab与电磁学实验教学. 物理教学,(12)